マレーシア映画の母　ヤスミン・アフマドの世界

人とその作品、継承者たち

山本 博之 編著

英明企画編集

※本文中の⬇に続く頁数は、関連する情報がその頁以降にあることを示しています。

※役名の日本語表記については、「メルー／ムルー」、「マヘシュ／マヘーシュ」、「ガネーシュ／ガネーシャ」など、字幕の制作者および制作時期によって異なることがあるため、本書での表記と映画の字幕とが一致しない場合があります。

※字幕の内容についても、制作時点における翻訳者・字幕制作者の判断によるため、本書で示す字幕と上映時の字幕とで異なっている場合があることをお断りしておきます。

※本書に掲載している画像は、各作品について権利を有する以下の企業・団体・個人からご提供いただきました。記して感謝申し上げます。

『細い目』……MHz Film
『グブラ』……Nusanbakti Corporation / MOVIOLA
『ムクシン』……Primeworks Studios
『ムアラフ』……オーキッド・アフマド (Orked Ahmad) 氏
『タレンタイム』……Primeworks Studios / MOVIOLA
『ラブン』……Primeworks Studios
『チョコレート』……ピート・テオ (Pete Teo) 氏
『心の魔』……ホー・ユーハン (Ho Yuhang) 氏
『サンカル』および『イヴ』……シャリファ・アマニ (Sharifah Amani) 氏

※制作順では『ラブン』が長編映画第一作ですが、本書で言及・紹介する際には、劇場公開用に制作された五つの作品を先に取り上げます。

はじめに――現実と切り結ぶ「映画の力」を珠玉の作品群にみる

ヤスミン・アフマド▶1の映画は、没後一〇年を経た今もなお、人びとを魅了し続けてやまない。二〇〇四年に公開された劇場用長編のデビュー作である『細い目』は、多民族・多宗教・多言語国家であるマレーシア内外の観客に大きな衝撃を与えた。マレー人少女オーキッドと華人少年ジェイソンとの民族の違いを超えた恋愛を当たり前のことのように描き、しかも登場人物たちはマレー語や広東語や英語をごちゃまぜにして話す。さらには、オープニングとエンディングの音楽は香港映画でも使われた広東語の歌で、劇中にも広東語やタイ語の歌が流れ、中華映画やインドの詩の話も登場する。アジア映画の要素が入り混じり満載された『細い目』を観た多くの人びとが、マレーシア映画としては前例のない混成性をもって描かれた

▶1 Yasmin Ahmad、1958年1月7日マレーシアのジョホール州ムアール生まれ。2009年7月25日逝去。なお、マレー人には姓がなく、「本人の名」+「父親の名」で名前を示すため、「ヤスミン・アフマド」を「アフマド」と呼ぶのは適切ではない。

愛くるしい少年少女の可憐な純愛に心を鷲掴みにされた。

長編の遺作となった『タレンタイム』▼2では、高校の芸能コンテストであるタレンタイムに出場する高校生たちが、民族や宗教の違いによる親子関係と友情・恋愛の葛藤に直面しながら、障害を乗り越えて友情と愛情を育む。そこで描かれる死による別れを通じて「限りある人生の中で輝くことの大切さ」が伝わり、心に響く数々の劇中曲も相まって、この映画を生涯ベストの作品に挙げる人も多い。

ヤスミン作品を観ると、混成的なアジア世界を舞台に瑞々しい感性を持つ若者たちが織り成す切ない物語に心が打たれる。なぜ私たちはこれほどまでヤスミン作品に惹かれるのか。私たちがヤスミン作品から、優しさ、軽妙さ、切実さ、そして毅然としたものを受け取るのはなぜなのか。飽きずに繰り返し観たくなるヤスミン作品の奥深さの源泉はどこにあるのか。

これらのことを考えるには、ヤスミン映画の物語としての魅力を愉しむことに加えて、ヤスミンがこれらの物語を通じてマレーシアの人びとに何を語りかけようとしていたのかを知る必要がある。ヤスミンは、映画を通じて「もう一つのマレーシア」を美しく描くことで、現実のマレーシア社会における心の救済を物語に託した。ヤスミンは何に挑戦し、作品を生み出すためにどのような仕掛けを施したのか。このことについてマレーシアの文脈に即して理解することは、なぜこれほどまで私たちがヤスミン作品から豊かさと切なさを受け取るのかを理解する助けになるだろう。

▶2　日本での劇場公開時の邦題は『タレンタイム〜優しい歌』。本書では『タレンタイム』と表記する。同様に、『ムアラフ――改心』についても『ムアラフ』と表記する。

本書では、主にヤスミンの六つの長編作品を対象に、出演者や登場人物一人ひとりの物語や一つひとつのセリフなど、一見すると些細なことがらに多く目を向けている。ヤスミン作品では細部にこそ彼女の想いが込められていると考えるからである。編者の思い込み半ばの深読みを含めて、ヤスミン作品のそこかしこに埋め込まれたメッセージを読み解いてみたい。

第1部では、編者が考えるヤスミン作品の魅力と特徴について、マレーシアの社会と歴史の簡易な解説も含めて分析している。役名・役者名、各作品の公開年等の基本情報については巻末の資料①②を、あらすじについては第2部を参照いただきたい（あらすじでは作品の核心部分にも触れているので、未見の方はご注意いただきたい）。

第2部では、ヤスミンが遺した長編六作品、短編一作品のそれぞれについて、アジア映画および東南アジア地域研究を専門とする各者が多様な角度からその作品世界を読み解き、ヤスミンが伝えようとした想いを考えている。[3] いずれも各者の「深読み／裏読み」を含んだ個人的見解で、当然その解釈を読者に押し付けるものではない。反対意見もあるだろうし、そこから新たな気付きを得ることもあるだろう。何よりそうした多様な解釈が認められる点こそがヤスミン作品の魅力の一つでもあるので、作品世界の多義性・多層性を愉しんでいただければ幸いである。

第3部では、ヤスミン作品を支えた先行の舞台人・映画人一〇名に着目した。彼ら・彼女ら自身の来歴も、ヤスミン作品を織り成すファクターとなって映画の中に紡ぎ合わされ、魅

▶3 第２部では、専門や関心が異なる執筆者が多様な角度からヤスミン作品を読み解いているため、執筆者どうしで無理に解釈や表記を揃えることはしていない。また、第２部の各論考はマレーシア映画文化ブックレット所収の論考に若干の加筆修正を施したものであり、執筆当時のマレーシア事情をもとに記述しているため、現在のマレーシアの状況と若干異なる部分がある。

力の一つとなっている。その重なりと絡み合いの様子を知ることで、ヤスミン作品の世界がまた違った角度から理解できるだろう。

第4部では、ヤスミンとともに広告や映画の制作に携わり、現在もその遺志を継いで走り続けている三名を取り上げている。彼ら・彼女らの生き方と作品に見えるヤスミンの想いを汲み取っていただきたいと思う。▶4

本書を通じて、ヤスミン作品に対する理解と親しみがさらに増し、あわせてマレーシアへの理解と親しみが深まることを期待するとともに、マレーシアで生まれ育った人びとが自分らしく生きるためにどのような努力を重ねてきたのかを知り、そもそも「自分らしく生きる」とは何のことなのかについて考える手助けになればと思う。ヤスミン作品には、無数の人びとによって積み重ねられてきた営みの履歴が物語の形で提示されている。それを可能にした映画の力に思いを馳せ、ヤスミンの想いを紐解くことから、日本に暮らす私たちが現実の社会と切り結び生きていく上でのヒントも得られるはずである。

編者　**山本 博之**

▶4　本書では、どの論考・資料から読み始めてもよいように、論考・資料の間で記述を一部重複させている箇所があることをお断りしておく。

マレーシア映画の母

ヤスミン・アフマドの世界

人とその作品、継承者たち

目次

Yasmin Ahmad films

第3部　ヤスミン・ワールドを支える人びと
――先行の映画人・舞台人たちの物語

第4部　伴走者・継承者たちの歩み
——約束を守り遺志を継ぎ伝える者

資料

ヤスミン・アフマド(一九五八―二〇〇九)は、多民族・多言語・多宗教の混成社会マレーシアにおける多文化共生の理想と現実とのギャップを、どこまでも優しく、ときに冷徹に、かつウィットとユーモアを込めて描き出した映画監督である。『細い目』、『グブラ』、『ムクシン』、『ムアラフ』、『タレンタイム』、そして『ラブン』という長編六作品を通じてマレーシア映画の魅力を世界に知らしめ、マレーシアの映画界に新しい風を吹き込んだことから「マレーシア映画の母」とも称される。ヤスミン作品の特徴として、マレーシアを描くがゆえの混成性と、ヤスミン自身が作品に込めた多義性・多層性が挙げられる。こうした特徴を踏まえて、マレーシアの社会的背景を理解した上で物語を観ると、ヤスミンが作品に込めた様々なメッセージが見えてくる。それらを読み解き物語を愉しむことはまた、混成性が増すこれからの世界と日本をどのように理解し、どのように生きていくかを考える手がかりにもなるだろう。

第1部

ヤスミン・アフマド作品の混成的な特徴と魅力

——演出、情報提示、脚本、翻訳の視点から

山本 博之

「慈悲深く慈愛あまねき神の御名において」

これはイスラム教の聖典であるコーラン(クルアーン)の最初の一節であるとともに、コーランのほぼ全ての章の冒頭に登場し、ものごとの始まりを告げる「開端の一節(開端節)」である。ヤスミン・アフマドの長編映画は、劇場公開用の五作品が全てこの開端節から始まっている。『細い目』ではアラビア語で書かれた開端節がそのままスクリーンに映し出されるが、『グブラ』ではアラビア語で開端節が書かれた黒板が映し出される。『ムクシン』の冒頭では、四角い枡目が並ぶ華語(標準中国語)の作文帳に開端節がアラビア語で書かれている。『細い目』、『グブラ』、『ムクシン』以外の作品では、開端節は登場人物の民族に合わせた言語で書かれている。華人でカトリック信徒のブライアンがマレー人のロハニに恋心を抱く『ムアラフ』では華語と英語で書かれ、インド人のマヘシュとマレー人のメルーが出会う『タレンタイム』ではタミル語で書かれている。

二〇〇九年に亡くなったとき、ヤスミンは次回作の『ワスレナグサ』を準備していた。ヤスミンの祖母は日本からマレーシア(当時はマラヤ)に渡った日本人で、ヤスミンは祖母の若い頃をモデルにマレー人の少女と日本の少年が出会う物語を撮る予定だった。『ワスレナグサ』

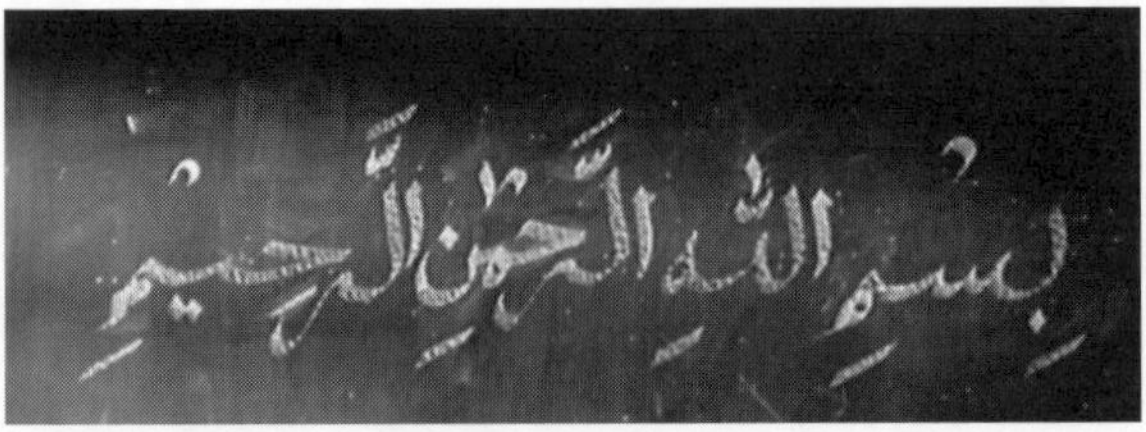

『グブラ』冒頭の開端節。黒板に書かれている

はヤスミンの死によって未完となったが、完成していれば開端節は日本語で書かれたことだろう。

ヤスミンは、あるときなぜか自分が死んだ後の話をして、「私の名前は忘れてもいい、でも私が作った物語のことは忘れないでほしい」と語った。しかしこの願いは半分しか叶えられなかった。後半の「私が作った物語のことは忘れないでほしい」という願いは叶えられたが、それらの物語はいずれもヤスミン・アフマドの作品として愛され、語り継がれている。日本でも、ヤスミンが亡くなって一〇年を迎えてもなお毎年どこかでヤスミン作品の特集上映が行われており、二〇一七年には『タレンタイム』が日本の劇場で一般公開された。

『タレンタイム』は、映画祭や特集上映を除けば日本全国の劇場で公開された最初のマレーシア映画である。マレーシアでの公開から八年を経ての劇場公開については「時間がかかった」と見る向きもあるかもしれない。しかし、『タレンタイム』の劇場公開とその高評価については、様々な関係者の尽力によって日本におけるアジアの社会や映画に対する関心やリテラシーが高まったことが背景にあり、それゆえに可能になったと見るべきだろう。

ヤスミン作品は、登場人物を善人と悪人とにはっきり区別して表現することをしない。観客に解釈を委ねる「物語の余白」が大きく、映像に描かれていない部分にまで想像を巡らせることで物語から受ける印象が大きく異なってくることがヤスミン作品の魅力の一つである。こうした傾向は、ヤスミン自身の作風に由来するとともに、ヤスミン作品が生まれたマレーシア社会の性格からもたらされている部分も大きい。まずは、ヤスミンが生まれ育った

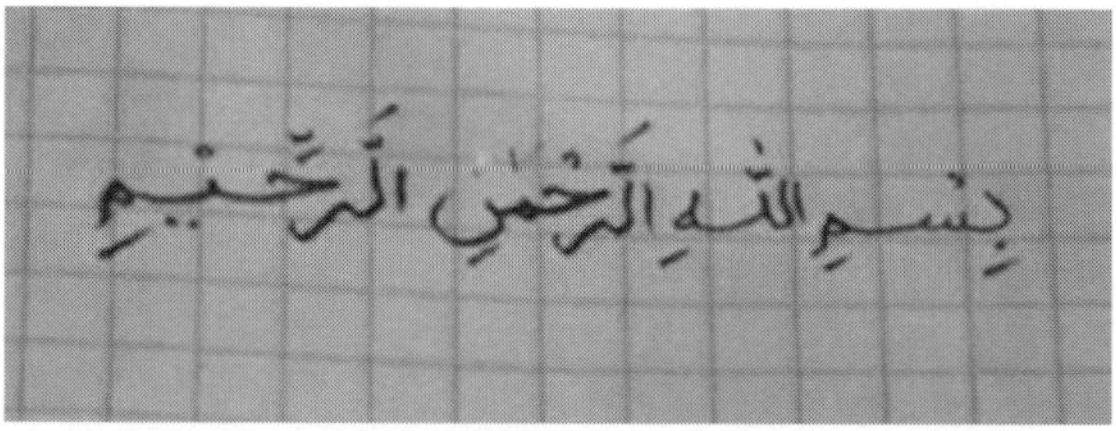

『ムクシン』冒頭の開端節。華語の作文帳にアラビア語で書かれている

場所で、ヤスミン作品の舞台でもあるマレーシアについて、作品をよりよく理解し愉しむためにに知っておくとよい基本的なことがらを紹介しておきたい。

混成社会マレーシア――民族、宗教、言語とブミプトラ

マレーシアは多民族・多宗教・多言語の混成社会で、国民はマレー人、華人、インド人の三つの民族と先住諸族から成る。[1] ボルネオ側では民族構成が異なるが、ヤスミンの長編作品は全て半島部マレーシアが舞台なので、本書では話を半島部マレーシアに限ることにする。

マレーシアでは民族の別は宗教・言語の別とほぼ重なっている。マレー人は全てムスリム(イスラム教徒)でマレー語を話す。華人は非ムスリム(多くは仏教徒)で、福建語や広東語などの中国系諸語を話し、読み書きには華語を使う。インド人は非ムスリム(多くはヒンドゥ教徒)で、タミル語などのインド系諸語を話す。

基本的に「マレー人＝ムスリム、非マレー人＝非ムスリム」と民族別に分かれているので宗教についてはわかりやすいが、日常的に使われる言語については少し注意が必要だ。まず、華語やタミル語などの民族ごとの民族語がある。そして、中学以上の公立学校では授業が国語(マレー語)で行われるため、マレーシアの国民は、程度の差はあっても誰でもマレー語が話せる。さらに、家庭内で英語を使う人たちもいる。このため、マレーシアでは一人で二つも三

▶1　第1部では中華系マレーシア人を「華人」、インド系(南アジア系)マレーシア人を「インド人」と記す。「華人」については註80[➡83頁]を参照。南アジア系のマレーシア人は、祖先の出身地の別にかかわらず、マレーシアでは一括りにして「インド人」と呼ばれる。なお、「マレーシア人」とはマレーシア国民のことで、マレー人、華人、インド人を含む。「マレー人」はマレーシア人を構成する民族の一つである。マレー人、華人、インド人の三民族を、マレー系、中華系、インド系と呼ぶこともある。

つも言語が話せるのは当たり前だし、会話の途中でマレー語から英語へ、英語からタミル語へと言語が切り替わることも珍しくない。

『タレンタイム』の登場人物で言えば、ハフィズはマレー人ムスリムでマレー語と英語を話す。ハフィズのライバルのカーホウは華人で、おそらく仏教徒で、広東語と華語と英語とマレー語を話す。メルーはマレー人ムスリムで、マレー語と英語を話す。メルーを送り迎えするマヘシュはインド人のヒンドゥ教徒で、彼自身は言葉を話さないが、姉のバヴァーニは英語とタミル語とマレー語を話す。

これらの基本を踏まえて、さらに次の二つのことを知っておくと、ヤスミン作品をよりよく理解することができる。

一つはブミプトラと非ブミプトラの区別である。ブミプトラはサンスクリット語の「土地の子」という意味の言葉に由来して、原住民という意味で使われている。海のシルクロードに位置して昔から世界各地の様々な人びとが訪れるマレーシアでは、突き詰めて言えばほぼ全国民が移民の子孫だと言える。ただし、植民地化以前に祖先がマレーシアにいたマレー人と先住諸族をブミプトラ、植民地期に祖先が来た華人とインド人を非ブミプトラと呼んで区別している。

ブミプトラは、大学進学や海外留学の奨学金の割り当て、公務員の採

『タレンタイム』に登場するハフィズ〈左〉とメルー〈中〉はマレー人ムスリムでマレー語と英語を話し、マヘシュ〈右〉はインド人のヒンドゥ教徒で、その家族は英語とタミル語とマレー語を話す

用などで優先される。そのため、華人とインド人はマレー人に比べてはるかに狭き門をくぐり抜けなければならない。大学進学者の選抜は全国統一の試験の点数で決まる。全国統一試験なので受験者数が多く、わずか一点の差でも順位が大きく変わるため、華人やインド人の家庭では子の成績を一点でも上げようと必死になる。『タレンタイム』でカーホウの父がカーホウに厳しいのは、子の将来を思って憎まれ役になっているところもある。なお、マレー人と先住諸族を優先する政策はブミプトラ政策と呼ばれるが、実際には先住諸族がブミプトラ政策の恩恵にあずかることはほとんどなく、ブミプトラ政策は実質的にはマレー人優先政策となっている。

　強調しておきたいのは、マレーシアの華人やインド人は、中国やインドで生まれ育って最近マレーシアに来た外国人ではないということだ。祖先がマレーシアに来て何世代も経っており、自分もマレーシアで生まれ育ってマレーシアの国籍を持ち、マレーシアを祖国と考える人たちである。それなのにいまだに移民の子孫と見なされて国民の権利が一部制限されていることについては賛否を含めていろいろな考え方があるが、ここではその是非には立ち入らない。

　ヤスミン作品をより深く理解する上でのもう一つのポイントは、マ

『タレンタイム』で主人公の一人カーホウは、成績が一位でなければ父に叱られると教師に話す。実際に成績を見たカーホウの父はそれをカーホウに投げつけ、殴りかかる仕草まで見せる

レーシアにおける宗教の意味である。宗教は、信仰に関わるものであるとともに、冠婚葬祭の方法に関するものでもある。やや極端に言うと、マレーシアでは宗教が違う人と冠婚葬祭を一緒に行なうことができず、その区別はムスリムと非ムスリムとの間で顕著に見られる。また、ムスリムと非ムスリムとは、そのままでは結婚できない。マレーシアではムスリムが他の宗教に改宗（イスラム教の立場からすると「棄教」）することが事実上認められていないため、ムスリムと非ムスリムとが結婚しようとすれば、どちらが男でどちらが女であろうとも、非ムスリムがイスラム教に改宗しなければならない。

非ムスリムの華人やインド人がマレー人と結婚するためにイスラム教に改宗すると、両親と宗教が違ってしまうため、両親の葬式や墓参りができなくなる。「実家の墓参りぐらいしてもいいだろう」とか、「本人の心の持ちようだろう」などと思うかもしれないが、結婚すると家族や親戚との付き合いも出てくるし、世間の目もあるため、夫婦間ではよいと思っても難しいことがある。『タレンタイム』で、ムスリムと結婚すると「向こう側に行ってしまう」とマヘシュの母が言ったのはこのことを指している。それを聞いたバヴァーニがそんなことはないと反論すると、母は「子どもにはわかるまい」と返す。これまで「向こう側に行っ

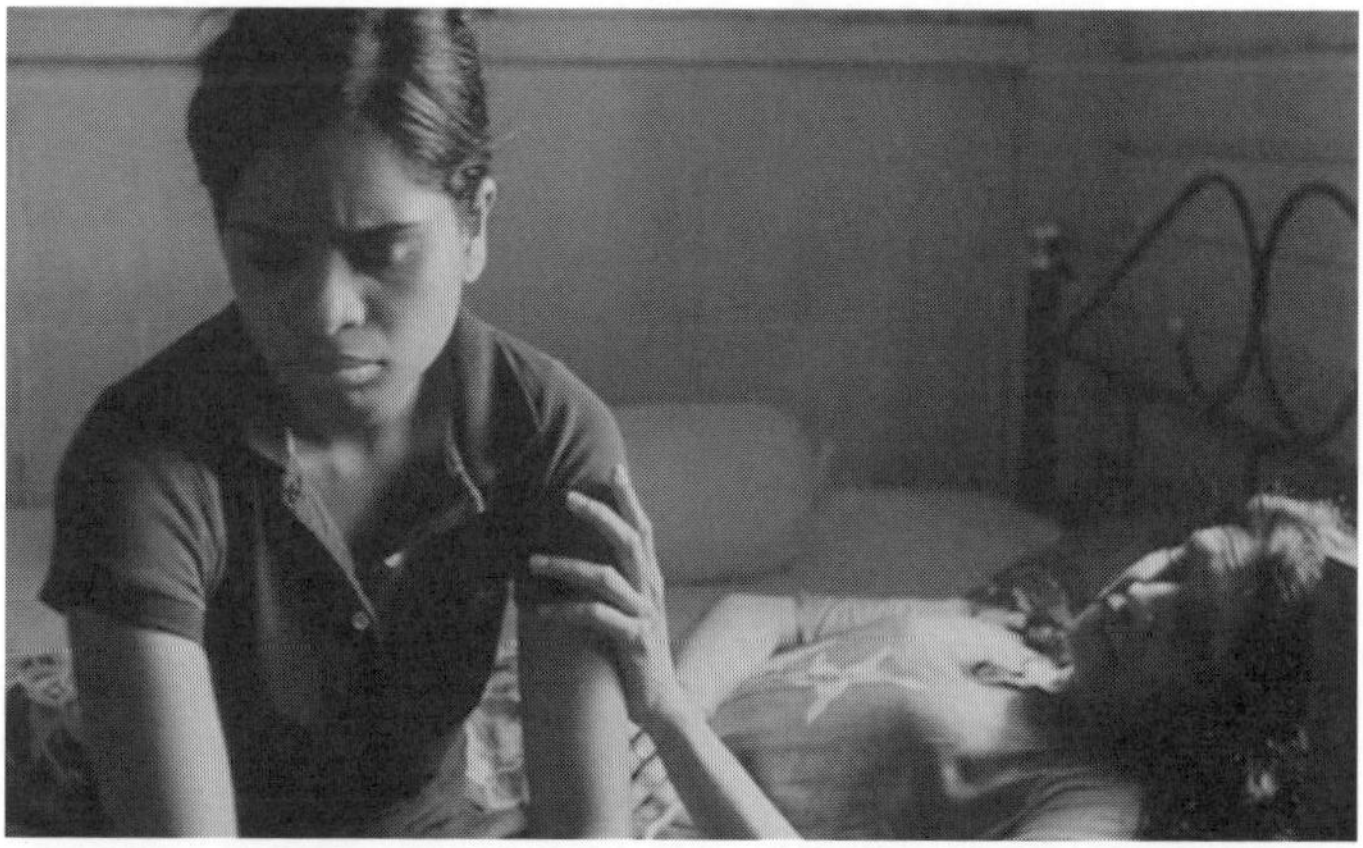

『タレンタイム』で主人公の一人マヘシュの母は娘のバヴァーニに異教徒との結婚の話をして、ムスリムと結婚すると「向こう側に行ってしまう」と話すが、バヴァーニは反論する

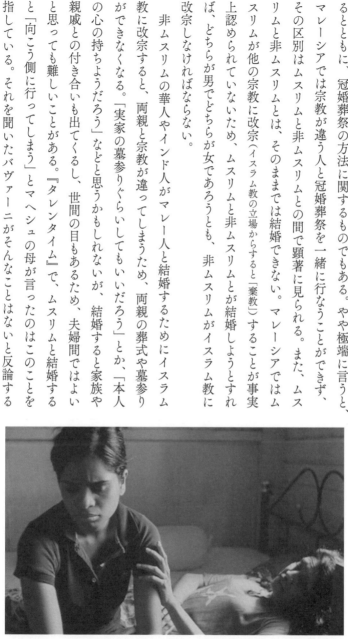

てしまう」例をたくさん見てきた大人世代の言葉の重みと、自分たちはそんなことを気にしないという若い世代の考え方との違いがよく表れている。▶2

このように、多言語・多民族社会であることに加えて、ブミプトラと非ブミプトラの区別があり、宗教が大きな意味を持つマレーシアは、越境・混血・共生で特徴づけられる混成社会である。異なる考えを持った人びとが隣り合って暮らす状況で、ときに諍いを起こすことがあっても、諍いを殴り合いや奪い合いに発展させない工夫を積み重ねてきた。手放しの自由を認め合うのではなく、互いに箍を嵌め合うこともそうした工夫の一つである。

ただしこの考え方は、人びとの行動や表現に対する過度の規制にも結びつきかねない。ヤスミンはそのような規制を嗤い、しかしそれを声高に批判するのでもなく、誰にでも伝わるメッセージと、わかる人にだけ伝わればよいメッセージとを重ねて物語に織り上げた。そのためヤスミン作品は、上記のようなマレーシアの社会や文化についての予備知識がなくても十分に愉しむことができる一方で、マレーシアの社会や文化について理解を深めることで、物語をより深く愉しめるように作られている。

マレーシア社会への「挑戦」が育んだ多彩な手法

ヤスミンは、マレーシアの前身であるマラヤ連邦がイギリスから独立して半年後の一九五八

▶2　結婚式と葬式が隣どうしで行われて諍いで人が亡くなるという『タレンタイム』で描かれたエピソードは、2001年3月にクアラルンプール郊外のカンポン・メダン地区で起こった「カンポン・メダン事件」をもとにしている。近隣どうしでマレー人の結婚式とインド人の葬式が行われ、ちょっとした行き違いから双方が衝突し、6人が死亡して42人が負傷する事件に発展した。劇中では葬式と結婚式の民族を入れ替えている。なお、マヘシュの母が「あの子が建てたお寺を連中が壊しても広い心で許したのに」と言っているのは、マレーシアで経済開発などの理由でヒンドゥ寺院が取り壊されていることを踏まえている。2006年には1年間で全国の約80か所のヒンドゥ寺院が壊され、2007年10月には100年以上の歴史を持つマハ・マリアマン寺院も取り壊されている。

年一月、マレーシア南部のジョホール州ムアールで生まれた。高校を卒業するとイギリスの大学に留学して心理学を学び、帰国して一九八二年に広告代理店に勤めた。国営石油会社のペトロナスが祝祭日ごとに放映するテレビ・コマーシャルの制作を担当して、家族の物語を取り入れたCMを作ったことで知られるようになる。二〇〇三年にテレビ用ドラマの『ラブン』[3]を制作して以来、『細い目』[4]、『グブラ』[5]、『ムクシン』[6]、『ムアラフ』[7]、そして『タレンタイム』[8]と毎年一作のペースで長編を撮った。一般公開されていないが、二〇〇六年にはインドで撮ったドキュメンタリー『経済ピラミッドの底辺からの声』[9]を試写上映している。そしてマレーシアで『タレンタイム』が公開された四か月後の二〇〇九年七月二五日、脳内出血のため五一歳で亡くなった。日本を舞台にした『ワスレナグサ』[10]とシンガポールが舞台の『行け タディウス！』[11]の制作の準備を進めているところだった。

ヤスミンが遺した作品には、『細い目』、『グブラ』、『ムクシン』のように物語上の直接のつながりがある作品や、それらと登場人物の設定は重なるけれど物語上の直接のつながりはない『ラブン』[12]、そして登場人物の設定は異なるけれど作品世界に共通性が見られる『タレンタイム』や『ムアラフ』がある。これに短編やテレビCMを含めて、「ヤスミン・ワールド」と呼ばれる作品世界が作られている。

ヤスミンが劇場用長編第一作の『細い目』でデビューしたとき、世界はその登場を歓迎したが、マレーシア国内では好意的な反応ばかりではなかった。むしろヤスミン作品はどれも国内で批判を受けてきた。

▶3 原題は『Rabun』、英題は『My Failing Eyesight』。
▶4 原題は『Sepet』、英題は『Chinese Eyes』。
▶5 原題は『Gubra』、英題は『Anxiety』。
▶6 原題・英題ともに『Mukhsin』。
▶7 原題は『Muallaf』、英題は『The Convert』。
▶8 原題・英題ともに『Talentime』。
▶9 原題は『Voices at the Bottom of the Pyramid』。
▶10 原題は『Wasurenagusa』。
▶11 原題は『Go, Thaddeus!』。
▶12 『細い目』、『グブラ』、『ムクシン』に『ラブン』を含めてオーキッド四部作と呼ぶこともあるが、本書では、オーキッドを主役として物語上の直接のつながりがある『細い目』、『グブラ』、『ムクシン』をオーキッド三部作と呼ぶ。

『細い目』では、「マレー人と華人との交際をまわりの人たちが祝福することは現実のマレーシアにはない」と批判され、「オーキッドの両親の仲睦まじい様子は父の威厳が損なわれておりマレー人の家庭らしくない」と批判された。ヤスミンは、「『細い目』の物語は全て自分の家族に実際に起こったことなので現実に存在する」と応答した。また、「P・ラムリー〔↓62頁〕時代のマレー映画はよかったのに、最近のマレー映画はどうかしてしまっている」というセリフは映像検閲局〔↓44頁、63頁〕によって後半部分がカットされた。

『グブラ』ではさらに激しく批判された。夫が台所に立って料理しているのを妻が見ている場面は、夫が一般男性ではなくイスラム教の指導的な立場にある礼拝所管理人であったため、より厳しい非難の対象になった。その礼拝所管理人が娼婦と隣人として親しく付き合う内容もあったことから、マレー人批評家が新聞とテレビで特集を組んで『細い目』と『グブラ』を批判し、「マレー文化を汚すもの」と言い捨てた。

ヤスミンは批判に心を痛めたが、権威主義的な批判に対しては批判されたことをわざとし返す性格で、『ムクシン』では、飼っていた鶏を襲った猫に対して登場人物の一人に「マレー文化を汚すものめ」という大仰なセリフを吐かせた。コーランの一節を詠む場面では、アラビア語で字

『細い目』では、主人公の一人オーキッドの両親の仲睦まじい様子が随所で描かれるが、ふざけあって父親が下着姿になってしまう場面はマレーシアでの上映時にはカットされた

幕がないのでムスリム以外の観客には内容がわからないが、そこで詠んでいる章句は実は「ええ呪われろ 寄ると触ると他人の陰口」で、これはわかる人にだけわかるマレー人批評家への意趣返しだった。

『ムアラフ』には、ロハニとロハナの姉妹が毎晩寝る前にその日にあった嫌なことを頭に浮かべて相手を赦してから寝るという場面がある。これはヤスミンと妹オーキッドの間で実際に行われていたことだという。物語上は寛容の大切さを説いているが、現実のヤスミンは毎晩自分で自分に赦させないと気持ちが収まらない状況に置かれていたことがうかがえる。また、作品への批判ではないが、『ムクシン』はヤスミン作品の中でも国内の興行成績がよかったがペナン州では興行収入が低く、『ムアラフ』の劇中に「ペナン人はケチ」というセリフを入れている。なお、『ムアラフ』は映像検閲局から数か所の修正を求められ、それへの対応もあってマレーシアでの公開は『タレンタイム』の後になった。

『タレンタイム』でも、華人のカーホウとマレー人のハフィズが試験を巡って口論になる場面があり、ブミプトラ政策を批判する華人少年の幼さを表しているという筋違いも甚だしい批評が出た（詳細については後述する）。

ヤスミン作品は、大上段に構えて政治的・社会的なメッセージを語るのではなく、愛を込めたエンターテインメントとして物語を提示するも

『グブラ』では、イスラム教の礼拝所管理人〈左端〉が息子と妻〈左から２番目、３番目〉とともに、娼婦の隣人女性〈右から２番目〉と親しく付き合い、その様子が非難の対象となった

のである。それにもかかわらず多くの批判にさらされたことは、マレーシアの人びとが様々な規範に囲まれて暮らしていることを顕著に表しているとともに、ヤスミンが映画を通じて挑戦している相手の手ごわさをも示している。

マレーシアは多民族・多宗教・多言語社会として知られているが、それは単に「文化的にカラフル（多様）である」ということではない。考え方も生活習慣もまるで異なる人びとの間で、「たとえ相手のことが好きにはなれないとしても憎しみ合うことはない社会」を作るための工夫を重ねてきた。問題が完全に解決することはなくても諦めず、それぞれの持ち場でできることをする努力を重ねてきた人びとの生きざまが絡み合って、一つの社会を成している。

ヤスミンが遺した映画は全て、制作・公開にまつわる様々な手法を余すところなく用いて人びとに物語を届けようとした稀有な作品である。それは、上述のように複雑に入り組んだ成り立ちを持つマレーシアが有形・無形の規範を張り巡らせた社会を作り上げてきたことと密接に関係しており、その規制を受けるがゆえに育まれた多彩な手法の活用がヤスミン・ワールドを形作っていると言える。

このようなヤスミン映画を読み解く上では、四つの視角が考えられる。一つ目は、「演出しない演出」である。ヤスミンは、登場人物のキャラクターを役者自身となるべく同じようにしたり、あるいはあえて役者自身と異なるキャラクターにしたりした。その上で、ヤスミンは役者に「演じないで反応して」と指示した。役を演じるのではなく、役者が物語に入り込み、自分自身として反応するように求めた。役者は生身の人間としてそれぞれの人生を生きている。それを引き出して物語に織り上げたヤスミン作品は、フィクションであるが完全なフィクションではない。役者たちはある意味でみなマレーシア社会の少数派で、だからこそ、それぞれの現場で闘ってきた先駆者でもある。ヤスミンは、そのことに敬意を表しつつ、その生きざまを本人に表出してもらうことによって映像にして、現実のマレーシア社会に向けて訴えかけた。

二つ目は、綿密にコントロールされた情報の提示である。映画は視覚と聴覚に訴えるメディアである。ヤスミンは、検閲に対して、社会通念に対して、そして観客に対して、視覚と聴覚によって受け取られる情報をあらかじめ想定し、それらの情報をコントロールすることで物語を多義化して、検閲、社会通念、観客を出し抜こうとした。それは、表現を拘束する制度や一人ひとりの自由な生き方を縛る社会通念に対抗して出し抜く技法であるし、観客に謎かけをする遊び心でもある。

三つ目は、多層的に織り上げられた脚本である。ヤスミンは、すでに存在していた物語を紡ぎ合わせて新たな物語を編み上げていった。ヤスミンが紡ぎ合わせた一つひとつの物語は独立して存在しているのではなく、物語どうしが参照しあい、呼応しあって次の物語が作られ、いわば群としての物語世界を成してきたものだ。古今東西の映画や文芸

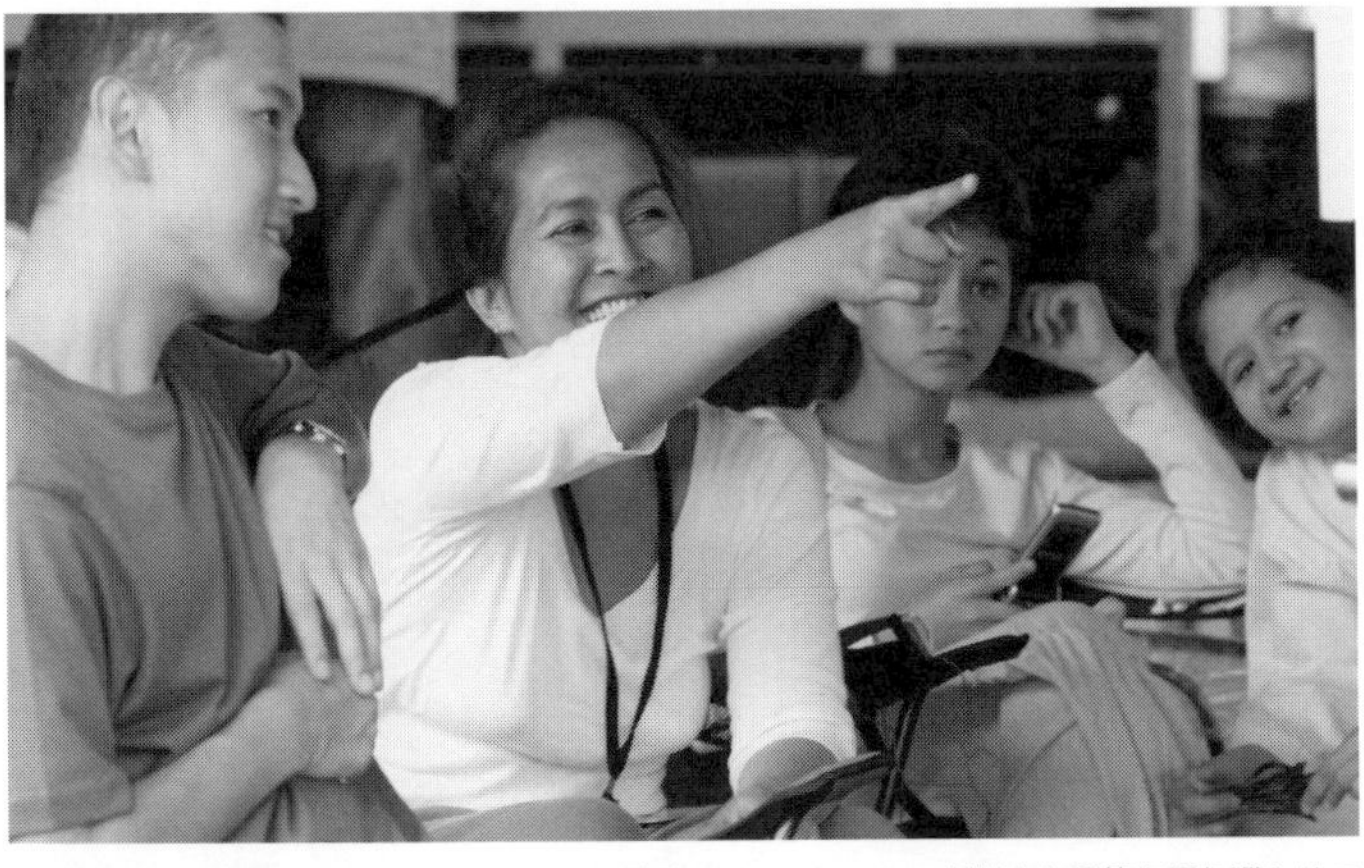

『ムアラフ』の撮影の様子。ヤスミン作品の演出には、マレーシアが様々な規範を張り巡らせて社会を形作ってきたことが反映されている

作品、宗教の聖典なども踏まえて、それに対する応答として、あるいはそれを超えたさらなる飛躍として、それらの物語の間にはある種の系譜が存在する。それは映画史としてマレーシアの社会が共有する意義を持つもので、その系譜の上にヤスミンの作品群も存在している。

この三つの特徴に加えて、私たちがヤスミン作品を受け止める上では翻訳という視角も欠かせない。ここで言う翻訳には、セリフを日本語に訳すことだけでなく、社会の文脈を踏まえた読み解きも含まれる。映像として私たちの目の前に現れたヤスミン作品の背後には、広大な文化的基盤が存在する。そのため、ヤスミン作品をより深く理解するには、映像として明示されていないとしても確かに作品に映し出されている個々の表象を捉え、それぞれの来歴を踏まえる必要がある。多義的で多層性を持ったメッセージが映像の中に折り重なって託されているヤスミン作品の魅力を損なわないようにしながら、映像と言葉と音でいかにして物語の魅力を余すところなく伝えるか。そこに文化の翻訳とでも言うべき作業の必要が生まれる。

以下では、この四つの視角から作品を分析し、ヤスミン・ワールドの特徴と魅力を読み解いていく。第2部における作品世界の読み解きの内容と一部が重なることをお断りしておく。

第1章　演出しない演出――演技させるのではなく物語を引き出す

ヤスミン作品にはヤスミン・ワールドの常連を含む多くの役者が出演しているが、専業の俳優は多くない。『タレンタイム』を例にとれば、大人の役者で俳優を本業としているのは、演劇人のスカニア・ベヌゴパル（マヘシュの母役→373頁）とジット・ムラド（車椅子の男役→368頁）、映画俳優のアゼアン・イルダワティ（ハフィズの母役→364頁）とミスリナ・ムスタファ（メルーの母役→350頁）とアイダ・ネリナ（カルソム夫人役→336頁）の五人しかいない。ハリス・イスカンダル（メルーの父役→332頁）はスタンダップ・コメディアン、アディバ・ノール（アディバ先生役）とジャクリン・ヴィクター（バヴァーニ役）は歌手で、俳優ではないけれど舞台に立つ仕事だが、それ以外の人たちは人前で舞台に立つことを本業としない。タン・メイリン（メイリン役）はピアノの先生、アントニー・サヴァリムトゥ（アントニー校長先生役）とハフィズ・イブラヒム（医者役）とデイビッド・ロック（カーホウの父役）は広告業界にいたヤスミンの元同僚で、モハマド・アヌアル（アヌアル先生役）とタン・ユーリョン（タン先生役）は広い意味でヤスミンの家族である。

ヤスミンが俳優と同僚と家族で支えながら舞台に上げて高校生役を演じさせたのは、ほとんど演技経験がない「素人」の役者たちだった。ヤスミン作品への出演をきっかけに現在も演技を仕事にしているのはシャフィー・ナスウィップ（ハフィズ役）とホン・カーホウ（カーホウ役）の二人だけで、エルザ・イルダリナ（マワール役）が映像制作、メルキン・チー（メルキン役）がマジシャンになってショービジネスに関わる仕事をしているが、それ以外は演技と関係ない道に進んでいる。

物語の中心となる役に素人同然の若い役者を起用したのは、ヤスミンが自分のことを「監督ではなくストーリーテラー」と呼んでいたことと関係している。学校で映画制作を学んでいないヤスミンの作品を見て、「固定カメラで撮りすぎているし、人物のクローズアップが少ない。撮影技術は素人同然だ」などと批判する批評家がいた。これに対してヤスミンは、「私の役割は撮影技術で見せることでも役者に演技させることでもなく、役者たちの中にある物語を取り出して映像にすること。だから私は監督ではなくストーリーテラーなのよ」と応じた。そこには、撮影の技術や理論は技術や理論について議論するためにあるのではなく、どのような物語を語るのかが一番肝心だという考え方がある。

ヤスミンは別の機会に「どうすれば心を打つ映画を作れるのか」と質問されて、「心を打つ物語は頭で考えて作るものではなく私たち一人ひとりの中にすでにあって、自分がしたのは人の話をよく聞いてその物語を引き出すこと。それ以外に何も特別なことをしていない」と答えている。

「役者に演じていることを意識させない」現場作り

素人同然の役者たちに「演技すること」を意識させずに撮影するため、ヤスミンは登場人物の名前を役者と同じにしたり、撮影中にセリフの途中で咳き込むことや他のセリフとかぶさることがあっても撮り直さなかったりした。また、ヤスミンは、ときには役者を騙してでも、その人の本性が出て自然に振る舞えるような環境を作ろうと工夫して、「役者に演技を意識させない」現場作りに心を砕いた。

そうした工夫の一つが、役者にふだんの自分の言葉で話させることだった。ヤスミンは、脚本を完成させると、役者を交えて数週間のリハーサルを行った。脚本は基本的に英語で書かれており、部分的にマレー語で書かれていた。リハーサルでは、脚本をもとに役者が場面ごとに自分が演じる人物の心情を理解して、セリフを自分のふだんの言い方に直していく。英語のセリフを福建語やマレー語に書き換えたり、自分の口癖が出るように直したりする。『細い目』でジェイソン役を演じたン・チューセンは、ふだん「ノー」と言ってから話し始める癖があり、『細い目』のジェイソンも「ノー」と言ってから話す場面がいくつかある。

ヤスミンはセリフだけではなく、ちょっとした仕草ややり取りでも役者の地が出るように工夫した。リハーサルを念入りに行った上で、いったん本番のカメラがまわったら脚本やリハーサルと違うことになってもカットの声がかかるまではそれぞれの役になりきって行動するというのがヤスミンの現場のルールだった。ヤスミンはわざとカットの声をかけずに役者たちにアドリブで演技を続けさせて、出てきた苦し紛れの動きを採用することもよくあった。

『細い目』で、ジェイソンがビデオCD売りの事務所でテレビ画面に流れる映像の音楽に合わせて踊り出す場面がある。ヤスミンは、リハーサルでジェイソン役のチューセンに「ギターの弾き真似を一、二秒もすればいい」と言ったが、本番では全くカットをかけなかった。チューセンは苦し紛れに音楽に合わせて即興の奇妙な踊りを続け、それが採用された。また、『細い目』には、ジェイソンが街でばったり出会ったマギーに最近連絡がない理由を問いただされる場面がある。ヤスミンはマギー役のウォン・ライクアンにジェイソンが最近連絡してこない理由を問い詰めるように言っていたが、チューセンにはそのことを教えずにカメラをまわした。いきなり問い詰められたチューセンは必死に理由を考えて、あたふたしながら傍目からは筋が通らない理由を答えている。

ヤスミンは役者を「騙す」こともあった。『細い目』で、「華人と付き合っているんだろう」とからかわれたオーキッドが長身の男子高校生に食って掛かる場面がある。ヤスミンはリハーサル期間中にオーキッド役のシャリファ・アマニ[↓415頁]を男子高校生役のミラー・アリに一切会わせず、「白人の血統を引いているミラーはアジア人のアマニを見下してい

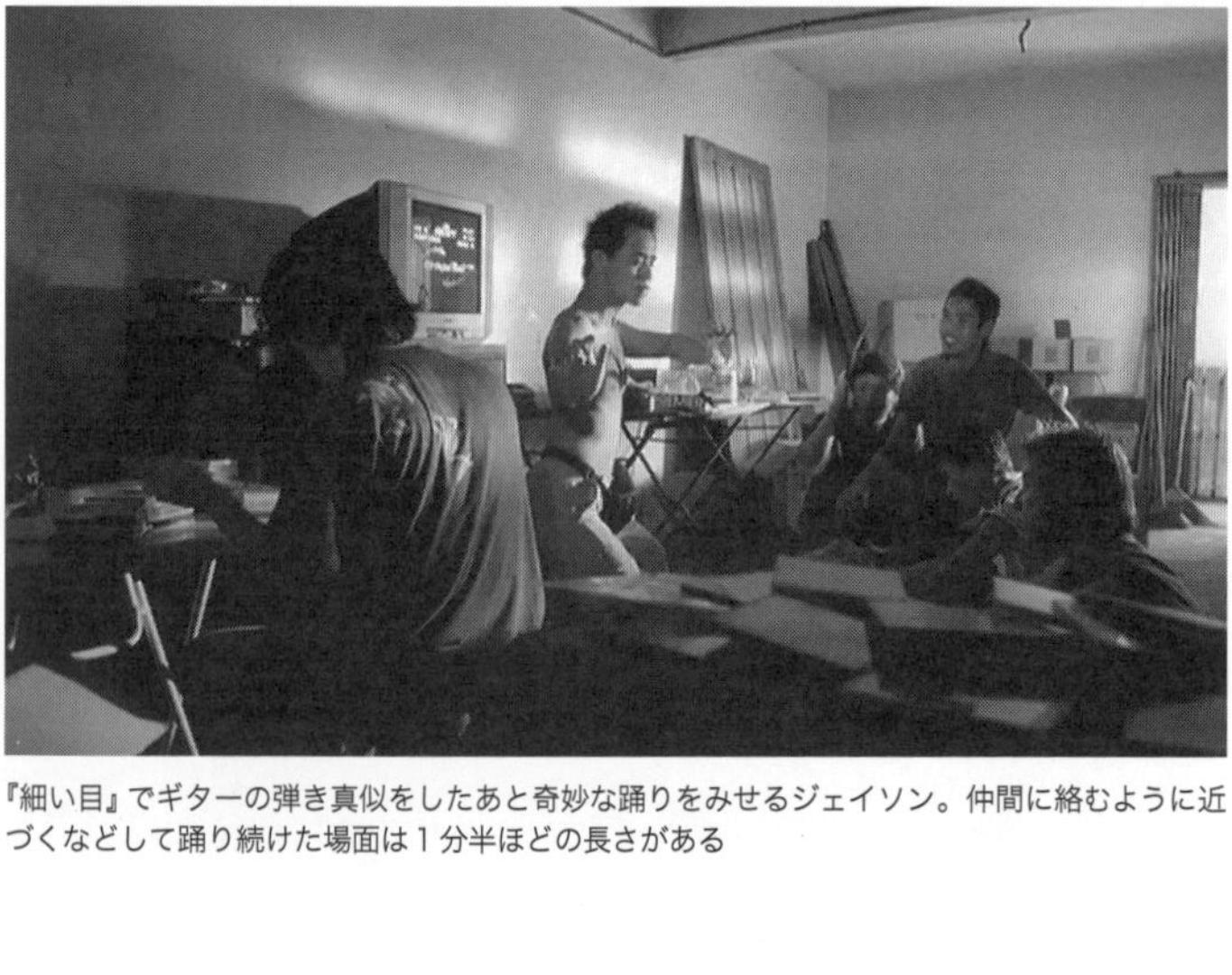

『細い目』でギターの弾き真似をしたあと奇妙な踊りをみせるジェイソン。仲間に絡むように近づくなどして踊り続けた場面は１分半ほどの長さがある

る」と嘘を吹き込んで、アマニがミラーをすっかり嫌いになったところで撮影に入った。「自分の気持ちに正直になって思う通りに文句を言うように」とだけ指示されていたアマニは、カットの声がかかるまで本心からミラーを罵倒し続け、ヤスミンはとても気に入ってOKを出した。

『タレンタイム』では、試験で学年一位を取れなかったカーホウが学校に迎えに来た父の車に乗る場面がある［➡20頁］。カーホウ役を演じたホン・カーホウは初めての映画出演で、他のキャストやスタッフのことをほとんど知らなかった。それをよいことに、ヤスミンはリハーサル期間を通してカーホウを父役のデイビッド・ロックに会わせず、「デイビッドはとても怒りっぽくて一緒に演じる人がミスすると激怒して手が付けられないほどになる」とカーホウを脅かしていた。撮影当日、「今日のデイビッドは特に機嫌が悪いから気を付けて」と念を押してからカーホウが車に乗り込む場面を撮影した。しつけが厳しい父を怖がっているカーホウが、試験で学年一位を逃したことを父に知られるのを怖れ、怯えている様子がとてもよく伝わってくる。

映画ではないが、出会った人びとの物語に耳を傾け、それをうまく引き出し、演じることを意識せずに撮影できるような環境を整え、それによって心を打つ物語を作った例に、テレビ広告の『恋するタン・ホンミ

『細い目』で、華人と付き合っていることをからかわれ、「マレー人なのに恋人としてマレー人の男を探さないのはおかしい」と言われたオーキッドは激しい罵倒を浴びせ、ボールを蹴りつける

ン』[13]がある。カンヌ国際広告祭に出品しようとしたヤスミンはある小学校で撮影を行い、予定していた作品を撮り終えて帰ろうとしたところ、ヤスミンにまとわりついて離れない男の子がいた。特に何かを訴えたいということではなかったが、話を聞いているうちに好きな女の子の話になり、ちょうどその子が現場にいるというので、カメラをまわしてその話をしてもらい、それを『恋するタン・ホンミン』にまとめた。かわいらしい作品に仕上がったのでカンヌ国際広告祭に出品したところ金賞に輝き、ヤスミンを世界的に有名にした。

輝きたくなんかない／決めるのはあなたじゃない

ヤスミン作品では月が重要な役割を演じることが多い。『タレンタイム』で、メルーが「タレンタイムの決勝に出たくない」と言うと、それまでメルーと口喧嘩ばかりしていた妹のマワールがメルーの背中を押すようにして舞台に立たせようとする。メルーが「輝きたくなんかない」と言うと、マワールは「決めるのはあなたじゃない」と言う。空には満月が輝いている。

太陽が自分から光を発しているのと違い、月は自分では輝かず、太陽の光を受けて初めて光り輝く。私たち一人ひとりも月と同じで、ふだん自分で光り輝くことはないかもしれないけれど、ときが巡ってまわりの人たちが自分に光を当ててくれたら、準備不足だとか輝きたくないとか言わずに人生の舞台に立って精いっぱい輝きなさいというヤスミンのメッセージ

▶13 Petronas社のコマーシャル。原題は『Tan Hong Ming in Love』。

が感じられる。それはヤスミンの演技を意識させない演出、「演出しない演出」とも呼べる手法にも通底する考えである。

『タレンタイム』はヤスミンの遺作となったが、それを抜きにしても「終わりの時」のイメージが幾重にも重なって出てくる作品である。劇中でハフィズの母エンブンは脳腫瘍で闘病の末に天に召される。エンブンを演じたアゼアン・イルダワティ［↓364頁］は一九七〇年代から一九九〇年代にかけてマレーシア映画界で一世を風靡した大女優だが、乳癌を患い、治療費が高額であるため、子どもたちの将来を考えて治療を打ち切ろうとしていた。それを知ったヤスミンはアゼアンに『タレンタイム』の出演を依頼した。撮影までにアゼアンの病状が進んで立って演技できなくなると、ヤスミンは脚本を書き換えて車椅子に座ったままの役にした。さらに病状が進むとベッドに寝たままの役に再び書き換え、こうしてエンブンの役が作られた。

ハフィズ役のシャフィー・ナスウィップは映画出演が『ムクシン』に続く二作目の若い役者で、病床で寝たきりの役といっても大女優のアゼアンと共演したら演技力の差が歴然として絵にならないのではないかと心配する声もあったが、ふたを開けてみると堂々とした演技でみごとに母と息子を演じきった。『タレンタイム』の出演を終えたアゼアンは、出

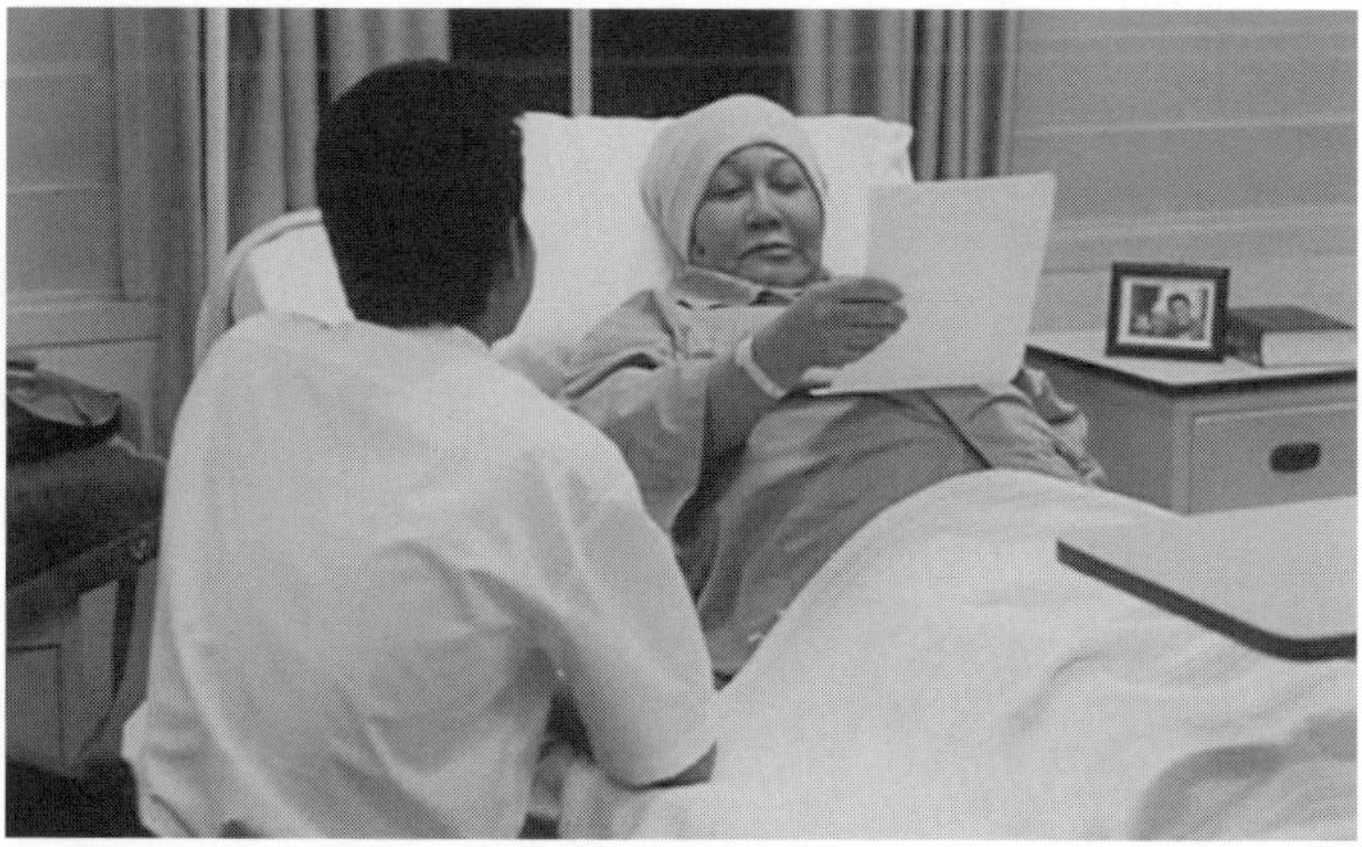

『タレンタイム』で闘病の末に亡くなるエンブンを演じた大女優アゼアン・イルダワティ〈右〉。その役は彼女の病状に配慮して設定された

演料が想像以上の高額だったことに驚くとともに、「自分はもう映画に出演することはないだろうけれど、『タレンタイム』が自分の最後の出演作品になったことを誇らしく思う」と語った。

『タレンタイム』でメルーがタレンタイム決勝のために練習していた歌の「Angel」は恋人どうしの関係を歌った歌だが、恋人どうしの歌にしてはやや縁起が悪いとも言える「星は砕け散り　消えゆく運命だと／粉みじんに砕け　やがて消えるの」という一節が入っている。メルーはこの歌を英語で歌っており、「星」は夜空の星であるとともに映画スターという意味にもなる。映画スターが消えゆく運命にあるという歌詞は、アゼアンが映画界で長く活躍してきたことに感謝しつつ、女優としての最後の花道に送り出すという意味を帯びて聞こえてくる。

この歌を歌う決勝の舞台に上りたくないと言うメルーの背中を押して舞台に上げたのはマワールだった。マワールを演じたエルザ・イルダリナはアゼアンの実の娘で、あえて物語と役者を交差させるならば、母の女優としての最後の花道を飾る作品になることを理解した上で、その花道をしっかり飾ってほしいという思いを込めてメルーを舞台に押し上げたエルザの気持ちを想像せずにいられない。ここにもヤスミンの、演技を意識させない、もしくは登場人物と役者の境界を曖昧にするような演出の効果が見える。

『タレンタイム』の決勝前、お祈りの場面でのメイキング映像。ハフィズを演じたシャフィー・ナスウィップも母役のアゼアンとわたり合う堂々の演技をみせた

第２章 綿密に計算された情報の提示 ――余白の解釈を託しつつ常識を揺さぶる

ヤスミン作品がマレーシアで公開されたとき、一部のマレー人批評家から激しい批判を受けたことはすでに述べた。批判の主な理由は、ヤスミン作品に描かれているのは「現実のマレーシアではない」というものだった。しかし、そうした現実にないマレーシア像を描くことは、ヤスミンが意図をもって自ら施した仕掛けだった［➡128頁］。

現実の社会とは逆転した「もう一つのマレーシア」を描く

『細い目』は、ムスリムのマレー人少女オーキッドと仏教徒の華人少年ジェイソンの民族と宗教の違いを超えた恋愛物語だ。最初のデートで二人は写真館に行って記念写真を何枚か撮る。そのうち一枚ではオーキッドが力強いポーズをとり、その前でジェイソンがなよっとしたポーズをとっている。マレーシアの一般的な認識では、男の子は力強くて相手を守り、女の子はか弱く守られる立場だが、ヤスミンはそれをあえて逆転させた絵を見せている。現実のマレーシアの常識に慣れ親しんだ目で見ると違和感があっても、二人が仲良さそうに写真を撮っている様子を見るうちに、それでもよいのかなと思うかもしれない。現時点では存在しない「もう一つのマレーシア」を描くことで、常識を疑ったことがなかった人たちに「もう一つのマレーシア」も悪くはないと思わせる契機を与えている［➡132頁］。

『細い目』には、オーキッドの母とそのメイドのヤムが居間でテレビを観ながら夕食の支度をしている場面がある。画面には二人の女性が映っていて、一人がソファーに座ってテレビを観ながら大笑いしており、もう一人は床に座ってザルに入れた米から小石を選り分けている。これだけ見ると、笑いながらテレビを見ている方がこの家の主人で、夕食の支度をしているのがメイドだと思うだろう。しかし実際はその逆で、夕食の支度をしているのがオーキッドの母で、テレビを観て笑っているのがメイドのヤムだ。オーキッドの母は、「メイドは奴隷ではない」と言って、オーキッドに「メイド」と呼ぶことすら禁じている。『タレンタイム』でも、メルーの母が食後に娘たちに自分の食器を洗わせるときに

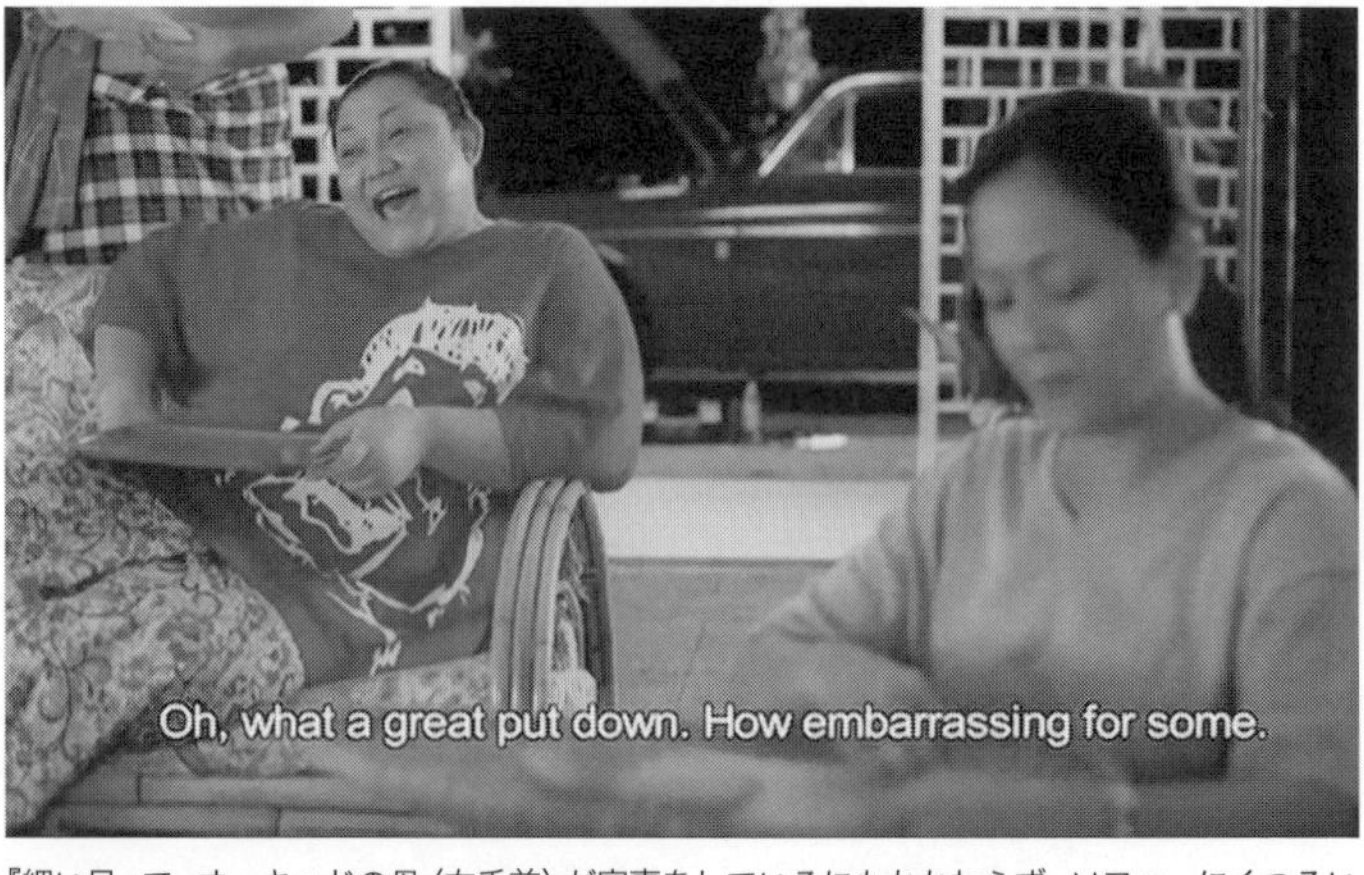
Oh, what a great put down. How embarrassing for some.

『細い目』で、オーキッドの母〈右手前〉が家事をしているにもかかわらず、ソファーにくつろいでテレビを観て大笑いするメイドのヤム〈左〉

同じようなことを言っており、ここでも上下関係や権力関係の常識を揺さぶる「もう一つのマレーシア」が描かれている。

『グブラ』では、礼拝所の管理人であるビラルが家の台所で料理していて、妻のマズがそれを見ており、ビラルが作った料理をつまみ食いする場面がある。この場面は、「妻がいながら夫に料理させているだけでもひどいのに、それを妻がつまみ食いするとは許しがたい」と激しい批判に遭った。注意深く見ると、妻は夫が揚げてテーブルに置いたエビせんに右手を伸ばしているが、わざわざ夫に気づかれるのを待ってつまみ食いして夫に追いかけられている。それを見た息子は「やれやれまた始まった」という顔をしており、二人がじゃれ合っているのはいつものことのようだ。これも「もう一つのマレーシア」で、夫が妻のために料理するなんて考えたことがないという人も、二人の幸せそうな様子を見て、そういう世の中があってもいいかなと思うきっかけになるかもしれない。

前述したように、『グブラ』では、ビラルが隣人で春を鬻《ひさ》ぐティマやキアと親しく付き合っていることも、イスラム教の指導者が売春を認めているとして激しく批判された。インドネシアの東ジャワ州スラバヤ市の青線地帯の一つであるバグンサリで、コイロン・シュアイブというイ

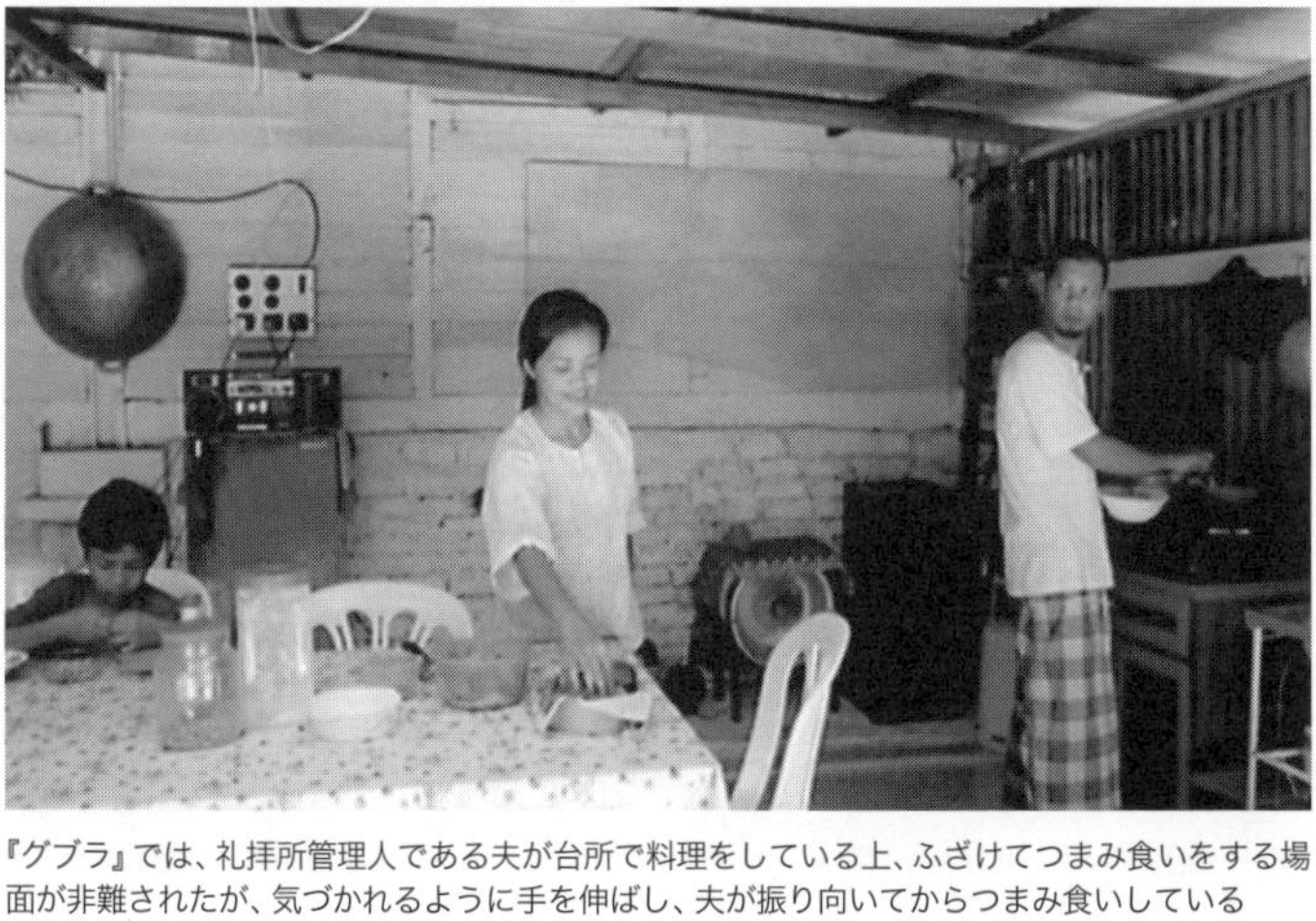

『グブラ』では、礼拝所管理人である夫が台所で料理をしている上、ふざけてつまみ食いをする場面が非難されたが、気づかれるように手を伸ばし、夫が振り向いてからつまみ食いしている

スラム教の宗教教師が宗教教室を開き、娼婦たちが信仰の道を歩む導きをしていたという実話がある。ヤスミンはこの話をもとにビラルのキャラクターを形作ったが、一部のマレー人から「マレー文化を汚すもの」と批判された。

『タレンタイム』では、カーホウがポケットに手を入れたままタン先生と話をする場面があり、これは現実のマレーシアでは教師と生徒の関係として許されない部類に入る［➡254頁］。マレーシアではかなり異様な光景で、しかもそれを積極的に行う理由が見当たらず、なぜこの場面を入れたのかはよくわからない。もしかしたら『牯嶺街《クーリンチェ》少年殺人事件』◀14を意識していたのかもしれない。これ以外にも、『タレンタイム』には『牯嶺街少年殺人事件』の場面を組み替えて別の意味を与えているような場面が見られる。◀15

社会通念や常識を嗤い、「〇〇らしさ」の裏をかく

ヤスミン作品には、「〇〇らしさ」の裏をかくようなヤスミンの遊び心が表れている場面がいくつもある。

冒頭に示したように、マレーシアにはマレー人、華人、インド人の三民族がいて、マレー人はムスリム、華人とインド人は非ムスリムというのがマレーシア社会の「常識」だ。『タレンタイム』ではこの「常識」を嗤うような設定がいくつも見られる。

▶14 エドワード・ヤン監督、1991年。1961年に台湾で実際に起こった事件をモチーフに、中学校を舞台にした少年少女の青春映画。高い評価を受けながらも配給元の倒産により再上映や再ソフト化が困難と言われていたが、関係者の尽力により制作から15年後にブルーレイとDVDが発売され、日本でもデジタルリマスター版が公開された。

▶15『牯嶺街少年殺人事件』では、教師に呼び出されたシャオスーがポケットに手を入れたまま教師の話を聞く場面がある。ほかにも、グループの中で小柄な少年が友人を救うため敵陣に乗り込もうとしたとき、木の椅子を壊して武器にしようとする場面がある。『牯嶺街少年殺人事件』では自分の非力さを補うために椅子を武器にしようとしたが、『タレンタイム』では非力なメルキンは椅子を一つ運ぶだけで精いっぱいで、友人を助けるために暴力に訴える選択肢がない様子を示している。

マヘシュの叔父のガネーシュはヒンドゥ教徒のインド人で、インド人ムスリムの恋人と宗教が違うために結ばれなかったけれど、ガネーシュを演じたムハマド・レズアン・アダムシャーはムスリムである。また、メルーの家のメイドのメイリンはイスラム教に改宗した華人だが、メイリンを演じたタン・メイリンは実生活では仏教徒である。そしてアヌアル先生の親友のタン先生は、劇中で宗教は明示されていないものの、マレーシアの「常識」に照らせば非ムスリムということになるが、その役を演じたタン・ユーリョンはムスリムである。この三人はあえて実生活と異なる宗教の信徒を演じており、「マレー人はムスリム、華人とインド人は非ムスリム」というマレーシア社会の「常識」を嗤っているかのようだ。

メルー、マワール、ムラティの三姉妹はイギリス人の祖母を持つマレー人という設定だが、メルー役のパメラ・チョンはイギリス人の母と華人の父を持つので書類上の分類では華人、マワール役のエルザ・イルダリナはマレー人、ムラティ役のアメリア・ヘンダーソンはイギリス人の父とインド人の母を持つので書類上の分類ではインド人で、三姉妹に華人、マレー人、インド人というマレーシアの三民族が揃っている。現実のマレーシアには混血者も少なくないが、公式にはマレー人、華人、

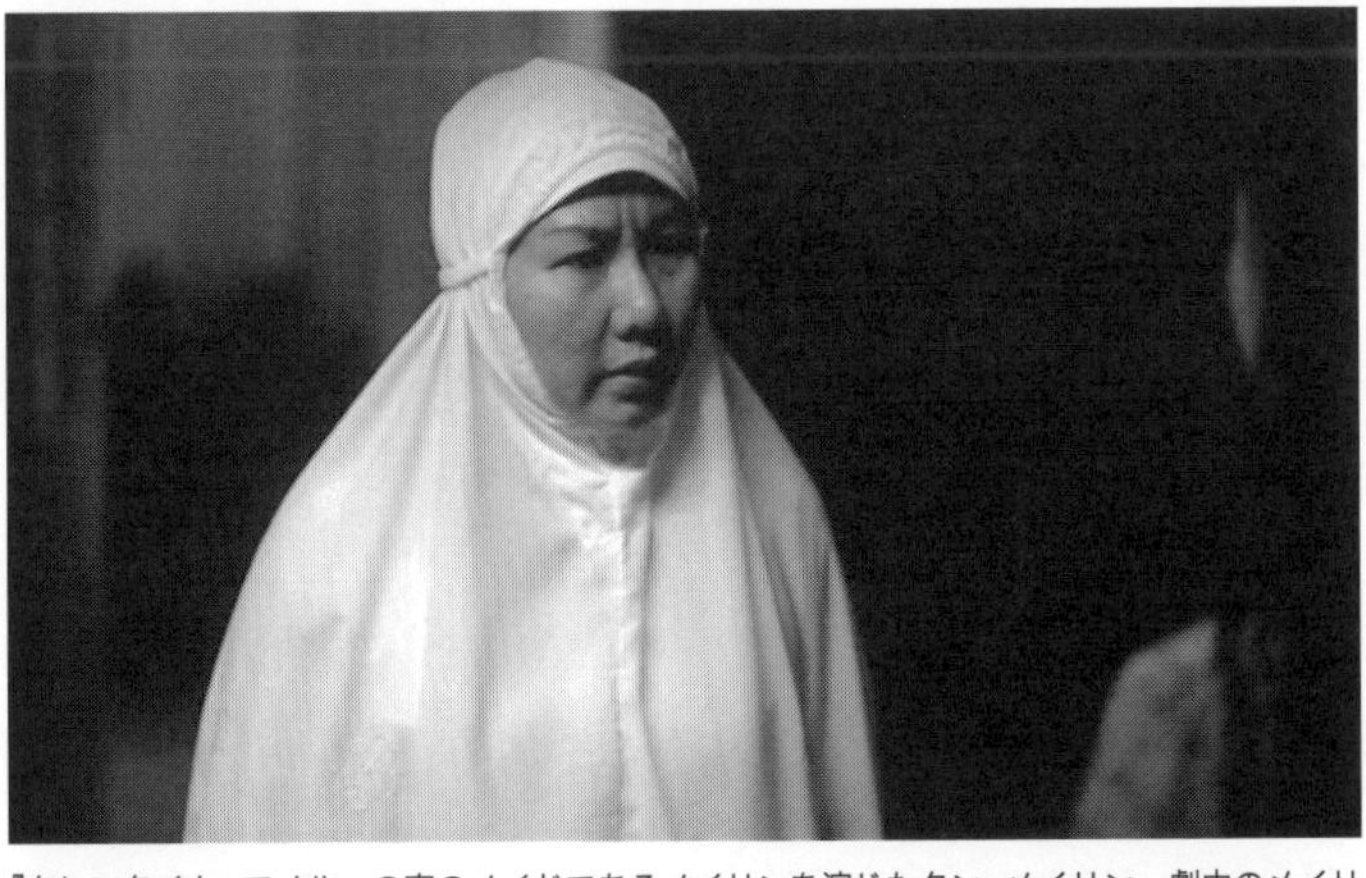

『タレンタイム』でメルーの家のメイドであるメイリンを演じたタン・メイリン。劇中のメイリンはイスラム教に改宗して家族の信仰実践に口出しするムスリムだが実生活では仏教徒

インド人の三民族のいずれかに属し、どの民族に属するかは一通りに定まるという前提で民族が捉えられている。三姉妹を三民族にすることで、現在のマレーシアの「常識」の裏をかいてヤスミンが嗤っている様子がここでも目に浮かぶ。

多言語状況を描くためにあらゆる手段を講じる

ヤスミン作品はセリフが多言語である。同じ人物が英語、マレー語、華語のように複数の言語を話すだけでなく、会話の途中で言葉を切り替えることもしばしば見られる。先述したようにこれは現実のマレーシアでは珍しいことではないが、ヤスミン登場以前のマレーシア映画ではあまり見られないことだった。

マレーシアには、ハリウッド映画や香港映画などに対抗して国内の映画産業を振興するために一九八一年に設立されたマレーシア映画振興公社(FINAS)という組織がある。ただしマレーシア映画振興公社はマレーシアで制作された映画を全て振興の対象にするわけではなく、セリフが国語(マレー語)であることなどの条件を付けている。マレー語以外

『タレンタイム』に登場するイギリス人の祖母を持つマレー人三姉妹。実際に役を演じているのは華人、マレー人、インド人で、姉妹の中にマレーシアの三つの民族が揃う

のセリフが多いと、たとえそれがマレーシアを舞台にマレーシア人の役者が出演してマレーシア人の監督が撮った映画でも、外国語映画として扱われてしまう。マレーシア映画として認められれば劇場での優先上映が認められ、免税措置も与えられる。しかし外国語映画として扱われるとハリウッド映画や香港映画との競争になって、一般の劇場での上映はほとんど期待できず、上映されたとしても免税措置がないので収益がほとんど見込めない。

このような事情があって、現実のマレーシアは多民族・多言語・多宗教の混成社会でも、映画の中のマレーシアはマレー人の役者ばかりでセリフはマレー語だけになっていた。しかしヤスミンはマレー語以外のセリフを積極的に入れて、外国語映画扱いになることを怖れず、現実のマレーシアの言語状況を反映させた作品を作った。これができた背景には、デジタル技術の進展のために制作費が安くなったことや、国際映画祭に出品して受賞することで賞金が得られる道があり、国内の劇場で上映して制作資金を回収しなければならないと考えずにすんだという事情もあった。

その一方で、ヤスミンは自分の作品をマレーシアの観客にも届けるため、国内の劇場で上映するための工夫も重ねてきた。マレーシア映画振興公社の担当者に文句を言っても突破は期待できないため、一つの文に英語やマレー語の単語が混じることを逆手に取って、英語の単語が若干入っていてもマレー語のセリフとしてカウントしてはどうかと交渉してみたり、手話の部分を脚本ではマレー語で書くことで見かけ上のマレー語の比率が高くなるようにしたりなど、冗談半分のものを含めて様々な手を使った。

観客に解釈を委ねる「余白」を使って検閲をかわす

マレーシアで公開される映像作品は、全て映像検閲局（ＬＰＦ）の許可を得なければならない。先述のマレーシア映画振興公社が基準を満たした映画に優遇措置を与えるのに対し、映像検閲局は基準を満たさなければ公開を認めない強い権限を持った政府機関である。

ヤスミン作品では、不思議なものごとが完全には説明されないままになることがある。「不思議さが物語に余白を与えている」と感じる人には魅力的に映るだろうし、「説明が不十分で物語が完全に理解できない」と不満に思う人もいるかもしれない。

『タレンタイム』においてその最たるものは、車椅子に乗った男だろう。エンドロールでは「イスマエル」という名前が与えられているが、劇中でその名前で呼ばれることはない。ハフィズの母エンブンが入院している男子禁制の病室に入ってきて、「透明人間だから他の人には見えない」とか「あなたにあわせて病人の姿をしている」とか「いつも歩かないで飛んでばかり」とか、本気だか冗談だかわからないことを言っている。そして黙ってエンブンにイチゴを差し出す。映像で登場するのはそれきりになっている。この男の正体は明らかにされないまま、イチゴを渡すことやエンブンがそれを口にすることにどのような意味があるのかも説明されず、観客の想像に委ねられている。

車椅子の男が言ったことはどれも冗談のように聞こえるが、もしそれが全て本当だとすると、ふだんは人の目に見えず、空を飛んでいて、相手にあわせて姿を変えるのだから、この男は天使なのだろう。エンブンにだけ姿が見えるのは、彼女を天に召すために神に遣わされたためだと考えられる。「死神」と呼ぶ人もいるようだが、そう見えたとしたらそれはエンブンの前に現れるときの仮の姿であり、見た目で判断すべきではない。イチゴは、それを口にすることで天に召されるという媒体なのだろう。そう考えると、男のセリフも、ハフィズが病室を訪ねたときに亡くなっていたエンブンがイチゴのへたを持っていたことも説明がつく。ただし、劇中でそうとはっきり説明していないため、観客の想像の域を超えることはない。

もしこの男が天使で、そのことが劇中で説明されていたらどうなっていただろうか。現在のマレーシアの検閲制度では、神さまや天使が人間の姿をして映像作品に登場することは認められない。この男を演じたジット・ムラドは天使と縁があるようで、『タレンタイム』とほぼ同じ頃に別のマレーシア人監督が撮った映画にも天使の役で出演しているが、その作品では劇中で「天使だ」と明言しているため検閲に通らなかった[➡371頁]。監督が毎年のように映像検閲局と交渉しているが、撮影と編集が全て終わって一〇年が経つにもかかわらず上映の見通しが立っていないそうだ。したがって、もしヤスミンや他のスタッフやキャストが「あの謎の男は天使だ」と言ったならば、『タレンタイム』はマレーシ

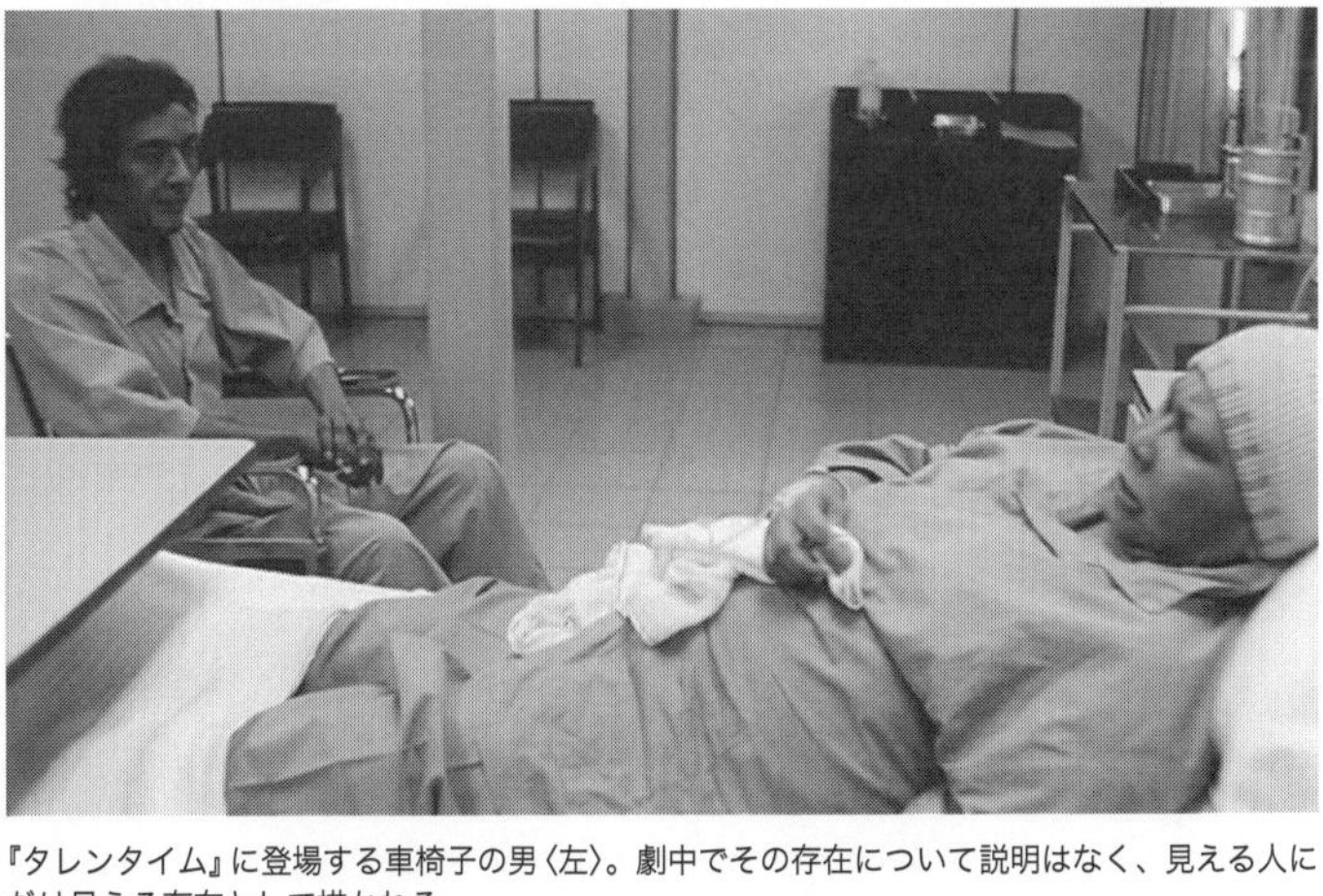

『タレンタイム』に登場する車椅子の男〈左〉。劇中でその存在について説明はなく、見える人にだけ見える存在として描かれる

アで上映が認められなかっただろうし、テレビ放映もＤＶＤ販売も認められなかっただろう。

興味深いことに、マレーシアの検閲制度は、検閲は厳しく行うが、検閲官の目と耳に入ったものだけを検閲の対象にするという縛りを自らに課しているかのようだ。『ムアラフ』で、テコンドーを習っている少女チューリップが母を守るために父を倒す場面がある。母がチューリップの後ろに隠れ、チューリップが父に向かって身構えているポーズをとり、場面が切り替わるとチューリップと母はそのままで父が地面に倒れている。話の筋を考えれば父が倒れているのはチューリップがテコンドーで倒したためで、たとえ親でも家庭内で暴力を振るう父には反逆してよいというメッセージを読み取ることもできるだろう。しかしこの二つの場面は切り離されており、チューリップが父を実際に殴って倒している場面は画面に映っていない。どれほどひどい父でも、そして自分の母を守るためでも、親は親であって、娘が親を殴り倒すのはマレーシアで認められることではない。ヤスミンはこのような暴力の見せ方を北野武の映画で学んだというが、映像を切り分けて中抜きにすることで、物語の筋を理解する人には娘が父を打倒したと見せつつ、検閲官のように映像に現れるものだけ見る人にはなぜかわからないけれど父が倒れたと見

『ムアラフ』でテコンドーを習っている少女チューリップとその両親。父に向かって身構えた場面のあとにブライアンたちの乗った自動車のカットが挟まり、次には父が地面に倒れている

せることで検閲から逃れるという作りになっている。『ラブン』でも、義母のノルに暴力を振るった隣人のイェムをオーキッドの母イノムが成敗する場面で同様の手法が使われている。

深読みの余地が生み出すストーリーの多義性

『タレンタイム』に話を戻すと、ヤスミンは車椅子の男の正体について一切語らず、イスマエルという名前をわざわざ与えている。映像に現れたものだけ見る人に対しては、女子病棟に忍び込んで意味不明のことを話してイチゴをくれた変な患者がいただけという話になる。観客がそう受け止めても全く問題ないし、物語の筋を自分なりに解釈して「あの男は天使だ」と受け止めてもかまわないし、そのどちらとも違う解釈をする人がいてもいいというのがヤスミン流だ。

先に述べた通り、ヤスミンや他のスタッフやキャストがあの男は天使だと公に言えば、『タレンタイム』はマレーシアで上映できなくなる恐れがあるが、制作と無関係の私がそれを公言しても問題はない。そして自由な解釈の延長上で深読みするならば、相手の状況に応じて姿を変えるというのなら、メルーとマヘシュが木の下のベンチに座っているときに現れた赤ちゃんたちも、謎の男が二人の雰囲気にあわせて姿を変えて現れたのかもしれないと考えてみたりする。

さらに想像を逞しくすれば、ハフィズがモスクで礼拝しているときにハフィズのそばにスズメが二羽飛んで来るのも、謎の男とエンブンかもしれない。謎の男はエンブンを天に連れていく役目を負っているが、エンブンが天に召される前に息子がこれから一人でやっていけるか少しだけ心配そうにしていたので、旅立ちの前にハフィズの様子を見せるため、自分とエンブンをスズメの姿にしてモスクに立ち寄ったのだろうか。エンブンがハフィズと最後に交わした二つの約束の一つは、きちんと礼拝することだった。一羽のスズメはハフィズが礼拝している様子を見てさっさと飛び去っていくが、もう一羽はしばらくハフィズのもとに留まり、ハフィズの礼拝を見守るようにしてから飛び去っている。

実際にはこの場面はヤスミンが意図して撮影したのではなく、礼拝の場面を撮っていたらたまたまスズメが通りかかったのだという。したがってここで書いたことは私の深読みにすぎないが、このような深読みの余地が多くあることも、ヤスミン作品の魅力の一つである。もしかしたら、天使が姿を変えて登場している場面は他にもあるかもしれない。

ヤスミンは観客に解釈の余地を与える。映像に見えるものだけで物語を受け止めてもいいし、舞台や登場人物の背景を考えたり、より想像を逞しくしたりして別の物語を読み取ってもいい。どのような受け止

『タレンタイム』で、メルーとマヘシュが座って話し込んでいたベンチのまわりに、突如としてたくさんの赤ちゃんが出現する

め方や読み取り方をしてもそれぞれ話の筋が通るような物語の作り方をしている。

『タレンタイム』の終盤で、タレンタイムの決勝の日、母を亡くして白い服を着たハフィズが舞台に立つ。演奏前に「ベストを尽くすと母と約束しました」と言ったのは、母と最後に交わした二つの約束の一つが「タレンタイムでベストを尽くすこと」だったためだ。その言葉は、どこかで見てくれているはずの母に聞かせているとともに、自分にも言い聞かせているのだろう。

ハフィズは決勝に向けて練習していた曲に替えて「I Go」を歌う。演奏中のハフィズに二胡の音が聞こえてくる。予選の演奏中にメルキンが割り込んできたときは蹴って追い払ったが、このときハフィズは驚いた様子を見せず、音が聞こえてくる方にゆっくりと目を向けている。弾いているのが誰かを知りたかったからではない。そんなことをするのはカーホウしかいないことはよくわかっている。カーホウが寄り添ってくれたことを自分の目で見ておきたかったのだろう。カーホウは何度もハフィズの顔を見ながら演奏するが、ハフィズは一度だけカーホウに目を向けたのみで、その後は最後まで前を向いたまま演奏する。

決勝で中国民謡を演奏したカーホウは赤い服を着ていた。華人のカー

タレンタイム決勝前にモスクでお祈りをするハフィズの横〈画面手前〉を二羽のスズメが順番に通る。監督によれば意図的ではないとのことだが、ヤスミン作品は想像を逞しくさせる

ホウにとって赤は新年や結婚式のお祝いに着る服の色で、優勝するぞという気合いを込めた衣装選びだったのだろう。ハフィズの母が亡くなったことを知ったのはタレンタイム当日で、他の服に着替えることはできない。ハフィズが喪中の白い服なのに、お祝いの赤い服を着ている自分がその隣にいてもいいのだろうか。葬式と結婚式を隣りあわせで行ったことがきっかけで命を落としたマヘシュの叔父ガネーシュのことが思い浮かぶ［➡22頁］。

演奏が終わって二人が向き合うと、ほぼ同時に、しかし一瞬だけカーホウから先に動いて、白い服と赤い服が抱き合う。葬儀と婚礼が一緒になっても諍いになるとは限らないという無言の訴えが聞こえてくる。

物語はここで終わり、疑問が残る。カーホウはハフィズに敵意をむき出しにしていたのに、なぜ最後に和解したのか。ヤスミンはその理由を説明していない。

ハフィズにカンニングの疑いがかけられたとき、ハフィズとカーホウは教室で口論している。「お前はお情けで点数を上げてもらえる」とカーホウが皮肉めいた言い方をして、ハフィズは「実力で勝負したい」と返す。これだけでは二人の間にどのような背景があるのかよくわからないが、先述したようにマレーシアでは大学進学でブミプトラが優先さ

タレンタイム決勝で、ハフィズ〈右〉が歌う「I Go」に二胡で途中から伴奏するカーホウ〈左〉。二人の視線は一度だけ絡み合う

れることを知っていれば、華人のカーホウがマレー人のハフィズにブミプトラ優先への不満をぶつけているとも理解できる。

ブミプトラ優先はマレーシアで最も基本的な政策の一つで、それを非ブミプトラの子が軽々しく批判する姿は一部のマレー人には看過しがたいことだった。『タレンタイム』がマレーシアで公開されたときに批判があったことは先述したが、マレーシアの政府系の批評誌に載った記事に、「カーホウがブミプトラ優先を批判したような口の利き方をしたのは彼の幼さと未熟さを示しており、最後にハフィズに伴奏して抱擁したのは自分の愚かさを悔い改めてハフィズに代表されるマレー人に許しを乞うたのだ」と書かれており、私はそれを読んで腰を抜かすほど驚いた。しかしヤスミンはこの解釈も含めて肯定も否定もしないという態度を貫いた。

一般的には、メルーへの恋心と結びつけて解釈されているようだ。タレンタイムの決勝当日、会場に椅子を運ぶ途中でメルキンがカーホウに声をかけ、カーホウが二胡で弾いている曲の題は「茉莉花」〔➡278頁〕で、「茉莉花」はマレー語では「メルー」なので、カーホウはメルーに気があるのではないかと尋ねる。カーホウは肯定も否定もせず、「誰にも言うなよ」とメルキンを睨む。このやりとりから、カーホウも密かにメルー

カーホウ〈右〉がハフィズ〈奥左〉に対して「お情けで点を上げてもらえる」と言ったことは、マレーシアの文脈ではブミプトラ優先への不満にも聞こえる

のことが好きだったけれどマヘシュに取られて失恋し、同様に振られたハフィズへの憎しみが消えたとする解釈が生まれる。これはこれで一つの解釈として成り立っている。

私の解釈はそれとは少し違っている。タレンタイムの会場はアディバ先生が勤めるアンダーソン高校だが、参加資格は近隣の学校にも開かれている。ハフィズやカーホウやマヘシュはアンダーソン高校の生徒だが、メルーは大学進学予備課程の生徒なので通う学校が異なる。だからアディバ先生はメルーのことを知らなかったし、アヌアル先生とタン先生もタレンタイムでメルーと初めて対面している。ハフィズもマヘシュもメルーと初対面だった。カーホウよりずっと社交的に見え、メルーと民族が同じなのでふだんの行動範囲が重なる可能性が高いハフィズですらメルーのことを知らなかったのに、カーホウがメルーのことを知っていて、しかもメルーに懸想して「茉莉花」という曲を選んだというのは考えにくい。また、仮にカーホウがメルーに密かに想いを寄せていたとしても、同じ女性に振られた男どうしの連帯が以前のいがみ合いをすっかり洗い流すというのも考えにくい。

カーホウがハフィズへの態度を変えたのはタレンタイムの当日だった。メルキンとの会話では、メルーのことが好きなのかと尋ねられたこ

カーホウは、メルーのことを言われても動揺することはなかったが、ハフィズの母が亡くなったことを聞くと動きを止め、考え込むような表情を見せる

とに加え、ハフィズの母が亡くなったことも知らされた。メルーのことを言われたときには肯定も否定もせず「誰にも言うなよ」と言うだけで表情も変えていないが、ハフィズの母が亡くなったと聞くとカーホウはその場に立ち尽くし、何かを考え込んでいる表情になる。

母と言えば、カーホウの母はどこで何をしているのだろうか。劇中に登場しないどころか気配も全く感じられない。想像を膨らませるならば、カーホウには母がいないのかもしれない。それならば、カーホウがハフィズに激しいライバル意識を燃やしていることも合点がいく。ハフィズは病気の母の看病をしながらしっかり勉強もするのでみんなから気にかけてもらうし立派だと褒められるけれど、たとえ病院でしか会えないとしてもハフィズは母に毎日会うことができる。しかし世の中には、どんなに会いたくても、もう母に会えない人もいる。『ムアラフ』には、週末に会いに来てという母に冷たい態度をとるブライアンに対して、母を亡くしているロハニが「お母さんに会いたくても会えない人もいるのよ」と言い、実家に帰って母に会ってくるようにと言う場面がある。

母への思いゆえの嫉妬心だとしたら、ハフィズが母を亡くしたと聞けば嫉妬心は消えるし、気持ちはその反対に向かうだろう。母を亡くしたハフィズの気持ちがわかるのは母を失う経験をした人だけだからだ。

「茉莉花」は、もしかしたらカーホウの母に由来する名前だったのではないだろうか。メルキンに「気があるのか」と言われて「誰にも言うなよ」と言ったのは、本当に大切にしていることは他人に触れられたくないという気持ちが働いて、親友のメルキンにも隠しておきたかったからなのかもしれない。

　これらは私の願望を込めた解釈で明確な根拠はないので、ヤスミンが聞いたら違うと言うかもしれないし、これと違う解釈をする人もいることだろう。肝心なのは、観る人の立場や関心や気分によって解釈が異なり、どの解釈も成り立つという意味で物語が多義的であるということだ。現時点ではある解釈がしっくりくると思う人も、何年か経って『タレンタイム』を観たときには、また別の解釈の方がよいと思うかもしれない。

つながりを埋め込む「遊び心」が育む想像の翼

　ヤスミンは遊び心いっぱいの人で、作品にいろいろな仕掛けを入れている。それに気がつかなくても物語の理解には全く妨げにならないけれど、気づくと裏の物語が現れて、マレーシアの社会や私たちの常識は揺さぶられ、裏をかかれ、出し抜かれる。そんな仕掛けをもう一つ紹介しよう。

『タレンタイム』で、マヘシュの叔父のガネーシュは、かつて結婚したいと思った恋人がいたけれど、彼女がムスリムで宗教が違うからと家族の反対に遭い、添い遂げることができなかった。ガネーシュは彼女がいつか自分のもとに戻ってきてくれるのではないかと淡い期待を抱いて独身を通していたが、彼女もずっと独身のまま安アパートに暮らしていて、最近になって亡くなったことを知った。安アパートに暮らしていたというのは、いつなんどき好きな人と一緒に暮らすことになっても大丈夫なようにとずっと思っていたということだ。それなのに、彼女が一人で暮らしていたことも亡くなったことも知らなかったし、亡くなったことを知った後も、宗教が違うために彼女を弔えないままになっている。だから、もし死んだ後の世界で彼女と再び出会うことができるならば、そこでは宗教が違うという理由で二人の間が妨げられることなく彼女と結ばれたいと願い、そのことを書いたメールをマヘシュに送った。

現在のマレーシアの「常識」に従えば、宗教が違えば死後に行く世界が異なるため、ガネーシュと元恋人は会えないことになる。ヤスミンも当然そのことをよく理解した上で、神さまが本当に全知全能であるなら宗教の違いのために二人を分けたりしないはずと願望を込めて考え、死後に元恋人と結ばれることを願うとガネーシュに言わせている。

元恋人が亡くなったと知ったガネーシュは結婚することにする。結婚式に向けて生地選びをしていたガネーシュの婚約者が、心ここにあらずのガネーシュの顔にいたずら半分で白い布をかぶせる。ガネーシュの葬儀のときにマヘシュがそうだったように、白い布が頭にかぶせられるのは葬儀が一区切りついたことを意味する。告白のメールが読まれ

結婚式に向けての生地選びをしている婚約者をよそに、心ここにあらずといった風情のガネーシュ。このあとふざけた婚約者に白い布をかけられる

たタイミングで頭に白い布をかぶせられたことは、ガネーシュが元恋人を彼なりの方法で弔った一区切りがついたと理解できる。

ガネーシュが亡くなった日、ガネーシュたちが結婚式を行っているはずのマヘシュの家に向かうパトカーが、サイレンを鳴らしながらマヘシュのオートバイを追い抜いていく。この場面に挿入されるヒンドゥ寺院での喇叭《らっぱ》と太鼓の演奏はヒンドゥ教の結婚の儀礼を想起させる。結婚の成立を示す太鼓のドーンという音で場面が切り替わり、ガネーシュが命を落としたことが知らされる。死と同時に「結婚」を迎えたガネーシュは、願い通りに元恋人と結ばれただろうか。

喇叭と太鼓の場面ではヒンドゥ寺院の神々の像が挿入され、演奏がクライマックスになると女神像がアップになる。その表情は神秘的で何を思っているかはっきりせず、ガネーシュの結婚を見守っているようでもあり、ガネーシュを冷ややかに見ているようでもある。ヒンドゥ寺院の他の神々の像と交互で映されるため、これもヒンドゥ寺院の女神像だと思ってしまうが、これより後(物語内の時間ではこれより前)、ガネーシュが婚約者と生地を選びに行き、亡くなった元恋人のことを考えて心ここにあらずになっている場面で、生地屋にマネキン人形が何体か置かれており、女神像だと思ったのは生地屋のマネキン人形だったことがわかる。

ガネーシュの死を描いた場面で、喇叭と太鼓の音をバックに、ヒンドゥ寺院の神々の像の画像が次々と映し出される

ヒンドゥ寺院の女神のように見せておいて実はマネキン人形だというのはいかにもヤスミンらしいおふざけで、「なーんだ」ですむだけの話でもあるが、深読みを逞しくするならば、これはガネーシュの元恋人のこの世での仮の姿かもしれない。そう思ってガネーシュの「結婚」の成立を告げる太鼓のドーンという音の直前に映る女神像を見てみると、ずっと待っていた愛する人とようやく結ばれるのを前にいろいろな感情が混じりあった表情にも感じられる。

以上のように、ヤスミン作品には、提示する情報を綿密にコントロールしつつ、物語に余白を作ってその解釈を観客に委ねることで、公開を巡る障壁を巧みに避けつつ社会の常識を揺さぶる仕掛けが随所に施されている。その仕掛けの存在がまた、想像を逞しくさせ、物語を多義的に愉しめる要因にもなっている。

女神像だと思われたものは、実はガネーシュと婚約者が結婚式を前に生地選びに行った店のマネキンだったことがわかる

『グブラ』の撮影の様子

『細い目』の撮影の様子

『細い目』の撮影の様子

『グブラ』の撮影の様子

第3章

脚本に見る物語の継承と多層化
——マレーシア映画史におけるヤスミン

ヤスミン作品の特徴の一つに、古今東西の映画や文芸作品などを継承しつつ紡ぎ合わせる手法がある。その特徴を分析するにあたって、ヤスミンとヤスミン作品がマレーシアの映画史でどのような位置を占めるのか、まずはマレーシアにおける映画の受容史から振り返ってみたい。

大雑把な流れとしては、マレーシアの映画は国境を越えて多民族が集う混成的なものとしてシンガポールで始まり、一九五〇年代に「マレー芸能の父」P・ラムリー〔➡62頁〕をスターとする黄金時代を迎えた。その後、シンガポールとマレーシアが別々の国になった一九六〇年代後半にはマレーシアがマレー人中心の国づくりを進めていき、一九七三年のP・ラムリーの死後は混成性を失って国内のマレー人ばかりに向けた映画になっていく。その時代が長く続き、二〇〇〇年代に入ってヤ

地図1　マレーシアと周辺諸国

スミンが登場する頃に再び混成性が開花したと言える。

地名について少しだけ説明しておきたい（地図1、2）。現在のマレーシアにあたる地域に初めて映画が紹介されたのは一八九八年だが、その頃にはマレーシアという国はまだなく、あったのはマレー諸国とシンガポールだった。マレー諸国がしだいにマラヤにまとめられていき、一九六三年にマラヤとシンガポールが一緒にマレーシアになり、一九六五年にシンガポールがマレーシアから分かれて現在に至る。そのため、正確に言うならば一九六三年以前のことをマレーシアと呼ぶのはおかしいが、ここでは便宜上一九六三年以前でもマレーシアと呼ぶことがある。また、一九六五年以前については、マレーシアと書いたときにシンガポールを含めることがある。

地図2　半島部マレーシア

混成映画からマレー映画へ――黎明期からヤスミン登場前夜

マレーシアで最初に制作された現地映画は、中国・広東出身のクォック・チウマン（郭超文）が監督した一九二七年の『新客』▶16だった。中国生まれでマラヤに移住したファクエン（華強）がジョホール州ムアールにあるゴム会社で職を得て、社長の娘の

▶16　英題は『New Friend』。以下（　）に入れて示している数字は公開年、人名は監督である。

ワイチン（慧貞）と親しくなる。それに嫉妬した事務職員のフクシン（福勝）がファアクエンをシンガポール勤務にして二人は引き離されるが、ワイチンがシンガポールの学校に進学して再会を果たすというストーリーである。

ただし、マレーシア映画はマレー語映画であるべきという考え方があり、華語映画である『新客』をマレーシアの現地映画と認めるか否かについては現在でも意見が分かれる。『新客』を現地映画に含めない立場では、最初のマレー語映画であるインド人監督B・S・ラージハンスの『レイラとマジュヌン』（一九三三年）がマレーシアで制作された最初の現地映画となる［➡295頁］。ここにも一端が見られるように、マレーシアの初期の映画は、英領時代のシンガポールで、インド、中国、フィリピンのスタッフが中心になって、現地出身とインドネシア出身のキャストを交えた混成的な作品だった。

インドネシアのアチェに出自を持ち、自身はマラヤのペナンで生まれたP・ラムリーは、一九四八年の『チンタ』[17]で映画初出演を果たして以来、俳優・監督・歌手をこなす大スターになり、映画を含むマレーシアの芸能に大きな影響を残した。当時のシンガポールは、第二次世界大戦中の日本軍政による窮乏と荒廃からの復興再建を進めるとともに、戦前の旧秩序に替えて自由で平等な社会を作ろうとする雰囲気に満ちていた。P・ラムリーがベチャ（輪タク）引きに扮して階級社会を描いた『ベチャ引き』[18]（一九五六年）、マラッカ王国の英雄ハン・トゥアを通じて支配者への忠誠か正義かを問いかけた『ハン・トゥア』[19]（一九五六年）、マラヤ共産党との戦いを日本軍との戦いに置き換えた戦争映画で現在も愛国映画として名高い『ハッサン軍曹』[20]

▶17　原題は『Cinta』。
▶18　原題は『Penarik Beca』。
▶19　原題は『Hang Tuah』。
▶20　原題は『Sarjan Hassan』。

（一九五八年）など、娯楽映画であるとともに社会正義や愛国主義を鼓舞する作品が多く作られた。この時代に複数のプロダクションが誕生して黄金期を迎え、大スタジオ時代が到来した。

　イギリスからの独立後、一九六五年のマレーシアとシンガポールの分離を経て、マレーシアの映画制作はクアラルンプールが中心になる。しかしテレビが普及したことに加え、インドネシア映画が人気になり、一九六七年にはマレー・フィルム・プロダクション、一九七二年にはキャセイ・クリス・プロダクションがスタジオを閉鎖して、大スタジオの時代が終わりを告げる。マレーシアでは一九六九年の五月一三日事件［⬇337頁］をきっかけにマレー人を中心とする国づくりが強化され、さらに一九七三年のP・ラムリーの死が追い打ちとなって、これ以降のマレーシアの映画は混成性を失ってもっぱら国内のマレー人に向けたマレー語映画になっていく。それを制度的に推し進めたのが、第２章でも紹介した映像検閲局とマレーシア映画振興公社だった。

　検閲は英領時代に映画とともにマレーシアに持ち込まれ、独立前の一九五四年に映像検閲局が設立された。初期には共産主義対策が主な目的だったが、後に宗教、暴力、道徳に対象が広がり、P・ラムリー映画の定番だった「お化け、お色気、ギャンブル」はマレー映画から

マレーシア芸能界に大きな足跡を残したP.ラムリー。彼の功績を称えた記念館も設立され、その人気ぶりがうかがえる。写真は記念館に飾られていたポスター〈2013年２月撮影〉

姿を消すことになる。
マレーシア映画振興公社はハリウッドなどの外国映画に対してマレーシア映画を振興するために一九八一年に設立された。しかし、第2章で紹介したように、マレーシア映画振興公社にとってのマレーシア映画とは、実際にはマレー人向けのマレー語映画のことである。ヤスミンがそれに対抗したように、マレーシアの多民族社会の実情を反映して華人やインド人が登場してマレー語以外のセリフが多くなると外国語映画として扱われ、結果として国内映画館での上映の機会が制限されてしまう。このため、マレーシアの映画館で上映される現地制作の映画は、マレー人の役者が出演するマレー語のセリフだけのマレー語映画だけになった。

一九八一年にマハティール・モハマドが第四代首相に就任すると、彼のもとで工業化や都市化が急速に推し進められ、経済開発によって便利で快適な生活が得られるようになった。しかしその一方で、伝統的価値が失われつつあることや、自分たちの考え方や生活様式に西洋文化が抜きがたく影響を及ぼしマレー文化が薄れていくことへの危惧が意識され、マレー文化の柱としてイスラム的価値観を積極的に捉えようとする考え方が見られるようになる。

マハティールによる工業化・都市化、経済開発以降の重要なマレーシア映画として、以下の作品が挙げられる。国民文学を映画化したジャミル・スロンの『いばらのあぜ道』◀[21]（一九八三年）は、近代化に抗って過酷な暮らしを余儀なくされるマレー人農民の一家を描いた。これに対してラヒム・ラザリ［⬇355頁］は、『愛国者の死』◀[22]（一九八四年）で、土地開発を巡る殺人と復讐

▶21 原題は『Ranjau Sepanjang Jalan』。
▶22 原題は『Matinya Seorang Patriot』。

の物語にマレー社会の伝統的価値の喪失の嘆きを織り込んだ。ラヒムは失われつつある伝統的価値に替えてイスラム教の要素を映画に積極的に取り入れ、『サラワクの息子』[23]（一九八八年）ではサラワクを舞台に開発か伝統かの対立をテーマとしつつ、異なる宗教間の恋愛・結婚を織り込んだ。

シュハイミ・ババの『ベールの人生』[24]（一九九二年）は、オーストラリアとレバノンを舞台に、西洋近代の価値観とイスラム教の教えのそれぞれに従う女性二人を対比させて、女性の強さを描いた作品である。また、シュハイミ・ババは『ララのスクリーン』[25]（一九九七年）で、大スタジオ時代の映画人に敬意を払いつつ新たな世代への映画文化の継承を謳った。エルマ・ファティマの『ラスト・マレー・ウーマン』[26]（一九九九年）は、マレー文化が色濃く残る東海岸のトレンガヌ州を訪れたマレー人男性の劇作家が自らの西洋性とマレー性の間で葛藤する姿を描いた。

ウウェイ・サアリ[27]はマレー社会の周縁部からマレー人性の多様性を描く作品を作り続けた。『女、妻、そして娼婦』[28]（一九九三年）では男性を誘惑する女性を通じて規範や倫理に縛られない自由な女性を、マレーシア版「納屋を焼く」[29]の『放火犯』[30]（一九九五年）ではマレー人社会への同化を拒むジャワ人移民の父子を、国民文学の映画化である『闘牛士』[31]（一九九九年）ではタイ南部のパタニのマレー人をそれぞれ描いた。

▶23 原題は『Anak Sarawak』。
▶24 原題は『Selubung』。
▶25 原題は『Layar Lara』。
▶26 原題は『Perempuan Melayu Terakhir』。
▶27 日本では「ウ＝ウェイ・ビン・ハジサアリ」とも表記されるが、「ウウェイ・サアリ」の方がよい。
▶28 原題は『Perempuan, Isteri dan…』。
▶29 米国の作家ウィリアム・フォークナーの短編小説『Barn Burning』(1939年)。
▶30 原題は『Kaki Bakar』。
▶31 原題は『Jogho』。

新たな潮流の誕生と成長——ヤスミンの登場とその功績

二一世紀に入ると、デジタルカメラの普及によって低予算の自主制作が可能になり、若いインディ監督たちが身近な物語を語り始め、国内での公開ではなく国際映画祭で高い評価を得ていった。新たな潮流の嚆矢となったのはドキュメンタリー作家のアミール・ムハンマドで、クアラルンプールのチョウキット地区で一九八七年に起こったマレー人兵士による銃乱射事件を取り上げた『ビッグ・ドリアン』[32]（二〇〇三年）や、マラヤ共産党の指導者チン・ペンについての人びとの語りを集めたミュージカル仕立てのセミ・ドキュメンタリー『最後の共産主義者』[33]（二〇〇六年）を撮った。アミールの作品は、国内で上映できずに海外の映画祭で上映されたものが多かった。

『ラブン』から『タレンタイム』まで六作の長編を発表してマレーシア映画の新しい潮流の牽引役の一人になったヤスミンは、国際映画祭で賞を受けて得た賞金を若手の監督たちに制作資金として提供することで、『愛は一切に勝つ』[34]（二〇〇六年）のタン・チュイムイや、『ポケットの花』[35]（二〇〇七年）のリュウ・センタら華人を中心とするインディ監督たちの活躍の道を切り拓いた。ただし、こうした新たな潮流の牽引役を一人ヤスミンに代表させるのは言葉が過ぎるだろう。ヤスミンが映画監督として活躍した二〇〇三年から二〇〇九年までとその少し前の時期には、マレーシアでは様々なスタイルの映画が花開き始めていた。

二〇〇〇年代に入ると、民族ごとや地方ごとの限られた範囲での流通を前提に、国内の映

▶32 原題は『The Big Durian』。
▶33 原題は『Lelaki Komunis Terakhir』。
▶34 原題は『Love Conquers All』。
▶35 原題は『Flower in the Pocket』、華語題は『口袋里的花』。

画館でも海外の映画祭でも上映されることがなく、ビデオCDで流通する映画が作られた。ボルネオ島のサバ州でアブバカル・エラによる『オラン・キタ』[36]シリーズや『PTI——不法恋愛』[37]シリーズが作られ、半島部ではインド人によるタミル語映画も生まれた。

映像検閲局やマレーシア映画振興公社のもとで映画では描かれなくなっていたテーマに挑戦する動きも出てきた。悪霊の存在を認めることになるホラー映画は認められなかったが、シュハイミ・ババは『月下美人と吸血女』[38]（二〇〇四年）でマレー世界のお化けであるポンティアナックを登場させ、結末を夢落ちにすることで悪霊は現実には存在しないという描き方をした。この上映が認められたことで、夢落ちの手法を使うことでホラー映画は事実上解禁となった。

ヤスミンは盟友ホー・ユーハン［➡400頁］と一緒に長編監督デビューを果たし、ユーハンの『ミン』[39]とヤスミンの『ラブン』に互いにカメオ出演する仲だった。ユーハンは大人への階段を上る華人少年を描いた『RAIN DOGS』[40]に代表されるように華人社会を描き、主にマレー人社会を描いたヤスミンとよい組み合わせになっていた。二人に加えてディーパク・クマラン・メノンが『砂利の道』[41]（二〇〇五年）と『ダンシング・ベル』[42]（二〇〇六年）でインド人の境遇を映像にしており、マレーシアの三民族を描いた映画として三人が一緒に取り上げられたりした。

ヤスミンは六編の長編を残して二〇〇九年七月に亡くなった。ヤスミンが抵抗し続けた結果の置き土産の一つとして、マレーシア映画の条件としてのマレー語以外のセリフについての規定が緩やかになり、華語やタミル語の映画の上映機会が増え、社会の多様な姿が描かれ

▶36 原題は『Orang Kita』。
▶37 原題は『PTI: Percintaan Tanpa Izin』。
▶38 原題は『Pontianak Harum Sundal Malam』。
▶39 原題は『Min』。
▶40 原題は『太陽雨』。
▶41 原題は『Chenman Chaalai』。
▶42 原題は『Chalangaai』。

るようになったことが挙げられる。そのことがさらに多様で自由な映画の誕生を後押しした。『黒夜行路』[43]（二〇〇九年／ジェームズ・リー）では裏社会を潜り抜けた華人青年が表社会に戻るが、『タイガー・ファクトリー』[44]（二〇一〇年／ウー・ミンジン）では華人少女が幼児売買と代理母に手軽に手を染める。二〇一〇年頃から春節（華人の正月）の時期の華語映画の公開が慣例となり、チウ・ケングアンの『ジャーニー』[45]（二〇一四年）や『オラ・ボラ』[46]（二〇一六年）が作られた。『ジャーニー』は、マレーシア華人女性がイギリス人男性の恋人を連れてキャメロン高原にある実家に帰り、中華文化を守ることを何よりも大切にする年老いた父と対立する物語で、民族や文化習慣の違いを乗り越えた恋愛模様は「ヤスミン的」と評された。

二〇一五年の『世界の残酷』[47]（サンジェイ・クマール・ペルマル）は、インド人の貧困や暴力の現実を突きつけて多くの観客に衝撃を与えた。ここにもヤスミン作品の影響がうかがえる。ただし、二〇一六年のマレーシア映画祭では作品賞がナショナル作品賞とマレーシア作品賞に分けられ、『世界の残酷』がマレーシア作品賞に、『ムナフィック[48]（偽信者）』［➡70頁］がナショナル作品賞になった。「ナショナル作品」はマレー語映画、「マレーシア作品」はマレー語以外のマレーシア映画という位置付けとのことで、マレー語映画を差し置いてタミル語映画の『世界の残酷』に作品賞を与えるのは受け入れがたいという心情が働いたものと想像されるが、これにはマレー人を含む多くの映画人が異議を申し立てた。

障害を抱えた人を主役にした作品が制作されるようになったことも、ヤスミンの影響だと言える。『聾者』[49]（二〇一二年）は聴覚障害を持つ青年ウダが人工内耳を埋め込む手術の費用を稼

▶43 英題は『Call If You Need Me』。

▶44 原題は『The Tiger Factory』。

▶45 原題は『一路有你』、英題は『The Journey』。

▶46 原題は『Ola Bola』。

▶47 原題は『Jagat』。アジアフォーカス・福岡国際映画祭での上映時のタイトルは『はぐれ道』。

▶48 原題は『Munafik』。

▶49 原題は『Pekak』。

ぐために違法ドラッグの売人になるが、ウダがこの人の声を聴きたいと思った少女ダラ（シャリファ・アマニ⬇415頁）はウダに売人をやめさせようとする。『タレンタイム』で医者役を演じたハフィズ・イブラヒムは初監督作品の『ひたむきに生きる』[50]（二〇一六年）で聴覚障害を持つ子と視覚障害を持つ子の友情物語を描き、エンドロールに「ヤスミン・アフマドに捧げる」と書いた。父が自閉症の子を育てる『献身』[51]（二〇一六年）は、二〇一七年のマレーシア映画祭で、父役のナムロン［⬇345頁］の主演男優賞を含む四つの賞に輝いた。二〇一八年には、ガラス細工の音色に魅了された自閉症の青年を描いた『光』[52]が制作されている。

ヤスミンを強く意識しつつヤスミンとは違う映画を撮ると自負する映画人として、ディン・サイードとバーナード・チョウリーが挙げられる。イスラム化以前の基層文化の力強さに希望を託すディン・サイードの『ブノハン』[53]（二〇一二年）は東海岸のクランタン州を舞台にスタイリッシュな殺しを描き、バーナード・チョウリーの『イスタンブールに来ちゃったの』[54]（二〇一二年）は冬服を纏った異国情緒の恋物語を描き、それぞれ新たなマレー人像に挑戦した。

タブーへの挑戦と混成性の再興——テーマと制作環境の変化

近年では、テーマの幅が広がり、従来は映画で描くことが認められなかったテーマや、認められてはいたけれど興行収入が見込めず制作されなかったテーマへの挑戦がされている。

▶50 原題は『Tulus Ikhlas』。
▶51 原題は『Redha』。
▶52 英題は『Guang』。
▶53 原題は『Bunohan』。
▶54 原題は『Istanbul Aku Datang』。

先述した『月下美人と吸血女』の公開をきっかけにホラー全盛期を迎え、漫画家であるラットの弟ママ・カリドは『ピサン村のゾンビ』[55]（二〇〇七年）に始まる「ハントゥ・カリマ」シリーズでホラー・コメディの道を切り拓いた。父親が映像制作会社を経営する映画人一家に生まれたシャムスル・ユソフは、悪霊がコーランの言葉であるアラビア語を話す『ムナフィック（偽信者）』（二〇一六年）を撮った［⬇68頁］。二〇一八年にはこの二人の『ハントゥ・カリマ』[56]と『ムナフィック（偽信者）2』[57]の興行収入が歴代一位と二位になった。

お色気映画は、法規制もあるが社会規範のためにあまり制作されないという事情もある。それでも映画人たちは法規制の網の目を掻い潜って、自由な表現への試みを重ねてきた。インドネシア語とマレーシアのマレー語はもともと同根の言葉で、互いにほとんど通じるけれど、ときどき同じ言葉で意味が違うことがある。マレーシアで放送禁止用語リストの二番目に載っている男性器を意味する俗語がインドネシアでは老若男女問わず日常的に使う言葉と同じであることを利用して、マレーシアとインドネシアの合作映画『うちのおバカ社長』[58]（二〇一六年）では、インドネシア語のセリフの形を取ってマレー語の放送禁止用語が練り込まれた。なお、検閲は二〇一〇年代半ばに一時的に厳しくなり、実生活で夫婦ではない男女が役の上で夫婦のように身体的接触を持つ場面がカットされたことがある。

かつてLGBTを扱った映画は、HIV／AIDS予防啓発のためにクアラルンプールの青線地帯として知られたチョウキット地区で女性や女装男性の実際のセックスワーカーが出演した『ブカ・アピ』[59]（二〇〇〇年）が作られただけだった。しかし二〇一一年には、同性愛者

▶55 原題は『Zombi Kampung Pisang』。
▶56 原題は『Hantu Kak Limah』。
▶57 原題は『Munafik 2』。
▶58 原題は『My Stupid Boss』。
▶59 原題は『Bukak Api』。

や異性装者が最後に死ぬか後悔するというバッドエンドにすることを条件にLGBTを描く映画が認められ、『ビンの中の……』[60]が作られたが、この分野で見るべき作品はまだ少ない。

マレーシア映画の今日まで至る最大のタブーは共産主義で、共産主義を倒す映画は称賛されるが、共産主義に好意的な映画は公開が認められない。一九五〇年にジョホール州ムアールのブキット・クポン警察署が共産主義ゲリラに襲撃され、警官と家族に多くの犠牲が出た実際の事件を警察側から描いた『ブキット・クポン』[61]（一九八一年）は、現在でも国内各地の学校で参考上映されている。しかし共産主義者やそのシンパに親しみを込めて描いた作品は、『新村』[62]（二〇一三年）のように、国内での上映が認められない。この点に関して、マレーシア出身で台湾に拠点を移したラウ・ケクフアットが自分の祖父の足跡を辿ったドキュメンタリー『不即不離――マラヤ共産党員だった祖父の思い出』[63]（二〇一六年）が、映画館以外ではあるがマレーシア国内での上映が認められたことは特筆に値する。

テーマの広がりに加えて、近年のマレーシア映画を巡るもう一つの変化として、制作現場における混成性の再興が挙げられる。日本で学んだエドモンド・ヨウやリム・カーワイを含め、外国に制作拠点を移したり外国の映画人と合作したりする華人の監督が増えた。エドモンド・ヨウは『破裂するドリアンの河の記憶』[64]（二〇一四年）で、東海岸のクアンタンに設置された放射性廃棄物処理場に対する反対運動を織り込んだ。

二〇一八年の政権交代の前後から、マレーシアの映画は新たな顔を見せている。これまで上映が認められなかった作品が公開されるようになってきており、こうした公開環境の変化

▶60 原題は『…Dalam Botol』。

▶61 原題は『Bukit Kepong』。

▶62 英題は『The New Village』。

▶63 原題は『不即不離』、英題は『Absent without Leave』。

▶64 原題は『榴蓮忘返』、英題は『River of Exploding Durians』。

も、近年のマレーシア映画を巡る動きの中で特筆すべきものの一つである。

デイン・サイードによって二〇〇六年に制作された『ドゥクン』[65]は、呪術によって政治家を殺害したとされたモナ・ファンディが一九九三年に死刑判決を受けた事件をモチーフにした作品である。モナ・ファンディの遺族の反対により封印されていたが、二〇一八年に劇場公開された。

ニック・アミール・ムスタファの『ノヴァ UFOを探して』[66]（二〇一三年）は、先述したシュハイミ・ババの『ララのスクリーン』のスタイルを借りて、現在の若い映画人たちが先人たちに敬意を表しつつ新世代の映画を作るという決意表明である。そこに集った一人であるブロント・パラレがプロデュースした『十字路』[67]（二〇一八年／ナムロン）は、外国人移民が置かれた厳しい境遇に共感の目を向けるとともに、それを許している警察の腐敗を描く異色作で、政権交代の前では劇場公開が難しかっただろうと評された。

外国人移民を描く作品も上映の機会が増えている。サラワク州クチン出身で台湾を拠点にする蔡明亮《ツァイミンリャン》がマレーシアの外国人移民を描いた『黒い眼のオペラ』[68]（二〇〇六年）は、マレーシアでの公開時に多くの場面がカットされた。『ナシレマ2・0』[69]（二〇一一年）で長編デビューしたマレーシア映画界の「お騒がせ者」ネームウィーの監督作で、マレーシアで外国人労働者が我が物顔で振る舞っていることを批判してバングラデシュ人を揶揄した『バングラシア』[70]（二〇一四年）は、制作時には国内での上映が認められなかったが、『バングラシア2・0』[71]として二〇一九年に劇場公開が実現した。

▶65 原題は『Dukun』。
▶66 原題は『Terbaik dari Langit』。
▶67 原題は『1, 2, Jaga』。
▶68 原題は『黒眼圏』、英題は『I Don't Want to Sleep Alone』。
▶69 原題は『Nasi Lemak 2.0』。
▶70 原題は『Banglasia』。
▶71 原題は『Banglasia 2.0』。

ヤスミンへと至る道①――P・ラムリーらが描く異民族間の恋愛と結婚

ヤスミンは自分自身をマレーシアの映画史にどう位置付けていたのだろうか。先に紹介したように、『細い目』には、ジェイソンとオーキッドがマレー映画について話す場面で、「P・ラムリー時代のマレー映画はよかったのに、最近のマレー映画はどうかしてしまっている」というセリフがある。この「P・ラムリーの映画」はどの作品を指しているのだろうか。

先述の通りP・ラムリーはマレー映画の黄金期を代表する監督・俳優で、多くの映画を監督しており、出演作を含めるとその数はさらに多くなる。「P・ラムリーの映画」は、具体的な作品を念頭に置いているわけではなく、マレー映画の黄金期の映画を漠然と呼んだと理解するのが一般的だろう。しかし、ここではあえて「P・ラムリーの映画」を絞り、異民族・異教徒の恋愛を扱った一九六八年の『霧雨』[72]だと考えてみたい。

マレーシア映画で異民族・異教徒どうしの恋愛を描いた最初の作品は、植民地期のシンガポールでマレー人少年ハッサンと華人少女ライライの恋愛を描いた『グッバイ・マイ・ラブ』[73]（一九五五年／L・クリシュナン）である。二人の恋愛はハッサンの母に反対され、ハッサンは命を落とす。公開時には異民族の女性のためにマレー人男性が死んだことが批判された。

マラヤの独立から一〇年後に作られた『夜明け後』[74]（一九六七年／P・ラムリー）では、妻サルミとの関係が冷え切った書店経営者でマレー人男性のアリフィンが華人女性のアリスと親し

▶72 原題は『Gerimis』。
▶73 原題は『Selamat Tinggal Kekasihku』。
▶74 原題は『Sesudah Subuh』。

くなり、アリスとの結婚を期待するが、アリスに夫がいることがわかってサルミとの関係が修復される。夫婦関係が疎遠になったのはサルミが家庭を顧みずに婦人会の活動に勤しんだためで、サルミは自分の過ちに気づいてアリフィンに謝る。この翌年に作られた『霧雨』では、富裕なマレー人家庭に生まれた画家のカマルがインド人ダンサーのリラと恋に落ち、それぞれの父から結婚を反対されたために駆け落ちする。ところが、困窮生活を経てカマルが会社社長になると、顧客のマレー人女性ティナから呪術をかけられたカマルはリラを捨ててティナと結婚してしまい、リラは生まれたばかりの赤ちゃんを連れて家を出る。

『夜明け後』と『霧雨』の双方で監督と主演をつとめたP・ラムリーは、異民族の交流を描く明確な意図を持っており、『霧雨』は異民族・異教徒の恋愛が結婚に結びついた最初の作品として知られている。ただし、P・ラムリーは当時のマレー映画界の大スターだったため、物語の焦点をP・ラムリーに当てざるを得ない。外ではプレイボーイだが家では妻や母に頭が上がらない男性の役を演じることが多かったP・ラムリーを主演にした結果、これらの作品において異民族の女性との恋愛は、マレー人男性には(一時的な思い込みだとしても)幸福をもたらすが、異民族の女性には幸福をもたらすものではない。

一九七三年のP・ラムリーの死後、マレー語を中心とするマレーシア映画の振興の牽引役となったのはジンス・シャムスッディンで、後に自ら監督・主演となって共産主義ゲリラとの戦いを警察側から描いた『ブキット・クポン』[➡71頁]で知られる。ジンス・シャムスッディンの監督・主演による『明日はまだある』[75](一九七九年)では、マレー人男性で警官のザムリが、

▶75 原題は『Esok Masih Ada』。

妻のファリダから遺伝した病気で息子と娘を失い、ファリダとの関係が疎遠になる。ザムリは銀行強盗から救出した華人実業家の娘マリナと知り合い、孫がほしいザムリの父の希望でザムリはマリナを第二夫人に迎え、ザムリは生まれた男児を両親に預けてファリダに世話をさせる。マリナは息子を取り戻そうとするが、息子はマリナが自分の母だとわからない。『明日はまだある』では、マレー人か非マレー人かを問わず、女性は子を産むか育てるかの役割しか期待されていない。この作品が映画初出演となったアゼアン・イルダワティ［➡364頁］がファリダを演じた。

先述したように、一九八一年に発足したマハティール政権のもとで急速な経済開発が進められ、伝統的な価値が蔑ろにされていく中で、ラヒム・ラザリはマレー人らしさとはどうあるべきかを問い、イスラム教による社会の統合に可能性を見出そうとした。ラヒムは『サラワクの息子』において、異民族間の恋愛を男女両方のハッピーエンドとして描こうとした。マレー人男性アザムは地方開発担当の役人として奥地に配属され、地元住民による反対運動を受けながらも経済開発を進める。アザムは取材のため同行した華人ジャーナリストのメイリンと恋に落ち、メイリンがイスラム教に改宗することで二人が結婚する。

『明日はまだある』と『サラワクの息子』では、ともに公務に忠実なマレー人男性が職務で華人女性と知り合い、マレー人男性の家づくりに華人女性が取り込まれる形で結婚する。国家が進める経済開発によって都市化や工業化が進む中で、マレー人中心の秩序を維持しつつ多民族社会を統合するというマレーシアの課題が垣間見える。

ヤスミンへと至る道②——先行作品への異議申し立て

『サラワクの息子』では結婚を男女両方にとってのハッピーエンドとしたが、非マレー人女性が改宗と結婚によってマレー人男性に取り込まれる構図への批判から、その後は混血者または非マレー人による監督作品で、男女の民族性を入れ替えてマレー人女性と異民族・異教徒の男性の恋愛が描かれた。

一九九七年の『ただの友だち』[76]では、フィリピン人とインド人の混血者で俳優のハンスとマレー人で歌手のエラが、どちらも本人役で出演して恋人どうしを演じ、二人の関係は映画上のことか現実かが話題になった。劇中では、駆け出しの二人が俳優や歌手として売れていくにつれてすれ違いが増え、互いに相手の仕事上のつきあいに嫉妬するが、仕事上のパートナーであり続ける。二人の私生活上の関係ははっきりせず、恋人どうしなのかと尋ねられても「ただの友だち」と答える[⬇335頁]。

二〇〇〇年の『スピニング・ガシン』[77]は、音楽バンドを組むために出会ったマレー人、華人、インド人、ユーラシアン(欧亜混血者)の青年男女が旅に出て、華人男性ハリーとマレー人女性ヤティが互いに好意を抱く。海外留学経験があるハリーとヤティは保守的な男女交際の考え方に囚われずに二人の関係を深めようとするが、周囲の人びとは宗教と民族が異なる二人の交際を快く思わない。改宗は信仰のために行うもので結婚の手段にするのはおかしいと考える二人は、マレーシア社会に受け入れられる解決方法を見つけられずに別々の道を歩む

▶76 原題は『Hanya Kawan』。

▶77 原題は『Spinning Gasing』。

〔↓358頁〕。『スピニング・ガシン』は改宗による結婚をハッピーエンドとした『サラワクの息子』に対する非マレー人からの異議申し立てになっている。

『ただの友だち』を監督したハリス・イスカンダル〔↓332頁〕はマレー人とイギリス人の混血者で、『スピニング・ガシン』の監督のテック・タンは海外に留学して映画制作を学んだ華人である。この二つの作品では、マレー人女性は職業を持っていたり若者だけの旅行に出かけたりしており、親の庇護から出て家に縛られずに自由に行動する。結婚をゴールとせずにマレー人女性と異民族・異教徒との恋愛が成り立つのは、彼女たちの恋愛が自由意思に基づくためである。

『スピニング・ガシン』と同じ頃に作られた『夢見るムーン』[78]（二〇〇〇年）は、ランカウィ島を舞台とするマレー人少年ムーンとインド人少女ヴィナの恋物語である。二人は幼なじみで仲良しだったが、ヴィナの母の死をきっかけにヴィナがムーンと距離を置くようになり、ムーンの父が開発した万能薬を巡る騒動をきっかけに二人の関係が修復される。マレー人女性のシュハイミ・ババの監督作である『夢見るムーン』では、ムーンとヴィナの民族が異なることには何ら特別な意味が与えられず、劇中で二人の民族性は全く言及されない。歌手のニン・バイズーラがムーンの妹役、アイダ・ネリナ〔↓336頁〕がラテンアメリカから来た謎の女を演じた。

二〇〇三年に国家映画局とマレーシア映画振興公社が制作した『パロー』[79]は、再びマレー人男性と非マレー人女性の恋愛に戻った。第二次世界大戦が終わりを迎えようとしている一九四五年、生き残りのために日本軍の憲兵になったマレー人男性のアフマドは、洗濯係で

▶78 原題は『Mimpi Moon』。

▶79 原題は『Paloh』。

華人女性のシウランと親密になる。シウランはマラヤ共産党の地区幹部である父の指示で日本側の情報を入手するためにアフマドに接近するが、アフマドに心惹かれていき、恋愛感情と任務の間で引き裂かれる。日本の降伏で戦争が終わると、マラヤ共産党は戦争中に個人的な感情で対日協力者と通じていたとしてシウランに自己批判を求め、シウランがアフマドと一緒に撮った写真を持っていたことがその証拠として示される。アフマド役をナムロン［↓345頁］、シウランの父役をトー・カーフン［↓341頁］が演じた。

ヤスミン作品に込められた先行映画への敬意と懐疑、そして応答

ここまで紹介してきた作品の系譜の上に作られたヤスミン作品は、それらの先行作品への応答になっている。そのことを明確にするためもあってか、ヤスミン作品には先行作品で鍵となる人物を演じた俳優や制作に深く関わった映画人たちが出演している。『細い目』のジェイソンの父役は『パロー』に出ていたカーフン、オーキッドの父役は『ただの友だち』を監督したハリスである。『グブラ』には、この二人に加え、『パロー』に出たナムロンが礼拝所管理人役で出演した。『ムアラフ』のロハニの父は『サラワクの息子』を監督したラヒム、『タレンタイム』のハフィズの母は『明日はまだある』に出演したアゼアンが演じた。

『細い目』で、ヤスミンはマレー人少女と華人少年の恋愛を当然のことのように描いた。学

校で「マレー人の男だと満足できないのか」とからかわれたオーキッドは、「昔からマレー人男性が異民族と結婚しても誰も文句を言わなかったのに、マレー人女性が同じことをするとなぜ文句を言われるのか」と怒った。これは華人のタン・ユーリョンを夫に持つヤスミンが実生活で繰り返し経験してきた問答でもある。「マレー人の男だと満足できないのか」というセリフは、『ムクシン』で華人とインド人の二人がビリヤードをしているのを見ているマレー人女性にも向けられている。

『細い目』で、ジェイソンがオーキッドと撮った写真を持っていたのが見つかって「罰」の対象になるという脚本は『パロー』への応答が意識されてのものである。『パロー』でシウランはアフマドと一緒に撮った写真を破り捨てることでアフマドとの関係を清算したと見なされて組織から許されたが、ジェイソンはオーキッドとの写真を靴箱に入れて大切に保管していた。『細い目』でジェイソンが命を落とす結末は、『グッバイ・マイ・ラブ』が批判されたのは死んだのがマレー人だからか、それとも男性だからなのかという問いを突き付けている。

『グブラ』で、浮気相手と一緒にいるところをオーキッドに見られた夫のアリフは、「彼女は君が仕事で家を空けることが多くて寂しかったときにたまたま現れた女性で、何の価値もない存在だ」と言って許し

『細い目』で、妹のマギー〈左〉を妊娠させた男を捜す海賊版CD売りの元締めジミー〈右〉。マギーはジェイソンの財布にあったオーキッドとの写真を見てジェイソンが相手だと認める

を請う。それを聞いたオーキッドの怒りはさらに激しくなり、その鉾先はアリフ個人からマレー人男性全体に向かう。家庭を蔑ろにしたと責められた妻が許しを請うことで夫婦の関係が修復された『夜明け後』と異なり、オーキッドはアリフを許さない［➡140頁］。

異民族・異教徒の改宗による結婚をハッピーエンドとした『サラワクの息子』の監督であるラヒムが父役で出演する『ムアラフ』は、「宗教は違っても教えの中身は同じ」というメッセージを伝えるとともに、異教徒どうしのロハニとブライアンが交際する予感を描くことで、宗教の壁を超えることは片方への一方的な「改宗」ではなく「改心」であると訴えた。

『タレンタイム』にはアゼアンの娘のエルザ・イルダリナが出演し、アゼアンが演じているエンブンとはアゼアンの母の名前なので、アゼアンとその母と娘の三世代の女性たちの共演になっていると見ることができる。『明日はまだある』はザムリとその父と息子の三世代の男性たちの物語で、アゼアンが演じたファリダを含む妻たちは添え物扱いだった。『タレンタイム』で父も夫もいない状況でハフィズを一人で育てた母の役をアゼアンに演じさせたのは、『明日はまだある』と立場を逆転させることでアゼアンの花道を飾ろうとしたヤスミンの気遣いだった

『グブラ』で夫のアリフ〈右〉の浮気を決して許さないオーキッド〈左〉。荷物を詰めて家を出る準備をしている最中、アリフのひどい言い訳に怒りが頂点に達する

のではないだろうか［↓269頁、364頁］。

マレーシア映画史の文脈にその作品を位置付けてみると、ヤスミンがマレーシアにおいて長きにわたって語られてきた物語の語り手の継承者であることがよくわかる。中でも異民族どうしの関係の持ち方、恋愛、結婚、家族の作り方というテーマは、マレーシアが多民族国家であるがゆえに映画史にも裏に表に繰り返し現れ、マレーシア映画そのものをある面で規定してきたと言える。ヤスミンはそうした複数の作品を役者やスタッフまで含めて取り込み、紡ぎ合わせる中から、いくつものストーリーが想起される多層的な脚本による物語世界を織り上げている。これは、物語に余白を設けて解釈を観客に委ねることで多義的な世界を示すこととはまた違った魅力の一つとなっている。先行する作品に対する明確な応答が込められていることも、ヤスミン作品を無二のものにしている。

『ムアラフ』のラストシーン。猛スピードで車を走らせてロハニたちの家に来たブライアンが、一度は靴のまま入るも出てきて靴を脱ぐ。ロハニたちが家にいることと交際の予感が描かれる

第4章
文化的基盤の読解と翻訳を希求する作品世界
――背景の読み解きと多色字幕

私がヤスミンの映画に強く惹かれるのは、もちろん作品自体が持つ魅力によるところが大きいが、私自身のマレーシアとの出会いも関係している。私は高校生時代の一年間、マレーシアの地方都市で生活した経験がある。ここでは、私がマレーシア研究と映画を用いた地域研究に取り組むまでに至った個人的体験を紹介しながら、また別の角度からヤスミン作品の魅力について考えてみたい。

一九八〇年代、マレーシアの学生生活――個人史から①

私のマレーシアとの出会いは、東南アジアの料理や雑貨が「エスニック」と呼ばれて日本で広く知られるようになる数年前の一九八四年のことだった。当時一七歳の高校二年生だった私の身のまわりでは、外国への関心と言えばもっぱら英語圏だったが、私は中学生時代の担任の先生の影響もあって中国文化に関心を持ち始めていた。通っていた高校が外国からの交換留学生を受け入れており、この制度を使えば中国に行けると思ってそのプログラムに応募した。ところが当時は高校生の中国への交換留学プログラムはなかったため、面接試験のときに言われた「マレーシアには華僑が多いから[80]」という言葉がきっかけでマレーシアに行くことにした。

マレーシアについては地理の教科書で読んだ知識しかなく、錫と天然ゴムの生産量が世界一であることしか知らなかった。マレーシアがマレー人、華人、インド人の三民族からなる多民族国家で、イギリスの植民地時代に錫鉱山で採掘するために中国から、ゴム農園で樹液を採取するためにインドから労働者が呼ばれ、植民地化以前からいたマレー人とともに多民族社会が作られたということすら知らなかった。その頃に日本で手に入るマレーシアの本といえば、観光ガイドブックをのぞけば、出版されたばかりの『もっと知りたいマレーシア[81]』があるだけだった。

こうして予備知識をまったく持たないままマレーシアでの生活が始まった。滞在先はジョホール州のクルアンという地方都市だった。後で知ることになるが、ヤスミンの生まれ故郷であるムアールと近かった。ただしムアールはマラッカ海峡に面した沿岸部にあるが、クルアンは内陸部にある国道と鉄道が交わる街で、ヤスミン作品の舞台となるイポーと雰囲気がよく似ていた。

▶80 中華系マレーシア人のことを「華僑」と呼ぶ人がいるが、「僑」には「仮住まい」という意味があるため、マレーシアで生まれ育ってマレーシアを祖国と考える中華系マレーシア人は「華僑」と呼ばれることを嫌う。同様に「中国人」と呼ばれることも嫌い、自分たちのことを「華人」と呼ぶ。ただし英語では「Chinese」なので区別されない。

▶81 綾部恒雄・永積昭編『もっと知りたいマレーシア（もっと知りたい東南アジア4）』弘文堂（1983年）。

クルアンの市街地は歩いても短時間で十分にまわれるほどの大きさで、私が通ったクルアン高校のほか、ショップハウスがいくつかあり、大きな商業施設はエンポリアム（百貨店）が二軒、映画館が一軒、ホテルが一軒ある程度だった。それを取り囲むように郊外に住宅地があり、その先にゴムやアブラヤシの農園が広がっていた。市街地では様々な民族の人と出会ったが、住宅地では地区ごとにおおよそ民族が分かれて住んでいるようだった。私のホームステイ先はクルアンから車で一時間半ほどの場所にあるアブラヤシ農園の中にあった。

ホームステイ先は華人家族で、「父」と「母」、そして私と同じ学年で数か月年上の「兄」と三つ年下の「弟」がいた。マレーシアの中等教育は中学三年間と高校二年間の五年制で、中学一年から高校二年まで通してフォーム1からフォーム5と呼ぶ。[82]「兄」はフォーム5（高校二年）を終えたところ、「弟」はフォーム3（中学三年）だった。

前述したように、マレーシアではフォーム5を終えるときにSPM[83]と呼ばれる全国統一の修了試験がある。この試験の成績によって大学に進学できるかどうかが決まるとても重要な試験である。海外の大学に留学するには高額な学費や生活費がかかるため、よほど経済的に余裕がある家庭でない限り奨学金がなければ留学は難しい。マレーシア国内の大学は当時全国で六校しかなく、狭き門で競争が激しかった。奨学金を受けるのも国内の大学に進学するのもSPMの成績で決まる。ただし、マレーシアにはマレー人と先住諸族をブミプトラとして優先するブミプトラ政策があり、華人やインド人にとってはさらに門が狭いため、SPMで成績を一点でも多く、順位を一番でも上にするために必死になる。

▶82 マレーシアの公立小学校はマレー語、華語、タミル語、英語で教える学校に分かれており（現在は英語小学校は廃止）、公立中学校は全てマレー語で教えている。マレー語以外で教える小学校の卒業生は中学入学前に1年間のマレー語クラスに通うため、中学校に入るときにマレー語小学校の卒業生から1年遅れることになる。フォーム5に上がったとき、マレー人は16歳、非マレー人は17歳である。

▶83 マレーシア教育証書（SPM：Sijil Pelajaran Malaysia）。SPMを得るための試験のこともSPMと呼ぶ［➡288頁］。学期は1月に始まり、SPMは11月頃に行われ、成績は3月頃に発表される。

私がホームステイしたのは、ちょうど「兄」がSPMを終えたタイミングだった。SPMに通って進学すると、フォーム6と呼ばれる二年間の大学進学予備課程で勉強しつつ、大学から入学許可が出た時点で大学に移っていく。SPMからフォーム6が始まるまで何か月かの期間がある。このとき試験勉強から解放された一七～一八歳の少年少女は、成績が出るのを待ちながら、次の勉強や仕事が始まるまでの束の間に精いっぱい羽をのばす。毎週末のようにキャンプをしたりダンスパーティーを開いたりして、男の子や女の子が新しい出会いを重ねていく。男の子たちはガールフレンドができると互いに報告しあった。華人どうし、インド人どうしの付き合いが多く、まれに華人とインド人が付き合い始めるとみんなで祝福して、興味半分で見守った。ただし華人やインド人がマレー人と男女交際に発展することはなく、「マレー人の女の子と付き合ったら後が大変なことになる」と冗談めかして言うだけだった。

毎日を精いっぱい楽しみながら、いずれ社会に出ていくことへの漠然とした不安から、ふとしたときに友達どうしで進路について話しこむこともあった。高校生までは互いの服装や持ち物に大きな差がなくても、高校卒業後のことを考えるようになると家庭環境の違いが大きくなり、他人との違いが互いに意識されるようになる。

『細い目』でのオーキッドも、SPMの成績が出るまでの間、友人たちの家で開かれるダンスパーティーに参加していた

新学期になり私も学校に通うことになったが、「兄」が通うフォーム6はまだ始まっていなかったので、私は一時的にフォーム5に入れられた。そこでクラスメートたちとすっかり仲良くなり、「フォーム6が始まった後もフォーム5のクラスにいさせてほしい」と学校に頼んだが、彼らは数か月後に控えたSPMのためにこれから必死で勉強しなければならず、留学生の相手をしている余裕はないという理由で認められなかった。

フォーム6の最初の一週間は、新入生に対するオリエンテーションだった。実態は上級生による新入生しごきで、新入生一人ひとりに自己紹介させて、出身地や民族をからかう冗談を言ったりする。それを不愉快に思って抗議する人もいたが、これを経験することでその学校の一員としての仲間入りが認められるという一種の儀式だった。旧宗主国イギリスの学校で行われていた慣習を真似したのがはじまりで、現在でもマレーシアの学校で広く行われているそうだ。

オリエンテーションが終わると、生徒によるタレンタイムがあった。演奏や歌のコンテストであるタレンタイムは、一九四〇年代末にシンガポールのラジオ局が始めるとすぐにマレーシア各地に広まり、職場ごとや団体ごとに行われていたが、現在ではやや下火になってもっぱら学校

タレンタイムの決勝当日。母を亡くしたハフィズ、マヘシュとの恋愛に悩むメルー、ハフィズの母が亡くなったことを知ったカーホウ。それぞれの思いを胸に決勝が始まる

ごとに行われている。私は日本の歌を歌ってほしいと頼まれて、エンポリアムで日本の歌のカセットテープを買った。「兄」はギターの才能があり、カセットテープを繰り返し聞くうちにギターで弾けるようになった。留学生だった私は特別扱いしてもらったようで、予選に出ることなく決勝のステージに上らせてもらった。「兄」のギター伴奏で一曲歌って入賞し、映画の招待券をもらった。

フォーム6では、学期の初めにはクラスにマレー人と華人がほぼ半数ずついたが、マレー人は大学進学が決まったり奨学金が出たりして次々と抜けていき、半年もするとクラスはほとんど華人ばかりになった。

家から学校へは車で送り迎えしてもらわなければならなかったため、放課後も「兄」と一緒に行動することがほとんどだった。「兄」はオープンな性格でいろいろな民族の友人がいたが、華人の友人が最も多く、私も自然と華人の友人が多くなった。放課後まっすぐ家に帰らずに友人たちとクルアンの市街地で遊ぶこともあったが、小さい街なので行く場所は限られる。高校生でお小遣いも少なかったため、屋台で食事して、エンポリアムのカセットテープ売り場をのぞいて、商店街の行きつけの店を何軒かひやかして、A&Wレストラン[84]でジュースを飲みながらおしゃべりするというのがお決まりのパターンだった。

「兄」は、「自分は華人だから初めからわかっていたことだ」と言っていたが、結局のところ国内の大学への進学の機会も奨学金も得られず、私費でオーストラリアの大学に留学することにして、その準備のためクアラルンプールのカレッジに移った。私のホームステイ先は経

▶84　アメリカ発のハンバーガーやルートビアを売るファストフード・チェーン。フィリピン、タイ、インドネシア等の東南アジアにも進出している。

済的にかなり余裕がある家庭だった。「弟」も数年後に「兄」と似た道を辿り、SPMを終えても国内の大学への進学の機会も海外留学の奨学金も得られず、私費でアメリカの大学に留学した。

マレーシアでは、教室数の不足を補うために学年ごとに午前授業と午後授業を分け、それを学期ごとに交替していた。「兄」がクアラルンプールに移った頃に「弟」は午後授業になっていて、私は毎朝「弟」と家を出て、自分の授業が終わってから「弟」の授業が終わるまでの間、市街地で華人以外の友人と過ごす機会が増えた。マレー人たちと街に行くと、同じ商店街を歩いて同じエンポリアムに入っても、華人たちと一緒のときと立ち寄る店や見る商品が違っていた。それでも、街歩きをした後でA&Wに入ってジュースを飲んでおしゃべりするのは一緒だった。一九八〇年代のマレーシアの地方都市では、民族が違う少年少女は街ですれ違うことがあっても出会うことはほとんどなく、出会うとすれば市場かファストフード店ぐらいだった。

『細い目』で、マレー人のオーキッドはAが五つという成績で奨学金を得て留学することになった。華人のジェイソンはAが七つだったとメイドのヤム〈左〉から聞かされたオーキッドの母〈右〉

人生で大切なことの全てをマレーシアで学ぶ――個人史から②

ホームステイ先の「父」は書類上は華人だが、心の中では自分は華人ではないと思っていたようだ。「父」はプラナカン▶85の両親のもとに生まれ、家庭では英語とマレー語を使い、華語は挨拶程度しかできず、漢字は自分の名前がかろうじて書ける程度だった。それでも書類上は紛れもない華人で、ひとたび家を出ると周囲からは華人として扱われ、華人として振る舞わざるを得なかった。

「母」は中華文化の継承者であることに誇りを持つ華人だった。漢字の読み書きはもちろんできるし、華語と広東語を話した。英語も話したが、込み入った話になるとわからないことも多かった。「父」と「母」が出会った頃は二人の共通の言葉がなく、英華・華英辞書を引き引き会話していたそうだ。やがて辞書を使うことはなくなったが、思い出の辞書は今でも二人のベッドルームの枕元に置かれている。

ホームステイ先の宗教は仏教だった。マレーシアで仏教と言えば中国の民間信仰と大乗仏教が混交したものを指すことが多いが、「我が家」はマレーシアでは少数派の上座仏教だった。家の中に仏壇があり、「母」は朝夕の礼拝を欠かさず、週末には家族で寺に行った。上座仏教徒の集まりは講話もお経も英語で、私もみんなと一緒に英語で般若心経を唱え、「兄」のギターにあわせて英語の仏教ソングを歌った。

「父」の両親はマラッカ出身のプラナカンだった。「祖母」は家でサロン（マレー風の巻きスカート）

▶85 かつて外国（主に中国）から東南アジアに移住して現地女性との通婚により現地文化を受け入れ、マレー語を話したりマレー風の服装をしたりするようになった（ただしイスラム教には改宗していない）人びとのこと。中華系プラナカンのうち男性をババ、女性をニョニャと呼び、あわせてババ・ニョニャと呼ぶこともある。

を巻き、ニョニャ料理（中華系プラナカンの料理）を作ってくれた。中でも私は落花生入りのスープが好きだった。「祖父母」は中国の民間信仰と大乗仏教が混交した方の仏教徒だった。「おじ」（「父」の兄弟）たちは全て上座仏教徒だったが、「おば」（「父」の姉妹）たちは全てプロテスタントのキリスト教徒だった。「祖父母」の家で食事するときには、「おじ」たちも「おば」たちも一緒にテーブルを囲んだ。しかし、後に「祖母」が亡くなって仏教式の葬式を挙げたとき、「父」や「おじ」たちは「これは自分たちのやり方と違う」と言いながらも墓地で冥銭を焚いたけれど、「おば」たちは墓地の外から見ているだけだった。異なる信仰の儀礼に参加しているところを人に見られたくないため、墓地の外まで来るのが精いっぱいだったらしい。信仰が違えばたとえ家族であっても弔うことができない。「母」は二人の息子に、「結婚相手は外国人でも華人以外でもかまわないけれど、自分が死んだ後で弔ってもらえるように絶対に仏教徒にしてほしい」と繰り返し言っていた。

「父」は何ごとも受け止める人で、息子たちとは友人どうしのように接することもあったが、「母」は礼儀や作法を重んじる人だった。私がうっかり日本の考え方ややり方を持ち込もうとすると、ときには厳しく、ときには冗談めかして、「それはマレーシアでは通用しない」と教え

『タレンタイム』で、一晩帰ってこなかったマヘシュ〈右〉を心配して待っていた母は、マヘシュがムスリムのマレー人と一緒に帰ってきたのを見て泣き崩れ、怒りをあらわにする

てくれた。教えてもらったことは多く、人生で大切なことは全てマレーシアで学んだと言ってもよいほどだが、最も基本的なことは、「頭の中で考えていることは言葉で言わなければわからない」ということだった。話をしているときに相手と同じ意見だからと思ってうんうんと頷いていているだけではだめで、どう思うかを言わなければいけない。他人と同じ意見だったとしても違うところを見つけて言わなければいけない。

これに関連して、たとえ相手が悪いと思っても、そのことは言葉で伝えなければいけない。どんなに腹が立って我慢の限界を超えても、そして誰の目から見ても相手が一方的に悪かったとしても、言葉で言わずに手を出してしまえば自分の方が悪いことになる。

もう一つ、他人との間で決めたことは守らなければいけないが、決めていないことを他人が守らなくても文句を言ってはいけない。常識に照らしても合理的に考えても当然だと思うことでも、言葉にして約束していなければ他人がその通りに振る舞わなくても責めることはできない。ただし、言葉にして約束したのならば、それはきちんと守らなければならない。

そして、親は大切であり、特に母親は大切にしなければならない。親を大切だと思っているだけではだめで、離れて暮らしていても毎週会い

『ムアラフ』でブライアンの母は、週末にペナンの実家に戻って車で教会まで送ってほしいと毎週のように電話をかけてくる。ブライアンは面倒そうに応答するが、自分からは電話を切らない

に行くなどの行動で示さなければいけないし、大切だと思っていることを言葉で伝えなければいけない。

これらのことは、私のホームステイ先だけでなく、程度の差こそあってもマレーシアのほとんどの家庭で共有されていたようだ。多民族・多宗教・多言語の社会で互いに考え方もやり方もまるで異なるため、言葉に出さなければ互いに何を考えているかわからないし、相手の事情を忖度して勝手に行動するとかえって悪い結果にもなりかねない。だから考えていることはきちんと言葉で説明して、みんなで合意したことは守らなければいけない。以心伝心を是とする日本の環境で育った私はかなり戸惑ったが、慣れてくるとその方が見知らぬ人どうしでもつきあいやすいと感じるようになった。

こうして振り返ってみると、マレーシアで過ごした一年間で体験したエピソードや学んだことの一つひとつが、ヤスミンが映画を通じて伝えたかったであろうテーマやモチーフとリンクしているように感じられる。ヤスミン映画にも描かれているように、異なる人びとが一つの社会を作ってきたマレーシアは、そのためにかなりのコストを払ってきた。そのようにしてマレーシア社会が編み出してきた「他人と違ったままで付き合う技術」が広まっていけば、世界はもっと平和になるに違いない。外国や外国人と接するとき、国際政治や経済からのアプローチだけでなく、人間関係の作り方やそのもととなる考え方を理解することも大切で、そのことを伝えていくことにも意味があるはずだ。こう思って、私は帰国後にマレーシア研究の道に進むことにした。

研究対象地域はボルネオ島のサバ州にした。フィールド調査ではコタキナバル市内のブルネイ系マレー人の家庭に間借りさせてもらい、新しい「父」と「母」、そして三人の「妹」たちと約四年間生活した。家庭でもっぱらマレー語が使われるマレー人ムスリムの生活は、家庭で英語と広東語が半々の華人仏教徒の生活とは、また何もかもが異なっていた。

マレーシア映画文化研究会という運命――ヤスミンとともに

研究内容をまとめて一区切りついた後、クアラルンプールにある国際交流基金の日本文化センターの下山雅也所長から「おもしろいマレーシア映画がある」という話をうかがった。私はそれまでマレーシア映画は一、二作しか観たことがなく、難しい文学作品のようでとっつきにくい印象があった。そもそも一九八〇年代のマレーシアの映画館は、現在のようなショッピングモールにあるシネコンと違い、売店で落花生やカボチャの種を買って入り、食べかすを床に散らかしながら映画を観るので、真っ暗な足元をネズミが走り抜けたりしてあまり居心地のよい場所ではなかった。

ところが、下山さんが紹介してくれた『細い目』は、私がイメージしていたマレーシア映画とまるで違い、その後の私の人生を大きく変えた。主役のオーキッドとジェイソンがチャーミングであることや、取り巻く人びとが二人を優しく見守っていることも魅力的だったが、私にとって印象的だったのは、マレーシアに本当にいそうな人びとによる本当にありそうな話でありながら、一つひとつの場面は実際になさそうな（あるいは、あるべきでないと考えられていそうな）ことばかりで［↓37頁、131頁］、まるで間違い探しのクイズを見せられているような気がしたことだった。

マレー人でムスリムであるオーキッドが店先に焼き豚がぶら下がっている中華食堂に入っていく（しかもマレー人の民族衣装であるバジュクロンを着て）ように、現実のマレーシアでは考えにくい場面がしばしば出てきた。そもそも、私の個人的体験に照らしても、マレー人少女と華人少年が付き合い、それを家族も友人も祝福しているというのは、現実のマレーシアでは「ないもの」のはずだ。

そう思って『細い目』を観直してみると、私が留学以来つぶさに見て、理解して、語ってきた現実のマレーシアには「ないもの」がたくさんみつかった。しかし、この「ないもの」が難しい。バジュクロンを着たマレー人が焼き豚がぶら下がっている中華食堂に入る場面はヤスミンの実際の経験に基づいており、そうする人が少ないといっても禁止されているわけではない。マレー人と華人との男女交際も、ヤスミンの夫が華人であることを考えれば、数は少ないとしても「ないもの」と言うこと

『細い目』では主役のオーキッド〈左〉とジェイソン〈右〉のチャーミングさに多くの人が魅了されたが、華人とマレー人の交際など「もう一つのマレーシア」を描いたことも人びとを惹きつけた

はできない。

これらをマレーシアの社会通念に照らして「ないもの」と言うことは、一般的な傾向として言うならば間違いではなく、マレーシアの比較的年配の人に尋ねれば、おそらくほとんどの人が「ないもの」と答えるだろう。しかし、だからといって「あってはならないもの」ではないし、むしろ「あってもいいもの」かもしれない。では、「マレーシアのことを理解して語る」とはどういうことなのか。それは誰にとってのマレーシアなのか。そうではないマレーシアは存在しないし、存在するべきではないということになるのか。

『細い目』に続いて『グブラ』を観て、こうした疑問が生じたのはヤスミンが意図的に仕掛けたためだと確信した。『細い目』は、夫婦や親子、雇い主とメイドなど、主に家庭内の関係を逆転させることでマレーシアの社会通念に挑戦していた。『グブラ』は、礼拝所管理人が犬に触ったり、家で妻にからかわれたりしていて、宗教的な権威に対する社会通念にも挑戦していた。そのため『グブラ』は、すでに紹介したように、マレー人の保守層から「マレー文化を汚すもの」と激しい口調で罵られた。すると続く『ムクシン』では、飼っていた鶏を殺してしまった猫のブジャンに「文化を汚すもの」という罵りの言葉がぶつけられた。『グブラ』がマ

『細い目』で、ジェイソンと待ち合わせた中華食堂に来たオーキッドは、入口の豚肉に驚きの声をあげる

レー文化を汚すものだという批判に対して、ヤスミンはそれを正面から受け止めて、その言葉をそのまま投げ返したのである。

すでに述べたように、ヤスミン作品の優れた特徴の一つは、マレーシアの社会通念についてまったく知らなくても物語を十分に理解して愉しめるし、心を打つことである。それに加えて、マレーシアの社会通念に照らしてどのような違和感があるかに目を向けると、これまで紹介したように、どのような状況にどのような挑戦を試みてきたのかというヤスミンの思いに想像を巡らせることもできる。スクリーンに映る物語を愉しむだけなら解説はなくてもよいが、マレーシアの社会通念に照らした解説があるとヤスミン作品をいっそう愉しむことができるはずだし、それを通じてマレーシア社会が編み出してきた「異なる他者と付き合う技術」を伝えることにもなる。論文を書いたり学会で発表したりするよりも多くの人にわかりやすく伝えることができれば、マレーシアについての研究成果を社会に返して役立てることにもなる。

その後、『ムアラフ』そして『タレンタイム』

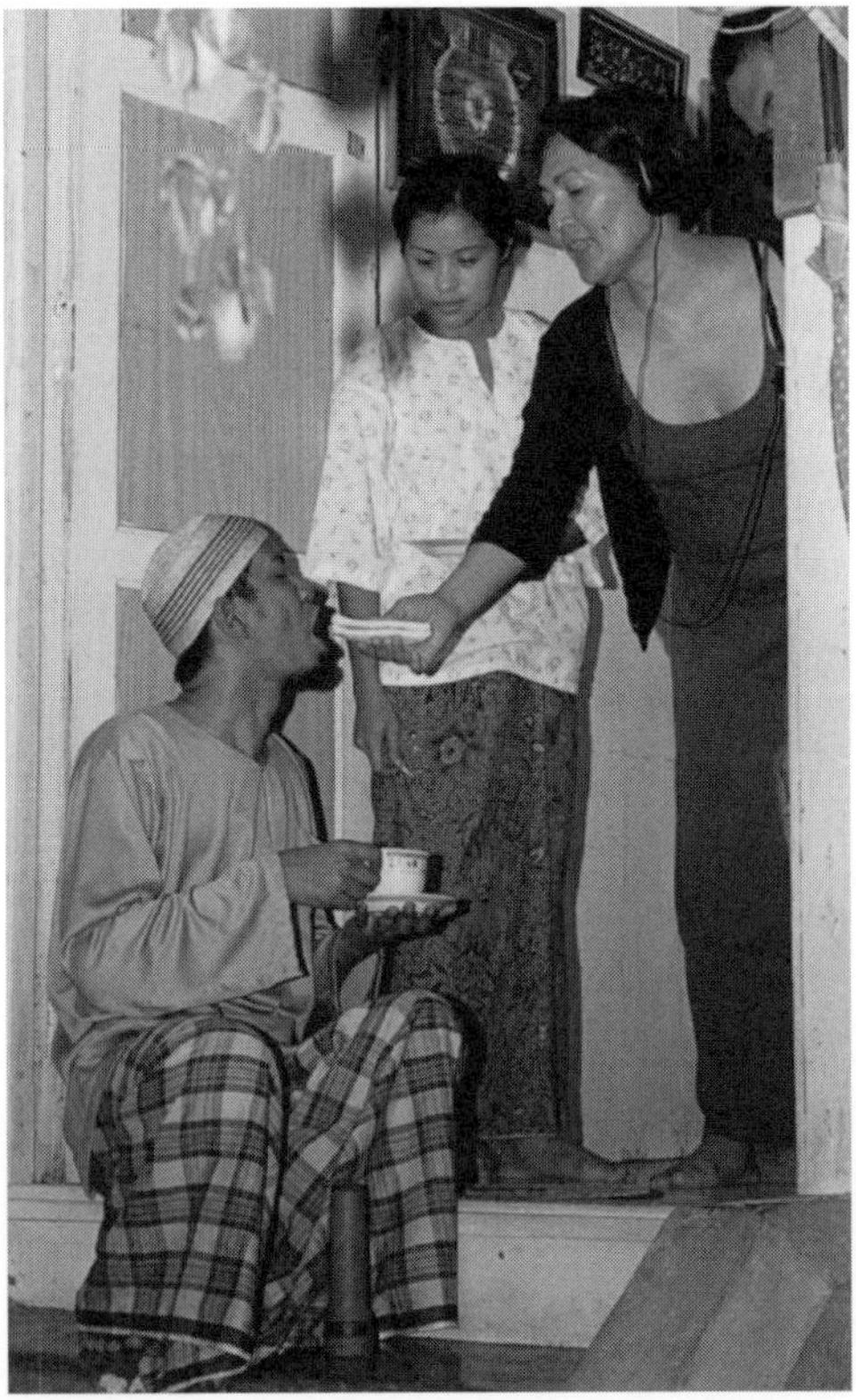

『グブラ』で、イスラム教の礼拝所管理人の夫〈左〉に朝食のサンドイッチを食べさせようとして寸前で引っ込めてからかう妻〈中央〉の演出をするヤスミン〈右〉。宗教的権威に挑戦した場面は批判を浴びたが、夫婦の仲のよさが際立つ印象深い場面になっている

を観ることによってその思いがますます強くなり、映画と地域研究とを組み合わせる可能性を考えるため、研究会を開いて知り合いのマレーシア研究者たちと相談することにした。二〇〇九年七月二五日と二六日のことだった。研究会の初日、ヤスミンが倒れて緊急入院したという情報が入った。その日は無事を祈りつつ研究会を終えたが、翌日の研究会はヤスミンの訃報を伝えることから始めなければならなかった。

ヤスミンというストーリーテリングの偉大な才能を失ったことと、これからは新たなヤスミン作品が観られなくなったことを悲しむ一方で、だからこそヤスミン作品を日本に紹介したい、できればＤＶＤ化をサポートしたいと思い、マレーシア映画文化研究会[86]を立ち上げた。ヤスミンの命日である二〇〇九年七月二五日は、同時に研究会の立ち上げの日となった。

多声的な映画の「ロマンチックさ」を失わずに訳す多色字幕

ところが、ヤスミン作品のＤＶＤ化は一筋縄ではいかなかった。ＤＶＤの制作・販売はもとより専門外であり、そこで私たちはヤスミン作品の上映を待ち望む灯を消さないように上映会を開催しようと考えた。しかし、マレーシアで購入したＤＶＤは持っていたものの、日本語の字幕はない。自分たちでセリフを日本語に訳したとしても、それをＤＶＤの映像と組み合わせる技術もない。研究会では字幕作成について一から学ぶことになった。

▶86　現在は対象地域を東南アジア全域に広げ、混成アジア映画研究会として活動を続けている〈http://personal.cseas.kyoto-u.ac.jp/~yama/film/〉

字幕はセリフの忠実な翻訳ではない。観客の読みやすさを考えて、セリフ一秒あたり四文字までなどの指針が作られてきた。そのためセリフを訳すには、それぞれのセリフが何秒間なのかを〇・一秒単位で調べなければならない。専門の業者に依頼すれば、映像に秒数のカウントを表示してくれて、セリフの始まりと終わりの場面で映像を止めると正確な時間がわかるそうだが、手弁当の研究会にそんな資金はない。いろいろ試しながら、数か月かけてようやく『タレンタイム』のセリフの秒数を調べ終えた。

次の問題はセリフの翻訳だった。意味は理解できるが、それを一秒あたり四文字に収めるには、普通に訳したときの半分以下に縮めなければならない。機械的に短くするだけでは前後のセリフとつなげたときに意味が通じなくなるので、ときには思い切った意訳も必要となる。その一方で、もとのセリフに込められた意味や情報をなるべく盛り込みたい誘惑にもかられる。悩ましいのは掛け言葉になっているセリフで、そのまま日本語に置き換えたのでは意味が通じないが、かといって字幕に注釈をつけるわけにもいかない。

「翻訳して、でもロマンチックさはなくさないでね」

これは、『細い目』で、華語で詩を書くジェイソンにオーキッドが言った言葉だが、映画を含む全ての表現活動に関わる人に向けられたヤスミンからのメッセージであるように思う。

外国語の映画が翻訳されるとき、吹き替えでも字幕でも、全てのセリフが一つの言語に翻訳される。それは観客が全てのセリフを理解するために必要なことだ。しかし、登場人物には映画の中で話されている全てのセリフが理解できているわけではない。映画は、登場人物のセリフだけではなく、独り言やささやき声、心の声、ナレーション、挿入歌などの様々な「声」が入っている多声的なメディアなので、観客にはわかっていても登場人物にはわかっていない「声」がある。登場人物のセリフに限っても、どの言語で話すかによって、同じ場にいる登場人物の間でも意味がわかっている人とそうではない人とがいる。マレーシアのように複数の言語を混ぜて話すことが日常的である社会を舞台にした映画であればなおさらのことだ。

また、挿入曲の歌詞や引用は、その意味がわからなくても物語の筋の理解に大きな問題がないため、字幕に訳されないことも多い。しかし、登場人物には聞こえていなくても監督などの制作者には意味がわかっている「声」なので、そこにも明らかに制作者のメッセージが込められているはずだ。

マレーシア映画文化研究会では、ヤスミンが表現しようとした作品世界をできるだけ多層的に表現するため、セリフを言語別に色分けして、歌詞や引用の部分も字幕にした多色字幕版の『細い目』を作成した。映

タン　それはないぜ　俺とお前は親友だろ
アディバ先生にアピールか
ホレたハレたに関わりたくない
毎日一緒に練習すればうまくなるさ

『タレンタイム』でのタン先生〈右〉とアヌアル先生〈左〉の会話を示した多色字幕の一例。色の違いは言語の違いを示している

画字幕の作法からは少しはみ出すところがあるかもしれないが、型破りを恐れなかったヤスミン作品らしい字幕として受け入れていただければと思う。

複数言語の交差を示し、言葉のエキストラに光を当てる

『細い目』で、オーキッドとジェイソンとキオンの三人が夜の屋台で話をする場面がある。オーキッドと二人きりになりたいジェイソンは、キオンに「お袋さんに頼まれてた蚊取り線香を買いに行くんだろ」と厄介払いしようとして、それをきっかけにキオンとジェイソンは蚊取り線香の話を始める。このとき二人は英語で話しているが、「蚊取り線香」の部分は広東語で「蚊香（マンヒョン）」と言っている。

その会話を聞いているオーキッドは、二人が何かを買うとか買わないとかいう話をしているのはわかるけれど、初めは肝心の「マンヒョン」が何のことかわからない様子で、二人の会話を見守っている。そしてマンヒョンが何を指しているかがわかると、新しい言葉を覚えようとするかのように「マンヒョン、マンヒョン」とつぶやく。

『細い目』でのオーキッドは広東語が少しわかるという設定だが、蚊取り線香をマンヒョンということは知らず、このときマンヒョンという言葉を覚えたということなのだろう。これは映画だけの話ではなく、マレーシアの人たちは、外国語を勉強するときに文法から勉強す

るのではなく、耳で聞いた言葉をその場で一つずつ覚えていく方法をとる。この場面でオーキッドが見せたのは、マレーシアの人たちが新しい言葉を身につけるときのとても一般的な行動だった。

『細い目』の公開から約一〇年後、オーキッド役を演じたシャリファ・アマニに何の前触れもなく「広東語で蚊取り線香のことを何て言うか知ってる?」と尋ねたところ、一、二秒考えてから「マンヒョン」と答えた。この一〇年間、実生活でその言葉を使う機会はおそらくなかっただろうが、セリフとして覚えていたということだ。

『グブラ』で、礼拝所管理人の隣に住んでいるティマが息子のシャリンを迎えに小学校に行く場面がある。ティマは夫に逃げられて、春を鬻いでシャリンを育てている。先生たちがティマを見て「あの人、売春婦よ」と噂している様子から、ティマの仕事のことは先生たちや生徒の親たちにも知られているのだろう。そのせいもあってかシャリンは友だちがいない様子で、小学生になっても母に迎えに来てもらっている。もちろん、シャリンを何よりも大切にして、たとえ自分の身がどうなろうともこの子だけは立派に育てたいというティマが迎えに行きたいという気持ちもあるのだろう。

この後にティマが病院で宣告される残酷な運命が待っていることを

『細い目』で、オーキッド〈中央〉と早く二人きりになりたいジェイソン〈右〉は、キオン〈左〉に蚊取り線香（マンヒョン）を買いに行く約束があったはずだと話して厄介払いしようとする

感じさせるように、二人はどこか寂しそうな雰囲気を醸した後ろ姿で学校から帰っていく。ティマは「今日は何を勉強したの？」とシャリンに尋ねる。この後、以下のように会話が続く。

シャリン：Ilmu hisab.

ティマ：Ilmu hisab? Hisab susu?

シャリン：Bukan, kira-kira.

ティマ：Kira-kira kah, kura-kura?

シャリン：Kira-kira.

ティマ：Nanti ajar mak, ya?

数学のことをマレー語で〝ilmu hisab〟と言うが、〝hisab〟には「吸う」という意味もあるため、ティマはとぼけて「お乳(susu)を吸う方法を勉強したの？」と尋ねる。母さんには〝ilmu hisab〟という言い方だとわからないのかなと思い、シャリンは簡単な表現の〝kira-kira〟と言い換える。ティマはさらに「〝kira-kira〟？ それとも〝kura-kura〟？」と聞き返す。

『グブラ』で、シャリンを負ぶって話しながら歩く母ティマ。どこか寂しそうな雰囲気の中、微笑ましい会話が続く

〝kura-kura〟は「亀」で、ティマはふざけて聞いている。この会話を聞いていると、ティマはシャリンのことをお乳を吸う小さな子という扱いをしているが、シャリンは少なくとも学校の勉強については母に頼らずに自分でしっかり学んでいるという頼もしい姿が浮かび上がってくる。

掛け言葉になっているので訳すのが難しく、この部分には英語字幕がついていない。したがって映画祭などで上映されるときはこの部分は字幕なしになっているが、マレーシア映画文化研究会ではこんな訳を考えてみた。

ティマ：今日は何を勉強したの？

シャリン：数術

ティマ：お乳を吸う術？

シャリン：違うよ　掛け算と割り算だよ

ティマ：カメさんとワニさん？

シャリン：計算だよ

ティマ：後で母さんに教えてね

前ページの場面のあと、病院で診察を受けたティマに残酷な運命が告げられる。息子を心配させまいと涙を浮かべたまま微笑むティマ

ここで紹介したようなセリフや、業界用語で「がや」と呼ばれる背景の声を含めて、これらの言葉は、物語の筋を理解する上では必要なくても、物語にリアルさ等を与える上では欠かせない。このような「言葉のエキストラ」に光を当てることで、作品やその背景への理解がさらに深まるだろう。

BGMに込められた心の声と意図を考えさせる力

『細い目』で、ジェイソンと連絡が取れなくなったオーキッドが父に車を出してもらって街じゅうを探す場面で「月に寄せる歌」が流れる。とても雰囲気のある歌で、歌詞の意味がわからなくても（あるいは、歌詞の意味がわからないからこそ）この場面を印象的にしている。

しかし、この歌詞が「月よ　しばらくそこにいて」「教えて　愛しい人はどこ?」だと知ると、ヤスミンが込めようとした意図がより深く感じられる。歌詞だけでもオーキッドが恋人を探している心情がよく表れているが、この歌が使われた歌劇『ルサルカ』の内容を知ると、オーキッドの気持ちがさらにわかる気がする。『ルサルカ』では、森の中の湖に住む森の精ルサルカが人間の王子に恋をして、異なる世界に住むものどうしの恋愛が語られる。ルサルカは、恋人が自分を裏切ったら二人とも水の底に沈むという条件つきで、魔法で人間の姿に変えてもらい、王子と結婚するが、王子に裏切られて……という物語だ。ジェイソンに裏切られたら、オーキッドとジェイソンは二人とも水の底に沈むことになる。また、『タレンタイム』に至るヤスミン作品には月がしばしば出てきて象徴的な意味を持っていることは前にも述べたが、それは『細い目』のときにすでに織り込まれていたこともわかる。

この作品を劇場公開の一般作品として楽しむなら挿入歌の字幕は必要ないだろうし、むしろ挿入歌まで字幕にすると画面に文字が多くなって作品鑑賞の妨げになるかもしれない。そのため挿入歌をどこまで字幕にするかは難しい判断だと思うが、マレーシア映画文化研究会では、ヤスミンのメッセージを多層的に表現する試みとして、挿入歌や引用もなるべく字幕にするフル字幕版も作成している。また、研究会独自の字幕の特徴の一つとして、歌詞の字幕は通常の字数制限に従わず、可能な限り歌詞の拍数と字幕の拍数を同じにして、字幕を見ながら日本語で歌えるような字幕を作る工夫も施している。

劇場公開される映画は小さなお子さんからお年寄りまでいろいろな人が観るため、字幕も幅広い層の人にわかりやすい表現にすることが求められる。前述したセリフ一秒あたりの文字数や、使える漢字の種類など、比較的よく知られているものを含めて様々な制約があり、字幕作成者はその制約（そして発注を受けてから納品までの時間が限られているという制約）

『細い目』で、電話で話していたジェイソンと連絡がつかなくなり、父に車を出してもらって探しまわるオーキッド。背後には「月に寄せる歌」が流れる

の中で、工夫して字幕を作成している。

マレーシア映画文化研究会の字幕も、そのような字幕作成上の注意点を十分に意識して作成している。ただし、聖書やコーランなどの聖典の引用では、筋を追うだけなら大意で十分だろうが、日本語の定訳がある場合にはなるべくそれを使うようにしているため、部分的にセリフ一秒あたりの文字数を大きく超えている部分がある。

ヤスミン作品のＤＶＤ化が実現したら、そこに字幕オプションの一つとして、多少長めでも研究会字幕を入れてもらえればと思う。言語別に色分けしている多色字幕も、劇場で公開する場合には最大四色までだろうと考えて方言の違いまでは色分けしていないが、ＤＶＤ化されるのであればもう少し細かく色分けした多色字幕もオプションの一つとして提供できる。[87]

こうして一般の劇場公開用に比べるとやや情報量が多い日本語字幕ができ、ＤＶＤの映像と組み合わせて上映できる環境が整った。作品ごとに権利者が違うのでそれぞれに連絡して、教育研究目的で上映する許可をいただいた。二〇一〇年七月のヤスミンの一周忌から、東京でヤスミン作品の上映イベントに関わった年をのぞいて、毎年七月末頃に京都でヤスミン作品の上映会を開くようになった。ヤスミンの次回作となる予定だった作品が『ワスレナグサ』だったこともあり、毎年七月末頃のヤスミン追悼の上映会は「わすれな月（Forget-Mak-Not）」と呼ばれるようになった。[88]

▶87 ヤスミン作品は6作品ともマレーシアでDVDまたはビデオCDで販売されたことがあるが、現在は販売を終えている。正規版に見えるものでも、字幕が一切ないもの、検閲のため場面が雑に切り取られているもの、テレビ放映の録画で字幕の言語が途中で入れ替わるものなどがある。日本語版DVDの発売には、元素材の修復など多くの問題をクリアしなければならず、直ちには実現しにくい状況のようだ。関係者がDVD化の努力を重ねているそうなので、期待しつつ待つことにしたい。

▶88 「わすれな月」の英語名は「Forget-Mak-Not」。わすれな草の英語名の「Forget-Me-Not」の「Me」を「Mak」に入れ替えたもの。ヤスミンはスタッフやキャストから親しみを込めて「Mak（母さん）」と呼ばれていた。

ヤスミン作品を愉しんでその虜になり、そのよさを広く紹介しようとする者は、それぞれの作品の文化的背景を読み解き、その作品が持つ多声性をも翻訳し伝えたい欲求に駆られる。それはとりもなおさずヤスミン作品の背景に広大な文化的基盤が存在し、多層的かつ多義的なメッセージが幾重にも織り込まれていることを示している。作品としてのそうした特性ゆえに、私たちはヤスミン作品を何度も観返し、様々な引用や参照を見つけて幾通りもの解釈を語る。他の人の解釈を聞き、それを踏まえてまた映画を観返し、語り合い、発信を続ける。このような読み解かせる力、翻訳させる力、語らせる力もまた、ヤスミン作品の魅力の一つである。

＊　＊　＊

ここまでヤスミン作品について、演出しない演出、情報の提示法による物語の多義化、映画史を踏まえた多層的な脚本、読み解き翻訳し発信させる力という四つの視角から考えてきた。これらは全て個人的な体験と受容を踏まえた私見であり、「深読み」でもあって、「正しい」読みを提供しているわけではないが、本論が各作品を鑑賞する契機となり、新たな解釈が生まれることで、混成アジア映画としてのヤスミン作品の意義と魅力がさらに高まり、人びとを魅了し続けていくと考えている。

第1部で見たように、ヤスミン作品の特徴として物語の多義性と「余白」の存在が挙げられる。描かれている場面のみについても様々な受け取め方が可能であり、描かれない「余白」の解釈は観客に委ねられるがゆえに多様な読み解きを可能にする。現実には存在し得ないような場面が描かれているのはなぜか。なぜこの詩が引用され、示されているのか。なぜこのタイミングで、この曲がバックに流れるのか。当惑を覚えるような場面にも、なにげない場面にも、ヤスミンのメッセージが込められていると考えることができる。ここで紹介する読み解きは全て各著者の私見である。ヤスミン本人の確認が取れているものばかりではなく、ヤスミン亡き今となっては尋ねてみることも叶わないが、多層的・多義的なヤスミン作品の読み解きに「正解」はあり得ない。だからこそ想像を果てしなく拡げることができ、物語の新たな姿が見えてくる可能性も無限である。多様な読み解きを受け止めた上で再度作品に向き合うことは、ヤスミン作品の新たな愉しみ方につながるはずだ。

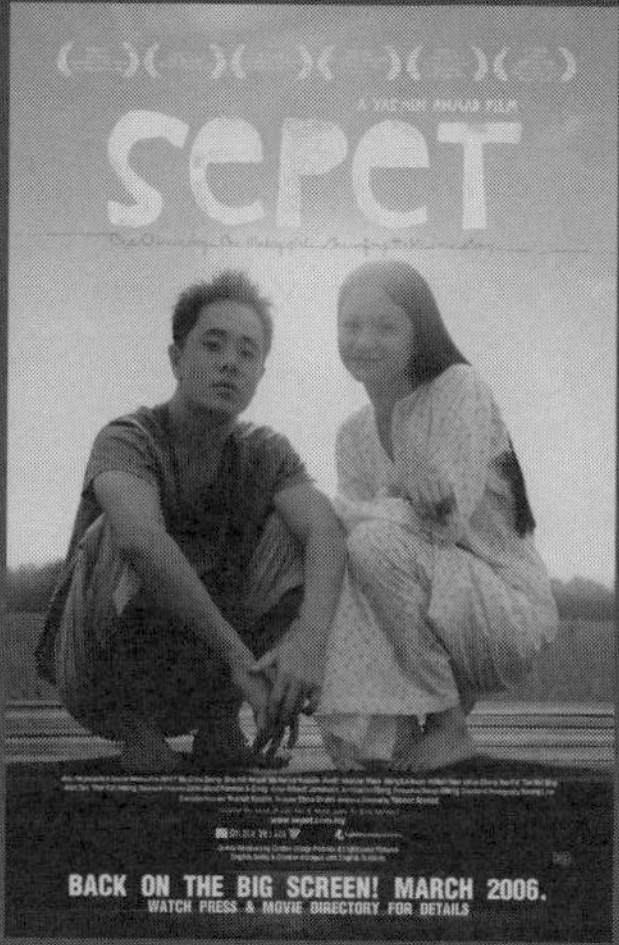

第2部

多層的・多義的物語世界の愉しみ方

── 長編六作、短編一作を読み解く

多層的・多義的物語世界の愉しみ方①

『細い目』『グブラ』『ムクシン』

『細い目』内容紹介

※物語の結末、核心部分に触れています

◉登場人物

●**オーキッド**……マレー人／女性／イスラム教徒。英語・マレー語を話し、広東語も少し話す。コーランを詠む。17歳。『細い目』は、オーキッドがSPM［⬇84頁、288頁］を終え、試験成績を受け取って、奨学金を得てイギリス留学に出発するまでの物語。

●**アタン**……オーキッドの父。マレー人／男性／イスラム教徒。英語・マレー語を話す。元教師。車を運転する。

●**イノム**……オーキッドの母。マレー人／女性／イスラム教徒。英語・マレー語を話す。車を運転する。中華ドラマを好んで観る。

●**ヤム**……オーキッド家の住み込みのメイド。マレー人／女性／イスラム教徒。英語・マレー語を話す。タイ語の音楽を好んで聴く。

●**リン**……オーキッドの友人・同級生。マレー人／女性／イスラム教徒。英語・マレー語を話す。

●**ジョハリ**……オーキッドに片想いする同級生。マレー人／男性／イスラム教徒。英語・マレー語を話す。

●**ジェイソン**……オーキッドの恋人。華人／男性。おそらく仏教徒。英語・マレー語・広東語・華語を話す。本名は李小龍（リー・シウロン）、ニックネームはアロン。19歳前後。海賊版ビデオCDの屋台で働く。

●**ジェイソンの父**……華人／男性。おそらく仏教徒。広東語を話す。車椅子を使う。

●**ジェイソンの母**……ババ・ニョニャ［⬇89頁、161頁］／女性。おそらく仏教徒。ババ・マレー語を話す。広東語を聞いて理解する。

●**ジェイソンの兄**……華人／男性。英語・マレー語・広東語を話す。赤ちゃんがいる。『グブラ』ではアランという役名が与えられる。

●**ジェイソンの兄の妻**……華人／女性。華語を話す。シンガポール国籍。赤ちゃんがいる。

●**キオン**……ジェイソンの友人。華人／男性。英語・福建語・華語を話す。広東語はジェイソンほどうまくない。

●**ジミー**……ジェイソンやキオンが働く海賊版ビデオCD屋の元締め。華人／男性。広東語を話す。

●**マギー**……ジミーの妹。ジェイソンに好意を寄せる。華人／女性。広東語を話す。

●**カロ**……ジミーの手下。華人／男性。広東語を話す。

◉あらすじ

ジェイソンが詩を詠んでいる。聞いている母は、華語の詩なので作者は大陸の中国人だと思うが、インド人の詩の翻訳だと聞き、言葉も文化も違うのに想いがちゃんと伝わるのが不思議だと驚く。

オーキッドが自宅の二階の自室でコーランを詠んでいる。食事に降りてくるように母に呼ばれる。衣装箪笥を開けると扉の内側に金城武の雑誌記事の切り抜きがたくさん貼られている。

＊

海賊版ビデオCD売りの事務所で、ジェイソンは兄に学費を仕送りするキオンに売り上げの一部を渡す。同僚たちは、元締めのジミーは怒ると何をするかわからず、先日もジミーのガールフレンドに声をかけた男が銃で撃たれたのでジミーには逆らわない方がいいと言う。気にせずジェイソンが不思議な踊りをしているところにジミーの手下のカロたちが入ってくる。カロは、ジェイソンが売り上げを渡すと足りないと怒り、もう一週間やるからしっかり稼げと言って去る。ジェイソンが「そんなに金が欲しければジミーの妹でも売れ」とマイクで言うと、ジミーたちが入ってきて凄む。

＊

オーキッドは母の車で街に出かける。メイドのヤムが呼び止めて忘れ物を渡し、オーキッドの母に忘れっぽいと小言を言い、買い物を忘れないようにと言って送り出す。オーキッドの友人のリンは、メイドのヤムが雇い主と対等な口の利き方をすることに驚く。オーキッドは、母の前では「メイド」と言っただけでもきつく叱られるとリンに注意する。

ジェイソンは水浴びして外出の支度をする。料理の下ごしらえ中の母は、ジェイソンは高校生まではいい子だったのに大学進学をやめたら毎日出歩くようになり、まともな仕事と言えない海賊版ビデオＣＤ売りをして、髪形も短く整えていないと嘆く。奥の寝室からジェイソンの父の「うるさくて眠れないぞ」という声が聞こえる。

＊

金城武がお気に入りのオーキッドは、中華映画のビデオＣＤの屋台に行ってジェイソンと出会い、ジェイソンとオーキッドの目があって一瞬時間が止まる。華人相手にふざけてばかりいるリンにわからないように、オーキッドは広東語の単語をまぜてジェイソンと話す。ジェイソンは『恋する惑星』を薦めるが、オーキッドは所持金が足りず『ソルジャー・ボーイズ』だけ買う。別れ際にジェイソンが『恋する惑星』のビデオＣＤを渡して、代金はいらないから、観て気に入らなかったら返してと言う。

家に戻ったオーキッドはヤムの部屋に行き、貸したままになっていたブラシをうまく取り戻す。オーキッドの本の話から、植民地支配者のフランス人をありがたがるアルジェリア人の話になる。マレーシアも同じで、イギリスから独立して何十年も経つのに、華人の赤ちゃんの顔を見て中国人のように目が細いのが残念だと言う人がいるという。もらったＣＤにはジェイソンの電話番号が書かれたメモが入っている。オーキッドたちは男の子に声をかけられたことで大興奮する。

ジェイソンの家では、ジェイソンと両親、そしてジェイソンの兄とシンガポール人の妻が食卓を囲んでいる。父と母は細々とずっと言い争っている。電話がかかってきて、受けた兄が「うちは華人だしジェイソンなんていない」と答えると、ジェイソンが電話をかわる。マレー人女性からだったと聞いてジェイソンの父が咽る。

＊

ジェイソンとオーキッドはファストフード店で会う。オーキッドは中華ドラマが好きな母と一緒にドラマを観て広東語を覚えた。ジェイソンの母はマレー映画やマレー音楽が好きだけれど、マレー音楽を嫌う父が交通事故で車椅子生活になってからは家でマレー音楽が聴けなくなった。ジェイソンが花売りから花を買おうとするがオーキッドは断り、魔法のような香りのする月下香の話をする。花をあげる恋人がいたのかという話になるが、リンがパーティーの誘いに来たために話は中断される。

パーティー会場ではジョハリが暗がりでオーキッドを抱きしめようとしてオーキッドが嫌がる。オーキッドの父はオーキッドが毎晩のようにパーティーに行っていることを心配するが、相手がジョハリだと知っているオーキッドの母は心配していない。

ジェイソンは街の花屋をまわって月下香を探す。鳥屋の前を通りかかったところでジミーの妹のマギーに呼び止められる。マギーは恋仲だったジェイソンが最近自分に会いに来なくなったことに不満で、ジミーの名前を出して、今晩連絡してくるようにジェイソンに求める。

オーキッドの両親は月を見ながらダンスをして、ふざけて追いかけっこをする。ヤムは、今日も二人は仲がよくてまるで宝くじが当たったかのように楽しそうだと半分呆れて見ている。

*

明け方、マギーの部屋からジェイソンが忍び足で出てくる。バスタオルを巻いたマギーが部屋から顔を出し、もう少し一緒にいてほしいと頼むが、ジミーが帰ってきたら殺されると言ってジェイソンは帰る。

翌朝、SPMの成績をもらうためにリンたちが学校に来ている。リンと白人顔のボーイフレンドが話しているところにオーキッドが来る。白人顔の男子生徒は細い目の真似をしてオーキッドが華人と付き合っていることをからかい、マレー人なのにマレー人の男の恋人を見つけようとしないのはおかしいと言う。ジョハリが無理やりキスしようとしたとオーキッドが言っても、キスぐらい女はみんな望んでいるはずだと聞く耳を持たない。オーキッドは、昔からマレー人の男が異民族の女と結婚しても何も言われないのにマレー人の女が同じことをすると責めるのはおかしいと言い返し、自分が白人の代用品だと気づかないのは哀れだと言って、バスケットボールを白人顔の男子生徒に蹴りつけて去る。

*

小学生時代のオーキッドが小学生時代のジェイソンに出会う場面が一瞬挿入され、ジェイソンがオーキッドと出会う。ジェイソンは後ろめたい理由で前の晩に寝ていないが、CDの仕分けで徹夜したと嘘をつく。ジェイソンは街中で月下香を探しても見つからなかったけれど自分の屋台のすぐそばで見つけたと言う。ジェイソンはオーキッドを映画に誘う。

ジェイソンとオーキッドは写真館に行って記念写真を撮る。湖の船着場に並んで座り、互いに相手に恋に落ちたことを伝える。バス停で雨宿りして、手を取り合って雨の中をファストフード店に走る。ジェイソンの家では鶏料理がまずいと言ってジェイソンの両親がけんかになる。ジェイソンたちはチキンのファストフード店で、ジェイソンが小学生の頃に出会ったマレー人少女の話をする。私はその子の代用品かと尋ねるオーキッドに、ジェイソンは、華人はこれを縁と言い、その子のおかげで君に逢えたと説明する。閉店になりオーキッドたちは店を出る。

*

夜遅くにジェイソンがオーキッドの自宅に電話をかける。オーキッドは電話が鳴った瞬間に受話器をとるが、オーキッドの両親は電話に気づく。父は心配するが、母はヤムを通じてオーキッドが華人の男の子と付き合っていると聞いているので驚かない。

ジェイソンとオーキッドは中華食堂で待ち合わせする。オーキッドは店の入口にある焼き豚を見て一瞬驚くが、店に入り、キオンに紹介される。キオンはマレー人と付き合うと名前も宗教も変えなければならないし両親も悲しむからやめておけと言っていたが、オーキッドに会うと一目惚れする。

オーキッドの家では日没の礼拝にオーキッドが帰ってきていないことを父が心配するが、母とヤムは気にせずに夕食の支度をしながらテレビドラマを見ている。

オーキッドとジェイソンとキオンは夜のサテー屋台で話をする。キオンとオーキッドはジョン・ウー映画の話で盛り上がるが、ジェイソンは適当な理由を作ってキオンを一人で買い物に行かせる。オーキッドと二人になったジェイソンは、自分の本名はリー・シウロンだと明かし、自分のことが好きかとオーキッドに尋ねる。ジェイソンと身体が触れ合いそうになり、暗がりでジョハリに抱きしめられそうになったことを思い出したオーキッドは気分がすぐれなくなり、質問に答えないままタクシーで家に帰る。同じ頃、夜道で一人になったキオンはジミーの手下たちに襲われる。

＊

翌日、オーキッドの家の庭でジェイソンとオーキッドが話しているところをオーキッドの両親とヤムが見ている。オーキッドの父はジェイソンを見て不細工だと言うが、オーキッドの母とヤムは父親は嫉妬心から娘の恋人の悪口を言うものだと言って取り合わない。

ジェイソンは大怪我したキオンを病院に訪ねる。殺されてもおかしくなかったし母も襲われるかもしれないというキオンに、ジェイソンは、ジミーは自分の家族に手を出したら絶対に許さないが、他人の家族には決して手を出さないと言う。キオンはマギーと付き合っているジェイソンを心配するが、マギーはジミーには内緒にすると約束したからとジェイソンは心配していない。キオンはオーキッドのことが頭から離れず、自分がマレー人女性を好きになったことに驚く。ジェイソンはマラッカ王国の時代に中国人とマレー人が結婚した子孫のプラナカンについて話し、ジェイソンの母はプラナカンなのでマレー人との交際を認めてくれるだろうと期待する。

＊

夜、ジミーを乗せた車が屋台街に来る。オーキッドからの電話に出て屋台から離れたジェイソンにCD売りの同僚が呼びかけ、誰がジェイソンかがわかる。ジェイソンが電話しながら歩いて一人になったところをジミーと手下たちに囲まれる。ジェイソンは財布を渡すが、ジミーの目的はマギーを妊娠させた男への制裁だった。この男かとジミーに尋ねられたマギーははじめ答えないが、ジェイソンの財布にジェイソンとオーキッドが二人で写った写真が入っているのを見てジェイソンが相手だと認める。ジェイソンが絶体絶命になったところに警官二人が割って入る。
電話口で銃声が聞こえてジェイソンの応答がなくなったためにオーキッドは心配し、父に車を出してもらってイポーの街じゅうをまわってジェイソンを探す。見つからず家に戻ると、ジェイソンがたった今帰ったところだと言う母からジェイソンが託した花束と手紙を渡される。手紙を読むと、事件に巻き込まれたけれど無事であること、マギーという女性を妊娠させたこと、昨夜の事件でマギーの兄が怪我をして入院したこと、マギーは父がいないので自分が世話をするつもりであること、赤ちゃんが生まれたらマギーと別れてオーキッドと一緒に暮らしたいことが書かれていた。

*

オーキッドはふさぎ込み、ジェイソンと会おうとしない。ジェイソンの母はジェイソンが悲しそうにしているのはマレー人との交際を父に反対されたからだと考えて、マレー人の女の子と付き合うことに自分は賛成で、家に連れてきて自分に会わせてほしいとジェイソンに求める。

オーキッドが留学に出発する前日、ヤムがジェイソンに電話して出発のことを伝えるが、オーキッドが通りかかったためヤムは慌てて電話を切る。その晩、荷造りを終えても浮かない顔をしているオーキッドに、母とヤムが階段に列になって座って髪を梳きながら話をする。オーキッドの父も仲間に入ろうとして、サロン(腰巻き)を女性のように胸まで上げてオーキッドの前に座り、自分の髪も梳いてはしいとオーキッドにブラシを差し出す。

*

オーキッドの出発当日、ジェイソンはキオンと電話で話す。キオンは二人がまだ仲直りしていないことに驚くが、両親が認めてくれるならまず一緒に暮らしてから結婚について考えてはどうかと勧める。大人はそれをよくないと言うかもしれないけれど、今の大人たちが若者だった頃に比べれば今の若者の方がずっとしっかりしているという。ジェイソンはオーキッドと一緒にイギリスに行って働いてオーキッドを支えると決心し、オーキッドに赦してもらうためにオートバイで空港に向かう。

オーキッドは父が運転する車で空港に向かう。車中で母に勧められてジェイソンの手紙を読み、マギーが出産を諦めたことを知り、ジェイソンの自分に対する気持ちを伝えられて、自分のジェイソンへの想いを改めて確認する。母は、本当に好きならばそれを伝える機会が失われる前にそのことを相手に伝えるようにとアドバイスして、オーキッドはジェイソンに電話をかける。電話がつながってジェイソンの声で返事が聞こえる。オーキッドはCDの代金を払うこととジェイソンに愛していると言うのがまだだったと言い、ジェイソンからわかったと返事をもらうと、寂しくなるけれど向こうに着いたら電話すると言って電話を切る。同じ頃、空港への道をオートバイで猛スピードで飛ばしていたジェイソンは路上に倒れて血を流して動かなくなっており、投げ出されたジェイソンの携帯電話の呼び出し音が鳴り続けていた。

『グブラ』内容紹介

※物語の結末、核心部分に触れています

◉登場人物

●**オーキッド**……マレー人／女性／イスラム教徒。英語・マレー語を話す。広東語の歌を歌う。24歳。夫アリフと暮らしている。

●**アリフ**……オーキッドの夫。マレー人／男性／イスラム教徒。英語・マレー語を話す。オーキッドより年上。広告代理店勤務。車を運転する。

●**アタン**……オーキッドの父。マレー人／男性／イスラム教徒。英語・マレー語を話す。糖尿病で倒れて緊急入院する。『グブラ』はアタンが入院して退院するまでの物語。

●**イノム**……オーキッドの母。マレー人／女性／イスラム教徒。英語・マレー語を話す。

●**ヤム**……アタン＆イノム家の住み込みのメイド。マレー人／女性／イスラム教徒。英語・マレー語を話す。本名はマリヤムでヤムは愛称。

●**アヌアル**……アタン＆イノム家の住み込みの運転手。マレー人／男性／イスラム教徒。マレー語を話す。隣家の庭師の息子で、庭師が亡くなってアタン＆イノム家に引き取られた。ヤムに恋心を抱く。車を運転する。

●**ラティファ**……アリフの浮気相手。マレー人／女性／イスラム教徒。登記事務所に勤務。

●**アラン**……ジェイソンの兄。華人／男性／キリスト教徒。英語・マレー語・広東語を話す。シンガポール人の妻と離婚した。娘が1人いる。車を運転する。

●**ジェイソンの父**……華人／男性／仏教徒。広東語・マレー語を話す。階段から落ちて足を怪我して入院した。役名はないが、「Pa（父）」と呼ばれる。

●**ジェイソンの母**……ババ・ニョニャ／女性／仏教徒。ババ・ニョニャ風のマレー語を話す。役名はないが、「Ma（母）」と呼ばれる。

●**アム**……看護師。インド人／女性。宗教は不明。英語を話す。

●**ペンキー**……看護助手。華人／男性。宗教は不明。流暢ではない英語を話す。ヤムに恋心を寄せる。

●**ハジ**……ジェイソンの父親と同じ病室の入院患者。マレー人／男性／イスラム教徒。マレー語を話す。

●**ハジの妻**……マレー人／女性／イスラム教徒。マレー語を話す。

●**ハジの娘**（役名なし）……マレー人／女性／イスラム教徒。

●**バラ**……ジェイソンの父とハジの共通の友人。名前が言及されるだけで登場しない。インド人で背が高い。ジェイソンの父とよく釣りに行った。去年亡くなった。

●**リー**……町のスラウ（礼拝所）の管理人（ビラル）。マレー人／男性／イスラム教徒。マレー語を話す。役名は「リー」だが、「ビラル」と呼ばれる。ビラルと妻は、インドネシア・スラバヤのバグンサリ（Bangunsari）の青線地帯にモスクを建てたコイロン（Khoiron）と妻ロウダタル（Roudatal）の実話をもとにしている［➡39頁］。

●**マズ**……ビラルの妻。マレー人／女性／イスラム教徒。マレー語を話す。

●**アダム**……ビラルとマズの子。マレー人／男性／イスラム教徒。小学生。

●**ティマ**……ビラルとマズの隣人。マレー人／

女性／イスラム教徒。マレー語を話す。フルネームはファティマ・ザカリア。春を鬻《ひさ》いで生計を立てる。

●**シャリン**……ティマの子。マレー人／男性／イスラム教徒。マレー語を話す。小学生。

●**キア**……ビラルとマズの隣人。マレー人／女性／イスラム教徒。マレー語を話す。春を鬻《ひさ》いで生計を立てる。

●**キー**……おそらくティマの元夫。マレー人／男性／イスラム教徒。マレー語を話す。高利貸しから借金をしている。

●**カマル**……キアの常連客。マレー人／男性／イスラム教徒。

●**ディン**……コーランの先生。マレー人／男性／イスラム教徒。

●**ジェイソン**……華人／男性。マレー語を話す。

◉あらすじ

※本作では、二つの物語が並行して描かれます。それらは互いに絡み合っていますが、ここでは便宜上分けて示します。書体の違いは系統の違いを示しています。

『細い目』から七年後。オーキッドは広告代理店に勤める年上のアリフと結婚していた。

オーキッドたちが暮らす町の一角では、ビラル（礼拝所管理人）とその妻マズ、そして息子のアダムが三人で質素な家に住んでいる。ビラルの日課は礼拝所を管理して一日五回の礼拝の呼びかけ（アザーン）を唱えることで、夜明け前の暗いうちに家を出るビラルのためにマズは朝食を用意する。マズは礼拝所の鍵を探すビラルを手伝うふりをしてふざけ、朝食を食べさせるふりをしてビラルとじゃれてからビラルを送り出す。

村の礼拝所に行く途中、ビラルは道の真ん中で休んでいる犬の頭を撫で、また車に轢かれないようにと道の脇に逃がす。村に借金取りが来たのか、遠くで犬の鳴き声がすると、ビラルは犬の鳴き声がした方向に「まだ返済日じゃないぞ」と声をかける。

ビラルたちの家の隣にはティマとキアが一部屋ずつ借りて住んでいる。ティマは小学生の息子シャリンを溺愛している。二人とも夜になると近くのホテルで春を鬻ぐ。ティマは顔が腫れて流血しているキアを見て、カマルを客に取るのを止めるようにと忠告するが、カマルは他の客の三倍の三〇〇リンギくれるからとキアは意に介さない。

通りかかったビラルが二人に親しく声をかけ、キアは痣だらけで血が出ている顔をビラルから隠す。翌日が小学校の始業式だというティマに、マズもアダムを連れて学校に行くからシャリンも一緒に連れて行ってもいいんだよと言うが、ティマはシャリンは自分でないと嫌がるからと遠慮する。

ティマとキアが家に戻る。シャリンが起き出し、母さんがブランコに乗って泣いている夢を見たという。

礼拝所でビラルがアザーンを唱える。

アザーンの声が届く別の家では、夫婦で一緒に風呂に入るという約束をアリフが破ったとオーキッドが拗ねている。アリフは拗ねるオーキッドを抱きかかえてシャワー室に入り、シャンプーと間違えてジェルでオーキッドの髪を洗う。オーキッドの母からの電話で、オーキッドの父が危篤だと知らされる。

両親の家に向かう車の中で、オーキッドは心配のあまり塞ぎこんでいるが、アリフは言葉を重ねてオーキッドを勇気づけ、冗談を言ってオーキッドの頬を緩ませる。

オーキッドたちが両親の家に駆けつけると、父アタンがソファーに横たわり、それを囲んで母イノムとアヌアルが泣いており、メイドのヤムが「泣くのは止めなさい」と怒鳴っている。アヌアルは隣家の庭師の息子で、一二歳のときに両親が事故で亡くなりアタンとイノムが引き取っていた。いくら待っても救急車が来ないので、アリフとアヌアルが運転する二台の車で病院に向かう。

病院のロビーでは、イノムやアヌアルやオーキッドがパニック状態を起こしている中、アリフは冷静に看護師のアムと話して状況を把握する。アタンは糖尿病で脱水症状を起こしているので処置中だと聞き、アタンの容態を家族に伝える役目を引き受ける。

シャリンが通う小学校で、シャリンを迎えに来たティマを見て、教師たちが「売春婦よ」と噂する。授業が終わり、シャリンはティマと一緒に帰る。

ジェルで髪がタコのようになったオーキッドは洗面所を探し、病院の廊下でアランとすれ違う。アランはオーキッドに声をかけ、不審に思って逃げたオーキッドを追いかける。それを見た看護助手のペンキーはオーキッドを助けようとする。オーキッドはトイレのモップでアランを迎え撃ち、ヤムの助けでアランを捕らえる。

アランはジェイソンの兄だった。オーキッドはアタンが糖尿病で倒れて病院に担ぎ込まれたと説明する。アランの父はアランの母に車椅子ごと階段から突き落とされて入院していた。アランは、会ったことがないのになぜ自分のことがわかったのか訝しがるオーキッドに、ジェイソンが宝箱にしていた靴箱にオーキッドの写真が入っていたからと説明する。アランは、母がジェイソンの靴箱を見つけたら手放さないだろうからその前にオーキッドに渡したいと言う。ジェイソンがオートバイで事故に遭ったときに携帯電話が鳴っていたこともアランに教えられる。

二人はアランの父の病室に行き、オーキッドがジェイソンの両親に紹介される。ジェイソンの父は「こいつのせいで息子が死んだのか」と機嫌が悪いが、ジェイソンの母はオーキッドと会えたことを喜ぶ。

通りかかったアリフに呼ばれてオーキッドがアタンの病室に戻る。アタンは冗談を言うぐらい元気になっており、それまで一人泣かなかったヤムが安心して大泣きする。

ジェイソンの父は豚肉が食べたいと文句を言う。同じ病室の入院患者でマレー人のハジに豚肉の話を聞かせてしまってジェイソンの母が恐縮すると、ハジの妻と娘が鶏肉のルンダン（煮込み）を分けてくれる。ルンダンと言えば牛肉が一般的で、牛肉を食べないジェイソンの父はルンダンは食べないと言い、ジェイソンの母がルンダンを食べる。

トイレ臭くなったオーキッドとアランが洗面所で体を洗って出てきたところで鉢合わせする。アランはシンガポール人の妻と一年前に離婚しており、六歳になる娘に会えないのが寂しいと言う。そこにアリフが来て、急に仕事の打ち合わせが入ったとオーキッドに伝えて病院を去る。

ティマがシャリンを負ぶって学校から帰っていく。

服を洗って着替えがないアランとオーキッドは、互いに相手の父の服を着て街の喫茶店に行くことにする。

学校からの帰りにティマとシャリンはクリニックに立ち寄る。ティマが診察室に入り、待合室で待つシャリンの目に「血液検査」「HIV」の文字が映る。

病院の食堂では、アヌアルが一人だけ食事している。その様子を見たヤムは「食べ方が汚い男は女の扱いも下手だって亡くなった祖母が言ってた」と言い、イノムはそんな二人の様子を眺めている。

オーキッドはアタンが入院している個室でシャワーを浴びて出かける準備をする。

診察室からティマが出てくるとシャリンは喜んで微笑むが、ティマが微笑みながらも涙をこらえている様子を感じ取り、黙ってティマを見守る。

アランとオーキッドがアランの車で病院を出る。カーラジオで広東語の歌が流れてきたのをきっかけに、ラジオで世界中の音楽が聴けるこの国は素敵だという話になり、もし一つの言葉だけ、一種類の料理だけ、一つの民族だけになったらこの国から逃げ出すと言って二人は意気投合する。ただしこの国はオーキッドのようなマレー人以外には住みにくいとアランが言い、オーキッドは自分たちもそのことは理解し始めていると応じる。オーキッドは車の荷台に立ってご機嫌になる。

オーキッドは喫茶店でアリフが女性と会っているところを見かける。相手の女性ラティファは悲しそうな顔をしており、オーキッドが話しかけると二人の態度が怪しい。オーキッドはラティファと話をしてアリフがラティファと八回浮気したことを聞き出し、そのことをアリフに突きつけ、釈明したそうなアリフを残してアランと手を繋いで喫茶店から立ち去る。

アリフが帰宅すると、オーキッドは衣類をスーツケースに詰めて家を出ようとしている。アリフはオーキッドを止めようとして、ラティファはオーキッドが仕事で家を空けがちだったときに出会った女性で、何者でもなく、愚かな間違いで、肉の塊でしかないと言って赦しを請う。それを聞いたオーキッドは、「あなたたちマレー人男性にとって私たち女性はいったい何なの」と激怒する。

アタンとイノムが病室のベッドで二人で仲良く踊っている。

アランが自宅で娘の写真を見ている。

ジェイソンの両親が口喧嘩している。ジェイソンの母が「あなたと結婚しなければよかった」と言うと、ジェイソンの父は「マレー人の男がいいなら隣のベッドの男の第三夫人か第四夫人にしてもらえ」と言い返す。

ペンキーが病院の廊下でヤムに話しかける。二人が親しく話している様子をアヌアルが柱の陰から見ている。

ビラルが家の台所に立ってエビせんを揚げている。マズはビラルを手伝うでもなく、ビラルにわざと見えるようにエビせんをつまみ食いしてビラルに追いかけられて二人でじゃれる。アダムは「また始まった」と言わんばかりのあきれ顔で見ている。

ホテルの部屋で、顔から血を流しているキアの隣でカマルがすっきりした顔をして帰り支度をしている。

オーキッドがテーブルに足を投げ出して物憂げにソファーに座っている。アリフの顔を見ずに、さっきアリフが言ったことを自分の目の前でラティファに言ったら家を出るのをやめると言う。

ブランコにティマとキアとマズの三人が乗っている。ティマは自分が死んだ後にシャリンが一人になることが心配でならない。キアは、ティマに万が一のことがあったらマズと一緒にシャリンの面倒を見ると約束する。三人でアイスクリーム・サンドイッチを食べながら、キアは、結婚してマンションに住んで夫は会社勤めで週末は家族でドライブするという将来の夢を語る。

夜、ティマとキアがマズの家に寄ってシャリンを預けて仕事に行く。財布を忘れたティマが家に戻る途中でマズの家に立ち寄り、コーランを勉強したいとマズに相談する。子どもたちと一緒だと恥ずかしいというティマに、マズは自分が教えてあげると言う。

ティマが部屋に戻ると、元夫らしいキーが金目の物を物色している。キーは期日までに借金を返済しないと借金取りに半殺しにされるという。ティマはキーと刺し違える覚悟でバッグから金槌を取り出してキーに殴りかかるが、キーは力ずくで財布を奪って逃げる。ビラルはキーのズボンのポケットに匂い石を入れ、その匂いを頼りにキーを探し出して、ティマは夫に逃げられて一人で子育てしてきたと説得してティマの財布を取り返す。ビラルが立ち去ると、犬の鳴き声が聞こえて借金取りが現れ、数日の猶予を与えるけれど、もし今度借金を返さなければ本当に目をつぶすとキーを脅す。ビラルは夜道を帰っていく。

オーキッドはソファーに横になってテレビを見る。画面には『ラブン』のオーキッドの母イノムがオーキッドの父アタンの体を洗っている場面が流れている。『ラブン』を見ているうちにオーキッドは寝てしまい、アリフが抱きかかえてベッドルームに運ぶ。アリフはベッドでオーキッドを後ろから抱きかかえるが、オーキッドは目を覚まさない。

イノムが病室でアタンのひげをカットしている。

ティマはマズにコーランを学び、マズにスカーフについて尋ねる。マズは、スカーフをしなくても失礼に当たることはなく、もしティマがスカーフをしたいと言えばマズが買ってプレゼントしてあげるけれど、プレゼントされてもティマがスカーフをしたくないと思えば、いつかスカーフをしたくなるときのために自分が預かっておくと答える。

ジェイソンの父は病院食がまずいと言って床にぶちまけ、ジェイソンの母はアランに電話して豚肉のお粥を買ってくるよう頼む。

正装したオーキッドがアリフと一緒にラティファの会社に行く。アリフはラティファを呼び出し、オーキッドの目の前でラティファに「君はただの肉の塊だ、ただの汚れだ」と言う。オーキッドとアリフが家に戻ると、オーキッドは家を出て行こうとする。アリフは約束が違うと引き留めようとするが、ラティファからかかってきた電話に答えている間にオーキッドは荷物を持って家を出て、迎えに来たアランの車に乗って去る。

アランの家に着くと、オーキッドはアランに手を引かれて部屋の奥に進み、ベッドに一人で座るよう促され、アランからジェイソンの靴箱を渡される。ジェイソンの財布、オーキッドとジェイソンの写真、タゴールとネルーダの詩集、オーキッド宛の手紙、携帯電話が入っている。オーキッドはそれらを額に当てて涙し、アランはオーキッドの肩を抱く。

アタンの退院の日、ペンキーがヤムに花と詩を贈る。ヤムが他の男性と親しくしていることが気にくわないアヌアルは、その花は死んだ入院患者の部屋から持ってきた花だと言うが、ヤムはいい匂いがすると言って取り合わない。アヌアルは華人は割礼していないから不潔だと言うと、ヤムはペンキーは割礼済みだったと言い、恥ずかしそうに顔を隠す。

ジェイソンの父はハジに話しかけられ、共通の友人だったインド人のバラが去年この病院で亡くなったことを知る。そしてハジも亡くなり、ハジの妻と娘が荷物をまとめて病室を去る。ペンキーがハジのベッドから花を持っていく。病室に二人きりになり、ジェイソンの母が私たちはいつまで喧嘩を続けるのかとジェイソンの父に尋ね、ジェイソンの父の手に自分の手を重ねる。ジェイソンの父はいったん手を放すが、ジェイソンの母の手を握り直す。

アタンと一緒に久しぶりに家に戻ったアヌアルはアタンの車を洗う。

シャリンを親戚に託しに行くティマをマズたちが鉄道駅で見送る。マズは、感染するといけないからと言うティマを目で叱り、抱擁してティマたちを送り出す。

オーキッドの両親の家では眠れないイノムが寝ようとしているアタンの顔を見ている。

キアはホテルのベッドで痣だらけになりながらカマルからお金を受け取る。

アタンはイノムに水槽の魚を見せて、魚も君と同じで眠れないんだと冗談を言う。二人はオーキッドの話をする。アリフを赦せなかったオーキッドは家に戻っており、夜明けの礼拝の時間になるのでオーキッドに起きるように声をかけることにする。

キアがマズの家を訪ね、ようやく必要な金額が貯まったのでお金を実家に届けてくるけれど、ティマとの約束があるのでまた帰ってくると告げて去る。キアが部屋に戻ると、ティマの部屋で金目の物を見つけられなかったキーに襲われる。部屋の中からキアとキーの争う物音がして、キアの絶叫が聞こえるが、ビラルのアザーンの声にかき消される。

ジェイソンの両親が仏壇の前で祈る様子、マズとティマがイスラム教の礼拝服で礼拝する様子、アランと娘が教会で祈る様子が交互に映され、それぞれの宗教の祈りの言葉が重なっていく。

誰も乗っていないブランコが揺れている。

エンドロールの後、電話が鳴り、ベッドに寝ているオーキッドが半分寝たまま電話に答える。オーキッドの隣で「どうしたの」と尋ねるジェイソンに、母が夜明けのお祈りの時間だと教えてくれたけれどもう少し寝ていたいと答え、オーキッドはジェイソンの胸で微睡みに落ちる。

『ムクシン』内容紹介

※物語の結末、核心部分に触れています

◉登場人物

●**ムクシン**……マレー人／男性／イスラム教徒。12歳。マレー語を話す。学校の長期休暇におばのセナの家に預けられる。コーランを詠む。『ムクシン』は、学校が長期休暇になってムクシンが村に来て、休暇が終わってムクシンが帰っていくまでの物語。

●**オーキッド**……マレー人／女性／イスラム教徒。10歳。英語・マレー語・華語（北京語）を話す。華語を書く。

●**アタン**……オーキッドの父。マレー人／男性／イスラム教徒。英語・マレー語を話す。車を運転する。

●**イノム**……オーキッドの母。マレー人／女性／イスラム教徒。英語・マレー語を話す。

●**ヤム**……アタン&イノム家の住み込みのメイド。マレー人／女性／イスラム教徒。マレー語を話す。

●**サリプ**……マレー人／男性／イスラム教徒。マレー語を話す。

●**セナ**……ムクシンのおば。マレー人／女性／イスラム教徒。

●**フセイン**……ムクシンの兄。マレー人／男性／イスラム教徒。マレー語を話す。母の家に電話をかけ続ける。

●**イェム**……オーキッドと同じ学校の悪ガキ。マレー人／男性／イスラム教徒。マレー語を話す。オーキッドに車の窓からカバンを投げ捨てられる。

●**イェムの父**（役名なし）……マレー人／男性／イスラム教徒。

●**イェムの母**（役名なし）……マレー人／女性／イスラム教徒。マレー語を話す。

●**カウボーイ男**……アタン&イノム家の隣人。マレー人／男性／イスラム教徒。マレー語を話す。赤いオートバイに乗って浮気する。

●**ロジー**……カウボーイ男の妻。マレー人／女性／イスラム教徒。マレー語を話す。妊娠中。

●**アユ**……カウボーイ男とロジーの娘。マレー人／女性／イスラム教徒。マレー語を話す。

●**車掌**（役名なし）……華人／男性。宗教の言及なし。サッカーのレフリーをつとめる。

●**ジェームズ**……オーキッドの担任教師。華人／男性。宗教の言及なし。華語を話す。

●**スジャータ**……カウボーイ男の恋人。インド人／女性。マレー語を話す。宗教の言及なし。

●**ノル**……ビリヤード場の女性客。マレー人／女性／イスラム教徒。

●**家具屋**（役名なし）……華人／男性。宗教の言及なし。マレー語を話す。

●**家具屋の従業員1、2、3**（役名なし）……いずれも華人／男性。宗教の言及なし。

◉あらすじ

『細い目』の七年前。一〇歳のオーキッドは両親やメイドのヤムと村の家に住み、華語で授業を行う小学校に通っている。長期休暇に入る日、オーキッドは担任の先生から休み中の出来事を作文に書いてみないかと言われる。

学校の廊下で、小柄な児童がイェムたち二人の児童にカバンを取り上げられ、中に入っていたチョコレートを取られる。廊下に散らばった文具をオーキッドが拾ってあげるが、小柄な児童はお礼も言わずにオーキッドの手から文具をひったくる。後のジェイソンを思わせる華人児童がそばでオーキッドを目で追っているが、話しかけない。

＊

学校の送迎バスではイェムたち二人がカバンを奪い合ってふざけている。オーキッドにイェムのカバンが渡ると、オーキッドは窓の外にカバンを投げ捨てる。バスが停まり、車掌がサッカーのレフリーのように笛を吹いてイェムたち二人をバスから降ろす。

バスがオーキッドの家の前で停まり、オーキッドが降りてくる。家ではオーキッドの父アタンが仲間たちと演奏の準備をしている。オーキッドの母イノムは、オーキッドがありとあらゆる本を読んでしまい、学校で図書委員に選ばれたのが気がかりだとアタンに相談するが、アタンは笑って受け流す。奥からヤムが飲み物を持って出てくると、アタンは仲間たちとクロンチョン音楽の「雨」を演奏し、それにあわせてヤムが歌う。

雨が降ってきて、イノムとオーキッドは外に出て雨の中で踊り出す。隣家の妊娠中のロジーが二人を見てマレー人のルーツを忘れていると嘆く。それを聞いて、赤いオートバイを磨いているカウボーイ姿の夫は、自分のことを気にしたらどうかと窘める。タクシーが通りかかり、車の窓から少年が手を出して手を波のように動かしている。

＊

雨が上がり、広場で子どもたちが遊んでいる。女の子たちはロジーの娘アユを花嫁役にしてカウィン・カウィン（結婚式ごっこ）をする。花婿役のオーキッドは呼ばれても部屋から出ようとしないが、女の子たちと一緒に遊んだらサッカー観戦に連れて行ってあげるとアタンに言われ、愛猫のブジャンを置いて部屋から出る。

花婿役のオーキッドと花嫁役のアユが並んで座る。アユは新郎の帽子をオーキッドに被せようとするが、オーキッドはちゃんと被ろうとしない。オーキッドの母が英語を話すのはイギリスで勉強したことを自慢しているからだとか、オーキッドの父は家で料理させられていて妻の尻に敷かれているとか、アユはロジーから言われたことをそのままオーキッドに言う。オーキッドは女の子たちと遊ぶのは退屈だと言って歩き去る。

男の子たちはガラ・パンジャン（陣取り）で遊んでいる。ベンチに座って見ているオーキッドは新顔の少年が気になる。少年の名前はムクシンで、長期休暇になるとこの村に来ておばのセナの家に預けられていることを知る。男の子が一人怪我して人数が足りなくなる。オーキッドは女の子だから激しいゲームは無理だとムクシンが言うが、ムクシンがボールをぶつけようとしても怖がらなかったオーキッドはゲームに入れられる。

＊

オーキッドの部屋には黒板があり、絵とともに華語で「私は最近、一人の男の子と知り合った」と書かれている。

オーキッドの家の前でムクシンが大人用の自転車を持って待っている。オーキッドが出てくると、オーキッドを前に乗せて二人乗りで走り、「乙女の墓所」に着く。看板によれば、意に反した結婚を命じられた娘が結婚前夜に水浴びをしているときに行方不明になり、両親は木に掛かっていた娘の服を見つけてそこに墓を作った。展望台に上ったムクシンとオーキッドは、自分ならどの木に服を掛けるかを話す。

ムクシンとオーキッドはイェムたちとばったり出会う。言い争いになり、ムクシンが後ろを向いた隙にイェムに木の板で頭を殴られる。ムクシンは痛みで蹲り、オーキッドは怒ってイェムに殴りかかる。イェムの母が出てきてオーキッドの家の場所と両親の名前を聞き、オーキッドたちを帰す。

ムクシンの家に戻り、セナが薬草を揉んでムクシンの傷の手当てをする。ムクシンの兄フセインが帰ってきて、女の子と出歩いている罰が当たったからだとムクシンをからかい、オーキッドがフセインに殴りかかる。セナはオーキッドを家に帰す。

＊

イェムと両親がオーキッドの家を訪ねて来る。息子がオーキッドにバスの窓からカバンを投げ捨てられたと苦情を言う。イノムはオーキッドを呼び、籐の鞭を持ってオーキッドの部屋に入る。オーキッドの部屋の黒板には木の板を持った男の子の絵が描かれており、「私はこの男の子が嫌いだ」と書かれている。イノムが鞭でベッドを叩き、オーキッドは自分が叩かれたかのように悲鳴を上げる。十分に叩いた後でイノムはオーキッドにカバンを投げ捨てた理由を尋ねる。オーキッドは、イェムたちが小柄な子を苛めていたので同じことを自分がされたらどう思うかを味わわせただけと答える。オーキッドもそろそろ大人になるという話をした後、イノムが居間に戻り、イェムと両親はお茶も飲まずに帰っていく。それを見てイノムとアタンとヤムは大笑いする。

＊

ムクシンはオーキッドと会うために着ていく服を選んでいる。あまりの気合いの入れように、セナは「結婚式を挙げるつもり？」とからかう。グリースを手にたっぷり付けて髪にべっとり塗っているのを見て、セナは「日向にいたら前髪で目玉焼きができるよ」とからかう。

オーキッドの家族とムクシンはサッカー観戦に行く。バスの車掌がレフリーをしている。レフリーはゴールポストにぶつかって倒れ、手足を掴まれて運び出される。

オーキッドたちが家に戻ると、飼い猫のブジャンが鶏を襲っていた。サリプがブジャンに「文化を汚すものめ」と言う。鶏を襲った猫を飼い続けることはできず、袋に入れて車で遠くに連れていって路地裏に離す。ブジャンとお別れした帰りの車では、ムクシンが隣で寝ているオーキッドの手に自分の手を重ねる。オーキッドは目を開けてムクシンの手を見るが、そのまま目を閉じる。家に戻るとヤムが待っている。眠りこんだオーキッドをアタンが抱えて車から出てくる。明日は凧揚げに行こうとオーキッドに伝えてくださいと言ってムクシンは家に帰る。

＊

オーキッドの隣家のカウボーイ男が赤いオートバイを熱心に磨く。オートバイが羨ましいわというロジーを無視して家を出ていく。その先に待っていたのは若い女性で、独身だと嘘をついて二人でデートに行く。

ムクシンは自転車のオーキッドが座る部分に座りやすくなるようにタオルを巻く。一面緑の草原。自転車に二人乗りしてムクシンとオーキッドが走っていく。

ムクシンがいなくなって以来、微笑みを失っている。オーキッドはブジャンがムクシンが凧を作る。二人は凧を揚げようとするがなかなか揚がらない。草原の中の一軒家では、赤ちゃんを抱いた大人のオーキッドとジェイソンが二人の様子を見て、自分たちの凧を持ってくる。四人で空高く凧を揚げる。別れ際に大人のオーキッドがムクシンに「運転に気を付けて。ジェイソンみたいにならないでね」と声をかける。

帰り道、ムクシンはこれからもずっと髪の毛を切らないでとオーキッドにお願いし、オーキッドは考えておくと答える。女性を乗せたカウボーイ男の赤いオートバイが二人の自転車を追い抜いていく。

＊

オーキッドの家では、買い物帰りの車が着き、軽そうな荷物を持ったイノムをアタンが荷物ごと背負って家に運ぶ。

隣家ではカウボーイ男が出かけるところで、帰りは遅くなるから食事は済ませておくようにと言う。ロジーが「お出かけの挨拶を」と顔にキスしようとするが、カウボーイ男はロジーを避けて出て行ってしまう。

居間のソファーにオーキッドが寝ていると家具屋が来て、ローンの支払いを三か月も滞納しているからと言ってソファーを持って行ってしまう。オーキッドはヤムを呼ぶが、ヤムは裏の家で料理用のタマリンドを分けてほしいと話をしていたので気づかない。ソファーが全部運び出され、ロジーに耳打ちされたアユはオーキッドに「お金がないなら家具を買わなきゃいいのに」と嫌味を言う。

家具屋のトラックが出ていくのと入れ違いでアタンとイノムが帰ってくる。この街に家具屋は一二軒あり、三か月ごとにソファーを取り上げられても三六か月はお金を払わなくてもソファーを使えるとアタンが言い、イノムが呆れる。

＊

公衆電話でフセインが母の実家に電話をかけるが、母に繋いでもらえない。

ヤムがセナとおしゃべりしながらチョコレート入りアイスキャンデーを作っている。チョコレートとミルクをビニール袋に入れ、混ぜて凍らせると、チョコの苦味とミルクの甘味が混じって人生のようにいろいろな味になる。セナは、フセインとムクシンの母は夫の暴力のために家を出たこと、フセインはずっと父を恨んでいてまだ母を探していること、ムクシンは母のことを覚えていないこと、ムクシンはいつも一人だったけれどオーキッドというい友だちができたことなどをヤムに話す。

オーキッド一家とムクシンはアタンが運転する車でサッカー観戦に行く。帰りの車でアタン一家が歌を歌い、ムクシンも一緒に歌うように招かれる。

オーキッドとムクシンはヤムに見てもらってコーランの中傷者章を詠む。ムクシンはオーキッドより多く詠むことができる。

フセインは母の実家に電話するが、母を電話口に出してもらえない。連れ込み旅館の前に立つ女性を伴って旅館に入っていく。

＊

オーキッドとムクシンは木に登る。ムクシンは長期休暇が終わるので来週家に帰り、来年以降はこの村に来ないかもしれないとオーキッドに伝える。オーキッドはそれなら私がムクシンに会いに行くと言う。もうオーキッドと会えなくなるだろうと思っているムクシンは愛おしそうにオーキッドの髪を撫でようとするが、オーキッドにくすぐったいからやめてと言われてしまう。

穴が開いた服を着ているムクシンにあわせて、オーキッドは雑巾にするつもりだった服を着て広場に遊びに行く。ガラ・パンジャンで遊んでいるときに男の子と抱き合った格好になり、怒ったムクシンがオーキッドを帰らせる。オーキッドはショックで寝込み、アタンがサッカーの試合に連れて行ってあげると言っても起き上がらない。

ムクシンは凧をオーキッドの家に持っていくが、オーキッドはサッカー観戦に出かけていたためにヤムに凧を託す。

隣家では、あなたが望む通りにお義母さんの料理も覚えたし二人目の子も生まれるのにどうして第二夫人が必要なのかと悲しむロジーを放ったまま、一週間で戻ると言ってカウボーイ男が赤いオートバイで出かけていく。家の中からその様子を見ていたアユが家から出てきてロジーに寄り添い、カウボーイ男が去った方を睨んでいる。

＊

オーキッドは女の子の服装をして木に登れなくなり、部屋で木の絵を描いている。ムクシンが庭の木に登ってオーキッドを見ようとするが、それを見たオーキッドは窓を閉めてしまう。ムクシンは翌日もオーキッドを呼びに来るが、オーキッドは返事をしない。

夜、オーキッドの家でサリプがレコードにあわせて「行かないで」を歌い、オーキッドたちがダンスする。ムクシンが外からオーキッドたちを見ている。

セナの家では、寝床についたセナが、フセインのようになっちゃだめよとムクシンに話しかけている。オーキッドと喧嘩したのかと尋ねられてムクシンは寝たふりをする。フセインはビリヤード場でマレー人女性に声をかけるが追い払われる。公衆電話から祖母の家に電話をかけ、話を聞いていて吐いてしまう。ムクシンは田園風景の中で女の子の服装をしたオーキッドと二人で新郎新婦のように並んで座り、オーキッドから新郎の帽子を被せてもらって天に昇る気持ちになる。扉を叩く音でムクシンは夢から覚める。夜中の三時に酔って帰ってきたフセインは、母が死んだと祖母に電話で言われたという。ムクシンは起き出してフセインの肩を抱く。

翌日、ムクシンがオーキッドの家に行き、「父の家に帰るからお別れだ、渡した凧の尾に書いたメッセージを読んで」と声をかけて立ち去る。オーキッドはあわてて凧を探してメッセージを読み、ムクシンの家に駆けつけるが、ムクシンはすでにいない。木にムクシンの凧が掛かっている。一台のタクシーが村から走り去り、車の窓から出た手が波のように動いている。

ナレーション。その後、オーキッドはムクシンと会うことはなかった。先生に言われた作文は書かなかった。

＊

エンドロール。ヤスミンの父アタンがオルガンを弾き、ヤスミンの母イノムが「雨」を歌い、ヤスミンと妹オーキッドが二人に加わり、そのまわりに撮影スタッフが集まってくる。

『細い目』を読み解く

「もう一つのマレーシア」を美しく描く

山本 博之

ヤスミン作品の最大の魅力は、今そこにない「もう一つのマレーシア」を美しく描いたことにある[➡37頁]。

映画(劇映画)はもとよりフィクションだから、わざわざ今そこにない「もう一つのマレーシア」を描いたと言う必要はないと思うかもしれない。しかし、マレーシアでは映画が現実を反映しているかどうかがその作品の評価を左右する重要な要素になる。ヤスミンやその家族がヤスミン作品について自分たちの経験に基づいた物語だとしばしば語っていることも、このことと密接に関係している。

『細い目』について紹介する前に、マレーシアにおける芸術作品とリアリティについて簡単にまとめておこう。

芸術作品は現実社会を反映するべきか

ヤスミン作品からは離れるが、日本とマレーシアのスタッフによる共同制作の『タイガー・ファクトリー』(ウー・ミンジン、二〇一〇年 ➡68頁)という映画がある。日本行きを夢見るマレーシア人女性が渡航費を稼ぐために合法・非合法の様々な手段をとり、身近な人に騙し騙される物語だ。そこでは、マレーシアで難民認定を受けるのを待つ間に非合法の仕事に就いて家族を養うミャンマー人が登場する。このミャンマー人を演じたのは実際にマレーシアでミャンマー人移民に対する支援活動を行っているミャンマー人だそうだが、撮影が進むにつれて、このミャンマー人役者が、「脚本に従って演じるとミャンマー人が悪者であると認めることになるので脚本を変えてほしい」と言ってきたらしい。この映画ではミャンマー人だけではなくマレーシア人も悪者に描かれているし、大局的に見ればマレーシアでミャンマー人が置かれた境遇に光を当ててマレーシア社会の難民に対する扱いに一石を投じることになるのだからと説得したものの、ミャンマー人支援団体が背後についた役者がどうしても納得せず、ミンジンは脚本を一部変更せざるを得なかったという。

これはミャンマー人の例だが、これに限らず、マレーシアでは、芸術作品で書かれたり演じられたりしたことには書き手や演じ手の頭の中が反映されているという考え方がある。「作品として書いたのであって自分の考えとは別だ」と言っても通用しないし、読み手や観客も、黙って最後まで見ていたらそれと「同罪」になる。

この背景には、芸術作品は現実社会を反映してその発展を助けるものでなければならないという考え方がある。その結果、芸術作品を評価する際に、そこで描かれていることが現実に即しているかが問われることになる。ただし、現実に即しているかを決めるのは簡単ではない。犯罪行為や不道徳行為が描かれた作品を現実に即していると認めれば、現実社会に犯罪行為や不道徳行為が存在すると認めることになり、それは社会の恥をさらすことであり、そのような作品を現実に即していると認めるわけにはいかないという考え方が出てくる。つまり、現実を反映しているかどうかは、実際に起こっていることに照らして判断しているのではなく、社会の多数派にとって望ましい現実を反映しているかどうかということになる。

「もう一つのマレーシア」

これに対してヤスミンは、マレーシア社会の多数派がふだん想像すらしないかもしれないけれど現実に存在することを積極的に描いてきた。民族の違いを超えた恋愛も、雇い主と使用人の関係も、ヤスミンが描いてきたのはマレーシアの多数派にとっては考えられないものの部類に入る。

広いマレーシアを端から端まで探してみれば、絶対に存在しないというわけではない。マレーシア以外では不思議ではないことがマレーシアでは多数派の陰に隠れて「ないもの」と見られていることにこそ、マレーシア社会の特徴がよく現れている。そのため、ヤスミンは敢えて少数派に積極的に目を向けた作品を作ってきた。

しかし、ヤスミン作品は、マレーシアでは「それは現実を反映しているのか」と問われることになる。これに対して、「映画は多数派にとってのあるべき現実を反映している必要はない。今は存在しないかもしれないし、存在しても少数派かもしれないけれど、それを描くことに意味がある」と応答する手もありうるだろう。しかし、そう言ってしまえば作品が現実を反映していないと認めることになり、鑑賞する価値なしと判断され、マレーシアの人びとに観てもらう機会が閉ざされかねない。それを避けるためには「マレーシアの現実を反映している」と言い続けるしかない。ヤスミンやその家族がヤスミン作品について「自分たちの経験に基づいている」と繰り返し言っているのは、「少なくとも自分たちは経験したのだからマレーシア社会に全く存在しないわけではない」という意味であり、鑑賞する価値なしとされないためにはそう主張せざるを得ないという事情がある。

ヤスミンが作品を作るにあたって身近な経験に素材を求めたことは確かにあったのだろう。しかし、それをそのまま映像にしたのではなく、物語に組み直して万人受けするエンターテインメントに仕上げているということは、ヤスミンの頭の中で物語が新しく作り出されたということだ。ヤスミンは、「自分の家族に起こったことをもとに作品を作った」と言い続ける一方で、自分のことをストーリーテラーと名乗っていた。ここには物語に対するヤスミンの秘めた思いが込められていたように思われる。

日本に暮らす私たちは、現実社会を忠実に反映してその発展を助ける映画でなければ観るに値しないと言ったりしない。だから私たちは、ヤスミン作品はヤスミンやその家族に実際に起こったことに基づく物語であると強調する必要はない。むしろ逆に、ヤスミン作品は今ここにない「もう一つのマレーシア」を美しく描いた作品であり、だからこそ価値があるのだと堂々と評価すべきだろう。

＊

『細い目』が日本で公開されたとき、一部のマレーシア通の人たちから「マレーシアの多民族社会のリアリティを描いた」と評された。そう言う気持ちはよくわかる。マレーシアは多民族社会でありながら、テレビや映画の中ではこれまで長く単一民族社会だった。マレー人のドラマにはマレー人しか登場せず、華人やインド人が出たとしても添え物でしかなかった［⬇43頁］。そのような状況で、マレー人家庭と華人家庭がどちらも物語の重要な部分を構成している『細い目』が登場したとき、私たちは驚嘆して喝采したのだった。マレーシアをよく知る人たちが「マレーシアの多民族社会をリアルに描いた」と評したのも頷ける部分がある。

しかし、「多民族社会をリアルに描いた」と見るだけでは、ヤスミン作品の肝心の部分を見逃すことになりかねない。ヤスミン作品は、「今ここにある現実のマレーシア」ではない「存在しないもう一つのマレーシア」を美しく描いた。だからこそ、人びとはそこに「もしかしたら実現可能かもしれないもう一つのマレーシア」を見出して強く惹かれるのだ。

『細い目』の逆転(1)——男と女

ヤスミン作品に描かれた「もう一つのマレーシア」を理解するには、現在のマレーシア社会における「常識」を理解した上で、『細い目』がそれとどう違う世界を描いているかを見ればよい。

「もう一つのマレーシア」が描かれている例として、人びとの上下関係や権力関係の逆転がある。『細い目』では、男と女、雇用主と使用人など、マレーシア社会で「常識」とされる権力関係の逆転が随所に見られる。ただし、単純にひっくり返しているだけでなく、いろいろな程度の「ないもの」を混ぜている。マレー人社会の保守層にとって「見ないもの」「語らないもの」でありながら現実には存在するものから、現実にもありそうもないことまで、様々な段階の「ないもの」が織り込まれている。

ジェイソンやキオンは男なのに詩や音楽が好きだが、オーキッドは女なのに花やラブストーリーが嫌いで武術が好きだ。これは、マレーシアの多数派が考える「男らしさ」「女らしさ」からは外れているが、だからと言ってありえない話ではない。

写真館でジェイソンとオーキッドが写真を撮っているとき、いくつかポーズをする中で男と女のポジションを逆に

写真1　写真館で弱弱しいポーズで座るジェイソン〈手前〉と力強いポーズで立つオーキッド〈奥〉

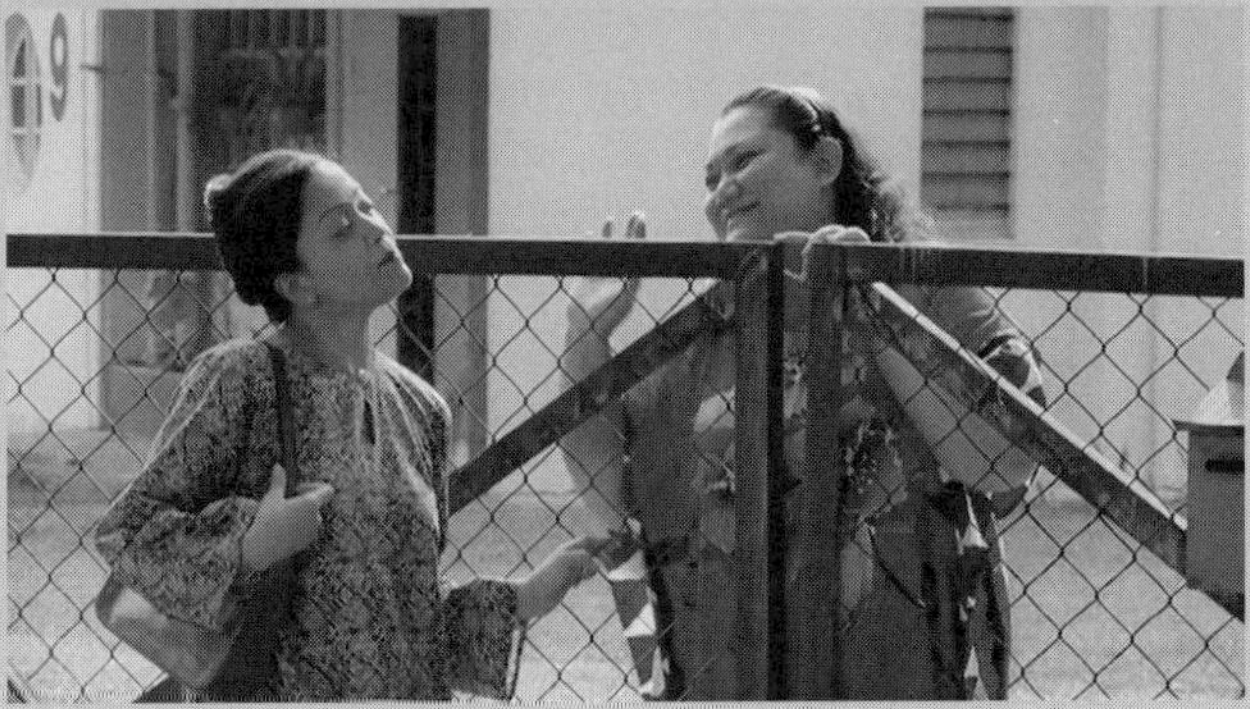

写真2　メイドのヤム〈右〉はオーキッドの母〈左〉に命令口調で買い物を頼む

して撮っている一枚がある。ジェイソンが微笑みながら弱弱しく座り、その後ろでオーキッドが力強く構えて立っている（写真1）。これは男が女を守るという考え方が多数派であるマレーシアの人たちの目には「男女が逆転している」と映るだろう。

ファストフード店で、ビーフバーガーやフライドポテトが好きかをオーキッドに尋ねられたとき、ジェイソンは自分の好みを答えるのではなく、オーキッドの好みに合わせて答えようとして答えがあっちに行ったりこっちに来たりする。マレーシアではこのような場面で一般に女が男の顔色をうかがうことが多く、ここでも男女の逆転が見られる。▶1

なお、ジェイソンとオーキッドがデートに利用していたのはチキンキングというファストフードの店だった。マレーシアの伝統的な外食施設であるコーヒーショップ

▶1　マレーシア華人のうち仏教徒は牛肉を食べない人が多いため、華人と食事をするときには相手が牛肉を食べるか気にするものだが、オーキッドはそのことに気づかずに質問している。『グブラ』で入院中のジェイソンの父が同じ病室の患者の家族からルンダンのおすそ分けを受けたとき、「わしは牛肉は食わんぞ」と言っている。これは好き嫌いではなく宗教上の理由で牛肉を食べないものと考えられ、したがってジェイソンも牛肉を食べないと思われる。なお、一般にルンダンと言えば牛肉料理だが、このとき差し入れられたのは鶏肉のルンダンだった。

はムスリム用と非ムスリム用とが別々に存在し、クアラルンプールのような都会を除けば、民族が異なる人どうしで飲食する場合にはファストフード店を使うことが多い。▼2

家の外で食事をとる場所が違うため、伝統的にマレー人と華人とが街で出会う機会は少なく、出会うとしたらせいぜい市場だった。『細い目』でオーキッドとジェイソンが出会ったのも市場だった。民族が異なる二人がデートするとしたら、クアラルンプールのような都会ならショッピングモールのフードコートやオープンエアのカフェがあるが、地方都市で周囲の目を気にせずに一緒に食事するとしたらファストフード店ぐらいしかない。

『細い目』の逆転(2)――雇い主とメイド

オーキッド家のメイドであるヤムと、その雇い主であるオーキッドの両親との関係にも逆転が見られる。『細い目』では、ヤムがオーキッドの母親に命令口調で買い物を頼んでおり(写真2)、オーキッドの友人リンが「どうしてメイドなのに主人にあんな口をきいているの?」と驚いている。また、ヤムがオーキッドのブラシを勝手に持ち出して使っていたとき、オーキッドは「返して」と言わずにさりげなくブラシを取り戻し、そのときヤムがオーキッドを恨めしそうに睨んだ様子も、マレーシアの多数派が考えるメイドと雇い主(の家族)との関係からはかなり逸脱したものとなっている。

メイドと雇い主との関係の逆転で象徴的なのは、オーキッドの母が床に座ってザルの米から小石をより分けて夕食の支度をしているとき、ヤムが隣でソファーに座ってテレビドラマを観て大笑いしている場面だ[➡38頁]。メイドがソファーに座り、主人を働かせて自分はテレビを観て笑っているとは、マレーシアの「常識」ではありえない話だ。

オーキッドは母からヤムのことをメイドと呼んではならないときつく躾けられている。オーキッドはヤムを呼ぶとき、敬称の「カッ」(姉さん)をつけて「カッヤ

▶2　マレーシアやシンガポールでよく見られる外食施設であるコーヒーショップは、コーヒーなどの飲みものを提供する店の敷地に屋台が集まった屋台村の形をとっている。食習慣の違いのため、マレー人と華人は別々にコーヒーショップを発展させてきた。外観も違い、マレー人のコーヒーショップは緑色や銀色の装飾が多いのに対し、華人が経営するコーヒーショップは赤い装飾が多い。国道を車で走っているときに軽食をとりたいと思ったら、マレー人は緑色の看板の前に車を停めるし、華人は赤い看板の前に車を停める。なお、ジェイソンとオーキッドがデートしたチキンキングはイポー市内に実在したが、2007年に営業を停止した。

ム（ヤム姉さん）」と呼び、ヤムを家族・親戚扱いしている。

相手にどのように呼びかけるかは、マレーシア社会ではとても重要なことだ。マレーシア人は、呼びかける相手の年齢層、民族性、性別、雰囲気などによって呼び方を使い分ける。オーキッドは、ジェイソンと初めて会ったときに「ボス」と呼んだ。これは、日本語で言えば「社長さん」に近く、羽振りのよさそうな男性に対して呼びかけたり、お店で店主に対して呼びかけたりするのに使う。露店でCDを売っている少年を「ボス」と呼ぶのはちょっと大げさかもしれないが、オーキッドにすれば、相手に敬意を払いつつも商売上の付き合い以上の関係になるつもりはないというメッセージになる。これに対してジェイソンは「ボスと呼ばないで」と言い、ジェイソンという名前で呼んでほしいと言う。そして、オーキッドのことを「ミス（お嬢さん）」と呼んでいたジェイソンは、別れ際にオーキッドの名前を尋ねる。これは単に名前を聞いているのではなく、名前で呼ぶ仲になってくれるかという問いかけでもある。

その後、ジェイソンとオーキッドは付き合い始め、あるときから互いに相手のことを「サヤン」と呼ぶようになる。サヤンとは「いとおしい」という意味のマレー語で、英語の「ハニー」や「ダーリン」のように恋人どうしが相手を呼ぶときに使う。▶3

『グブラ』では、アリフはオーキッドのことを「ブダ・クチ（ちびちゃん）」と呼び続けた。オーキッドが家を出ていこうとしたとき、家に留まるように説得しようとしたアリフは、「ブダ・クチ」から「オーキッド」へ、さらに「サヤン」へと呼び方を変えているが、オーキッドは聞く耳を持たなかった。これに対し、浮気相手のラティファからかかってきた電話にアリフは「サヤン」と呼びかけている。アリフの気持ちは一貫してオーキッドではなくラティファに向いていた。

民族・宗教に関する「ないもの」

『細い目』では、民族間や宗教間の関係に関する「ないもの」も描かれている。

ジェイソンがオーキッドにキオンを紹介したとき、ジェイソンは中華食堂でオーキッドと待ち合

▶3 オーキッドの父は妻を呼ぶときにダーリンを略して「リン」と呼んでいる。『タレンタイム』では、メルーの父が「リン！」と呼ぶのに対し、メイドのメイリンが「あの人が『リン！』と呼ぶたびにダーリンなのかメイリンなのか迷うの」と言い、メルーの母が「ダーリンに決まってるでしょ」と言う場面がある。

わせている。オーキッドは中華食堂の入口で豚肉が売られているのを見てたまげるが、気を取り直して店に入る［➡94頁］。このときオーキッドは、冗談とも受け取れるような口調で「オイシソウ」とつぶやいている。マレー語か英語でそんなことを言えば大問題になるが、このセリフは広東語で字幕なしだったため、広東語がわかる観客は喝采したが、それ以外の観客には「雑音」扱いされて問題にならなかった。

全体的に内装が赤いこの中華食堂にはマレー人ムスリムが口にできない食べ物や飲み物があり、現実のマレーシアではマレー人が足を踏み入れることはない。オーキッドが中華食堂に入っているのは、マレーシアの「常識」では「ありえない話」だ。

これに対し、先に書いたように、ジェイソンとオーキッドが市場で出会ったことや、二人がデートでファストフード店を使っていることは、民族や宗教の背景から考えて「ありそうな話」の部類に入る。

『細い目』では、「ありそうでないもの」から「ありえないもの」まで、様々な程度の「ないもの」が並べられている。『細い目』は、「実際にないマレーシア」を美しく描いており、人びとはそこに惹きつけられる。これらを観ているうちに観客は、どこからどこまでが実際にありそうでどこからどこまでが実際にはなさそうなのか、しだいに頭の中の区分があいまいになっていく。観ているうちに、マレーシア社会の現在の「常識」ではありえないはずのことも、もしかしたら実現可能なのかもしれないと思わせてしまう不思議な力を持っている。▶4

▶4　オーキッドが自宅でリンに内容を尋ねられている本は、フランツ・ファノン（1925−1961年）の『Peau noire, masques blancs（黒い皮膚・白い仮面）』（日本語版は海老坂武・加藤晴久訳、みすず書房、1998年）である。ファノンはフランス領マルチニック島で黒い皮膚をしたマルチニック人として生まれた。フランス本国のリヨン大学で精神医学を専攻して学位を取得し、白い皮膚のフランス人と結婚した。

『グブラ』を読み解く

約束と父性——オーキッドの「結婚」

山本 博之

『グブラ』で最も印象的なのは、オーキッドの「結婚」の場面だ。正装のオーキッドが夫アリフとの生活に別れを告げ、アランの部屋に導かれて「結婚」する。では、オーキッドは誰と結ばれたのか。

この場面に登場しているのは『細い目』でオーキッドが別れたジェイソンの兄のアランだ。アランはオーキッドの手をとったり肩を抱いたりするが、アランはオーキッドの「結婚」相手ではない。アランはそれどころではなかったはずだ。このときアランは一人で三つの役をこなしている。三つとも「父」の役で、オーキッドの「結婚」を見届けることによってアランは父になった。

オーキッドの「結婚」

オーキッドの「結婚」の場面を振り返ってみよう。アランの家に着いたオーキッドは、車から降りるとアランに手をとられて家の中に迎え入れられる（写真1）。この場面でアランの家は教会に見立てられている。玄関から細い通路を通ってアランの部屋に入るまで、アランはオーキッドの左手をとり、式場に入場する新婦の父の代わりを務めている。

場面が切り替わってアランの部屋の中が映されると、入口の近くにテーブルと椅子があり、テーブルの上には写真立てが一つ置かれている。部屋の中にはベッドがあり、ベッドの奥の窓際には棚があって、そこには写真立てが二つ置かれている。教会に見立てるならば、窓際の写真立ては祭壇で、入口近くのテーブルに置かれた写真は参列者ということになる。

テーブルの上の写真はこれより少し前の場面に登場している。アランが一人でベッドに腰掛け、写真立てを手にとって見ている場面だ。写真に写っているのは笑顔の少女で、離婚した妻と一緒にシンガポールで暮らしている娘なのだろう。そして、窓際に置かれている他の二つの写真立てはおそらく娘と一緒の家族写真だろう。オーキッドの「結婚」の場面では窓際の「祭壇」に写真立てが二つしかないことから、娘の写真立てはアランが一人で見たときに入口近くのテーブルに移されたのだろう。

オーキッドの「結婚」に話を戻そう。アランは、部屋の入口に立っているオーキッドの右手をとって部屋の奥に導く(写真2)。アランはここでは新郎役を務めている――ただし、その代理として。

窓際までオーキッドを導くと、アランはベッドにオーキッドを座らせ、自分はその隣に座らない(写真3)。そしてアランは、ジェイソンの遺品が入った靴箱をオーキッドの隣に置く。ジェイソンはすでにいないけれど、「祭壇」に向かったベッドに新郎新婦として並んで座っているのはオーキッドとジェイソンの二人に他ならない。

アランが渡した靴箱に入っていたのは、ジェイソンとオーキッドが一緒に撮った写真、そしてジェイソンが遺した手紙や詩集[1]や携帯電話だった。それらの遺品に顔をうずめて泣くオーキッド。これはオーキッドとジェイソンの誓いのキスの儀式で、これによってオーキッドとジェイソンは結ばれたのである(写真4)。

この一連の儀式に立ち会ったアランは、このとき司祭の役を務めている。誓いのキスの後、アランは泣き崩れるオーキッドの肩を抱きかかえる。これはオーキッドの「義兄」になったアランがジェイソンを失った悲しみを共有しているのであって、アランとオーキッドの間に

▶1　タゴールの詩集(英語)の他に、パブロ・ネルーダの『二十首情詩與絕望的歌(二十の愛の詩と一つの絶望の歌)』(華語)も見える。パブロ・ネルーダはチリの国民的英雄で詩人。1971年にノーベル文学賞を受賞した。代表作にチリの自然の美しさをうたった「マチュピチュの高み」や「女のからだ」などがある。10代から詩作をはじめ、官能の喜びと不安を歌った『二十の愛の詩と一つの絶望の歌』(1924年)で頭角をあらわした。性に関する描写が多めで「下品だ」との批判もあり、「女のからだ」では女性を「肉のりんご」と表現している。スペイン内戦を目の当たりにして共産主義に接近して人民戦線を支援した。南米ではゲバラとともに共産主義者たちのヒーローの一人。ネルーダのイタリア亡命時代を題材にした映画『イル・ポスティーノ』(1994年、イタリア)がある。

写真１「教会」に見立てられたアランの家に入るオーキッド

写真２ 新郎の代理としてオーキッドを導くアラン

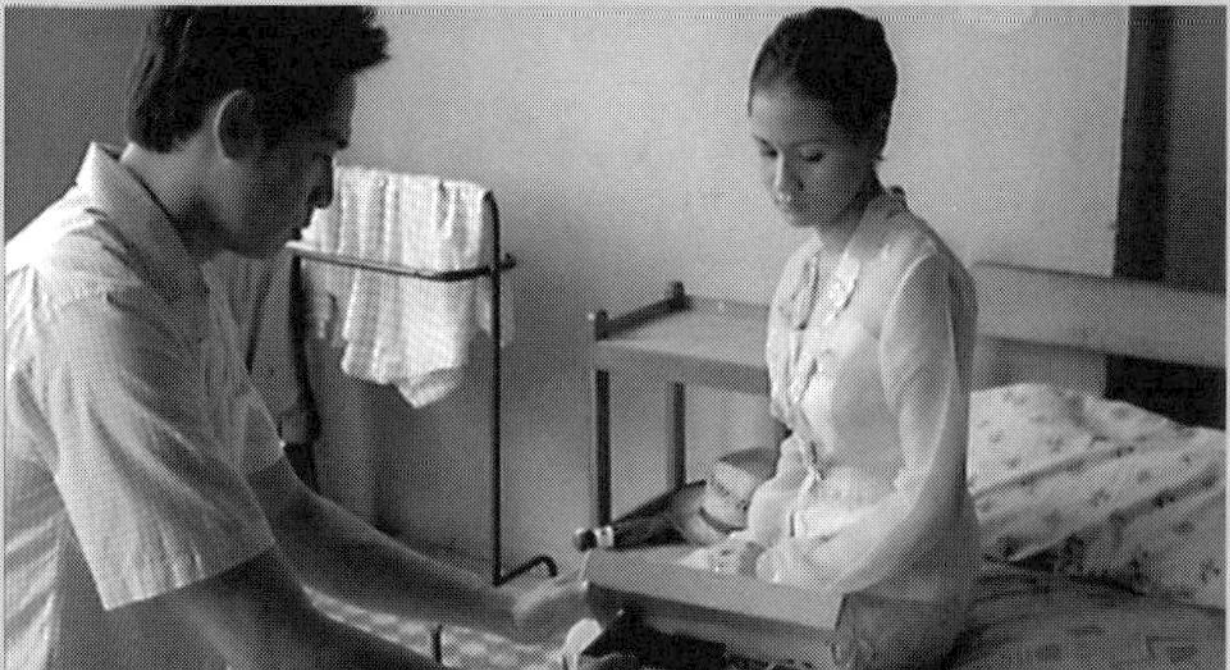

写真３ オーキッドと新郎としてのジェイソンの遺品が並ぶ

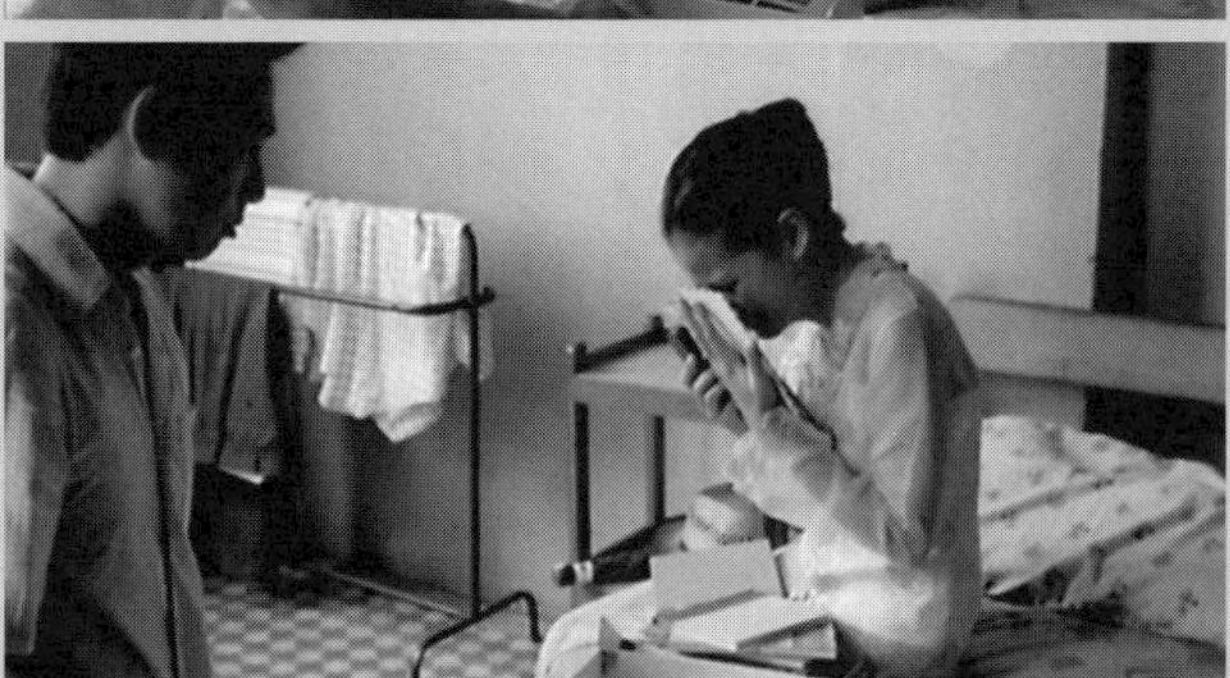

写真４「誓いのキス」の儀式によってオーキッドとジェイソンとの「結婚」が成立する

それ以上の関係はない。

父になったアランと父になれなかった男たち

アランが務めた三つ目の役割は、オーキッドの「結婚」の参列者だ。先述したように、部屋の入口近くのテーブルには娘の写真立てが置かれていた。これは、アランの娘がオーキッドの「結婚」に列席者として参加しているということだ。したがってアランも娘と一緒に、つまり父としてオーキッドの「結婚」に参列しているということになる。

新婦の父役、司祭（天の父の代理人）役、そして参列者の父役という三つの父の役を務めたアランは、オーキッドの「結婚」を実現させることを通じて父性を取り戻した。このことは物語にも反映されている。『グブラ』の最後にアランが娘と一緒に教会で礼拝している場面がある。別れた妻から娘を引き取って、父として生きることにしたのだろう。

『グブラ』の物語で「父になる」経験をしたのはアランだけではない。ジェイソンの父もそうだ。かつて道路建設で一緒に働いたインド人のバラが死んだことや、そのことを教えてくれた同室の患者が死んだことを契機に、二〇年間けんかしてきた妻と和解する。和解の直前にジェイソンの母が「パパ・アロン（アロンのお父さん）」と呼びかけていたことは象徴的だ。アロンは家でのジェイソンの呼び名で、その呼びかけに応えることで「アロンのお父さん」になり、二人は一緒にジェイソンを弔うことができるようになった。晴れてジェイソンの父と母になれたのである。

このように、『グブラ』には、ジェイソンの死から七年を経てその死を乗り越えて父になれた男たちがいる。その一方で、父になれずに救われないまま終わる男たちもいる。オーキッドの夫アリフと、ティマから財布を盗もうとしたキーがそうだ。父になれた男たちと父になれなかった男たちの違いは約束を守るか守らないかで、父になれた人は約束を守ったが、父になれなかった人は約束を守っていない。

アリフの物語

アリフはラティファと八回も浮気して、「オーキッドを悲しませない」という約束を破った。

広告業界で働くアリフは、クライアントとのトラブルで会社に呼ばれたと言ってオーキッドたちがいる病院を去る。

ところが、オーキッドとアランがお茶を飲みに行こうと町に出ると、カフェレストランでアリフが女性と会っているところを目撃してしまう。

この撮影に使われたのはイポー市内のモーヴェンピークというカフェレストランで、『細い目』でジェイソンとオーキッドがデートを重ねたチキンキングのすぐ隣にある。よりによってアリフはジェイソンとの思い出の場所のすぐ隣で浮気相手と密会していた。[2]

家に戻ったアリフが浮気相手のラティファのことを「彼女は何でもないんだ、彼女はただの肉の塊だ」と言うと、オーキッドはそこに男による女への傲慢さを見て激怒するが、もしその言葉を自分の目の前でラティファに言えばアリフを許すという。アリフはラティファを呼び出してオーキッドの前でその言葉を告げたが、オーキッドはアリフを許さなかった。

オーキッドの怒りは自分を裏切ったアリフ個人から女性を蔑ろにするマレー人男性全体に向けられており、もしアリフがラティファにその言葉を言わなかったら、ひょっとするとまだ許す余地があったのかもしれないと考えるのは楽観にすぎるだろうか。これはヤスミンと前の夫との間で実際に起こったことで、後で振り返って「あのときはやりすぎたかしら」と言ったそうだが、そのことを改めて考える意味もあってヤスミンはこの場面を入れたのかもしれない。

もっとも、アリフは心を入れ替えたわけではなかった。オーキッドとの取り込み中にラティファからかかってきた電話に対して、「大丈夫だよ、サヤン。後で電話するから」と答えている。妻であるオーキッドのことは「ブダ・クチ(ちびちゃん)」としか呼ばないのに、浮気相手のラティファのことは「サヤン(いとしい人)」と呼んでいる。

ティマとキアの物語

ティマとキアを襲ったキーも、約束を守らなかった男だ。

映画の冒頭で、ビラル(礼拝所管理人)が礼拝所に向かう途中、前足を一本失った犬に「またトラックにぶつけられないように気をつけろよ」

▶2 浮気相手との密会現場をオーキッドに見つけられたアリフは、とっさに浮気相手を「ペンソニック社の人」と紹介している。この会社はマレーシアに実在する。1965年にペナンで開業した電化製品を売るKeat Radio Co.が1982年に社名を変更してペンソニック社になった。社名が酷似しているとパナソニック社から訴えられたことがあるが、マレーシアでは地元企業として広く認知されている。

と声をかけている。そのすぐ後に遠くで犬が吠える声が聞こえ、ビラルがその声の方に向かって「まだ木曜日じゃないぞ」と叫んでいる。

　前足を失った犬がビラルに頭をなでられるままでいるように、この地区の犬は知っている人には吠えない。犬が吠えたということは地区の人間ではない人が来たということだ。それに対してビラルが「まだ木曜日じゃないぞ」と言ったのは、この地区にこんな夜中に来る連中の目的は一つしかないからだろう。借金の取り立てだ。借金取りはマレー語で「アロン」と呼ばれ、返せないとひどい目にあわせる連中だ。後でキーがティマに金を（貸して）くれと頼んでいるとき、知り合いが高利貸しに痛めつけられて寝たきりになったと話している。

　この地区では木曜日が借金の支払い日と決まっているのだろう。ビラルが「まだ木曜日じゃないぞ」と叫んだのは、「まだ返済期限が来ていないのだから、借金が返せなくても手出しをするな」という意味であるとともに、借金した人に対しても、「まだ期限まで時間があるのだから、返済の努力をあきらめるな」という呼びかけでもあるのだろう。[▶3]

　しかしキーには金策のあてがなかった。返済期限を迎えたキーがとった行動は、ティマの部屋に忍び込んでティマの金を拝借することだった。財布を忘れたことに気づいて家に戻ったティマと取っ組み合いになり、キーは力ずくで財布を奪って立ち去る。

　財布は盗まれたが、「誰に盗られたの？」「心当たりはあるの？」というマズの質問に、ティマは息子のシャリンに視線を向けるだけで答えようとしない。相手が誰なのか口に出すまでもないし、口に出したくもないためだろう。だから、ティマが何も言わないことで、財布を盗った男がティマとどんな関係にあるのかもだいたい想像がつく。おそらくキーはティマの元夫なのだろう。正式な結婚はしていなかったかもしれないが、立ち去るときにシャリンに顔を見せようとしなかったので、シャリンの父なのだろう。

　ビラルは逃げるキーに足をかけて転ばせ、起

▶3　マレーシア（特にマレー人コミュニティ）では高利貸しを俗に「アロン」と呼ぶ。アロンは借金の取り立てに容赦ないことで知られている。『細い目』でジェイソンがオーキッドに会ったときに本名ではなくジェイソンと名乗ったのは、ジェイソンの本名がシウロンで、そのニックネームがアロンになるため。ジェイソンは「華人はケチだ」と見られるのが嫌で、まして自分の名前が「高利貸し」と同じになるのがいやだったのだろう（第２部の増田原稿も参照［➡181頁］）。

き上がるのを助けるときにキーのズボンのポケットに素早く匂い石[4]を入れている。この匂いでキーの居場所がわかる。キーが逃げた先で一息ついたところにビラルが現れる。ビラルは、その金はティマが必死に稼いでシャリンと二人で暮らすために必要な金であることと、ティマがこれまで誰の助けも借りずに一人でシャリンを育ててきたことを説明して、財布を返すようキーに求める。「誰の助けも借りずに」という部分は、もしキーがティマの元夫であれば、本来はキーが助けるべきなのにそうしなかったという意味になる。キーは渋々ながらもビラルに財布を渡す。

もちろん、そんな事情を高利貸しが認めるわけがない。再び犬が吠える声が聞こえた後、キーは男たちに取り押さえられて、車の鍵のようなもので左目を突かれそうになっている。目には目を、キーにはキーを。この後の場面でキーは左目を怪我していないので、このときは脅されただけなのだろう。ただし、次は本当に目をつぶすぞと脅されたはずだ。少しだけ猶予期間を与えるのは、『細い目』でジミーの手下がジェイソンから上納金を取り立てたときと同じだ。

切羽詰まったキーは、性懲りもなくティマの部屋で金を探そうとする。しかしティマは部屋にいなかった。病に冒された自分がいなくなった後で息子の世話をしてくれる人を探すためか、町を離れていた。ティマの身代わりになってキーに襲われたのは、ティマと部屋をシェアしていたキアだった。

キアは田舎の家族が大きな借金を作り、それを返すために春を鬻《ひさ》いで金を貯めていた。一般の客を相手にすると一回一〇〇リンギしかもらえないが、カマルを相手にすると、顔じゅうに痣ができるほど殴られるけれど一回三〇〇リンギもらえる。キアは他の女たちが嫌がるカマルの相手も厭わず、血を流し痣だらけになりながら金を貯めてきた。ようやく必要な金額が貯まったので、「いったん田舎に戻って家族に届けて、全てが済んだらまた戻ってきて別の仕事を始めます。これで自分がしたくない仕事は二度としなくてよくなりました」とビラルの妻マズに伝えに来た。

しかしキアは、田舎に戻る前夜、ティマの部屋で何も見つけられなかったキーに襲われる。閉じられた

▶4　匂い石はクミニャン (kemenyan) と呼ばれ、正確には石ではなくエゴノキ科の樹脂である。安息香を抽出して薬用や香料に使う。

扉の向こう側から聞こえるキアの叫び声はアザーン（礼拝の呼びかけ）によってかき消され、キアとキーがどのような結末を迎えたのかは知らされない。しかし、高利貸しに脅されたキーと、これまで耐えに耐えて自身の解放のために金を貯めてきたキアの間で、二人とも満足する結末などあり得ない。キアは、ティマたちとブランコに揺られながら、結婚してマンションに住んで週末は家族でドライブに行くという将来の夢を語っていた。オーキッドがそれらをみな手に入れていたことを考えれば、それらを手に入れても幸せな暮らしが営めるとは限らない。しかしキアは、その夢をかなえるための再出発を迎える機会も奪われてしまった。

*

約束を守らない男は父になれない。改めて『細い目』を振り返ると、ジェイソンは「オーキッドを悲しませない」という約束を守らなかったために父になれなかったということになる。『細い目』はジェイソンとオーキッドの切ない恋物語のようにも見えるが、もしかしたらヤスミンの頭にあったのは約束を守らなかったジェイソンを罰する物語だったのかもしれない。

約束というモチーフは、その後のヤスミン作品でも重要な位置を占めている。『ムアラフ』では、ロハニがブライアンにペナンの実家に帰ってお母さんに会ってくるようにと言い、「約束する？」と尋ねている。『タレンタイム』では、ハフィズは母エンブンと最後に交わした二つの約束を守って、モスクでお祈りをしてからタレンタイムの決勝の舞台に立った。

『ムクシン』を読み解く

共同体の決まり――「いなくなる」こと

山本 博之

なぜ『ムクシン』の舞台はイポーではないのか

ヤスミン作品はイポーを舞台としたものが多い。半島部マレーシアの西海岸に位置し、ペナンとクアラルンプールのほぼ中間に位置するイポーは、マレー人、華人、インド人が程よく混じり合って住み、混成社会マレーシアの縮図ともいえる地方都市だ。[1] オーキッドの物語の『細い目』と『グブラ』はイポーが舞台で、オーキッドの物語ではないが『ムアラフ』も劇中でイポーと言っており、『タレンタイム』も劇中で明言されてはいないが街の様子からイポーが舞台だと考えてよい。

しかし、オーキッドの物語であり、『細い目』や『グブラ』と物語上のつながりがあるにもかかわらず、『ムクシン』の舞台はイポーではない。これは撮影場所がイポーではないという意味ではない。ムクシンとオーキッドがクアラスランゴールにある「乙女の墓所」と呼ばれる史跡に遊びに行っているためだ。劇中でそう言っており、舞台は確かにクアラスランゴールである。

クアラスランゴールもマレーシア西海岸にあるが、『ムクシン』で緑一色の田園風景が見られるように、ゴムやコメなどの大規模な農園開発が進められた地域で、住民はそれほど多くない。人間よりも草や木の方がずっと多く、草や木の間にはいろいろなものが隠れていたりする。ジェイソンたちのように。

クアラスランゴールと言えば、日本ではクアラルンプールから日帰りで行く蛍見物のツアーで知られている。日没後、真っ暗な闇の中を手漕ぎの小舟で川を進んでいくと、川辺の木々にとまった無数の蛍が幻想的な雰囲気を醸し出している。この蛍見物の場所からさらに三〇分ほど西に行ったところにある小さな町が『ムクシン』の舞台だ。学校が何校かあり、その奥の海辺近くに「乙女の墓所」がある。▶2

『ムクシン』では他に地名が言及されている場面がないため、この墓所さえ出てこなければ舞台はイポーだと言っても通用したかもしれない。それにもかかわらず、わざわざ墓所の話を入れたために『ムクシン』の舞台はイポーではないことになった。ということは、ヤスミンにとってこの墓所のエピソードはどうしても『ムクシン』に入れる必要があったということだ。

「乙女の墓所」の伝承

「乙女の墓所」には伝承がある。かつて自分の想いに反して結婚させられることになった地元の娘が、結婚式の前日に水浴びをしている間に姿を消してしまった。あとには木に衣が掛かっているだけで、それを見た娘の両親はそこに娘の墓を作った。

人が突然消えたという摩訶不思議な部分を脇に置いて考えるならば、これは、自分の意に反して結婚させられそうになった娘が結婚式の前に逃げたという話だ。もちろん一人で逃げたのではなく、その娘が本当に結婚したかった相手と一緒だったのだろうし、そのことは両親も知っていたのだろう。でも、娘が結婚させられることになっていた相手はこの土地の有力者で、その後もその土地で暮らしていかなければならない両親として

▶1　西海岸を舞台とするヤスミン作品が三民族の境界を明確に捉えた上で民族間の越境を試みているのに対して、同じマレーシアの女性監督であるタン・チュイムイは東海岸出身で、マレーシア社会を描くときに三民族とは異なる描き方をしている。東海岸は、経済開発の波に洗われずにマレー漁村の原風景が残っている「スピリチュアル」な場所としてイメージされるとともに、海を通じて外の世界から訪れる人たちも多い。タン・チュイムイ作品には、マレー人、華人、インド人のどれにも属さずに素性が不明の人物がしばしば登場する。詳細はマレーシア映画文化ブックレットの『タン・チュイムイ』を参照。

▶2　クアラスランゴールを訪れる方には、蛍見物ツアーは暗くなってからなので、それより二、三時間早くクアラルンプールを出て『ムクシン』のロケ地を見てから蛍見物に行くというツアーをおすすめする。ムクシンとオーキッドが訪れて湖を見た「乙女の墓所」は、マレー語では「Makam Anak Dara」あるいは「Makam Keramat Anak Dara」と呼ばれている。なお、『ムクシン』でオーキッドとムクシンは階段を上って行ったが、階段の上には墓所があり、ふだんは施錠されていて一般の観光客は入れない。

は、娘は結婚がいやで逃げたと言うわけにはいかなかったのだろう。そこで、木に衣が残っていたのを指して、娘は衣だけ残して消えてしまったと言い、娘が死んだことにするために墓を作ったのだろう。まわりの人たちも、墓が作られたのを見て、死んでしまったならしかたないと納得したということなのだろう。

それぞれの共同体には決まりがある。どんなに自由人として振る舞おうが、共同体の一員として生きていく以上はその共同体の決まりから完全に逃れることはできない。それを守らないと、共同体の中で活動を制限する罰が科されたり、その共同体にいられなくなったりする。自分がその決まりに納得しなかったとしても、共同体で決められた罰を受けなければその共同体にいられなくなる。共同体にいられなくなるということは、その共同体の人たちから死んだものとみなされるということだ。ただし、実際に命を奪われるとは限らない。その共同体の一員として暮らすことはかなわなくなったけれど、別の土地で別の共同体の一員として暮らすことが否定されるわけではない。

共同体の決まりと納得としての罰と追放

『ムクシン』では、人がどう振る舞うべきかについて共同体ごとに共通の了解があること、そしてそれを逸脱したら罰せられることが繰り返し語られている。

『ムクシン』の物語は小学校が長期休みに入るところから始まる。オーキッドはマレー人だが、華語小学校に通っており、教室では華語が使われている。[3] 授業を終えて帰宅しようとするオーキッドを担任の先生が呼びとめ、「夏休み中に起こったことを作文に書いて読ませて」と言う。オーキッドは、約束の重みを知っているためか、作文を書くと約束はしない。ただし、実際にはオーキッドは日々の出来事を書き留めている。オーキッドの家の部屋には小さな黒板があり、そこにムクシンとの出会いなどの日々の心の動きが絵入りで華語で書かれている。

長期休暇になると、学校に行かなくてよくなった子どもたちは村の広場に集まって遊ぶ。小学生の子どもたちにも男社会と女社会の区別があり、男の子たちと女の子たちの遊びははっきり分かれている。男の子たちはガラ・パンジャン[4]（陣取り）で遊んでいる。女の子たちはカウィン・カウィン（お嫁さんごっこ）で、花嫁役は女の子たちの代表格のアユ、そして花婿役はオーキッドだ。オーキッドは女の子らしく振る舞わないのでアユたちにどことなく煙たがられているけれど、お嫁さんごっこには欠かせない存在だ（写真1）。自分たちと違う人がいても、仲間はずれにするのではなく、ふさわしい役割を与えることで仲間に入れるという知恵がうまく働いている。

ヤスミン作品の特徴の一つとしてすでに何度か指摘した通り、オーキッドの家庭では、マレーシアで広く考えられている父と母の役割が多くの場面で入れ替わっている。鞭でしつけをするのが母だったり、猫がいなくなって悲しむオーキッドを慰めるのが父だったりする。

オーキッドの家庭は、それ自体が一つの共同体であるとともに、村やマレー人社会というより大きな共同体にも属している。共同体どうしは重層的に存在しており、共同体ごとに守るべき決まりが違うため、ある共同体では問題ないことでも別の共同体では問題とされることもある。

共同体の決まりを守らないと、たとえその決まりに納得していなくても、決まりに従って罰せられることで共同体

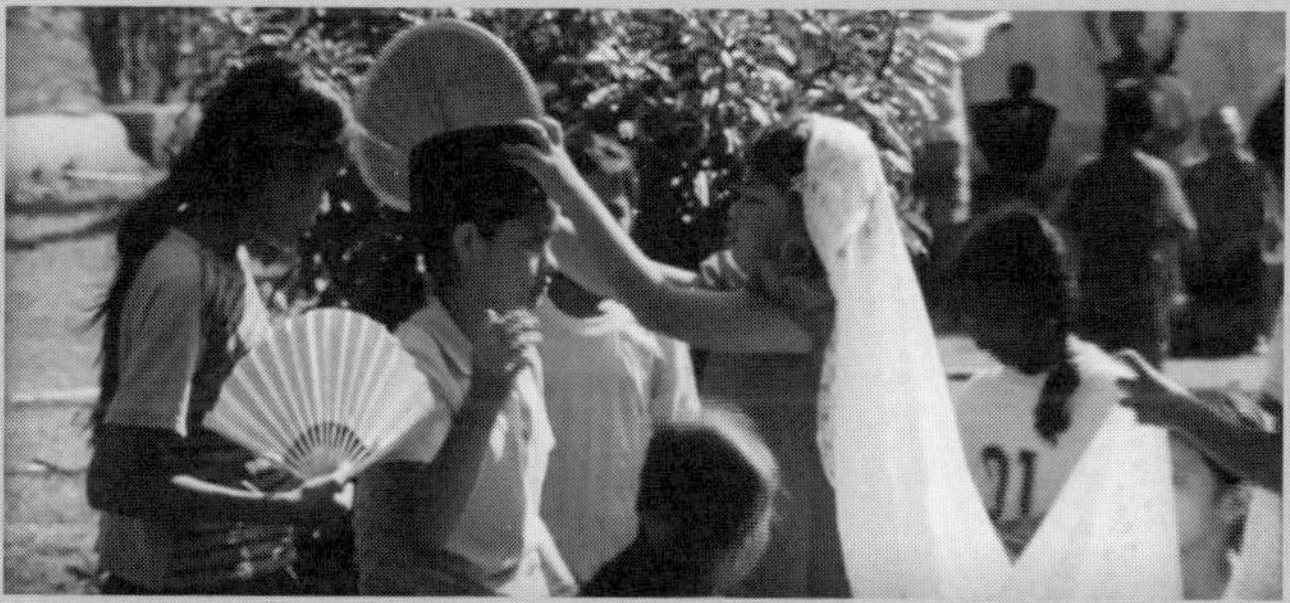

写真1　カウィン・カウィンで花婿役をするオーキッドにマレー男性の帽子をかぶせるアユ

▶3　マレーシアの公立小学校は、マレー語、華語、タミル語で教える学校が認められている。公立中学校ではマレー語で教える学校しかないため、華語小学校やタミル語小学校の卒業生は1年間のマレー語の特別クラスを受けた後で中学校に進学する。そのため、華語小学校やタミル語小学校に通うと、マレー語小学校の児童に比べて中学校に入るのが1年遅れることになる。それでも華語小学校に子どもを入れる親が多いのは、民族語を学ばせようと華人の親たちが考えるためという理由もあるが、華語小学校の方がマレー語小学校より授業の水準が高く、華語小学校で勉強しておいた方が中学や高校に進んだ後で有利になると考える親が多いためでもある。この考えは華人以外にも受け入れられており、現在では子を華語小学校に通わせる非華人も少なくない。1998年の時点で華語小学校に通う非華人児童は約7万人いた。その後、政府は華語小学校の生徒の民族別割合を発表しなくなったために非華人児童数の正確なデータはないが、どの華語小学校でも5％から10％の非華人の児童がいると見られている。華語小学校で学んで華語の読み書きができるマレー人は、多数派ではないけれど決して珍しい存在ではない。

▶4　地面に棒を縦横に並べて2×3の6個の枡目を作る。2チームに分かれ、ワン・ツー・ソム（マレーシアのじゃんけん）で攻撃側と守備側を決める。攻撃側はマスからマスへと移動していく。守備側はマスとマスの間の縦横の棒の上を動いて攻撃側が移動するのを防ぐ。

に留まることが許されるか、共同体から追放されるかのどちらかとなる。罰も追放も、共同体の人たちが納得すればそれでよく、実際に罰や追放を受けた人がつらい思いをしたかどうかは重要ではない。

小柄の男子児童をいじめたイェムのカバンをバスの窓から投げ捨てたオーキッドは、イェムの親が家に乗り込んできたとき、母に鞭打ちされる。実際には打たれていないが、表向きは鞭で打たれたことになっている（写真2）。その音や声を聞いて共同体の人びとは罰が与えられたと思って満足し、オーキッドはそれまでと同じように振る舞うことが許される。

オーキッドが可愛がっていた猫のブジャンは、鶏を襲ったために袋に詰められ、車で運ばれて遠くの町に追放された[▶5]（写真3）。罰せられたと言っても命を奪われたわけではないが、オーキッド一家という共同体から見れば、その共同体からいなくなったのだから死んだのと同じことだ。

オーキッドの父は、家具屋から分割払いでソファーを買ったが、ローンを払わなかったために三か月後にソファーを取り上げられた[▶6]。ローンを払わないとその商品を取り上げられるのも、共同体の決まりを守らなかったときに科される罰則の一つと見ることができる。

「この世界からいなくなること」

共同体の決まりを守らないと、罰せられたり追放されたりする。ただし、追放されて別の世界に行ったとしても、命が消えてなくなるとは限らない。逆に言えば、罰による追放に限らず、命が尽きたとしてもその存在が消えてなくなってしまうわけではなく、別の世界で暮らしているかもしれない。

ムクシンの兄フセインは、会いたがっていた母が自殺したと聞かされて自暴自棄になる。しかし、ここで明らかなのはフセインが「お母さんは死んだ」と聞かされたことだけで、もしかしたら母は本当は生きているのかもしれない。しかし、いずれにしろフセインには母に会う手段がなくなったのであり、フセインが属する共同体ではフセインの母は死んだのと同じことだ。

▶5　第１部でも触れたように、鶏を襲ったブジャンに「文化を汚すものめ」という言葉が投げられているのは、『細い目』や『グブラ』に対してマレー人批評家が「マレー文化を汚すもの」と批判したことへの皮肉である。

▶6　このときソファーを取り上げた華人業者はヤスミンの盟友ホー・ユーハンで、従業員は『グブラ』で尻を見せる患者を演じた映画監督のリュウ・センタと『グブラ』でアランを演じたアラン・ユンたちである。

写真2 オーキッド〈左〉がバスからカバンを投げ捨てたために男子児童の親が家に乗り込んでくる。オーキッドの母〈右〉は鞭で布団を叩き、オーキッドが悲鳴をあげて、その音を聞かせることで罰が行われたことを示す

写真3 オーキッドがかわいがっていた猫のブジャンは鶏を襲った咎により離れた町に追放される

『細い目』で死んだはずのジェイソンは、『ムクシン』で子ども時代のオーキッドやムクシンの前に姿を現した。あれは『細い目』のジェイソンなのか。『ムクシン』に登場したとき、ジェイソンたちは凧揚げをしていた。中華世界で凧揚げは祖先の墓参りをする清明節に行うもので、凧は亡くなった人たちにメッセージを伝える手段であり、生者と死者を結びつけるものとして扱われている。[7]そう考えると、『細い目』のジェイソンはこの世界とは違う世界で安寧に暮らしており、この世界と行き来はできないものの、何かの折にこの世界に顔を見せに来ることがあると考えることができるかもしれない。山川草木が豊かなクアラスランゴールでは、この世のものではないものが潜んでいても不思議ではない。

この世で死んだと思っていたらまたひょっこり帰ってきたといえば、猫のブジャンは村から追放されることで死んだのと同じ扱いになっていたけれど、自力で村まで戻ってきた。別の世界に

▶7 『RAIN DOGS』で、トンは訪れた先でツイとフイの姉妹と出会う。他の登場人物がみな広東語を話すのにこの姉妹だけ華語を話したり、妹のフイは4年に1歳しか歳をとらなかったりと、この姉妹は異界感を醸し出している。トンが姉妹と別れる場面では空に凧が上がっており、姉妹は別世界の住人であることを想像させる。詳細はマレーシア映画文化ブックレットの『レインドッグ』を参照。

行っても存在が消えてなくなってしまうわけではなく、また会う機会があるかもしれないことを身をもって示した。

『ムクシン』で繰り返し発せられているのは、死んだと言っても消えてなくなってしまったわけではなく、この世界では出会えなくなっても別の世界で別の暮らしを送っているかもしれないし、もしかしたらいつかまたふと出会うことがあるかもしれないというメッセージだ。

『ムクシン』は学校の長期休暇の間の話だった。長期休暇が終わると物語も幕を閉じる。休暇中におばの家に預けられていたムクシンは、休暇が終わると父のもとに帰って行った。オーキッドがムクシンの家を訪ねると、ムクシンは出発した後で、庭の木にムクシンのズボンが掛けられているだけだった。「乙女の墓所」の伝承を思い出すならば、これは「別の世界に行くので死んだものと思ってくれ」というメッセージだ。小学校六年生のムクシンは、中学校に入ればおそらく全寮制の学校に入れられるだろうから、来年の長期休暇はおばの家に預けられないとわかっていた。死ぬわけではないけれど、もうこの村に戻ってくることがないという意味で「死んだものと思ってくれ」ということだ。

オーキッドの物語——広がる人のつながり

『細い目』、『グブラ』、『ムクシン』とオーキッドの三つの物語を並べてみると、人と人とのつながりがしだいに大きくなっていく様子を見ることができる。

『細い目』では、ジェイソンとオーキッドの恋物語の裏で友人どうしの絆の重要性が何度も語られた。オーキッドとキオンがジョン・ウーの『男たちの挽歌』で盛り上がったのは「男どうしの友情」がよく描けているからだった。もっとも、オーキッドは男女によらない「友どうしの絆」という言い方をしている。

『グブラ』は約束を守ることで父性を得るという物語で、父と子、あるいは家族のつながりの重要性が繰り返し訴えられている。

そして『ムクシン』は家族の枠を超えた共同体のつながりについての物語だ。オーキッドの物語は、制作された順番に並べると、友人どうしから家族へ、そして共同体へと人と人のつながりが広がっている。

オーキッド三部作を読み解く

オーキッドとジェイソンの物語のもう一つの結末

山本　博之

ヤスミン作品にはどれも謎の場面がある。『細い目』でジェイソンは路上で倒れて死んでいるが、同じ頃にオーキッドがジェイソンの携帯電話に電話するとジェイソンの声で返事があり、確かに会話を交わしている。この電話は誰につながって、オーキッドは誰と話したのか。

もしかしたらジェイソンは死んでいないのではないかというわずかな期待を抱いて続編の『グブラ』を観ると、ジェイソンの家族の言葉でジェイソンの死が現実であると知らされる。ジェイソンの兄アランは、ジェイソンが路上で倒れていたときに携帯電話の呼び出し音が鳴っていたという。オーキッドからの着信だろうか。では、『細い目』の最後にオーキッドが電話でジェイソンの声と会話したのは何だったのだろうか。そう考えているうちに『グブラ』の物語が幕を閉じ、エンドロールの後でオーキッドとジェイソンがベッドでまどろんでいる場面が出てくる。この二人は現実の存在なのか、それともオーキッドの夢の中なのか、あるいはこの世ではないどこかなのか。

『細い目』から時を遡った『ムクシン』で、一〇歳のオーキッドがムクシンと一緒に凧揚げに行くと、草原の中の一軒家に『細い目』のジェイソンとオーキッドがいて赤ちゃんを抱えている。名前もジェイソンというらしい。この二人はオーキッドとジェイソンなのか。そうだとしたらオーキッドとジェイソンは結ばれて家庭を作ったのだなと喜ぶ気持ちになるとともに、この場面でオーキッドが二人存在していることにならないかと気になってしまう。

ヤスミンは、「映画はときどき不思議なことがあった方がおもしろい」と言い、これらの謎について制作者としての意図を語っていない。だから無理につじつまを合わせて理解しようとせず、映画には不思議なことが起こるものだと受け止めるのがよいのだろう。そのことを断った上で、物語世界からは少し離れるが、ヤスミンが用意したオーキッドとジェイソンの物語のもう一つの結末を紹介したい。

カットされた場面と消されたセリフが生んだ結末

はじめに一つ確認しておこう。『細い目』でジェイソンが死んだ原因は交通事故のようにも見えるが、ジェイソンの服に穴がいくつもあいていることからもわかるように銃で撃たれたことが原因だ。撮影では、ジミーの手下たちがジェイソンのオートバイを車で追いかけて車から銃を撃つ場面や、ジェイソンが死んだ後で警察が現場検証をしている場面も撮っていた。しかし、試写のときにそこまで描くと物語の余韻がなくなるという感想があり、ヤスミンはそれを聞いてジェイソンが銃で撃たれた場面を全てカットした。服に穴があいているのはそのままだが、銃で撃たれたのか交通事故なのかは明確にしていない。これが『細い目』の公式の結末だ。

『グブラ』のエンドロールの後の場面では、ベッドで寝ていたオーキッドが母からの電話に出た後で隣に寝ているジェイソンと会話を交わす。ここでのジェイソンの最後のセリフをどう訳すかによってこの二人の関係の印象が違ってくる。マレー語のセリフを直訳すると「まだ眠い？ まだ眠りが足りないの？」となる。マレーシア映画文化研究会の字幕では、ジェイソンが生きていて実在するとしても死んでいてオーキッドの夢の中の存在だとしても成り立つように、「まだ眠い？ たくさん夢を見てくれたんだね」とした。

この場面はジェイソンのセリフで終わっているが、撮影ではこの後のオーキッドの「とっても怖い夢を見たの」というセリフも撮っていた。「怖い夢」の内容は語っていないものの、文脈から考えて、ジェイソンが死んだというのはオーキッドが見た夢だった、つまりジェイソンは生きているということになる。『細い目』でジェイソンとオーキッドが結ばれなかったことをヤスミンが哀れに思い、『グブラ』で二人が結ばれる場面を入れたかったらしい。

ジェイソンが死んだのが夢だったとすると、どこからがオーキッドが見た夢なのか。『細い目』の最後の場面から夢だったとすれば、『グブラ』は初めから終わりまでオーキッドの夢だったことになる。さすがにそれは『細い目』と『グブラ』を台無しにしかねないと試写で言われ、ヤスミンはオーキッドの最後のセリフを消して『グブラ』の公式の結末とした。

ヤスミンのことだから、最後のオーキッドのセリフがあると映画としてはよくないということは初めからわかっていたのだろう。それでもオーキッドのセリフ入りの場面を撮影して、オーキッドとジェイソンが結ばれた物語の結末を、ヤスミンが見せたいと思った観客の前で上映した。試写の後、ヤスミンはオーキッドのセリフを消していないDVDを二枚作って、オーキッド役のシャリファ・アマニとジェイソン役のン・チューセンに一枚ずつ渡した。

オーキッドのセリフは試写の後ですぐに消されたため、このセリフのことを知っている人はほとんどいない。知っている数少ない人の一人がマレーシアの映画評論家のハッサン・ムタリブだ。ハッサンは一度見た映像を忘れないという特殊な才能を持った人で、そのため映画を観たときに過去に観た映像に照らし合わせて意味を読み解くという類まれな読み解きの能力を持っている。ヤスミンもハッサンの読み解きの深さに信頼を寄せており、映画を作るたびにハッサンを試写に招いて感想を聞き、ハッサンの意見を聞いて最終版を作っていた。

『グブラ』の試写に呼ばれたハッサンは最後のオーキッドのセリフの違和感をヤスミンに伝え、ヤスミンはそのセリフの音を消した。したがってそれ以降の上映ではオーキッドのセリフはないが、ハッサンは映画を一度しか観ないため、マレーシア映画の評論集[1]を出したときに、試写で観たときの情報をもとに『グブラ』の記事を書いた。そこには公開時には消されていたオーキッドの最後のセリフについて言及があるため、ごく一部の人を除いて意味がよくわからない記述になっていた。

▶1『Malaysian Cinema in a Bottle: A Century (and a Bit More of Wayang)』(2013年)。

アマニとチューセンにとっての結末

ジェイソンを演じたチューセンは、俳優ではなくヤスミンが勤める広告代理店レオ・バーネットに勤めており、もともと映画に出演したいとは思っていなかったけれど上司のヤスミンに言われて出演することになった。演技経験がないチューセンは演技についてまったくわからず、ヤスミンの指示通りに演技はしたけれどそれを自分で見直そうとは思わなかった。

『細い目』の冒頭、海賊版ビデオCD売りの事務所でエアギターを弾きながら変な踊りをする場面では、「カメラがまわったらカットの声がかかるまで自分の役になりきって行動しなさい」と言われていたジェイソンは、ちょっとだけギターの弾き真似をすればいいと言われていたのに、カメラがまわるとヤスミンはカットの声をかけず、チューセンは苦し紛れで珍妙な踊りを披露することになった[➡32頁]。

ジェイソンがオーキッドと仲違いして母に慰めてもらっている場面で、チューセンは泣き顔を人に見せたくなかったので顔をカメラから隠そうとして母の膝に顔をうずめたままにした。それを見たヤスミンの指示で撮り直しになり、母役のメイリンがチューセンの顔を掴んでカメラの正面に向けて固定したため、チューセンはカメラにずっと泣き顔を曝すことになった。

この他にも自分の演技を見ると恥ずかしいと思う場面がたくさんあり、チューセンは『細い目』や『グブラ』の上映会があっても観ないようにしてきた。

二〇一五年に東京でマレーシア映画ウィークを開催したとき、『細い目』から一〇年目なのでオーキッドとジェイソンの再会の機会になるとよいと思い、アマニとチューセンに特別ゲストとして来日してもらった。アマニとチューセンには、客席に座って観客と一緒に『細い目』から『ムクシン』まで観てもらった。チューセンはこのとき『細い目』と『グブラ』を初めて最初から最後まで観たという。

チューセンは『グブラ』の最後のオーキッドのセリフが消されていることを知らず、そのためジェイソンは生きているとずっと思っていたという。『グブラ』を観てオーキッドのセリフが消されているのを知って、ジェイソンは死んでいるか生きているかどちらも考えられるけれど、物語としてはジェイソンは『細い目』で死んでいて、『グブラ』の

2015年のマレーシア映画ウィークにゲストとして招かれたオーキッド役のシャリファ・アマニ〈左〉とジェイソン役のン・チューセン〈右〉。役者二人もヤスミン作品を多様に受け止めている

ジェイソンはオーキッドの夢の中に出てきたと考えるのがよいと思うと言った。

これに対してアマニは、最後のオーキッドのセリフが消されていることを確認した上で、セリフは音として聞こえているものだけではなく、登場人物が何か言っているけれど音として観客には聞こえないという演出もあると言う。オーキッドの顔をよく見ると何かを話しているような口の動きをしていて、映像からは確かにオーキッドが何かを言っていることがわかる。何と言っているかはわからなくても何か言っていることは確かで、観客はセリフの中身を想像するしかないとしても、自分は確かに撮影のときにそのセリフを言ったし、何を言ったか覚えているので、音として聞こえなくてもオーキッドは「怖い夢を見たの」と言っていると受け止めると言う。『細い目』でジェイソンが死んだというのはオーキッドが見た夢で、アマニの頭の中ではジェイソンは今でも生きている。

オーキッド三部作を読み解く

許しはいつも間に合わない

野澤 喜美子

『細い目』、『グブラ』、『ムクシン』のオーキッドを主人公にした三つの連なる作品を観るにつけ、「どうやって、ごめんねを言えばいいの?」、「ごめんと言われたら、どうやって許したらいいの?」と、幼い子どもに仲直りの方法を聞かれているような、落ち着かない気持ちになる。

『細い目』で、市場の露店に買い物に来たオーキッドに出会ったジェイソンは、視線を交わした瞬間、恋に落ちる。そのとき、オーキッドにはジョハリというマレー人の恋人候補がおり、一方のジェイソンはボスの妹に手を出していた。しかし、ふたりのデートはこの上なく初々しい。この出会いを「運命」と信じるジェイソンのロマンチックさ、大雨のなか、ピンクのビニール袋をかぶって手をつないで歩くふたりのかわいらしさと言ったら!

ファストフード店でデートをしていたオーキッドが、ジェイソンの友人に会うために豚を扱う店(中華世界)に足を踏み入れたところから後半部分が始まる。しかし、中華系の男の子たちは詩やピアノを愛する繊細な部分を持ち合わせながらも、足を踏み入れた裏社会のしがらみから逃れられない。

トラブルに巻き込まれたジェイソンを心配して、オーキッドは父親の車であちこち探し回る。焦燥するオーキッドを見守るかのように、カメラは緑豊かな並木を進む赤い車をゆったりととらえる。前半のチューベローズ(月下香)

オーキッドとジェイソンのデート。このあと二人はビニール袋をかぶったまま走り出す

を原付で探しまわるジェイソンと対になるようなシーンであるが、こうしたヤスミン作品の乗り物の移動シーンにはいつも心ときめく。

『グブラ』でアランのトラックの荷台に立ち、ご機嫌で髪をなびかせ踊るオーキッドや、『ムクシン』で、トロイメライが流れるなか、並木や水田をゆっくり進む二人乗りの自転車や、サッカーを見に行く道中の家族の歌で喜びに満ちた自動車の車内もそうだ。ムクシンは車の窓から出した腕を波のように揺らし現れて、そして去っていった。移動する車には、幸せな家族の思い出と、別れのドラマがある。

ジェイソンに不実を告白されて以来、オーキッドは心を閉ざす。メイドのヤムがこっそり「明日オーキッドが留学に発つ」とジェイソンに電話して、その後に唐突に放り込まれたようなイメージがある。それは市場でキーボードを弾く老人のショットだ。『マディソン郡の橋』のテーマソングが流れ、市場の雑踏で、盲目の(ように見える)老人が鍵盤を弾きながら座っている。老人だけがじっとそこに留まり、周囲の人が行き交う。恋の始まりでは、止まっていた露店の二体の人形が踊りだすショットが挿入されていた。恋が消えそうになって現れるこの老人は一体何なのか。目が見えないのは誰だろうか。

恋は見つめることから始まったが、ジェイソンとオーキッドが最後に視線を交わしたのはいつだったか。ジョハリたちとファストフード店でデートをしているところにやってきたジェイソンを拒否して、車で立ち去るところだ。車の窓を挟んで、お互い悲しい表情で見つめ合ったのが、オーキッドとジェイソンの永遠の別れとなってしまう。

黙って見つめることは、控えめでありながら、どんな甘い言葉より誠実な愛情表現なのだ。幼いジェイソンも、車で去るマレー人の少女を見つめていた。一度激しく拒まれたジョハリも、リンの彼氏に対して怒り狂うオーキッドを校舎の柱の影から見つめている。やり直そうという手紙を届けにきたジェイソンは、庭でのオーキッド一家の団欒を、柵越しに眺めることしかできない。

視線の交錯について考えると、『細い目』では、複数の人物が会話をしているとき、「切り返し」(一方がカメラに向かって語るのをつなぎ合わせると対面して話しているように見える)と呼ばれる技法が少ない。登場人物たちは、カメラに向かってではなく、お互い実際に会話をしている。ジェイソンとオーキッドの最初のデートでも、ふたりはテーブルをはさんで観客の側を向いているし、ヤムと母親はテレビを観ながら会話をしている。キオンとジェイソンとオーキッドが屋台でジョン・ウーの話をしているときも、三人は並んで座り、キオンがオーキッドにした質問に対してジェイソンが代弁してしまう。そして、極めつけは、留学に行く日の朝、オーキッドの家族四人が階段に腰掛けて縦に並ぶ。そこでは、視線も言葉もほとんど交わされず、髪をとかすだけでコミュニケーションが成立してしまう。切り返さない構図が、効果的に以心伝心の世界を表している。

オーキッドはジェイソンの過ちを許せず、電話も手紙も無視していた。空港へと向かう車内でジェイソンの手紙をようやく開き、謝罪を受け入れたときにはすでに手遅れだった。『ムクシン』では、かたくなに会うことを拒んだオーキッドが凧に残されたメッセージに気付き、和解に走ったときには、ムクシンは去っていった。許しはいつも間に合わなかった。

しかし、『ムクシン』のラストでは、大人になったオーキッドが「ムクシンとはその後二度と会えなかったけど、次のチャンスはある。私は自分の愛を見つけた」と語っている。『グブラ』のオーキッドは、凛々しく美しく夫の元を去り、ジェイソンの遺品に再会する。彼女の次の愛は見つかるだろうか。

この連作は、オーキッドを演じるシャリファ・アマニとシャリファ・アルヤナの魅力なしには語れない。『細い目』では、友人リンに植民地支配について一節ぶったかと思うと、おどけてキリンのぬいぐるみを顔の上に立てたりする。また、リンの彼氏をやりこめる弁の立つところ、去り際に思い切りボールを蹴りつける実力行使も傑作だ。怒っている姿がこんなにも魅力的な女優がいただろうか。恋人に囁く愛らしい声と長い黒髪、黒目がちの大きな瞳と機敏な手足、負けず嫌いのパワーを秘めたオーキッドにみんなが恋してしまう。

『グブラ』では、年上の夫の庇護のもと、裕福な暮らしをして飼い慣らされているように見えるが、アランと出会うことで生き生きとしていく。キックボクシングのまねごとをするシーンや、夫の浮気を見つけたときに切る啖呵は痛快だ。

『ムクシン』のシャリファ・アルヤナは、猫背で、がにまたで、ちょっとむくれたかわいい女の子だが、上級生のいじめっ子に平然と立ち向かう。貯水槽に登ろうとして落ちた話は、赤毛のアンや長靴下のピッピを彷彿させる勇ましさだ。

この少女がいくつかの恋を重ねて大人になったオーキッドは、『グブラ』のなかで苦しんでいる。見つめることで始まった恋から、思いが通じ、愛し合うようになることは、一番愛している人に傷つけられる可能性も孕んでいる。失敗をどう許すか、和解にどう至るかは、大人になるほどややこしくなる。しかし、ヤスミンが美しい音楽と豊かな映像で紡いだオーキッドの物語は、そこでもがき苦しむ行為こそが愛であり、許しなのだと語る。

『グブラ』のエンドロールのあとには、ジェイソンと結ばれているオーキッドの姿が描かれている。ヤスミンが両親に捧げた一連の作品は、『ムクシン』のラストで、ヤスミンの本当の家族とスタッフが歌い踊りながら登場して幕を閉じる。

我々はもう映画のなかで成長したオーキッドに出会うことはないが、彼女が歳をとっていっても、永遠に一八歳のままのジェイソンと、愛あふれる家族が、これから先も、折に触れ私たちのオーキッドを支えてくれるはずだ。そのように物語の先さえも信じられる映画を作ったヤスミン監督は、やはり生来のストーリーテラーなのだ。

『細い目』を読み解く

ジェイソンの母が照らす「もう一つのマレーシア」

篠崎 香織

『細い目』は、華語に翻訳されたタゴールの詩を朗読するジェイソンと、それに聞き入る母とのシーンで始まる。母はヒスイのブレスレットをして、腰の部分が少し細身になっている前開きのブラウスと、バティックをロングスカートのように巻き付けたサロン・クバヤを身につけている。彼女はどのシーンでもこのようなマレー風の服装で登場するが、彼女と同じような服装をまとう人物は『細い目』には他にいない。

ジェイソンの家族は、父も兄もジェイソンも広東語を話し、母もそれを理解しているが、母が発する言葉は一貫してマレー語である。食事のときには、家族がみな箸を使っているのに対し、母は手で食事をとっている（写真1）。マレーシアでは、インド人やマレー人は手で食べることも多いが、華人は一般に家庭で手で食べることはほとんどない。『グブラ』の最後に、ジェイソンの父と母が一緒に家の祭壇に線香を供えて祈るシーンがある。祭壇に何が祭られているのかは見えないが、この形状の祭壇では一般に祖先や仏像、道教の神が祭られていることが多い。マレーシアでこうした祭壇を持つのは華人のみである。ジェイソンの母は、宗教に関しては夫と同様に華人の伝統的な信仰に従っている。

このように、ジェイソンの母は、華人家族の一員ではあるが宗教以外はマレー文化の影響を強く受けているという一風変わった設定になっている。ジェイソンは母につい

写真1　他の全員が箸を使って食事をするなか、ジェイソンの母〈右から二人目〉だけが手を使って食べている

写真2　入院したキオン〈左〉の病室でプラナカンについて説明するジェイソン〈右〉

て、キオンとの会話の中で「マラッカ出身のプラナカンだ」と説明する（写真2）。ジェイソンのプラナカンについての説明は以下のように続く。数百年前に中国の皇帝が娘のハン・リーポーを交易の使節としてマラッカのスルタン・マンスール・シャーに嫁がせた。ハン・リーポーの渡航には五〇〇人の華人男性がお供した。ハン・リーポーが結婚すると男たちは何もすることがなく、現地の女性と結婚して子孫をもうけた。それがプラナカンあるいはババやニョニャと呼ばれる人たちの由来である［➡89頁］。

プラナカンの由来という「神話」

ハン・リーポーについては、一七世紀初めに編纂されたといわれている『ムラユ王統記（スジャラ・ムラユ）』に記述がある。その内容はおおむねジェイソンが語った通りだ（ただしプラナカンに関するくだりはない）。他方で、中国の歴史資料にはハン・リーポーに関する記述が見当たらない。しかし、そのことによってハン・リーポーにまつわる話を全て事実でないと片づけてしまうことはできない。例えば、ハン・リーポーはマラッカに定住していた華人有力者の娘で、マレー人と華人が五〇〇年以上も前から密接な結びつきを有していたと解釈することもできる。あるいは、シャム(タイ)の脅威を避けるために中国と朝貢関係を結んだマラッカ王国が中国との関係を強調するためにハン・リーポーについて記述したのであり、マラッカ王国が中国との友好関係を重視していたことの表れであると解釈することもできる。

マレー文化は、イスラム教の受容前から東南アジアで実践されていた伝統的な慣習と、マラッカ王国で花開いたイスラム教とマレー語を核とする文化とが融合する中で発展して、その文化を受け継ぐ人たちがマレー人を名乗ってきた。マレー人という集団性を確立させた基盤とも言えるマラッカ王国でマレー人と華人がすでに密接に交流していたと解釈できるハン・リーポーのエピソードは、現代のマレーシアでマレー人と華人が良好な関係を築くことができると信じさせてくれる材料として捉えられてきた。ハン・リーポーのエピソードは一九六〇年代以降繰り返しミュージカルの題材となってきたし、二〇〇四年四月にも『プトゥリ・ハン・リーポー』というミュージカルが上演されている。

プラナカンやババを積極的に名乗る華人の存在が文献で確認できるのは一九世紀末以降である。彼らはプラナカンやババと名乗ることで、今いる場で生きていく意志を示して、今いる場の秩序構築に参加しようとした。彼らの多くは、せいぜい二、三世代前に中国からマラッカやペナン、シンガポールに移り住んだ人の子孫で、マラッカ王国の時代にまで出自をさかのぼれる人はほとんどいない。それでも、プラナカンやババの起源はハン・リーポーまでさかのぼれるという説は、現在でも広く信じられている。

ジェイソンは「その話、歴史の本で読んだのか?」とキオンに聞かれ、「マラッカのニョニャ・レストランのメニューに書いてあった」と答える。文学を愛するジェイソンは歴史の本にも手を伸ばしそうなものだが、不確かな出所が示される。ここで重要なのは、何が事実かではなく、人間関係を構築する上で多くのマレーシア人が前向きに信じられるような物語を喚起することなのだろう。それは神話とも呼びうるものかもしれない。

「華人にあらず」と「華人はかくあるべし」

プラナカンやババを名乗って積極的に自己主張した人の

多くは、英語で教育を受け、自分たちの主張を書き表すときに英語を使うことが多かった。アルファベット表記のマレー語で書いた文献もあるが、漢字で書き表したものはほとんどない。彼らの中には、漢字の読み書きができない自分を文化的な根なし草だと感じ、次世代に漢字と華語の習得を強く求める者もいた。

文化的混血者だったプラナカンやババは、華人でありながら、植民地統治者であるイギリス人や多数派であるマレー人の言語で交渉することができた。一九四五年以降、マラヤに新たな政治秩序が構築される中で、プラナカンやババは華人コミュニティの代弁者として指導的な立場にいた。

マラヤが独立し、マレーシアが発足し、マレー語による国民教育制度が確立し、その一部に民族の母語（華語とタミル語）による教育が組み込まれると、漢字の読み書きができ、華語が話せて、マレー語でもコミュニケーションがとれる世代が現れた。また、個人の心がけしだいで英語も習得しうる環境がある。マレーシアの華人は全体として文化的な混血が進み、現在では誰もが文化的混血者であるように見える。

一方、漢字が読めず、華語が苦手で、福建語や広東語など特定の地域で優勢な方言も苦手とする華人を、現地の有名な銀行である華僑銀行（ＯＣＢＣ）にかけて、マレー語の「華人にあらざる華人」の頭文字を繋げたＯＣＢＣと呼ぶことがある。今日のマレーシアでは、漢字が読めなくても華語が不得手でも生活に不便はなく、華人としてのアイデンティティに揺らぎがない人も多い。しかしその人たちは華人から「華人にあらず」とみなされてしまう［➡89頁］。

マレーシアでは、一九五〇年代には華語による教育や出版に従事する人がすでに相当数存在し、その人たちが強力な利益団体として秩序構築に参加してきた結果、母語である華語による教育が保障された。そのため、華語教育についての政府の対応が、政府がどれだけ華人の利益を考慮しているかを量る一つの基準となっている。そのような中で、「華語は華人の魂」という言い方も広く受け入れられている。

近年のマレーシアの華人社会では、漢字の読み書きや華語の運用能力が、「華人ならかくあるべし」という圧力として作用することがある。『細い目』では、ジェイソンの母を通じてそうした華人アイデンティティのあり方に再考を迫る契機が描かれているようにも思われる。

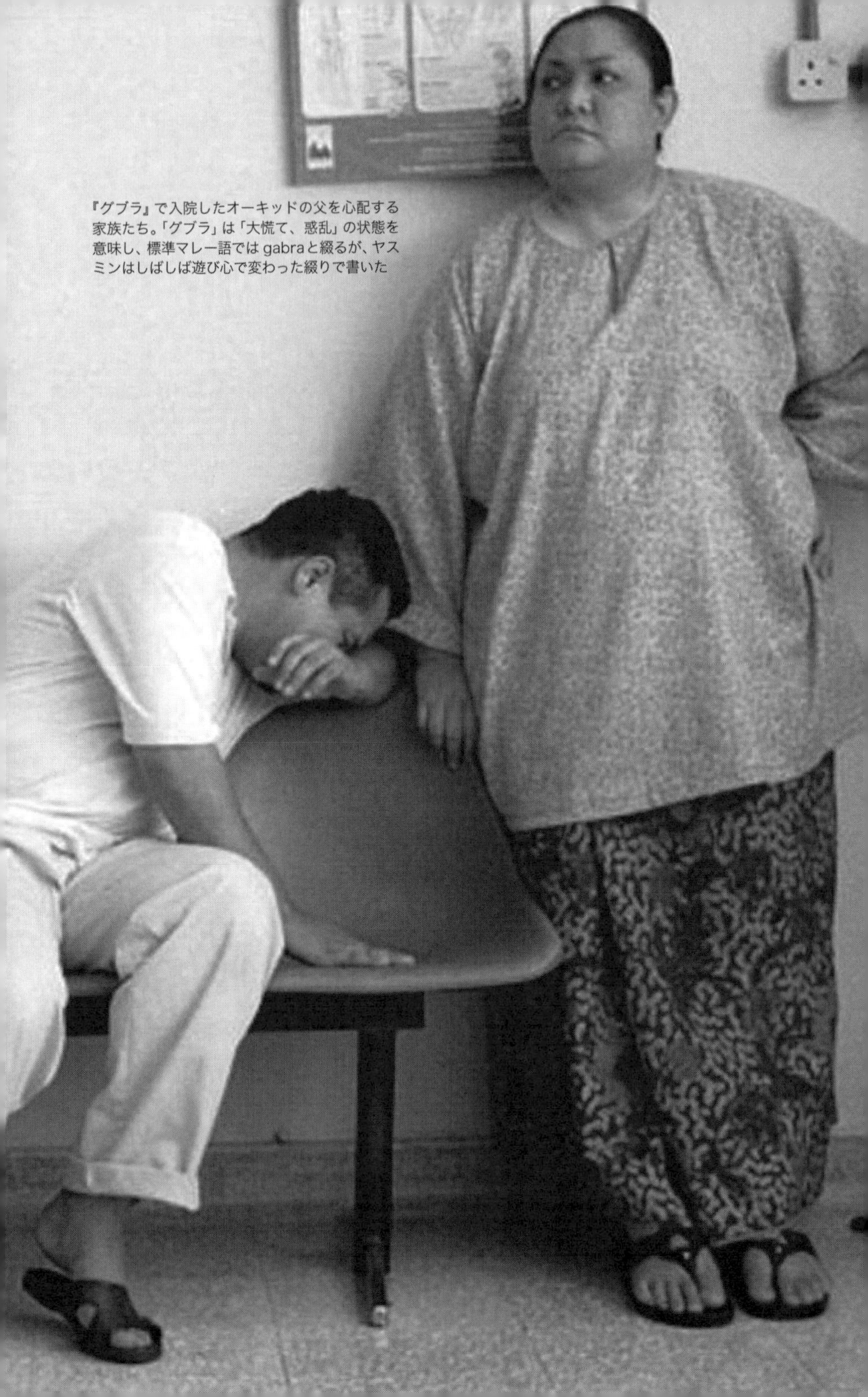

『グブラ』で入院したオーキッドの父を心配する家族たち。「グブラ」は「大慌て、惑乱」の状態を意味し、標準マレー語ではgabraと綴るが、ヤスミンはしばしば遊び心で変わった綴りで書いた

Diabetis

『細い目』／『グブラ』を読み解く

夢の中のあなた――「夢中人」と愛の期限

及川　茜

我彷似跟你熱戀過　和你未似現在這樣近
思想開始過份　（作詞　周禮茂「夢中人」）

『恋する惑星』と「夢中人」

『細い目』はタゴールの詩句に始まりタゴールに終わる。だが、その皮をむいてもう一つ内側の層を見てみると、『恋する惑星』に始まり『恋する惑星』で終わっていることに気付くだろう。

オーキッドとジェイソンが市場で出会ったとき、ジェイソンがこっそり自分の電話番号を滑り込ませてオーキッドに渡したのが『恋する惑星』のビデオCD（VCD）だった。薦められた金城武の出演作のうち、「『天使の涙』はもう観たから今日は『ソルジャー・ボーイズ』だけ買うわ」というオーキッドに押しつけるように、ジェイソンは『恋する惑星』を渡す。そう、何が何でも彼女にはこの作品を観てもらわなければならないのだ。

王家衛（ウォン・カーウァイ）作品でも『恋する惑星』より先に『天使の涙』を観ている、という選択眼にオーキッドの人物がよく表れているように思われる。恐らく彼女は『天使の涙』をそれほど気に入らなかったのではないか。「いろいろ食べているのにそれでも暖まらない」という殺し屋の女エージェントが顔見知りの金城武演じる青年のバイクに乗せてもらい、「すぐに着いてしまうのはわかっているけれど、この一分間の温もりは本物」と彼の背中に身体を預けるのがこの映画のラストだ。寒さを知らないマレーシアの少女が、すれ違いの中に微かに生じる温もりを描いた『天使の涙』に共感を覚えたとは考えにくい。彼女が好きなのは、義気や男どうしの友情をテーマにしたジョン・ウー作品なのだから。

しかしそんなオーキッドの好みはつゆ知らず、ジェイソンは『恋する惑星』を手渡す。王家衛はどの作品でも既成の名曲を巧みに取り込んで各シーンを印象深いものにしているが、『恋する惑星』も例外ではない。フェイ・ウォンが繰り返し聴き続けるママス&パパスの「夢のカリフォルニア」もそうだし、何と言ってもラストの「夢中人」の開放感が鮮やかな印象を残す。ジェイソンがオーキッドに『恋する惑星』を手渡したのは、映画そのものの内容もさることながら、この曲にメッセージを託したのかもしれない。

フェイ・ウォンが歌う「夢中人」は一九九四年のアルバム『胡思亂想』（日本版は『夢遊』の題で同年ポリドールより発売）に収録された曲で、アイルランドのロックバンド、クランベリーズ（The Cranberries）の「Dreams」（一九九二年）の広東語カバーである。原曲の「Dreams」も『ミッション：インポッシブル』（一九九六年）、『ユー・ガット・メール』（一九九八年）など映画の挿入歌として用いられた他、日本でもＣＭに使用されたこともあり、題名は知らなくてもその旋律には聞き覚えがある、という人は多いのではないだろうか。

「夢中人」の詞も、恋の始まりを歌った点ではクランベリーズの原曲と同じだが、「あなたこそが私の夢」と歌う原曲とは異なり、まだそれと意識せぬ間に夢の中に訪れた恋を描いている。中でも注意を引くのはこの一節だ。「我彷似跟你熱戀過　和你未似現在這樣近　思想開始過份（あなたに恋したことがあるような気がする　まだ今のように近づく前から　もう想いはじめてたの）」

物語が進むにつれ、ジェイソンが小学校の頃にマレー人少女に淡い思いを抱いたことが語られる。名前も訊くことができなかった彼女の面影は、オーキッドに重ねられる。出会ってから恋に落ちるのではなく、出会う前からすでに思いを寄せていた、その相手がある日突然目の前に現れるのが恋というものだ、と言っているかのようだ。

オーキッドが最後に車中から電話をかけて、「愛してる」

と言う前に初めて会ったときにもらった『恋する惑星』のタイトルを口にするのは、ジェイソンのメッセージを受け取ったというサインなのだろう。

前にも感じたこの思い

オーキッドとジェイソンが市場で出会う場面では、二人の目が合った瞬間、辺りの音が消え、彼の目に映るのはオーキッドの姿だけとなる。気恥ずかしくなるような、いかにもボーイ・ミーツ・ガールといった物語の幕開けだ。しかしやがて、その裏にはもっと複雑な構造が潜んでいることに気付かされることになる。

オーキッドにとっては恋の始まりだが、それは同時にもう一つの恋の終わりを意味している。だが彼女がそれに気付くのは、もう少し先のことだ。

ジェイソンは、オーキッドと知り合う前にマギーという少女と交際している。彼女は黒社会のジミーという男の妹。ジェイソンは仲間と露店で海賊盤の映画ソフトを売っているが、毎月ジミーたちに上納金を納めることが義務づけられている。しつこい取り立てに癇癪を起こしたジェイソンは、「おいジミー、金が欲しけりゃお前の妹を売れ！」と悪態をつく。極道ながらに家族思いのジミーにとって最大の弱点は妹であるとはいえ、自分の恋人をそんな風に言うようになったら、もう気持ちが離れつつあるということなのだろう。

とはいえ、オーキッドが現れてからも、ジェイソンはマギーとの関係を完全に断とうとはしない。マギーを避け、理由をつけて電話に出ないが、それでも彼女のところにしぶしぶながらも泊まりに行っている。マギーは彼の心が離れつつあることを感じてはいるが、まだ認めたくないらしい。

さて、上に引いた「夢中人」の歌詞だが、原曲の「Dreams」では同じ箇所は次のように歌われる。「I know I felt like this before / But now I'm feeling it even more / Because it came from you」——この感じを経験したことはあるけれど、こんなに強く感じるのはあなただから、というものだ。新しい鮮烈な出会いの前に、過去に胸を揺さぶられた記憶は薄れてしまうのだ。

期限のない缶詰

『恋する惑星』の中で、金城武演じる刑事は賞味期限を数時間後に控えた缶詰を手に取って「この世に期限のないものはあるんだろうか?」とつぶやく。

残念ながら、どんな缶詰にも期限はある。マギーに対するジェイソンの愛は期限を迎えてしまった。彼女がそれを悟ると、時を同じくして、頼りにしていた兄のジミーも重傷を負い、傷が快方に向かいしだい収監されることが伝えられる。

このときのジェイソンの行動は不可解である。マギーの妊娠を知ったとき、「彼女が出産を終え、ジミーが刑務所から帰って来るまでそばにいる」と言いながら、「そうしたら必ず戻って来るから待っていてくれ」とオーキッドに求める。彼とマギーとの関係をそれまで知らずにいたオーキッドが深い怒りを見せるのも無理はない。

ジェイソンがマギーとその母の面倒を見ようというのは一種の責任感からであり、ジョン・ウーの世界の義にも通ずるところがある。一方でオーキッドとは「縁」で結ばれており、必ず一緒になれると信じているのは、ラブロマンスの世界観だ。

ラブロマンスの好きなジェイソンは、ここでジョン・ウー的な世界に向かって一歩を踏み出すことになる。そこでは愛情より仲間に対する義が優先される。心の赴くままにオーキッドのもとに飛んで行きたいのを抑えながら、ジミーの家族の面倒を見るという義に基づいた行動を取ろうとジェイソンは努力せざるを得ない。そのワンクッションがあって初めて、ラブロマンスは嫌いでジョン・ウーが好きなオーキッドの世界に近づける、と見ることもできるだろう。

さて気の毒なのはマギーだ。兄が入院して精神的にも経済的にも支えを失った彼女は、ジェイソンがそばにいてくれるのももう愛からではないことを知る。最終的には賞味期限切れの愛に終止符を打ち、出産を諦める。

全ての期限は少しずつ近づいてくる。期限のないものは存在しない。一つの愛が期限を迎えたあと、次に始まった愛も、来るべき期限に向かって少しずつ進んでゆくことになる。期限の到来を延ばす方法があるとすればただ一つ、記憶を缶詰にすることだ。

『恋する惑星』の金城武は言う。「記憶が缶詰なら、永遠に賞味期限が来なければいいのに。どうしても期限が必要なら、一万年なら許す」

『細い目』の最後でジェイソンは死を迎え、オーキッドの恋は色鮮やかなまま記憶となって封印される。『グブラ』においてよみがえるまで。

愛が期限を迎えるとき

『グブラ』の冒頭、『細い目』で初恋の喪失を経験したオーキッドが結婚していることが明らかになったとき、多くの観客が安堵したのではないだろうか。留学から帰って来たのであろう彼女は、初恋の思い出に殉じたりはせず、年上の夫アリフに甘えながらほがらかに暮らしている。どうやら朝は一緒にシャワーを浴びるのが日課となっているらしく、彼女の両親と同じように夫婦の間はとても親密だ。暮らし向きも豊かなようだし、絵に描いたように幸福な生活。

ところが、オーキッドの父が倒れたとの知らせを境に、思いがけず彼女の生活は転機を迎えることになる。

慌てふためきおろおろするばかりのオーキッド一家の混乱をよそに、夫は極めて冷静に事態を把握し、病院で看護師に事情を説明する。感情で動く一家の中で、彼のような理知的な人物は貴重だ。オーキッドはよい夫を持ったものだ——と安心したのも束の間、やがてそれは見せかけにすぎないことが露呈する。

『グブラ』はオーキッド一家の物語に加えて、イスラム教の礼拝所の管理人夫婦と娼婦たちの物語が交錯して展開するが、ここではオーキッド系列の物語に注目してみよう。

『細い目』でオーキッドは、彼女自身が意図したことでないとはいえ、ジェイソンとマギーという破局に近づいていたカップルの間に入り、結果的に男の愛を奪ってしまったことになる。この構図は『グブラ』において繰り返されている。

オーキッドとアリフの夫婦は、表面上は仲睦まじく見えるが、オーキッドも気付かぬ間に亀裂が生じていた。夫がラティファという女性と浮気していたのである(写真1、2)。夫がオーキッドの父の入院に際して手際よく取り仕切っていたのは、理知的というよりオーキッドの家族に深い感情を持っていなかったためだということがわかる。よりにもよって、仕事のためと言い訳して病院を後にしておきながら、女と会っていたのだから。ここでのアリフの姿は、『細い目』でマギーの家族の面倒を見ようと決意したジェイソンと重なる。そこに介在するのは愛情ではなく義務感だ。

写真１　アラン〈右手奥〉と街の喫茶店に来たオーキッド〈中央〉は、仕事だと言って病院から出かけた夫アリフ〈左〉が女性といるところを見かける

写真２　オーキッドに問い詰められたラティファはアリフと浮気をしていたことを認める

とはいうものの、オーキッドがマギーの存在を知らなかったのに対し、ラティファはアリフが既婚者だと知っていて付き合っているらしい。しかしオーキッドはラティファを面と向かってとがめはせず、アリフの口から「お前はただの肉の塊にすぎない」と言わせることで復讐を遂げる。

そして何よりも違うのは、相手の心のありかだ。ジェイソンとアリフの行動は本質的に大差ない。どちらも期限を迎えた愛を引きずりながら、次の愛に手を出したのだから。しかしジェイソンはマギーのもとを去り、オーキッドを追いかけてきた。少なくとも心はオーキッドとともにあることを示したのだ。それを信じたからこそ、オーキッドはジェイソンの行為を是非で判断するのをやめ、その気持ちを受け入れたのだろう。

それに対してアリフは、ラティファを諦めるつもりもないのに、オーキッドに許しを請い、自分のもとに留まるよう説得しようとする。しかし、愛しているはずの女にも平気で「ただの肉」などと言える男であることが露呈した以上、オーキッドには彼のもとに留まるという選択肢はありえない。

再び「夢中人」

こうして婚姻が期限を迎えたとき、オーキッドの記憶の缶詰は開かれる。

アリフと暮らした家を去り、オーキッドはどこへ向かうのか。彼女はジェイソンの兄に迎えに来てもらい、生前には訪ねたことのなかった彼の家に行く。そこで思い出の品々を手渡される。ジェイソンの傍らで鳴り続けていた携帯電話、タゴールの詩集、投函されることのなかった手紙、そして二人でうつした写真。

二人の記憶が缶詰なら、その期限はどれくらいだろうか。一万年よりは遙かに短いが、少なくともオーキッドの缶詰は期限までまだまだ時間はありそうだ。

王家衛の映画『楽園の瑕』(東邪西毒、一九九四年)では、過ぎ去った記憶に悩まされる人びとが描かれる。英題の『Ashes of Time』にふさわしく、時が燃え尽きて灰となっても記憶は残り続けるのだ。その終幕では、かつて愛した女が世を去ったことを知った主人公が独りごちる。「もう忘れたのだと確かめれば確かめるほど、記憶は鮮明になる」「何かを失わねばならないとき、唯一できるのは心に刻みつけることだそうだ」

残念ながら金城武は登場しないこの作品だが、オーキッドは観ていただろうか。ひとたび缶に収めてしまえば、記憶は心の表面からは薄れてゆくかもしれない。次の恋に胸を揺さぶられることもあるだろう。ただし、一度深く刻まれてしまった記憶は、奥深くにしまわれた缶のように、ひとりでに消えてなくなることはない。

『恋する惑星』に始まるジェイソンとオーキッドの縁は、どうやらオーキッドが生きている限り終わりそうにない。『グブラ』のラストシーンでオーキッドは、ベッドで母から礼拝の時刻を告げる電話を受けながら、夢うつつをさまよっている。寝返りを打って「もうちょっとだけ」と彼女が寄り添うのはジェイソンだ。夫のもとを去ってからも両親の家には帰ることなく、ジェイソンとの縁を信じて暮らすことにしたのかもしれない。

これも「夢中人」そして「夢のカリフォルニア」と夢にちなんだ曲の印象的な映画が結んだ縁らしい結末であるといえようか。

『細い目』を読み解く

マレー人少女の心をつかんだ金城武と『ラヴソング』

宋 鎵琳・野澤 喜美子

金城武という男

オーキッドがクローゼットの扉を開くと、その裏には数多くの金城武の写真がある（写真1）。デビューしたての頃のレコードジャケットのようなものから、『不夜城』（一九九八年）のときの長髪を結わえた姿、『ＡＳＩＡＮ』というマレーシアでも売られているアイドル雑誌や『キネマ旬報』の金城武が表紙を飾った号の切り抜きまで見える。

ここまでマレー人の少女の心をつかんだ金城武とは何者か。金城武は一九七三年、台北生まれ。日本人の父と台湾人の母をもつ。国籍は日本。台北の日本人学校とアメリカンスクールで教育を受けた。高校時代、清涼飲料水のＣＭに出演、芸能界入りし、一九九二年に「分手的夜裡」で歌手として正式にデビューした。

金城武のビデオＣＤを探しにきたオーキッドにジェイソンが薦めたのが、『天使の涙』[1]（一九九五年）、『恋する惑星』[2]（一九九四年）、『ソルジャー・ボーイズ』[3]（一九九四年）だ。これらはいずれも金城武の初期の出演作で、前ふたつのウォン・カーウァイ（王家衛）監督の作品で彼は一躍有名になった。

『恋する惑星』は、香港の重慶マンション周辺を舞台に、麻薬ディーラー（ブリジット・リン）と警官モウ（金城武）、警官（トニー・レオン）と店員（フェイ・

▶1　原題は『堕落天使』、英題は『Fallen Angels』。
▶2　原題は『重慶森林』、英題は『Chungking Express』。
▶3　原題は『報告班長3』、英題は『Yes Sir, No Sir』。

写真１　金城武の切り抜きが多数貼られたオーキッドのクローゼットの扉裏。そこには『キネマ旬報』の表紙もみえる

写真２　オーキッドと出会った直後のジェイソン。親友のキオンから「『ラヴソング』でレオン・ライがマギー・チャンを見てたときみたいなまぬけ面してたぞ」と評される

ウォン）の出会いや失恋を描いた作品だ。

　金城武は、バーでのナンパの場面や電話で女の子を呼び出すシーンで、日本語、英語、広東語、北京語をおしみなく披露する。また、香港映画には珍しく、麻薬ディーラーの商売相手としてインド系の住民たちが登場するところもおもしろい。

　『天使の涙』は、殺し屋（レオン・ライ）と彼の美人エージェント（ミシェル・リー）と、ちょっとおかしな金髪の女（カレン・モク）、安宿の息子（金城武）とスチュワーデス（チャーリー・ヤン）がそれぞれに交差し、すれ違う群像劇。

　金城武は、期限切れのパイナップルの缶詰を食べ過ぎて口がきけなくなったモウ役として登場する。あれほど饒舌だった前作の『恋する惑星』とは対照的に、劇中での台詞は一切なく、全てがモノローグ（ボイスオーバー、画面外からの語り）だ。モウは、夜な夜な閉店後の店舗を勝手に開いて、口がきけないのをいいことに強引に客を引き入れて商売をしてしまうというヘンな役どころを、コミカルな表情と動きで生き生きと演じている。中華圏の映画では、言葉の問題がある場合、吹き替えにするか、大胆に口がきけない役にしてしまうことがある。ホウ・シャオシェン（侯孝賢）監督『悲情城市』（一九八九年）のトニー・レオンも、北京語がうまくしゃべれないという理由で、耳が聞こえず話せないという役柄になった。こうした場合、俳優は台詞がない分、身体的な動きや表情で演技するしかない。映画というものと、発声をもたない演者との調和は、『タレンタイム』でも証明された通りだ。

上記二作のウォン・カーウァイ作品は、裏社会を舞台にした香港ノワールものでありながら、一目ぼれや失恋といった青春の要素をとりいれ、スタイリッシュな映像で、当時としては新しい世界を描き出し、日本でもヒットした。

一方の『ソルジャー・ボーイズ』は、台湾映画。「報告班長3」という原題が示すとおり、若者の徴兵生活を描く兵役もののシリーズ三作目で、主役は台湾で人気だったジミー・リン。二〇一〇年夏には『新兵日記／Yes, Sir』という同様の兵役もののドラマがヒットし、そこから若手俳優が有名になることもあった。兵役を扱ったドラマが多くの人の共感を得られるというのは徴兵制がある国ならではの現象か。

金城武は、ウォン・カーウァイに抜擢されるまでは、香港や台湾限定で活躍する普通の（ダサイくらいの）アイドルだった。香港では広東語も下手で、バラエティではコケてばかり、台湾でも、『ソルジャー・ボーイズ』に見られるように、北京語の演技もイマイチで、あまり活躍もしていない。

それが、ウォン監督の計らいによる金城武の多言語性を逆手に取った演出で、彼の魅力が広く理解されるようになった。今やアジア圏の映画には引っ張りだこの金城武も、最初から「軽々と越境」できていたわけではなかったのだ。彼の多文化性を、「個性がない」、「どれも中途半端で本物ではない」とはみなさずに、それこそが魅力的な個性であると視点を変えることで、独自の魅力が確立された。複数のものを抱える人を愛する視点は、ヤスミン監督も大切にしたものではないだろうか。

もう一点、金城武の人気の理由について語るならば、地理的な要因もある。台湾と香港は、長らく東南アジアの国々への芸能の流行の発信地だった。特に日本の芸能文化は台湾を経由して台湾以南の地域に広まった。台湾では、長らく日本の映画や音楽やテレビ番組の輸入が禁止されていたが、一九七〇年代にはすでに海賊版が流通していた。

一九九三年に日本のテレビドラマが解禁されるとJ－POPが大ヒットした（ジャニーズ、小室哲哉プロデュースの一連の楽曲、X Japan等）。その頃、ハーリー族と呼ばれる若者の日本ブームが起こり、その流れのなかで日本の要素をもつ金城武の人気に火がついたという一面もある。

運命の人との出会い――『ラヴソング』

もうひとつ『細い目』に登場する香港映画のタイトルは『ラヴソング』[4]（一九九六年）だ。ジェイソンの友人キオンが、オーキッドに一目ぼれしたジェイソンを「おまえ、『ラヴソング』でレオン・ライがマギー・チャンを見てたときみたいなまぬけ面してたぞ」と評する（写真2）。

『ラヴソング』は、今や活躍の場を香港から北京に移し、辣腕プロデューサーとして一五本もの企画を同時に動かすとまで言われるピーター・チャン監督の香港時代の作品。ピーター・チャンの両親はタイの華人である。主演女優マギー・チャンは本作で香港金像賞、台湾金馬奨の最優秀女優賞を受賞した。

郷里の天津にいいなずけを残して香港で一旗揚げようと都会に出てきた男（レオン・ライ）と、同じく香港での成功を夢見て広州から出てきた女（マギー・チャン）との運命的な出会いを描いた作品。マクドナルドでレジ打ちをするマギー・チャンを見初めたレオン・ライは、キオンの指摘どおり、列の後ろに並ぶ人にもかまわず、なんとも言えないうっとりとした間の抜けた顔をしている。ふたりは愛し合うも別れ、別々の伴侶を選ぶが、出会いから十年後のニューヨークでテレサ・テンの悲報に導かれて再会する。男に実は恋人がいたのに運命の人に出会ってしまうというのは、ジェイソンの置かれた状況にも通じるものがある。

このように、ヤスミン監督の作品のなかには、引用された作品をたどっていくという楽しみがふんだんにちりばめられている。「金城武の映画」というキーワードに導かれ、ひとつの恋が生まれた喜びを私たちは目撃した。同時に脈々とつながる映画の力に驚かされもするのだ。

▶4　原題は『甜蜜蜜』、英題は『Comrades, Almost A Love Story』。

『細い目』を読み解く

「歌神」サミュエル・ホイの歌による予感と鎮魂

増田　真結子

『細い目』では、オープニング曲とエンディング曲として、「世事如棋」[1]（「世の中は将棋の如く」、広東語読みでサイシーユーケイ）と「浪子心聲」[2]（「放蕩者の心の声」、ロンジーサムセン）が使われている。オーキッドとジェイソンが写真館で遊ぶシーンには、挿入曲として「梨渦淺笑」[3]（「えくぼの微笑み」、レイウォチンシウ）が流れる。これらは香港の歌手、サミュエル・ホイ（許冠傑）による一九七〇年代の広東語の流行歌である。この三曲は『細い目』とどのような関係があるのか考えてみたい。

香港の流行歌といっても、香港だけにとどまらず、全世界の華人居住地域で親しまれている。戦後から現在にいたるも、香港は全世界のいわゆる「チャイニーズ・ポップス」の主な発信源の役割を果たしている。香港で一般に話される言葉が広東語であることから香港の流行歌も広東語曲が多いが、マレーシアは広東語を理解する華人が多く居住することから、香港の流行歌が最も歓迎されている地域の一つとなっている。

『細い目』に登場する歌は、一九七〇年代半ばに東南アジア全域でも大ヒットした。その頃に十代半ばであったヤスミン監督もよく耳にしたであろう。若い恋人

▶1　アルバム『賣身契』（1978年）に収録。作詞、作曲ともにサミュエル・ホイ。表題曲は、同名の映画（邦題『Mr.BOO！ インベーダー作戦』）の主題歌。

▶2　アルバム『半斤八兩』（1976年）に収録。作詞・作曲サミュエル・ホイ。表題曲は同名の映画（邦題『Mr.BOO!』）の主題歌。

▶3　同上。

たちを描いた作品に自らにとっての「青春の歌」を使ったのではないかと想像できるが、他にも理由がありそうだ。

サミュエル・ホイは、一九四八年広州に生まれ、二歳で香港に移住。学生時代からバンドを組み、主に英語の歌を歌っていた。一九七〇年代半ば、兄のマイケル・ホイ（許冠文）、リッキー・ホイ（許冠英）と撮った一連のコメディ映画で一世を風靡した。このシニカルな風刺コメディ映画は、「Mr. BOO!」シリーズとして日本でも大ブームを起こした。映画の主題歌もサミュエルが担当し、同名のアルバムも記録的なヒットとなった。

当時、香港はイギリスの植民地であり、欧米文化に触れる機会が多かったことなどから、若者には欧米の歌が最も受け入れられていた。一方、戦前・戦後に大陸から香港に移住した大人世代には北京語の流行歌が好まれていた。不思議なことに、香港の話し言葉は広東語であるのに、広東語曲は低俗なものとして一般的に受け入れられていなかったのである。

そんな中、香港社会や日常生活の断片、小市民の心の機微、あるいは人生哲学を広東語で歌ったサミュエルの歌は人びとの歓迎を受けた。彼自身、それまで英語の歌を歌ってきたことや、大卒の高学歴を持っていたことも、広東語曲への偏見をなくすことに貢献したともいわれる。サミュエルは、初めて広東語曲を幅広い層の人びとの間でヒットさせた。それゆえ香港歌謡界で「歌神」と呼ばれている。

現実を広く知らしめることを理念とし、「自分たちの経験に基づいた物語」を描くヤスミン監督が、自身の作品にサミュエルの歌を使う[4]のもうなずけよう。では、この三曲の歌は『細い目』の中でどのような役割を果たし、どのような効果を生んでいるのだろうか？

運命を予告する「世事如棋」と「梨渦淺笑」

『細い目』は、華人の少年、ジェイソンが母親にタゴールの詩を中国語で読み聞かせているシーンからはじまる。その詩がインドの詩人によるものだと知って、母親は「文化も言葉も違うのに、心の中の思いがちゃんと伝わるのが不思議ね」という意味の感

▶4 『グブラ』でも、サミュエルの広東語曲「無情夜冷風」（作詞・作曲リッキー・ホイ。アルバム『鬼馬雙星』（1974年。邦題『Mr. BOO！ ギャンブル大将』）に収録）が使われている。

写真館で様々なポーズをした写真を撮影して遊んで出てきたジェイソン〈左〉とオーキッド〈右〉。このあと続くデートのシーンも「梨渦淺笑」が流れている

想を言う。続いて、マレー人の少女、オーキッドが自室でコーランを読誦しているシーンへ切り替わる。タンスを開けると、その扉の裏には華人スターの金城武の写真が何枚も貼られている。ここでオープニング曲の「世事如棋」が流れる。

タイトルが「世の中は将棋[5]の如く」というとおり、「世事如棋」は、人生を将棋の一局（1ゲーム）に例えて、「どの人生も喜怒哀楽あり、物事はめまぐるしく変化し、予測ができない」と歌っている。文化も言葉も違う主人公の男女二人の間に、なにか「予測できないこと」が起こることを期待させる効果を生んでいる。また、「苦しみを抱えて万里、今日幸いにして知己を得た。将棋を指すのも一緒に楽しめる。心の垣根も取り払って」と人生における出会いや友人の大切さも語られている。ジェイソンと固い友情で結ばれた華人の友人、キオンがともに困難を乗り越えていく今後の展開を彷彿とさせる一節だ。

オーキッドは市場に金城武のビデオCD（VCD）を買いに行く。VCD屋の店員をしているジェイソンがオーキッドに一目惚れし、交際がはじまる。写真館で二人が写真を撮影して遊ぶシーンで挿入歌の「梨渦淺笑」が流れる。歌の前半では、恋人の「えくぼの微笑み」を美しいと称えて、「いつも一緒に時を過ごしたい。辛い生活を送ろうとも、ともに人生を歩みたい」と歌っている。まさに、恋人どうしとなり楽しくデートをするジェイソンとオーキッドの気持ちを代弁していよう。しかし歌詞は後半、一転して「喜び極まり、一途な恋は恨みの予兆へ変わる」、「情の糸は一朝で寸断される。夢は消える」と別離で締めくくられており、まるで二人の運命が暗転するのを予告しているかのようだ。

▶5 厳密に言えば、中国語で“棋”とは、将棋だけではなく、囲碁や中国式将棋の象棋（シャンチー）を指す。

「浪子心聲」——文化的放蕩者の愛

エンディングに流れる「浪子心聲」については、ラストのネタばれにならない程度に触れておこう。「浪子」とは「居場所の定まらない流れ者」の意味で、風来坊とか放蕩者のことを指す。「心聲」は「心の声」である。二つの異なる文化を持ちつつも互いに交際を深めていった華人のジェイソンとマレー人のオーキッドも、いわば文化的な放蕩者ではなかっただろうか。「雷の音、風雨に打たれることなど、なにを恐れることがあろうか。心が公正で、潔癖無垢で、善を行い、徳を積むことが最高の喜び楽しみである」という歌詞は、文化の違いという障害を乗り越えて、心に正直に愛を貫こうとした二人の姿に重ねられるだろう。

冒頭でジェイソンの母親は、タゴールの詩に「文化も言葉も違うのに、心の中の思いがちゃんと伝わるのが不思議ね」と感心していたが、同じように「不思議」なことを実現したジェイソンとオーキッドにヤスミンは悲劇的な結末を用意する。「浪子心聲」はサビの部分で、「命はいつか終わるもの。しかし、人は〔最高の喜び楽しみを〕命あるかぎり強く求めるもの」と歌っている。このフレーズは、歌の中でもひときわ印象深く響いている。作品のラストに符合し、ジェイソンへ捧げられる鎮魂歌のようにも感じられる歌なのである。

監督のヤスミン自身も、文化的放蕩者ではないだろうか。「浪子心聲」、つまり「放蕩者の心の声」とは、彼女の心の声でもあるのだろう。残念なことに、この作品の公開から三年後、彼女は祖母の出身地である日本を舞台にした自伝的映画の撮影準備中にこの世を去ってしまった。ヤスミンこそ、最高の喜びや楽しみを、また、それらを人びとにもたらす作品を、命あるかぎり強く求めた人なのであった。

『細い目』を読み解く
ジェイソンが本名を名乗らなかったわけ

増田　真結子

主人公の華人の少年ジェイソンは、作品の中盤で、自分の中国語の本名はリー・シウロン(Lee Seow Loong)、つまりカンフースターのブルース・リーと同じ李小龍[1]だと打ち明ける。

ジェイソンは、家族や華人の友人らには、本名にちなんでアロン(日本語に訳せば「ロンくん」)と呼ばれている。彼の兄のアランは、マレー系の少女オーキッドからジェイソンに掛かってきた電話に出て、「ジェイソンなんてうちにはいない。華人だから」と言っている。ジェイソン自身は、オーキッドに「ジェイソンと呼んでくれ」と自己紹介し、華人の友人のキオンにも「オーキッドの前ではアロンと呼ぶな。かっこ悪いから」と言って、中国語の名前を隠そうとする。

ブルース・リーほど有名なスターと同じ名前をジェイソンが「かっこ悪い」と感じ、好意を寄せるオーキッドに言い出せなかったというのは理解できよう。しかし、交際を深める中でジェイソンがやっと本名を打ち明けたエピソードには、単なる笑いを誘うカミングアウトのシーンという以上の意味が込められているように思える。

李小龍という名をジェイソンに付けたのは父親である。父親は、電話を掛けてきたのが「マレー人の女の子だった」と兄のアランから聞き、

▶1　ジェイソンは広東系華人なのでレイ・シウロンと広東語読みされるはずである。それをリー・シウロンと言っているのは、よく知られるブルース・リー(Bruce Lee)の英語名で姓がリーとされているからであろう。

驚いてむせてしまったり、マレーの歌が嫌いであったりと、文化的な許容度が低い人物のようである。ジェイソンの本名嫌いの背後には、そんな父親への反感があるのかもしれない[↓141頁]。

ブルース・リーは、彼の代表的なカンフー映画で、中国の伝統的武術で日本人や西洋人を打倒する役を演じており、華人の民族アイデンティティを象徴しているとも言える。ジェイソンの本名嫌いには――彼自身は無意識かもしれないが、あるいはヤスミン監督が彼女の理念を表現するための仕掛けとして――中華民族中心主義への反発が隠れているようにも感じる。

オーキッドは、ジェイソンに本名を打ち明けられて、「ジェイソン」という英語名も好きだけれど、「リー・シウロンの方が好きかな」と言っている。ジェイソンにとって、中国語の本名を好きだと言ってもらえたのは、上記のような「民族コンプレックス」を含めて本当の自分を受け入れてもらえたことにほかならない。ジェイソンの本名告白のエピソードは、「民族コンプレックス」を乗り越え、二人が本当に心を通わせたこと、恋が成就したことを意味しているのである。

ところで、ジェイソンとブルース・リーには共通点がある。ジェイソンの母親は、プラナカン（マレー化してイスラム教以外のマレー文化を取り入れた華人）である。ブルース・リーは、アメリカ国籍を持つことから中国系アメリカ人と通常紹介されるが、実はドイツ系の血も引いている。彼の母親がドイツ系と中国系の両親の間に生まれているのである。

ブルース・リーは、一九四〇年にアメリカで生まれ、香港で育った。俳優である父親の影響で幼い頃から香港映画に出演し、一方で中国武術を習っていた。▼2 一八歳でアメリカに渡り、中国武術の道場を開いて指導していたところ映画関係者の目に留まり、ハリウッドのアクション指導を担当するようになる。アメリカのTVドラマ『グリーン・ホーネット』（一九六六～六七年）の準主役に抜擢され、本格的なアクションで人気を博す。そのため香港の映画界に呼び戻され、『ドラゴン危機一髪』（一九七一年）をはじめ数本の主演作を撮影すると、そのどれもが大ヒットし、カンフー映画ブームを

▶2 ブルース・リー生誕70周年にあたった2010年は、各地の映画祭で特集が組まれたほか、『イップ・マン 葉問』（原題『葉問2』、2010年）など、ブルース・リーが「唯一の師匠」と慕ったカンフーの達人、イップ・マン（葉問）を始め、ブルース・リーゆかりの人物を描いたカンフー映画が何本も立て続けに制作・公開され、香港映画界は盛り上がりを見せた。

巻き起こした。

トントン拍子でスターへの階段をかけ上がったようにみえるが、『グリーン・ホーネット』をきっかけにアメリカでTV番組や映画に多くゲスト出演するも、ハリウッドで主演を務めることは叶わずにいた。これにはアメリカでの東洋人蔑視が関係しているとも言われている。その後、香港でカンフー・ブームの立役者となったことが高く評価されて、アメリカ・香港合作映画の話が持ち上がり、ようやくハリウッドでの主演という夢が実現する。この合作映画『燃えよドラゴン』(一九七三年)は爆発的なヒットとなり、彼をして香港のみならず世界のアクションスターにした。しかしながら、撮影直後に三二歳という若さでこの世を去ってしまう。[3] ブルース・リーは、出自だけでなくその人生も、ジェイソンの物語——文化的な障害を乗り越えて恋の成就という夢を実現し、その直後に悲劇の最期を遂げる——と通じるものがある。

「考えるな、感じろ!」とは、『燃えよドラゴン』の冒頭の有名なセリフだ。中国武術の師匠を演じるブルース・リーが弟子に稽古をつけ、「五感を研ぎ澄ますんだ(You need emotional content.)」とキックの指導をするシーン。弟子のキックをかわした後に、「どうだ、感じたか?(How did it feel you?)」とブルース・リーは弟子に問う。「そうですね……(Let me think...)」と言いよどむ弟子の頭を叩いて、「考えるな、感じろ!(Don't think, feel!)」と檄を飛ばすのである。

このシーンは、監督のロバート・クローズではなくブルース・リー自身がシナリオを書いたと言われている。ヤスミン監督も、どのようにして作品を書いているのかと尋ねられて、しばしば「考えたことを書くのではなく、感じたことを書きなさい」と発言している。例えば、若手マレーシア人が制作した映画『S'kali』(二〇〇六年)の中で、ヤスミンが監督本人役として登場して、「どうすればあなたのような作品を撮れるのか」との問いに対し、上記のように答えている。彼女がブルース・リーに影響を受けていたことは間違いないだろう。ジェイソンの本名が李小龍であることは、ヤスミン監督らしいコミカルな演出というだけではない意義深いものだったのである。

▶3『燃えよドラゴン』は彼の死後にアメリカをはじめ各地で公開された。日本でも「アチョー」という雄叫びが流行するなどカンフー・ブームが巻き起こったが、そのときすでにブルースはこの世の人ではなかった。

『細い目』を読み解く

「上海灘」が流れるとき

増田 真結子

ジェイソンがオーキッドの自宅を訪ね、庭で話をしているところを玄関からこっそりのぞき見するオーキッドの母親とメイドのヤム。そのとき、この広東語曲の「上海灘（シャンハイタン）」を口ずさむ。華人のドラマや映画によく親しんでいる者ならば、思わず反応したくなるシーンだ。

「上海灘」は、一九八〇年に大ヒットした香港の同名のTVドラマの主題歌である。ドラマは黒社会を描くいわゆる「香港ノワール」の先駆的作品で、主演のチョウ・ユンファ（周潤発）の出世作である。レスリー・チャン（張国栄）とアンディ・ラウ（劉徳華）の主演で映画化され（『上海グランド』、一九九六年）、チャウ・シンチー（周星馳）主演のパロディ映画まで作られるなど（『ゴッド・ギャンブラー3』、一九九一年）、華人によく知られている物語である。二〇〇七年には大陸中国でもホァン・シャオミン（黄暁明）主演でドラマ版がリメイクされている（『新・上海グランド』）。

「ロンバァ〜ン、ロ〜ンラ〜ウ……（荒々しい波とその流れ……）」で始まるインパクトのある主題歌も、なにかが起こりそうなタイミングでつい口から出てしまうような、華人の間で人口に膾炙した歌である。

その歌詞は「荒々しい波とその流れ／川〔揚子江〕は止まるところを知らない／世事を呑みこみ尽くし／混ざってひとつの潮流になっていく／喜びか悲しみか／波の中では

はっきりわからない／成功も失敗も／波の中では見分けがつかない[1]」といった内容で、ジェイソンとオーキッド二人のその後を象徴するかのような楽曲だ。

オーキッドと一緒のジェイソンを見て、「華人」→「華人のドラマや映画」、そして「マレー人と華人の交際」→「ドラマチックな展開を予想」→「上海灘」と連想し、つい主題歌を口ずさんでしまったというのは共感できるのだが、それがマレー人であるオーキッドの母親たちだということが観る者の苦笑を誘う。

ドラマ『上海灘』の舞台は、一九三〇年代の上海。租界の黒社会で、二人のチンピラがのし上がっていく。兄弟のように助け合い、強い絆で結ばれている二人は、同じ女性を愛してしまい、恋愛ではライバルとなってしまう。この三角関係は、ジェイソンとキオン、オーキッドの関係を彷彿とさせるが、『上海灘』は主人公の死という悲劇的なラストで締めくくられる。ジェイソンとオーキッドが一緒にいるところを見て、この『上海灘』の歌をオーキッドの母親たちが歌うとは、コミカルであると同時に皮肉な演出だとも感じられる。

ドラマ『上海灘』でブレイクしたチョウ・ユンファは、その後、ジョン・ウー（呉宇森）監督による『男たちの挽歌』（一九八六年）に主演し、香港映画界を代表する大スターとなる。チョウ・ユンファ、ジョン・ウーともに、オーキッドとキオンが映画の話をする中でその名前が登場している。二人とも香港映画界を飛び出し、現在ではハリウッドでも活躍しているが、アメリカに渡った当初、映画制作における制約や文化の違い、言葉の面などで苦労があったと伝えられている。「文化や言葉の壁を乗り越える」というキーワードで『細い目』のテーマとつながっている。

▶1　作詞は黄霑。翻訳は筆者による。

『細い目』／『グブラ』を読み解く

ヤスミン作品を支えるタイ音楽のフィーリング

秋庭 孝之

これまでのマレー語でマレー系を描いてきた物語とは異なる、多民族国家マレーシアの現実・理想を描く映画として、ヤスミン・アフマド監督の作品は評価を受けている。ヤスミン作品はマレーシアを構成する三大民族のマレー系、中華系、インド系の人びとの関係を扱い、そこを指摘されることが多いが、それ以外の視点も多い。その一例として、本稿では簡単であるがヤスミン作品におけるタイについて考えていきたい。

ヤスミン作品とタイの音楽

ヤスミン作品の中でタイの参照というと、一番わかりやすいのは『細い目』および『ラブン』にて耳にできるタイの音楽だろう。具体的には、『細い目』のメイド、ヤムがタイ音楽を聴いている。はじめにオーキッドが、そして後にオーキッドのお父さんがヤムの聴いているタイ音楽のCDを見つけるシーンがある。特に後者では、「Si Yam dengar lagu Siam.（ヤムさんがシャムの歌を聴く）」といったSi Yam（ヤムさん）とSiam（シャム、タイのこと）をかけた言葉遊びとして使われている（写真1）。

オーキッドがヤムのタイ音楽のCDを見つけたあとのシーンで、実際にタイの歌が使われているシーンがある。マレー伝統の強壮剤のトンカット・アリのカプセルと満月が

写真1　オーキッド家のメイドであるヤムが聴いているタイの音楽CDを見つけたオーキッドの父。ダジャレのような掛け言葉を言って自分で笑う

写真2　サロン姿のオーキッドの両親が踊るシーンで流れるのはタイ語の曲

映った後で、オーキッドの両親がサロン姿で果実を口にしながら色っぽく踊るシーンである。ここではタイのフォークソングのようなゆるやかな音楽が流れて、それに合わせて艶めかしく二人は踊る(写真2)。そして突然、音楽が切れると、両親の艶めかしさとは対照的で、事を終えてこっそりと部屋を抜け出すジェイソンとマギーのシーンへとつながる。

この歌は、ミュージック・クレジットを確認すると、「エープ・アオ・ワイ(秘密のままで)」というタイ語の曲で、歌詞からするに叶わない恋心を歌っているようだ。実はこの曲について調べたところ、もともとタイにある曲ではなく、アデリーヌ・ホー(Adelaine Hoh)というマレーシア人の作曲家が作った曲であることがわかった。ちなみにアデリーヌは『細い目』の録音とミックスを担当しているスタッフでもある。

アデリーヌの話によると、ヤスミン監督から愛し合うカップルのシーンのためタイの昔の民謡のフィーリングがほしいとのリクエストがあり、研究の末にこの曲を作ったそうだ。ちなみに彼女のタイ人の友人が作詞をつとめ、さらには歌手もつとめている。こうしてまるで古くからある

『ラブン』に登場するエルビスは自動車を運転するときに必ず「ジャオパープ・ジョンジャルーン」を大音量で流しながら走る。この曲は映画のエンディングでも使われている

ようなタイのロマンティックな曲はできあがった。

しかし、色っぽいシーンとは異なり、歌詞はオーキッドとジェイソンの気持ちを語るかのようだ。「我々の人生は異なっていたが、愛は出会ってしまった。高い山や広い海が妨げようとも君への愛は止められない」といった内容の歌詞は、民族、宗教の異なる二人が障害を乗り越える気持ちがあることを暗喩している。このシーンの時点で二人は一度しかデートをしていないが、次に会うときに愛を確信したような幸せな二人の姿をみると、まるでこの曲で二人の気持ちが育まれたかのように感じてしまう。

一方で、『ラブン』でエルビスが聴いている曲はサームトーンという三人組が歌う「ジャオパープ・ジョンジャルーン（ホストがお金持ちになるように）」というもので、こちらはタイでもよく知られている曲である。曲調からもわかるように非常に楽しい歌で、「パーティーのホストがお金持ちになればパーティーは無料、気持ちだけ持ってきてみんなでごはんもお酒もごちそうになって楽しい時間を過ごせるから、どうかホストがお金持ちになりますように」といった内容の歌である。興味深いのは、曲の後半で、「タイ人どうしいっしょに仲良くやろう、カンボジア人もベトナム人もラオス人も来ればおもてなしをするよ」といった歌詞があり、それは『ラブン』の最後のシーンで登場人物がみな集まりゲームを楽しむ姿と重なり、まさにそのタイミングでエンド・クレジットのこの曲が入るとある意味で感慨深いものがある。

ヤスミンがそこまで歌詞にこだわっていたのかは今となってはわからない。ただ、Focus Filmによるインタビューに対して彼女はこう語っている。「脚本を書くときや映画を作るとき、文化や伝統よりも人の感情を考えます。同様に、映画に使う音楽も、その言語やどの国のものかよりも、それが与えるフィーリングを元に選びます。だからマレー、インド、インドネシア、香港や一九七〇年代のタイ・ポップに加え、モーツァルト、バッハ、ベートーベン、シューマンやドヴォルザークまでが作品の中で見られるのです」[1]。

アフマド家は音楽一家であり、彼女自身も歌手をしていた時期があるほど音楽への造詣は深く、いわずもがな彼女が作品で使用する音楽の選択は非常に評価が高い。マレーシアでは普通に店でタイ音楽のCDも手に入るので、彼女がタイ音楽にも触れていたことは十分にありえる。しかし、ヤスミンと親しかったタイ人の友人のナン氏[2]（後ほど詳述）には、タイ・ポップを使ったことに関して「タイ音楽のテンポがとてもキャッチーだから」とだけ言ったそうだ。

そこにはむしろヤスミンらしさを感じる。マレーシアを知ればヤスミン作品をさらに楽しむことができるし、マレーシア人ならなおさら思うことは多々あるだろう。しかし、そうでなくても国際的に高い評価を受けまた感動できるのは、まさに彼女が人の感情を大切に描いてきたからだろう。そして『ラブン』のエルビスや『細い目』の両親のフィーリングを描く上で、タイの音楽が一番しっくりきた。だからこそ、我々もタイの音楽を背景にヤスミン作品に入り込めるのだろう。

ヤスミンとタイ人との関係

彼女を知る人にヤスミン作品へのタイの影響を聞いてみると、まず挙がってくるのが彼女が広告制作をしていたときに築いた人間関係である。特にヤスミンは、同じく広告業界から映画監督となり、やはり世界的にも評価されるタイ映画界のニューウェーブ、ペンエーグ（『わすれな歌』、『地球で最後のふたり』）や彼の師でもあるナンとの親しい関係が知られている。ナンは、ヤスミンが長編映画を監督するにあたって影響を受けた人物として、インタビューや彼女のブログでも語られている。ナンが一九九九年にマレーシア航空のテレビ・コマーシャルの撮影にあたってディレクターに選ばれた際に、ヤスミンは彼の話の引き出し方に感銘を受けたという。その中で彼がよい監督の条件として挙げているのが、

▶1　http://twitchfilm.com/interviews/2006/10/going-to-tokyo-interview-with-mukhsin-director-yasmin-ahmad.php、http://yasminthestoryteller.blogspot.com/2006/11/alhamdulillah-and-thank-you-andy-lau.html

▶2　Nang Pongpaiboon Siddhigu 氏。

とにかく脚本を練ることと、役にあった俳優を選ぶことで、そうすれば映画は勝手に監督されるという。▼3

ヤスミンがナンを意識した上で長編作品初期の『ラブン』や『細い目』でタイの要素を含めたのかはわからない。ナンにも尋ねてみたが、ヤスミンと仲はよかったが、彼女の映画作品について話し合うことはあまりなかったそうだ。ただ、『ラブン』を撮る際に彼がヤスミンにつたえたのは、「役にあった俳優を選ぶのに集中すること。それは決して演技が上手いかどうかではなく役にあっているかということで、それができればすでに半分は撮り終えているようなもの」ということだったそうだ。その意味では、ヤスミン作品のキャストは全て生き生きとしており、シリーズが変わっても新たな役で登場し、ヤスミンとの相性はよさそうだ。短期間であれだけ質の高い作品を作り続けた一つの理由は、もしかしたらここにあるのかもしれない。

マレーシアの中のタイ

ここまで主にマレーシアとは別のタイという国の影響を検討してきたが、タイは決してマレーシアの国外だけにあるとは限らない。『ラブン』でタイ・ポップ・ソングを聴いていたホー・ユーハン演じるエルビスは、父がタイ系、母が中国系として紹介されており、具体的な出生は劇中では語られていないが、マレー語を話していることから、マレーシアで育ったタイ・中華系マレーシア人と推測できる。マレーシアにおけるタイ系華人は主に半島北部のタイとの国境を接する州であるクダ、クランタン、プルリスに多く、約一〇万人が六〇の集落に居住しているとされる。▼4

また、直接的にタイとの関係は語られていないが、『グブラ』にて重要かつ印象的な役であるビラル（礼拝所の管理人）を演じるナムロンは、その名からもタイの影響がうかがえる［➡345頁］。作品のタイトルである「gubra」は標準マレー語では「gabra」と発音・表記され、「gubra」と発音するのはクダ州のママ（インド系ムスリム）に多いという。『グブラ』の舞台はイポーで、劇中でクダ州やママは明確に出てはこないが、「gabra」ではなく「gubra」を使った理由として考えられるのがこのナムロンの存在だ。マレーシア北端、タイの

▶3 http://yasminthestoryteller.blogspot.com/2004/09/even-your-mother-can-direct-film.html
▶4 http://www.asiaharvest.org/pages/profiles/nonChina/Malaysia/Thai%20Chinese.pdf

サトゥーン県・ソンクラー県と国境を接するプルリス州の出身で、マラ技術専門学校に入ったときに上級生からプルリス州出身なら何かタイ語を話してみろと言われ、とっさに出たNam Ron（タイ語で「お湯」の意味）が芸名になっている。[5]ナムロンの母親はママとタイ人の混血者で、父親はマレー人であり、恐らく彼の役の重要性からも、タイトルが「gabra」ではなく「gubra」になったのだと思われる。

マレーシアの北部はタイと国境を接しており、国境を越えてマレー系、タイ系、中華系の人びとが居住している。国境は一九〇九年の英泰条約を基本としており、マレーシア側はプルリス、クダ、クランタン、ペラの四州が、タイ側はサトゥーン、ソンクラー、ヤラー、ナラティワートの四県が接している。タイ側の深南部（主にマレー系ムスリム住民の多い、パッターニー県、ヤラー県、ナラティワート県の三県を中心とした地域）は、パタニ王国を構えていた歴史があり、またタイへの併合による仏教を中心とした国民統合政策への反発から長く分離独立運動が行われてきている。二〇〇四年のタクシン政権による強権的な体制は独立派を刺激し、その後もタイからの分離独立運動を標榜するイスラム系武装集団によるとされる襲撃・爆弾事件による死者は三九〇〇人[6]を超えており、マレーシアとタイとの関係は深いが故にデリケートなものである。

ヤスミンがそういった住民らの表象に対して関心が高かったのかについては、他の作品も含めてもう少し注意深く見ていかなければならないが、マレー系、中華系、インド系といったマレーシアを構成する中心的な民族の範囲だけでなく、プラナカン、ユーラシアン、インド系ムスリムや中華系ムスリム、そしてタイ系といったマイノリティまで、マレーシアの多民族・多宗教性を色濃く表した作品であることは間違いないだろう。[7]

▶5　http://findarticles.com/p/news-articles/new-straits-times/mi_8016/is_20100321/nam-ron-carries-stronger/ai_n52651674/

▶6　2011年時点での推計値。

▶7　本稿を書くために話を聞かせてくれた、Adelaine Hoh、Nang Siddhigu、Orked Ahmadに感謝の意を表明したい。また助言をくれたAmir Muhammad、Tang Fu Kuen、Robert WilliamsonとPiya Waichongcharoenにも感謝する。

『細い目』を読み解く

タゴールの詩にみえる普遍的な人間愛

深尾 淳一

『細い目』は、中華系の青年とマレー系の少女の淡い恋の物語であるが、映画の冒頭と中ほど、そして最後にインドの詩聖タゴールの詩が引用されており、映画の中で重要な位置づけが与えられている。ここでは、『細い目』の中で用いられているタゴールの詩について解説しながら、なぜそれらの詩がこの映画に採り入れられているのか考えてみたいと思う。

ラヴィーンドラナート・タゴール（現地での発音により忠実に表記するならば、ロビンドロナト・タクルが望ましい）は、一八六一年、インド東部のベンガル地方に生まれたインドを代表する文化人である。一九一三年に詩集『ギーターンジャリ』によってアジアで初めてのノーベル賞（文学賞）を受賞したが、彼は、詩人、文学者としてのみならず、哲学者、評論家、教育者、画家、音楽家（インド、バングラデシュ両国の国歌は彼の手によるものである）としても膨大な業績を残している。彼の生誕一五〇年にあたる二〇一一年には、日本でも祝う会が結成され、様々なイベントも行なわれた。

タゴールといえば、白い髪に白い口ひげとあごひげをたっぷりとたくわえた風貌の肖像写真がよく見受けられるが、『細い目』の中では、ジェイソンが持っていた詩集にあったタゴールの顔立ちを一瞥した彼の母親が、インド映画の大スター、アミターブ・バッチャンに似ていると言ってい

タゴールの詩集を手にするジェイソンの母親

るのがなんとも可笑しい(写真)。アミターブ・バッチャンの主演映画のいくつかのシーンは、米アカデミー賞を受賞した『スラムドッグ・ミリオネア』の中にも取り入れられているが、そこでは、「怒れる若者」として活躍していた当時の彼の若々しい姿を垣間見ることができる。今や年齢を重ね、口元にも白いひげをたくわえ、その当時とは異なり、堂々たる風格を漂わせる存在となった彼だが、見かけはどうみてもタゴールに似ているようには見えない。単にインド人だからという連想でアミターブ・バッチャンの名が挙がるところに面白味が感じられる。

「審く人」——母と子の姿

映画の冒頭で主人公のジェイソンが母親に読み聞かせる詩は、詩集『新月』からのものである。『新月』(原題はThe Crescent Moon)は、ベンガル語の詩集『幼な子(Sisu)』の大部分をタゴール自身が一九一四年に英訳したものである。『幼な子』はもともと一九〇三年に編まれたものであるが、タゴールはその前年に最愛の妻を結核で亡くし、同じ病に苦しむ次女の療養生活にいそしむ中で、愛する我が子らとの生活を通して、子どもたちの気持ちに寄り添いながら詩をつづりためていた。それだけに、『新月』は子どもの心と親の愛情を如実に描いた詩に満ちあふれている。

『細い目』の冒頭では、この『新月』の中から「審く人(The Judge)」が用いられている。この詩については、当時の美智子皇后が、同じ『新月』の中の詩、「花の学校」、「あかん坊の道」、「チャンパの花」とともに、一九九八年にニューデリーで行なわれた第二六回国際児童図書評議会(IBBY)大会の基調講演(ビデオでの講演)において、幼い頃に慣れ親しんだタゴールの詩として言及なさっている。

「審く人」は次のような詩である。

「あの子のことを好きなように言うがいい、でも、私には自分の子の悪いところはわかっています。/あの子を私が愛するのは、あの子がいい子だからではなく、あの子が私の幼き子だからなのです。/あの子の長所と短所を比べても、あの子がどんなに愛おしいか、わかりましょうか?/あの子を罰せねばならないとき、あの子はよけいにわが身の一部となります。/あの子を泣かせてしまったら、私の心もあの子と一緒に泣いています。/あの子をとがめ罰する権利があるのは私だけ、なぜなら、愛する者だけがあの子を叱責できるのですから。」(私訳)

子に対する親の愛がいかに無条件なものであり、限りのないものであるかを端的に示す、簡潔ながらも深遠な詩であるといってよいであろう。

タゴールを知らなかったジェイソンの母親は、彼からこの詩を聞かされて、「不思議ね。文化も言語も違うのに、それでも、彼の心の内がわかるわ」という意味の感想を述べるが、その言葉から、彼女も同じような気持ちで我が子に愛情を注いでいることが読み取れる、そんなシーンになっている。

ヤスミン・アフマドの映画で、同じような我が子への親の愛と信頼を描いたシーンといえば、私には、『ムクシン』の一場面が思い出される。

オーキッドの家に、彼女にいじめられたと言って、男の子とその両親が抗議にやってくる。実はオーキッドはその子が別の男の子をいじめているのを見て、いじめられた子の気持ちを感じさせようと、スクールバスからその子のカバンを放り投げたのだが、オーキッドのお母さんは鞭を持って彼女の部屋へと向かっていく。部屋からはオーキッドの悲鳴が……。

しかし、お母さんは彼女を折檻するように見せかけて、そんなことをした理由を彼女に尋ねていただけだったのである。自分の娘を心から信頼し、愛する母親の姿がユーモラスかつ温かく描かれているこのシーンは、この映画の中でも印象に残るシーンの一つとなっている。私には、「審く人」という詩の精神がまさにこのシーンに体現されているように思われてならない。

詩集『園丁』からの一篇

『細い目』の中で次にタゴールの詩が用いられているのは、映画の中ほど、ジェイソンがオーキッドに自分の本名を打ち明け、愛を告げるシーンである。自分の気持ちを伝えようと彼女を誘うジェイソンの姿に重ね合わせるように、詩を口ずさむジェイソンが映し出される。

「ぼくは彼女の両手をとらえ、彼女を胸に押しつけた。／ぼくはこころみた、両手に彼女の愛らしさを抱え、キッスでもって彼女のあまい微笑をうばいとり、眼でもって彼女の黒いまなざしを飲みほそうと。／けれども、ああそれはいったいどこにある？／空から青さを、誰が引きよせられようか？」

映画の中で引用されるのはここまでだが、詩は以下のように続く。

「美をぼくは握ろうとしたが、ぼくからすり抜け、ぼくの両手にのこったのは身体ばかりだ。／挫け、くたびれてぼくは帰ってきた。／身体がどうして花に触れられよう、花に触れられるのはたましいばかりだ。」

（藤原定訳、『タゴール著作集』、第１巻　詩集Ⅰ、第三文明社、一九八一年から）

この詩は、一九一四年刊の『園丁（The Gardener）』という詩集からのものである。『園丁』は、タゴールが三〇歳代後半にかけて記したベンガル語によるいくつかの詩集から選んだ詩を自ら英訳して再編集したものであり、「園丁」との題のとおり、花園の世話人が美しい花を心をこめて育てるように、愛をいつくしむ姿が詠われている。そこでは、女性に対して抱いた、みずみずしい恋心を詠いあげた詩が中心を占めている。

映画の中で取り上げられた詩も、オーキッドへの愛おしさを抑えきれず、抱きしめて口づけしたくてたまらないというジェイソンの切実な気持ちを表すにふさわしい詩となっている。それでも、美の本質は肉体ではなく、精神とのふれあいにしかないとこの詩の続きの部分で詠われているように、過去に別の男性との間で嫌な体験をしたことのあるオーキッドは、彼の手から逃げ帰ってしまう。

『園丁』からのもう一つの引用

映画の本篇が終わり、エンドロールに入る直前に、再びタゴールの詩の一節が原文(英語)で引用される。これも『園丁』からのもので、映し出されるのはその最後の一行だけであるが、ここではその詩の全文を紹介しておきたい。

「あなたの尋ねもとめる眼は悲しげだ。海の深さを測ろうとする月のように、その眼は私の心をさぐろうとする。／私はあなたの眼の前で、私の生命の隅から隅までさらけ出してきた。なにも匿さず、なにも余さずに。だからあなたには私がわからぬのだ。／もしそれが一宝石にすぎないならば、私はそれを百にも砕いて糸をとおして、あなたの首輪にしてあげるのに。／もしそれがまるく小さい、やさしい花にすぎないのならば、私はそれを茎のまま折り、あなたの髪にさしてあげるのに。／けれどもそれは心です、愛する人よ、心の岸と心の底はどこにあろうか？／あなたはこの王国の境を知らず、しかもなおあなたはこの王国の女王なのです。／たといそれが束の間の歓びであろうとも、その心はかるやかな微笑のうちに花咲くでしょうし、束の間にあなたはそれを見、読みとれるのです。／もしそれがただ悲哀にすぎないならば、融けて澄んだ涙になって、言葉はなくても心の奥の秘密を映し出すでしょう。／けれどもそれは愛なのです、愛する人よ。／愛の喜びと悲哀とは限りがなく、愛の願いと富とは涯しないのです。／あなたの生命と同じくらい、それはあなたの身近かにあるものだのに、それをあなたはいつまでも知りつくすことはないのです。」

(藤原定ほか訳、『タゴール著作集』、I 新月・園丁・郵便局 他、アポロン社、一九五九年から)

これも女性に対する愛情の深さを如実に表現した詩となっている。最後の一行では、愛は生命と同じほど自分のそばにあるのに、決して完全には知ることができないと、愛の奥深さを詠っている。

映画の中でオーキッドは、ジェイソンとの別れを通して、その愛が深くて汲みつきることのない泉のようなものであることを知ってゆくのである。

タゴールの詩とヤスミン・アフマド

ヤスミン・アフマドは、なぜこの映画でタゴールの詩を引用したのかを尋ねられて、次のように答えている。

「詩というものは、時に人間性について語るもので、タゴールの詩はまさに神聖で、刺激的なものでありながら、私個人にかかわる人間性や愛情へと立ち返るものであるから。」

また彼女は、自身のブログで『細い目』について語る中で、タゴールに触れて次のようなことも述べている。

彼女は幼い頃から、父親にコニー・フランシスのイタリア語の曲をさんざん聞かされて、意味もわからないままに「オー・ソレ・ミヨ」が感情をこめて歌えるようになったという。その後、詩人イェーツがタゴールの英訳詩集『ギーターンジャリ』をどこへ行くのにも携えて、読むたびに感動で涙を流したという話を読んだことを挙げ、『細い目』では民族問題に焦点を当てたかったわけではないと語っている。民族の違いなどは表面的なもので、民族や文化を超えたもっと普遍的な人間性や愛の問題を取り扱いたかったのである。それは、映画の冒頭でタゴールの詩を聞いたジェイソンの母親の、「文化や言葉が違っても気持ちがわかる」という感想とつながるものとなっている。

マレー人と中国系との恋愛を描くこの映画の中で、インド人であるタゴールの詩は、ヤスミン・アフマド監督のこのような意図を表現する上でまさにうってつけのものだったのである。

『細い目』を読み解く

マレーシアのガザル音楽

山本 博之

『細い目』の冒頭で、ジェイソンたちが海賊版CD屋の事務所に集まっているとき、ジェイソンが中東風の音楽にあわせてエアギターのような動きをしながら踊る場面がある[➡32頁]。

中東風の音楽に西洋のギターを組み合わせても、見ていてちぐはぐ感がない。これは音楽では洋の東西を問わずに相互乗り入れが可能であるというデモンストレーションだ。『ムクシン』でマレー風のクロンチョン音楽にあわせてオーキッドと母が西洋風のダンスを踊ってみせるのも、そして『タレンタイム』で二胡とギターを共演させたのも、どれも芸術の相互乗り入れの話だ。

もっとも、東南アジアの音楽はもとから洋の東西が明確に分かれているわけではない。たとえば、クロンチョン音楽は、ポルトガル人の音楽の影響を受けてジャワ島で一六世紀に生まれた大衆音楽で、マレーシアにも早くから伝わり、現在も広く親しまれている。楽器の編成は、ウクレレに似たクロンチョン・ギター、フルート、バイオリン、チェロ、ダブルベースなどで、洋の東西の混成部隊になっている。

『細い目』でジェイソンがエアギターのバックに流した中東風の音楽も、マレーシアのガザルというジャンルの音楽で、タイトルも歌詞もマレー語の「ディア・ダタン(Dia Datang)」という歌だ。

「ディア・ダタン」に合わせてエアギターのような動きをするジェイソン〈左写真・左から二人目〉。そのあと登場するのは海賊版ビデオCD販売の元締めジミーの一味〈右写真〉

ガザルはもともとアラビア語の古典的な詩の形式のことだが、転じてガザル形式で作られた古典詩を朗誦する音楽がガザルと呼ばれるようになった。ガザルはアラビア半島からインドなどを経て東南アジアに伝えられ、マレーシア地域には一九世紀中ごろに伝わった。

東南アジアに伝わったガザルは独自の発展を遂げた。マレーシアのガザルが盛んなのはジョホール州で、ヤスミンの出身地であるムアールがガザルの中心地となっている。

ガザルはアラブやインドやマレーの要素が混じった歌謡で、「ディア・ダタン」が特に知られている。「ディア・ダタン」はマレーシアのガザル王と称されるファジル・アフマドの持ち歌である。ファジル・アフマドは一九四一年にムアールで生まれ、一九五〇年代に音楽活動を開始し、一九七〇年代に活躍した名門ガザル・グループのスリ・マハラニ・ガザルに参加した。ガザルには中東のウードという楽器をもとに作られたガンブスという弦楽器があり、ファジル・アフマドはガンブスの名手だった。ファジル・アフマドは二〇〇六年に亡くなった。

「ディア・ダタン」はマレー語で「彼が来た」または「彼女が来た」を意味する。マレーシアでは結婚式などのお祝いの席にガザル奏者が呼ばれることが多く、結婚式では「ディア・ダタン」がかかると新婦の登場となる。結婚式以外のお祝いの席でも、「ディア・ダタン」は主役が登場するときに演奏される定番の曲である。もっとも、『細い目』でこの曲が演奏された後に登場したのはジミー一味で、あたかもジミーの登場を盛り上げたかのような格好になった。

『グブラ』を読み解く

ヤスミンとオートバイ

山本 博之

ヤスミンはオートバイに恨みがあるに違いない。

ヤスミン作品における乗り物の描かれ方を簡単に紹介しておこう。乗り物は移動の手段である。ある地点から別の地点に移動するだけでなく、自分の意思で行動できるかとも関わっている。自分で乗り物を所有してそれを運転するということは、自分の意思で行動できる範囲が広いということだし、その逆に自分で乗り物を持っていないということは、移動するには他人が操る乗り物に乗せてもらわなければならないということで、行動を他人に依存せざるを得ないということだ。自転車よりもオートバイ、それよりも自動車の方が移動できる範囲が広い。

乗り物が効果的かつわかりやすく使われている作品にホー・ユーハン〔➡400頁〕の『RAIN DOGS』があるが、ヤスミン作品でも乗り物が同じように使われている。『ムクシン』では、ムクシンはオーキッドを自転車に乗せて村の外に連れていくことができたが、それよりも遠くに連れていくことはできない。『ムアラフ』で姉のロハニはオートバイに乗っているため、妹のロハナを市内の学校に連れていくことはできるが、一緒にシンガポールに連れていくことはできない。

自動車は家庭を示している。『グブラ』で、アランが運転する車は助手席のドアが故障していて外から開けられなかった。これは、アランが自分から招き入れた人しか家庭（この場合はアランの心）に入れないということだ。後の場面でオーキッドが外から助手席のドアを開けられるようになったのは、アランが他人に対して心を開いたことを示している。

乗り物はある種の甲斐性を示すものとして使われている。しかも多くの場合、乗り物を操って甲斐性を示すのは男性で（例外は『ムアラフ』のロハニ）、甲斐性が家庭内に向かう場合と家庭の外に向かう場合との両方がある。自動車は家庭を象徴しているために自動車を運転する男は家庭内に甲斐性を発揮しようとするが、オートバイを運転する男は家庭外に甲斐性を発揮しようとする。

『ムクシン』で、オーキッドたちの家の隣にカウボーイ風の格好をして赤いオートバイに乗っている男とその家族が住んでいる。オーキッドのけんか相手の男の子イェムの母がオーキッドの住所を聞いて「カウボーイ男の家の隣ね」と言っているところをみると、この男はこの界隈でカウボーイ男として有名な人のようだ。カウボーイ男は、家ではいつもオートバイを磨いている。妻のロジーにはそっけない態度を取るため、ロジーは「私もオートバイだったらよかった」とため息をつく。そしてカウボーイ男は浮気相手と会うためにこのオートバイで出かけていく。

浮気男がオートバイを磨く場面は『グブラ』にも登場する。アリフがオーキッド立ち会いのもとでラティファに別れを告げて家に戻ったとき、玄関に停められているオートバイの汚れが気になったのか、ハンカチを取り出して磨いている。

乗り物が甲斐性を示すとしたら、アリフは自動車とオートバイをそれぞれ持っているため、少なくとも本人の意識の上では、家庭内での甲斐性と家庭外での甲斐性を両立させることができる。カウボーイ男はオートバイしかないため、家庭内と家庭外の両方に甲斐性を示すことができず、身重の妻ロジーは冷たくあしらわれた。

ヤスミンはオートバイに恨みがあるに違いない。

『ムクシン』で木に登るオーキッド〈右〉とムクシン〈左〉。ムクシンは別れを予感して愛おしそうにオーキッドの髪を撫でるが、幼いオーキッドにはその思いが伝わらない

『ムクシン』を読み解く

一二歳の旅――ヤスミン映画と児童文学

西　芳実

『ムクシン』は果たして恋の物語なのか。少年ムクシンは一二歳、少女オーキッドは一〇歳。少年は少女に淡い恋心を抱くが、少女はそれを理解できない。少年は少女に思いが届いたかどうかを確かめることなく少女のもとを去る。

恋が実らなかったのはなぜか。少女が恋を理解しない子どもだったからではなく、二人の人生行路がもともと別々のものだったからではないか。『ムクシン』の中に埋められた二つの児童文学を手がかりに二人の出会いと別れを考えてみたい。一つは『A Journey to the New World』、もう一つは映画『アイ・アム・デビッド』で、どちらも一二歳の少年・少女が旅をする物語だ。

本を読む少女オーキッド

ムクシンにサイクリングの行き先を聞かれて「イギリスに行きたい」と答えたオーキッドは、村での暮らしに窮屈さを感じている。家の中では誰もがオーキッドのことをよく理解しているが、学校や遊び場で出会う同年代の子どもたちにオーキッドを理解する者はなく、物足りない。お気に入りは読書や家族と一緒のサッカー見物だ。特に読書はオーキッドの母が「カレンダーまで読んでいた」と心配するほどで、学校でも図書委員になってしまう。

家の外でオーキッドを責めない人は、オーキッドの書いたものを通じてオーキッドの内なる姿を知る学校の先生と、常にその都度厳正な裁定を下すサッカーの審判でもあるスクールバスの車掌くらいだ。先生は長期休暇に入るオーキッドに日記を書くよう勧める。「なぜ私だけ?」と尋ねるオーキッドに先生が「君のお話が好きだから」と応えるのは、向ける先を見つけられずにいるオーキッドの思いを貯める場所をつくるためだったたかもしれない。

オーキッドが休暇を幸いに自室で読みふけっていたのは、ユダヤ系アメリカ人の児童文学作家キャスリン・ラスキーが書いた『A Journey to the New World』(一九九六年)で、日本では『メイフラワー号の少女』として知られている。信教の自由を求めてイギリスから新世界アメリカをめざすメイフラワー号に乗り込んだ一二歳の少女の日記だ。オーキッドは愛猫のブジャンを道連れに、本の世界で旅をしながら、自室の黒板に自分の物語を絵日記で記し始める。

オーキッドが村の遊び場で男の子の中から見慣れぬ顔のムクシンに目を留めたのも、村の同年代の子どもの中に見つけられなかった理解者を無意識に探していたからかもしれない。

母を知らないムクシン

ムクシンの登場シーンは印象的だ。雨中で父の伴奏とヤムの歌声にあわせてオーキッドが母と踊るシーンがある。その後ろをタクシーが行き過ぎる。激しい雨のために車内は見えないが、開け放たれた車窓から伸ばされた腕が波のように上下動しながら雨の中をかきわけていく。後にムクシンがオーキッドを乗せて漕ぐ自転車の上で同じ腕の動きをしてみせるところから、タクシーに乗っていたのはムクシンだったとわかる。

この手の動きから思い出されるのは映画『アイ・アム・デビッド』(二〇〇三年)だ。デンマークの作家アン・ホルムが一九六三年に発表し、世界各地で翻訳されてベストセラーになった児童文学が原作だ。第二次世界大戦後のブルガリアの収容所で育った一二歳の少年が収容所を脱出し、デンマークをめざして旅をする。道中、素性を尋ねられても、どこから来てどこへ向かうか説明できない。答えられるのは自分がデビッドであるということだけだ。旅は、自由を求める旅であるとともに、失われた母と自分の場所を取り戻す旅でもあった。

オーキッドを自転車に乗せているときのムクシンの手の動きから、雨の中でオーキッドと母が踊っているときに通ったタクシーに乗っていたのはムクシンであることがわかる

この作品中、少年がトラックの助手席に乗って美しい田園風景の中を移動する場面がある。少年は車窓を流れる景色に思わず腕を外に伸ばし、道路に立ち並ぶ電信柱を飛び越えるように手を波打たせ、ムクシンと同じ手の動きを見せる。旅の経験を経て外界での立ち居振る舞いを身につけ、密航者や逃亡者としてではなく友人として助手席に座る立場を手に入れた少年が、旅の前途に初めて希望を見出し、心の緊張を一瞬といた様を示している。

ムクシンが幼い頃に母が家を出てしまい、母の記憶をほとんど持たないまま育ったことを考え合わせれば、デビッドの物語はムクシンの物語と重なっていると考えられる。だからこそ、ムクシンは物怖じせずに自分に向かってきたオーキッドに心を留め、サイクリングに誘い出した。それぞれの旅の途上にあった二人は会うべくして出会った。

行きかう二人の旅

二人とも高いところに登るのが好きだ。地上の束縛から束の間だけ自分の体を引き離して、眺める景色を共有する。木登りのシーンでムクシンはオーキッドが得がたい友であることを確信する。だが同時に、ムクシンが父のもとに帰ってしまっても遊びに行くというオーキッドにムクシンは返事ができない。二人はともに旅人だが、その旅の向かう方向は最初から違っていた。

ムクシンは兄のフセインと比べて母のことについて醒めているように見える。子ども時代に母との思い出があるフセインと比べて、ムクシンは母を知らない。デビッドが母の記憶をほとんど持たず、自分が求めているものが母であるとも気づかずに外界に飛び出したのと似ている。だが、母が死んだと告げられたフセインが絶望して帰宅し、そのことをムクシンに伝えると、ムクシンはフセインを抱きかかえる。最初から母がいなかったムクシンはフセインと母の喪失を受け止めたフセインの抱擁。その姿は『タレンタイム』の最終シーンにつながっている［➡50頁］。

他方でオーキッドには、父が眉を顰めても一緒に雨中のダンスを楽しむ母がいる。サッカー見物のご褒美をくれる父がいる。メイフラワー号の少女も母と一緒に新天地をめざした。オーキッドとムクシンのそれぞれの旅は似ているようで異なっている。

オーキッドとムクシンとの出会いはまわりの人にも祝福されたものだった。オーキッドの父アタンの運転でオーキッド一家とムクシンがサッカー見物に出かけるシーンでは、オーキッドの父が「アタン一家」の合唱にムクシンを誘っており、ムクシンはオーキッドの家族として受け入れられている。ムクシンのおばも、オーキッドをムクシンの「心の友」と認めている。

だが、休暇が終わり、ムクシンは父のもとに戻っていく。ムクシンの旅とオーキッドの旅は再び別々の道を歩むことになる。二人は得がたい話し相手として心を許したが、それから先は別々の人生を歩み、一生の道連れになることはなかった。

二人の別れは、民族の違いのせいでもなく、周囲の反対のせいでもない。家族に守られながら本の世界で旅を始めたばかりの一〇歳の旅と、すでに現実の世界で旅を始めた一二歳の旅が、束の間しか交わることがなかったというだけのことだ。だからこそ、大人になったオーキッドはムクシンとの別れを惜しむことなく、それぞれの旅路の健闘を祈って物語を閉じている。

多層的・多義的物語世界の愉しみ方②

『ムアラフ』

『ムアラフ』内容紹介

※物語の結末、核心部分に触れています

●登場人物

(1)ロハニとロハナの家族と関係者

●**ロハニ(アニ)**……マレー人/女性/イスラム教徒。英語・マレー語を話す。二人姉妹の長女。21歳。母が亡くなり、妹ロハナを連れて、再婚した父の家を出てイポーで隠れて暮らしている。パブに勤務しているがクビになる。シンガポール大学で宗教を学ぶことを希望している。オートバイを運転する。花を食べる。名前のロハニ(Rohani)はマレー語で「精神的・霊的」を意味する。愛称はアニ。

●**ロハナ(アナ)**……ロハニの妹。マレー人/女性/イスラム教徒。英語・マレー語を話す。二人姉妹の次女。15歳。高校生。暴力が嫌いだがテコンドーを習っている。愛称はアナ。

●**ロハニたちの父**……ロハニとロハナの父。マレー人/男性/イスラム教徒。英語・マレー語を話す。裕福な家庭で豪邸に住む。ロハニたちの母と死別して再婚した。酒を飲んでクラブで踊る。名前の設定はなく、「ダト(Dato)」の称号で呼ばれる。

●**ロハニたちの義母**……ダトの再婚相手。マレー人/女性/イスラム教徒。英語・マレー語を話す。英語はあまりうまくない。特徴的な髪型。名前の設定はなく、エンドロールではダトの妻に与えられる「ダティン(Datin)」の称号が書かれている。

●**私立探偵**……ダトがロハニたちの居場所を探すために雇った私立探偵。華人/男性。仏教徒またはキリスト教徒。英語・マレー語を話す。名前は明らかではない。子犬を飼っている。

●**オデン・ブルータル**……ダトの用心棒。男性。おそらくマレー人のイスラム教徒。マレー語を話す。役名のオデンは制作会社MIzの『細い目』担当者オデンに由来。ブルータルは英語で「残忍な」。

●**ラン・ブンギス**……ダトの用心棒。男性。おそらくマレー人のイスラム教徒。マレー語を話す。ブンギスはマレー語で「冷酷な」。

●**ロハニたちの母**……ロハニとロハナの母。マレー人/女性/イスラム教徒。故人。宗教学の教師。夫から逃げてロハニを連れてシンガポールに行った。写真のみの出演。名前の設定はなく、劇中およびエンドロールでは「母さん(Mak)」。

●**グロリアおばさん**……ロハニの母の元上司。女性。民族と宗教は不明。ロハニの母の親友で、ロハニの母の死後、使っていない家をロハニたちに無償で提供している。名前が言及されるだけで登場しない。

●**スティーブ**……グロリアおばさんの息子。男性。民族と宗教は不明。既婚。ロハニと一緒に映った写真のみの出演。写真に写っているのはヤスミンの職場近くで働いていたところをヤスミンが見つけて撮影現場に連れていった青年。

(2)ブライアンの家族と関係者

●**ブライアン**……ロハナが通う学校の教師。華人/男性/キリスト教徒。英語とマレー語を話す。30歳。未婚。実家はペナン。父は数年前に亡くなり、実家には母が1人で暮らしている。子どもの頃は信仰に強い関心を持っていたが、ある事件をきっかけに宗教から遠ざかる。金銭に細かく、人づきあいが悪い。怖がり。ファミリータイプの車を運転する。学校で教えているのは歴史。

●**ブライアンの母**……華人／女性／キリスト教徒。英語と福建語を話す。数年前に夫と死別し、ペナンで1人で暮らしている。ブライアンにしばしば電話をかけてくる。

●**ブライアンの父**……華人／男性／キリスト教徒。故人。英語を話す。「神さまが許さない」と言って息子をしつけようとする。回想場面にのみ登場する。

●**ボーフォンおばさん**……ブライアンのおば。名前が言及されるだけで登場しない。ブライアンの母が電話で教会への交通手段がないと言うと、ブライアンは「ボーフォンおばさんの車に乗せてもらえばいいだろ」と言う。

(3) 教師たち

●**アントニー先生**……インド人／男性／キリスト教徒。英語・マレー語を話す。校長先生のような立場。どんなときも神への祈りを忘れないが、大切な言葉をよく忘れる。

●**シバ先生**……インド人／女性。おそらくヒンドゥ教徒。英語・マレー語を話す。教えているのは美術。

●**ヤップ先生**……華人／女性。仏教徒かキリスト教徒。英語を話す。担当科目は不明。

(4) イポーの人たち

●**シンディー**……ロハニが働くパブの同僚。華人／女性／仏教徒かキリスト教徒。英語・広東語・マレー語を話す。ロハニのせいで自分の仕事が増えることを快く思っていないが、ロハニの境遇を気にかけている。

●**パブのオーナー**……華人／男性／仏教徒かキリスト教徒。英語・広東語を話す。ロハニを気に入っているが、自分の身を守るためには従業員が危険な状態でもこっそり逃げる。

●**カレッジの職員**……華人／女性／仏教徒かキリスト教徒。英語・マレー語を華人風のアクセントで話す。現実主義的で、役に立たないものを勉強するのは無駄だと考えている。

●**ロティ・チャナイ屋**……インド系／男性。マレー語を話す。ロハニに懸想している。

●**チューリップ**……テコンドーでロハナと組んだ相手。華人／女性／仏教徒かキリスト教徒。

●**チューリップの父**……華人／男性／仏教徒かキリスト教徒。駐車場でチューリップの母を殴っていたところをロハナに見つかる。

●**チューリップの母**……華人／女性／仏教徒かキリスト教徒。

●**テコンドーの先生**……華人／男性／仏教徒かキリスト教徒。英語・マレー語を話す。

●**メイリン**……入院中の昏睡状態の少女。華人／女性。仏教徒かキリスト教徒。父に殴られて昏睡状態になって入院している。ベッド番号は28。

●**ハジ**……モスクでブライアンに話しかけてきた男性。マレー人／男性／イスラム教徒。名前はなく、メッカ巡礼者に与えられる敬称のハジ（Haji）で呼ばれる。

●**ハジの孫**……ハジの孫。マレー人／女性／イスラム教徒。

◉あらすじ

自転車で登校する子ども時代のブライアンに、母が「学校までゆっくり安全運転でね」と声をかける。

それから十数年後。華人でキリスト教徒のブライアンは、イポーにある中学・高校の歴史教師になっている。父は亡くなっている。ペナンの実家にいる母から毎週のように電話がかかってきて、週末に家に帰ってきて車で教会まで送ってほしいと言われている。ブライアンは面倒そうに応答するが、自分からは電話を切ろうとしない。

＊

ロハニ（アニ）とロハナ（アナ）はマレー人ムスリムの姉妹で、ロハニはオートバイでロハナを学校に送る。途中でブライアンが運転する車を抜かす。ロハナはブライアンのことを人嫌いで有名な先生だと言う。ロハニは生活費を稼ぐためにパブで働いており、ロハナは姉が酒を出す場で働いていることをよく思っていない。ロハニは母の遺産が入るまでの一時的な手段だと説明する。二人が校門で口論しているところにアントニー先生が通りかかり、ロハナたちがアウグスティヌスの『告白』を引用して話をするのを聞いて、ムスリムがカトリックの言葉を引用していることと、カトリック信徒である自分がカトリックの言葉をうろ覚えであることに戸惑う。

＊

ブライアンは、ロハニたちが幽霊が出るという噂の空き家に住んでおり、家出しているのではないかと疑っていて、そのことをアントニー先生に話す。アントニー先生からロハナの学校での様子を尋ねられたブライアンは、ロハナがシバ先生の英語の発音を直すのでシバ先生は我慢の限界だと言っているという。ロハナはシバ先生に怒られると数字を唱えるけれど、誰にもその意味はわからない。

＊

ロハニは市内のカレッジで比較宗教学や宗教社会学のコースがあるか尋ねるが、カレッジは将来の人生のために役立つことを学ぶのがモットーで、死について教えるコースはないと言われる。

＊

教室でブライアンは歴史を教え、別の教室でシバ先生は美術を教えている。シバ先生は言うことを聞かないロハナに対し、母親が亡くなって一年が経つのだからいいかげんに乗り越えなさいと言い、ロハナは意味がわからない言葉を口にする。ロハナがシバ先生の英語の発音を直したため、シバ先生は我慢しきれなくなって怒り、ロハナを椅子の上に立たせて鞭で叩く。ロハナは叩かれながら数字を繰り返し唱える。

アントニー先生の部屋にシバ先生たちが呼ばれ、ヤップ先生が教室で目撃したことを報告する。ブライアンは授業をアントニー先生に代わってもらい、ロハナを家に送り届ける役を引き受ける。ヤップ先生は、ふだん誰も車に乗せないのにロハナを送るとはずいぶん優しいのねとブライアンに嫌味を言う。ブライアンはヤップ先生に貸していたお金を取り立て、ヤップ先生が高額紙幣で払って端数はなしにしようとしたところ、ブライアンは残りは貸しだと言い、ヤップ先生はペナン出身者は本当にケチだと呆れる。

ブライアンは車でロハナを家に送るが、ロハニが帰っていないために鍵がなくて家に入れない。ロハニは歌を歌いながらオートバイを運転して帰ってくる。ブライアンが事情を説明するために家に入ろうとすると、ロハニに土足厳禁と言われて慌てて靴を脱ぐ。

＊

クアラルンプールのレストランで、「ダト」の称号で呼ばれるロハニとロハナの父がビールを飲んでいる。「ダティン」の称号で呼ばれ、ロハニたちの義母である妻がビールを控えさせようとするが、ダトに睨まれて黙る。私立探偵がダトにロハニの勤務先のパブとロハナの学校の情報を報告する。パブの同僚のシンディーがロハニを嫌っている様子なのでロハニたちの住所を聞き出せそうだけれど、そのために追加料金がほしいと言うと、ダトはあとは部下にやらせるからと金を渡して調査を打ち切りにする。

私立探偵は飼い犬が風邪をひいたので病院に連れて行くと言い、別れの挨拶に握手しようとして犬がくしゃみした手をダトに差し出し、ダトとダティンがのけぞる。ロハニの母は生前ロハニを連れてシンガポールに逃げ、ダトはそのことを苦々しく思っており、ロハニは死んだ母親に似て手がかかると思っている。

＊

ロハニがロハナに付き添って仕事を休んだため、パブでは金曜夜の書き入れどきなのにシンディーが一人で接客させられる。シンディーはパブのオーナーに不満を言うが、オーナーはロハニは客の受けがいいからと取り合わない。しかしロハニが酒は体によくないと説教して客に水を勧めているとシンディーが言うと、それを聞いたオーナーはロハニを解雇する。

＊

ロハニの家では、ロハニとロハナが礼拝を終えたところで外に誰かいる気配がしたため、武器になりそうなものを持ってドアを開けると、ロハナが家に一人だと思って様子を見に来たアントニー先生とブライアンだった。アントニー先生はムスリムの礼拝服を見て修道女のようだと言う。カトリックには修道女のマニアがいるという話をしながら、アントニー先生は訳知り顔でブライアンの顔を見て、ブライアンは顔をそむける。

ブライアンはロハニの仕事先について、卒業生が開いた日本食レストランで経理を募集していることをロハニに教える。夜は一〇時までなのでパブよりも早く帰れるからよいだろうと勧めるが、ロハニは昼間の仕事だと父に見つかりやすいからと言って躊躇する。ロハニとロハナは、クアラルンプールの父の家を出て、今いるイポー経由でいずれシンガポールに行きたいと考えているが、パスポートは父のもとにあるので今すぐシンガポールに行くことはできない。

＊

ロハナが数字を言ってアントニー先生が不思議がる。ロハニたちは宗教書がたくさんある本棚を紹介する。ロハニたちの母が遺した蔵書で、母が亡くなったときに母の親友で職場の学部長だったグロリアおばさんがシンガポールの家から送ってくれたもの。グロリアはロハニたちを引き取ろうとしたがダトに反対された。ロハニたちが住んでいる家はグロリアが自分の家を無料で貸しているものだった。

この家には幽霊が出るという噂があり、食器棚がガタガタしたり、午前三時に芝刈り機が動いたりするという。昔この家でおじさんが首を吊ったという話になり、「おじさん」が出てきそうだと言ったところで猫が出てきてブライアンは跳び上がらんばかりに驚く。この猫はこの家に住み着いており、おじさんの霊が乗り移ったようだと気味悪がって誰も引き取らないため、「おじさん」と呼ばれている。

ロハナが唱える数字は宗教書の章と節の番号を組み合わせたものだった。宗教書に関心を示したブライアンにロハニは本を貸すと言う。アントニー先生は、ブライアンは宗教が嫌いで、教会にいやいや行ったとしてもミサ中にイヤホンで音楽を聴いているぐらいなので借りないだろうと言うが、ブライアンは本を借りていく。アントニー先生は驚き、猫よけのおまじないとして借りたのかと思う。

寝床でロハニとロハナがその日のことを振り返る。ロハニは、ロハナが困惑したときに数字を唱えると人びとを困惑させると諭すように言う。人は自分が理解できないものを怖がるため。数字でなく文章で言っても同じことで、宗教に詳しい人に生半可な理解で口にするなと怒られるだろうと言う。ロハナは、自分はまだ子どもなのだから、もしその人が本当に神を信じていて宗教について深く理解しているならば、怒らずに子どもの自分にもわかるように説明してくれればいいのにと言う。ロハニとロハナは、その日に自分を傷つけた人を赦し、誰に対しても恨みの気持ちを抱いていないことを確認してから寝る。

＊

閉店後のパブでは、シンディーが後片付けしているところに黒ずくめの男オデンとランが来てロハニの居所を尋ねる。二人に血を吐くまで痛めつけられてもシンディーはロハニの住所を言わず、二人はダトにはパブは閉まっていたと報告すればいいだろうと話しながら立ち去る。二人が出て行ったあと、シンディーは力を振り絞って立ち上がり、レジの現金を封筒に詰めて持ち帰る。

翌朝、ブライアンの部屋をロハニとロハナが訪ね、オートバイが故障したので見てほしいと頼む。近くの屋台に行ってロティ・チャナイとティーを頼み、ロティ・チャナイを食べながらロハニとロハナが宗教について議論する。本だけで学ぶのは不十分で、宗派ごとに解釈が違うから比較が大切で、そのため学校できちんと学ぶべきだと話す。それを聞いていたブライアンがキリスト教には宗派対立はないと言うと、ロハニとロハナは即座にスペインの異端審問や北アイルランド紛争の例を挙げる。それは政治問題だとブライアンが言うと、ロハニは政治問題であっても武器を手にした人が神の名前を唱えるならば宗教と無関係ではないと反論する。

礼拝の時間になったのでロハニとロハナは荷物をブライアンに預けてモスクに行く。そこにロティ・チャナイ屋の店主が来て、あの二人はいつも何時間も宗教の議論をしているけれど礼拝の時間になるとモスクに姿を消すと言い、ロハニは自分が目をつけているから手を出すなと言って、嫌がらせで高い値段を吹っ掛ける。怒ったブライアンは金を払って立ち去る。モスクでロハニとロハナの礼拝後の様子を見ているブライアンに、通りかかった男性が「日向に立っていると暑いだろう、中に入ったらどうかね？」と声をかける。

＊

ブライアンが車をゆっくり運転してロハニとロハナを病院に送る。ロハニたちは昏睡状態の入院患者メイリンにコーランを詠み聞かせる。メイリンはロハニたちの親戚ではなく、父親に殴られて入院しており、母親は行方知れずだと言う。ブライアンには他人のためにコーランを詠み聞かせるロハニたちの行動が理解できない。

病院からの帰り、車の中でブライアンとロハニが話をする。ロハナは車の中で寝ている。ブライアンが何年も教会に行っていないと聞いたロハニは、人が宗教から遠ざかるのは宗教のせいではなく誰かへの怒りのせいで、ブライアンは誰への怒りで宗教から遠ざかったのかと尋ねるが、ブライアンは誰もいないと言う。ロハニは、人はなぜ他人に希望を求めるのかと問いかけ、聖典の一節のような言葉を唱える。これも聖書か何かからの引用かと思ったけれど何の引用か思い当たらないブライアンが「マタイかな」と言うと、ロハニは「ポールよ」と言う。パウロのことを英語でポールと言うため、聖書のパウロの引用だったかと思わせて、ロハニはすました顔をして「ポール・サイモンよ」と言う。

＊

ロハニたちがアウグスティヌスの『告白』を引用していたという話になり、ブライアンは一二歳の頃、毎晩寝る前に『告白』を読んでいたと話す。『告白』の一節をきっかけにブライアンは子どもの頃の出来事を思い出す。ブライアンが自分の部屋で修道女の煽情的な写真が載った雑誌を見て自慰していたのを母に見つかり、怒った父が「神さまの罰が当たる」と言ってブライアンを折檻した。ブライアンを宗教から遠ざけたのは神の名前を挙げた父の折檻だった。ブライアンは、ロハニたちがモスクで礼拝していたのを見て二人の輪の中に入りたいと思ったと告白し、そのタイミングでロハナが起きてくる。

＊

ロハナがテコンドーを習っており、その様子をロハニとブライアンが見ている。ロハナは一か月前からテコンドーの練習を始めた。ただしロハナは暴力が嫌いで、ものごとを話し合いで解決しようとするのであまり練習にならない。ロハニは、近いうちに母の遺産が入るけれど手続きの時間がかかっていて、ちょうど手持ちのお金が尽きそうになって困っていたところ、今朝になって封筒に入った大金が届いていたと言う。ブライアンではないし、アントニー先生でもないだろうから、誰がお金をくれたのかと不思議がる。

ロハニはなぜ家出をしたのかをブライアンに話す。父の再婚相手は、いい人だけれど、英語がうまくなくて文法的ではない言い方をするし、とても変わった髪型をしている。ロハニに自分と同じ髪型にしようと言ったけれど、ロハニは「タコ頭は一家に一人で十分」と言ってしまい、父がそれを聞いて激怒した。父はクラブに行って帰ってきたら一緒に美容院に行って義母と同じ髪型にさせると言い、だったらそれより前に家を出るとロハニが言ったため、父がロハニの髪を掴んで引きずっていってロハニの髪を全部剃った。それでもロハニは、悪いのは酒で、父のことは好きだと言う。

＊

ロハナとチューリップがテコンドーの組み手をすることになる。組み手の前にロハナがチューリップに何か耳打ちすると、チューリップが明後日の方に走っていく。ロハナは、駐車場でチューリップの父が母を殴ろうとしていたのを見たと言った。駐車場で母をかばおうと身構えるチューリップ。場面が切り替わるとチューリップの父が地面に倒れている。

学校にロハナを送り、ロハニとブライアンが話をする。ブライアンは日本食レストランの夕食にロハニを誘う。そこにブライアンの母から電話がかかってきて、ブライアンは乱暴な口調で話して電話を切る。それを聞いていたロハニは、お母さんに二度とあんな口を利かないでとブライアンを窘める。ロハニは、夕食の誘いは受けるけれど、ロハナも一緒にと言う。

学校にダトと部下たちが来て、ロハナを車で連れ去る。アントニー先生はお祈りするがダトの部下にやっつけられてしまう。ロハニは家と猫の世話をブライアンに頼み、ロハナを取り戻しにクアラルンプールの実家に行く。

＊

ロハニがいなくなったブライアンは、宗教局に行って英語訳のコーランをもらってきて熱心に読んでいる。ブライアンはロハニの家に行き、キャットフードを買って「おじさん」にあげて、洗濯しながらロハニたちのブラジャーを頭に被る。ベッドルームの写真立てにロハニと若い男性の写真が入っているのを見つける。ロハニから電話がかかってくるが、公衆電話からなので通話が途切れ途切れになる。ロハニの父が心臓発作で倒れて入院し、ロハニからでないと食事をとらないのでロハニはシンガポール行きを諦めて実家に戻ることにしたという。ブライアンは、アラビア語教室を見つけたのでロハニに学ぶつもりがあるなら自分も一緒に学んでもいいと言う。通話が途切れ途切れでどこまで話がロハニに伝わっているかわからない。ロハニは明日イポーの家に荷物を取りに戻ると言う。すぐにでも会いたいと言うブライアンに、ロハナはこの週末はペナンの実家に戻ってお母さんに優しくしてきてと言い、そうするとブライアンに約束させる。

＊

ブライアンは久しぶりにペナンの家に戻り、母と会って和解する。母から「イポーまでゆっくり安全運転でね」と見送られたブライアンは、イポーまで猛スピードで車を飛ばす。ロハニの家に着き、ブライアンは急いで車を降りて、車のドアを閉めるのももどかしく家の中に駆け込む。すぐに後ずさりして家から出てきて、あわてて靴を脱いでから家の中に入っていく。

『ムアラフ』を読み解く

ブライアンは「改宗」したのか

山本 博之

家庭／家族を求めて――ハウスとホーム

『ムアラフ』の一番のテーマは、映画の最初と最後に出てきた歌の通り、「Going Home」すなわち「家に帰ること」だろう。「家」はハウス (house) ではなくホーム (home) であることに注意しておこう。ホームとはどこにあるのか、そしてそれがホームであるためには何が必要なのか。

『ムアラフ』でホームを支えているのは宗教的要素だ。ロハニとロハナの姉妹が隠れて暮らしていた家はおよそ生活臭のない建物で、その意味ではホームというよりハウスに近い。でもロハニ・ロハナ姉妹にとってそこは紛れもなくホームだった。二人の母の形見である宗教書がたくさんあったからだ。宗教的要素の存在がハウスをホームにしている。

その一方で、宗教的要素は人をホームから遠ざける働きもする。ブライアンが実家から疎遠になったのは子どもの頃に受けた精神的痛手のためで、その痛手は宗教の教えという名のもとにブライアンに与えられた。

ハウスをホームにするために宗教的要素が重要な役割を果たしているし、何よりも「ムアラフ」というタイトルがマレー語で「改宗者」を意味するため、『ムアラフ』の主要なテーマは宗教であるとの印象を与えがちだ。確かに、宗教的要素はこの映画の下敷きになっている。『グブラ』の最後の場面でも試みられていたように、『ムアラフ』では様々な宗教や宗教以外の教えを混ぜて並べることで、宗教が違っても教えの部分は共通していることが示されている（劇中で、宗教についてきちんと学ぶには適切な先生が必要だし、原語で理解することも大切だと言うことも忘れていない）。

ただし、宗教的要素をメインにするとエンターテインメントにならないと思ったためか、『ムアラフ』では宗教要素を薄めて、それを背景にしても物語の筋が追えるようにして、それとは違うテーマをメインに据えた。それが「ホームに帰ること」だ。だから、『ムアラフ』は宗教がテーマの重そうな内容の映画だと思ったとしたら、それは正しくない。

「ホーム」としての乗り物

『ムアラフ』がホームの話であることが最もよく表れているのは乗り物、特にブライアンにとっての自動車が描かれる場面だろう。ブライアンがロハニ・ロハナ姉妹を車に乗せて病院に向かったとき、自転車にも抜かれるほど自動車をゆっくり走らせていた。これはどういうことか。

マレーシア映画の登場人物にとって、乗り物は行動範囲を規定するものだ［➡200頁］。ロハニがオートバイを持っているけれど故障がちなのは、ロハニは妹を家から連れ出すことはできるけれど、妹と一緒に外の世界に自由に出て行くことはできないことを示している。ブライアンがロハニのオートバイの修理を手伝うのは（ロハニのネズミ顔がかわいい）、ブライアンはロハニが行動できなくなったときに手助けする存在であることを示している（写真1）。

ブライアンにとって自動車は単なる移動手段ではない。同僚の先生から「誰も車に乗せようとしない」と文句を言われていることからもわかるように、ブライアンは他人を自動車に乗せない。それなのにブライアンが乗っているのは家族向けのステーションワゴンだ。しかも、ブライアンの車のナンバープレートはPで始まるペナン州の登録ナンバーだ（ロハナのオートバイのナンバーはAで始まっている。これはイポーがあるペラ州の登録ナンバーだ）。

ブライアンの自動車は、いつでも家族を乗せられるように準備されているし、実家があるペナンとつながっている。実家から逃げ出したように描かれているけれど、ブライアンの心の中ではペナンの実家がずっとホームであり続けている。

写真1　ロハニのオートバイを修理したブライアン〈手前〉とロハニ〈奥〉は自動車の中で語り合う

写真2　「家族」ではないロハニたちを乗せたブライアンの自動車は自転車に抜かれるような速度で走る

ロハニたちを乗せたときにブライアンが自動車をゆっくりゆっくり走らせたのは、それを自動車として機能させなかったからではないか。ブライアンにとって自動車は家族を乗せるもので、この時点でロハニたちはブライアンにとって家族ではなかったため、二人を乗せても自動車として走らせなかったということだろう（写真2）。

改宗と家族——秩序維持装置としての宗教

『ムアラフ』はロハニとブライアンの恋物語なのだろうか。ロハニとブライアンとの関係を恋愛と呼んでいいのかは、少なくとも劇中の限りでは疑わしいところもあるが、それでも終盤でブライアンはロハニをデートに誘い、そのあたりからドラマが大きく展開する。

決戦は金曜日。場所は日本食レストラン。夕食に誘われて「デートに誘ってるつもり？」と尋ねるロハニには、夕食に誘われたことの意味がちゃんとわかっている。「妹さん抜きで二人だけじゃダメかな」、「ダメよ」というやり取りからも、これがただの食事では済まず、二人でホームを築きたいという類の話になることは目に見えている。そして、ムスリムである自分とクリスチャンであるブライアンとの間でそのように話が進めば、ことは二人だけの問題にとどまらず、それぞれの家族を巻き込んだ事態に発展するであろうこともロハニにはわかっている。

マレーシアでは、ムスリムと非ムスリムとが結婚するには非ムスリムがイスラム教に改宗しなければならない。これは法律で決まっていることだ。また、非ムスリムがイスラム教に改宗すると、実家や親戚から絶縁されることを覚悟しなければならない［⬇21頁］。これは法律ではないけれど、世間の掟のようなものだ。『細い目』でキオンがジェイソンに「マレー人の女の子とつきあうのはやめておけ」と言ったのはそのためだし、『タレンタイム』でインド人のマヘシュの母が「ムスリムと結婚するとムスリムにとられてしまう」とか「向こう側に行ってしまう」と言ったのも同じことを指している。

ブライアンはロハニとの結婚を真剣に考えているようで、そのためイスラム教への改宗をまじめに検討しているように見える。ロハニが父の家に戻った後、ブライアンは宗教局を訪れている。部屋に付箋をたくさんつけた英語訳のコーランが置かれているところを見ると、宗教局にはコーランをもらいに行ったのだろう。そして、アラビア語を勉強する学校を探したりもしている。マレーシアの「常識」に照らせば、ブライアンは「君と一緒に暮らすためにイスラム教に改宗するつもりがある」というメッセージを全身から湯気が立ちそうなほどの熱量で発している。したがって金曜日の夕食では結婚(そしてそのための改宗)を申し込むのだろうと想像される。

マレーシアの現実では(そしてマレーシアの映画でも『細い目』を数少ない例外として)、華人男性がイスラム教に改宗してマレー人女性と結婚するとなった場合、華人男性の家族が改宗に賛成して祝福する中で結婚するということはまずないと言ってよい。したがって、もしこれがマレーシアの普通のドラマだったら、この後の展開はブライアンとロハニが家族の反対をどう乗り切るかで話が展開して、最後は家族の反対のために別れ別れになるか、ブライアンが改宗・結婚して家族との縁を切るかという結末になることだろう。

ところが『ムアラフ』は、ブライアンが改宗するかどうかにはほとんど関心を向けず、ブライアンとロハニがそれぞれの家族とどのような関係を結ぶかに関心をあてて話が進む。ロハニはブライアンにペナンの実家に帰って母に会ってくることを約束させ、そのためブライアンはもう何年も会っていなかった母に会いに行く。

「週末に実家に帰ってきて教会に送り迎えして」と毎週のように電話をかけてくるブライアンの母は、電話口でブライアンにこまごまと文句を言う形をとりながら、実は子どもの頃ブライアンにしてしまったことを謝っている。だから何度も何度もブライアンに電話をかけてくる。ブライアンは、母からの電話にそっけない返事をするけれど、毎回ちゃんと電話に出ているし、電話番号を変えたりしていないことからも、母を許して和解したいという気持ちはある。それに、心の傷のきっかけを作ったのは母だったけれど、実際にひどい仕打ちをしたのは父で、その父は他界している。ただし子どもの頃の経験があまりに心を痛める出来事だったため、一言二言で許せるほど自分でも納得がいっていないのだろう。ブライアンの母も、そのことがわかっているから何度でも電話することで許しを求めている。だからブライアンは母に何度でも謝らせ続ければいい。いつかきっと許せる気持ちになるときがくるから。

ロハニとの約束をきっかけに母に会いに行き、ブライアンはようやく母と和解する。母との関係においてブライアンは生まれかわる。「ムアラフ」とは、改宗による生まれ変わりを経験したばかりの人のことを指す。母と和解したブライアンに信仰上は何の変化もないが、母との関係において生まれ変わったと考えればムアラフとも重なって見えてくる。

ロハニも、妹を取り返すという理由で、しかしおそらく本当は亡くなった母のことを含めて父との関係を作り直すために、父のもとに乗り込んでいく。病気で倒れた父を看病しなければならないとしても、あれほど嫌っていたかに見える父と和解するとは少し拍子抜けの感もある。しかし、もともと父のことを深く憎んではいなかったのだろう。ロハニの父はムスリムなのに人前で酒を飲むが、酒に酔ってロハニに乱暴したわけではない。新しい母を迎えたのにロハニたちがいつまでも亡くなった母のことばかり言って新しい母を家族の中にきちんと位置付けようとしなかったから、家族の長としてロハニたちを叱らざるを得なかった。だからロハニも父のことを心から憎んでいたわけではない。

ロハニの父がしたことは、自分が監督すべき場で秩序を乱そうとする存在に対して強制的に秩序に従わせようとしたことだ。マレーシア社会はそのように監督された場が集まって社会が作られているため、ロハニの父の態度はマレーシアの学校ともマレーシア政府の態度とも重なるところがある。劇中ではここに宗教的要素を含めて説明していないけれど、宗教がマレーシア社会の一部である以上、宗教も同じように秩序維持を強制するように働くこともある。

念のために書き添えておくと、秩序を守るために力ずくで押さえつけようとすることへの批判は劇中でも描かれている。授業中に言うことを聞かないことを理由に生徒を鞭で叩いたシバ先生は解雇され、ダンボールに入れた私物を抱えて学校を去っている。

もう一つのマレーシア――二者択一の呪縛を超えて

本書ですでに何度か述べたように、ヤスミン作品の特徴は、存在しないマレーシアを美しく描いていることにある。マレーシア社会の「常識」をひっくり返した「もう一つのマレーシア」を現実のように描いているため、今は存在しないけれどそんなマレーシアがあってもおかしくないと思わせる。

『ムアラフ』は、社会における宗教の受け入れ方に関連して「もう一つのマレーシア」を描いている。『ムアラフ』では、自分が監督する場の秩序維持のために強制措置をとる人びとが登場する。ロハニの父やブライアンの父がそうだし、シバ先生もそうだ。家庭だろうが学校だろうが、イスラム教だろうがキリスト教だろうが違いはない。

そこでは、ブライアンの父がそうだったように、秩序維持や強制措置の裏付けとして宗教が利用されることがある。そして、『ムアラフ』では明確に描かれていないが、マレーシアでは社会生活の様々な場面で秩序維持とそのための強制が見られ、そこで宗教が利用されることも少なくない。その結果、マレーシアの宗教は、社会秩序を乱すものを強制的に排除または矯正するための仕組みとして機能させられている側面を持ってしまっている。

社会秩序の維持が制度的に行われると、異なる宗教・宗派どうしで秩序のあり方を巡って対立が起こる。宗教にはそのような側面もあるが、他方で宗教には個人の振る舞い方についての教えの部分もある。ロハナが数字を唱えることを通じて繰り返し示されたように、個人の振る舞い方についての教えの部分ではどの宗教もそれほど違いはない。だから、宗教の持つその側面が強くなれば「もう一つのマレーシア」が立ち現れるかもしれない。つまり、それぞれが自分の信じる宗教を持ってその教えに帰依すれば、それぞれが自分の信じる宗教を実践しながら別々の宗教の間で共通の宗教的価値を実践することが可能になるということだ。そうなれば、宗教・宗派による違いは重要ではなくなるし、もっと具体的に言えば、結婚のために改宗するかしないかも重要ではなくなる。そのように宗教をマレーシア社会に位置付け直そうとしたのがヤスミンの思いだったのではないだろうか。

物語の最後では、ロハニとブライアンが再会して、おそらく何らかの形でブライアンの恋が成就するのだろう。そうだとすると、マレーシア的な「常識」に従えば、ブライアンはロハニと結婚するためにイスラム教に改宗することになる。だから、マレーシアの宗教事情を知った人の目には、ブライアンが改宗して二人が結ばれてハッピーエンドになるという結末が見えてくる。しかし、そうではなく、「改宗してもしなくてもどちらでもよく、それは問題ではない」というのが『ムアラフ』でヤスミンが用意した答えなのではないだろうか。

マレーシアの映画で民族や宗教の違いを超えた恋愛を描いたものは数えるほどしかないが（そのうち約三分の一がヤスミンによるものだ）、いずれの物語も、『サラワクの息子』のように非ムスリムがイスラム教に改宗して結婚するか、『スピニング・ガシン』のように改宗せずに別れるかの二者択一から逃れられなかった[➡76頁、358頁]。『細い目』も、民族も宗教も異なる二人の恋愛を周囲が祝福したが、その恋愛が成就することはなかったという意味では二者択一の縛りから完全に逃れられてはいない。もしかしたら『ムアラフ』は、その二者択一の呪縛から逃れることに成功したマレーシア映画史上初の試みなのかもしれない。ヤスミンはもちろんそのことを十分に理解して『ムアラフ』を撮ったはずだ。

『ムアラフ』を読み解く

ロハナとロハニが唱える数字

山本 博之

『ムアラフ』でロハナやロハニは言葉のかわりにしばしば数字を唱える。その数字は、コーラン（クルアーン）や聖書などの聖典の章句を指している。数字ではなく章句そのものを唱えることもある。

これらの章句や数字は、一見すると物語と直接関係ないようにも見えるし、章句や数字を無視しても話の筋はわかるが、実際にはその前後と内容がつながっているものも多い。たとえば、ブライアンがロハニと電話で話をしている場面で、ブライアンがイスラム教への改宗をほのめかすが、電話の音声が途切れてその言葉がロハニに伝わったかわからない場面がある。再びつながった後でロハニが口にしたのは数字で、この数字が指す章句の内容がわかるとロハニはブライアンの言葉を聞いていたのかわかるしかけになっている。

ここでは、ロハナやロハニが数字を唱えたり章句を唱えたりすることで参照されている章句を紹介する。『コーラン』と『告白』は岩波文庫版に、『新約聖書』は講談社学術文庫版に、『道徳教』は岩波文庫の『老子』によった。劇中に登場する順番に並べてある。

●**「貞潔と節制を与えてください。ただしいますぐにではありません。」**（**聖アウグスティヌス『告白』第八巻第七章一七**）

パブの仕事は一時的なものだとロハニがアントニー先生に話したとき、隣で聞いていたロハナが唱える。

●「**悲しんでいる人々は、幸いだ。神がその人たちを慰めてくださるから。**」（マタイオスによる福音五章四節）

母が亡くなったことをシバ先生に繰り返し言われてロハナが唱える。

●「**谷の神は不死身である。それを玄妙なる牝という。**」（道徳経第六章）

母が亡くなったことをシバ先生に繰り返し言われてロハナが唱える。

●「**本当の言葉は華美ではなく、華美な言葉は本当ではない。**」（道徳経第八一章）

シバ先生にいったい何のことを話しているのかと尋ねられたときにロハナが唱える。

●**105-1**

「**これ、見なかったか、神様があの象の人々をどのような目に逢わせ給うたか。**」（コーラン第一〇五章第一節）

教室でシバ先生に鞭で打たれているときにロハナが番号を繰り返し唱える。

●**108-3**

「**汝を憎む者あれば、必ず胤なしにしてくれようぞ。**」（コーラン第一〇八章第三節）

ブライアンがロハナを家に送り、シバ先生のことを話したときにロハナが番号を唱える。

●**24-31**

「**それから女の信仰者にも言っておやり、慎みぶかく目を下げて、隠部は大事に守っておき、外部に出ている部分はしかたがないが、そのほかの美しいところは人に見せぬよう。胸には蔽いをかぶせるよう。自分の夫、親、舅、自分の息子、夫の息子、自分の兄弟、兄弟の息子、姉妹の息子、自分の女達、自分の右手の所有にかかるもの、性欲をもた**

ぬ共廻りの男、女の恥部というものについてまだわけのわからぬ幼児、以上の者以外には決して自分の身の飾りを見せたりしないよう。うっかり地団太踏んだりして、隠していた飾りを気づかれたりしないよう。ま、なにはともあれ、誰もかれも、みんなアッラーにお縋り申すことだ、お前たち信仰者。そうすれば、きっと、行く末いい目も見られよう。」（コーラン第二四章第三一節）

ブライアンとアントニーがロハニとロハナの家を訪れて二人の服装について話しているときに、ロハナが番号を唱える。

● 16-41

「ひどい迫害を受けた後、アッラーの御為に都落ちした人々、そういう人々のためには我らが現世でも必ず立派な宿を用意してやるが、勿論、来世ではもっと大きな報酬が戴ける、もし彼らにそれがわかりさえしたら。」（コーラン第一六章第四一節）

今すぐシンガポールに行かない理由をブライアンに尋ねられてロハナが番号を唱える。

●「世の中で最も柔らかいものが、世の中でもっとも堅いものを突き動かす。」（道徳経第四三章）

就寝前、ロハニがロハナにその日一日に彼女たちに害をなしたものを赦すかを尋ねる前にロハニが唱える。ロハナは「水」と答える。

● 2-62

「まことに、信仰ある人々、ユダヤ教を奉ずる人々、キリスト教徒、それにサバ人など、誰であれアッラーを信仰し、最後の日を信じ、正しいことを行う者、そのような者はやがて主からご褒美を頂戴するであろう。彼らには何も恐ろしいことは起こりはせぬ。決して悲しい目にも逢うことはない。」（コーラン第二章第六二節）

ブライアンと一緒に屋台でロティ・チャナイ[1]を食べているときにロハナが番号と章句を唱える。

● 4-43

「これ汝ら、信仰の者、酔うている時には、自分で自

▶1　小麦粉の生地を薄くのばして焼き、カレーソースをつけて食べるインド系のマレーシア料理。生地をのばすときに回転させるアクロバット技が特徴的。マレーシア国民にとって定番の朝食。

分の言っていることがはっきりわかるようになるまで祈りに近づいてはならぬ。また身が穢れている場合には、すっかり洗い清めるまで。但し路を歩いている途中では仕方がない。だが病気の時とか旅に出ている時、また不浄の場所から出てきた時、女に接してきた時などに、水が見つからなかったなら、きれいな地面の砂を使って、顔と手をこするがよい。まことにアッラーは何事もよく赦して下さる心やさしい御方におわします。」（コーラン第四章第四三節）

専門家どうしのコーランの解釈の違いについてロハニとロハナが話しているときにロハニが唱える。

●24-37

「商売損得のことでアッラーを憶うことを怠ったり、礼拝や喜捨の務めを忘れたりすることなく、ひたすら、心臓や目のくつがえるあの日のことを心配し」（コーラン第二四章第三七節）

礼拝のためにブライアンを屋台に残して立ち去るときにロハナが唱える。

●2-286

「アッラーは誰にも能力以上の負担を背負わせ給うことはない。儲け分も欠損もすべては自分で稼いだだけのもの。神様、もし私どもがついうっかりと忘れたり、何か間違いをしでかしましても、どうかおとがめになりませぬよう。神様、私どもの先に行った人々にお負わせなさいましたような重荷をどうか私どもにはお負わせになりませぬよう。神様、私どもの力量ではかなわぬような負担を私どもの背におのせになりませぬよう。私どもを宥し給え、私どもを赦し給え、汝こそは私どもの守りの神。罪深い者共に打ち勝つことができますよう、なにとぞ私どもを助け給え。」（コーラン第二章第二八六節）

病院で昏睡状態にあるメイリンに対してロハニが詠み聞かせるコーランの章句の番号。

●「あの頃信じていたこと全てが

疑わしく思えるよ
僕は何も信じられない
だって、君だけが僕の真実だから」

（ポール・サイモン「キャシーの歌」）

ブライアンとロハニが車の中で会話しているときにロハニが唱える。誰の言葉だったかと思いだそうとするブライアンにロハナが「ポールよ……ポール・サイモン」と教える。

● 「わたしは、自分の過去の汚れたふるまいと肉にまつわるわたしの魂の堕落を想起しようと思う。」（聖アウグスティヌス『告白』第二巻第一章）

車の中でロハニと会話しているとき、ブライアンが子どもの頃に読んだ『告白』の一節を唱え、ロハニが続きを唱える。これに続いてブライアンは子どもの頃に父に罰せられたことを思い出す。

● Corinthian 13

「信仰、希望、愛のこの三つは、最後まで残ります。この中で最も大切なのは、愛です。」（コリントの信徒への手紙一、第一三章）

車の中での会話で、モスクでのロハニとロハナの礼拝の様子を見て「その一部になりたいと思った」とブライアンが言い、ロハニに「何の一部？」と尋ねられたブライアンが「わからない」と答えた後で、寝ていたかと思ったロハナが唱える。

● 104-3

「これだけあればもう不老不死と思ってか。」（コーラン第一〇四章第三節）

ロハナがテコンドーを習っているのを見ているとき、自分のお金を一銭も出したくないと言ったブライアンにロハニが数字を唱える。

● 109-6

「お前らにはお前らの宗教、わしにはわしの宗教」（コーラン第一〇九章第六節）

学校でロハナがシバ先生とすれ違い、会釈してもシバ先生が無視して通り過ぎたときにロハナが数字を唱える。

● 「何かが混沌として運動しながら、天地よりも先に誕生した。」（道徳経第二五章）

学校でヤップ先生が同僚の前で文章の前半を唱えて、ロハナに文章の後半を唱えるよう求める。

●「アッラーは誰にも能力以上の負担も背負わせ給うことはない。儲け分も欠損もすべては自分で稼いだだけのもの。神様、もし私どもがついうっかりと忘れたり、何か間違いをしでかしましても、どうかおとがめになりませぬよう。神様、私どもの先に行った人々にお負わせなさいましたような重荷をどうか私どもにはお負わせになりませぬよう。神様、私どもの力量ではかなわぬような負担を私どもの背におのせになりませぬよう。私どもを宥し給え、私どもを赦し給え、汝こそは私どもの守りの神。罪深い者共に打ち勝つことができますよう、なにとぞ私どもを助け給え。」（コーラン第二章第二八六節）

ブライアンが一人で病院に行き、昏睡状態のメイリンに英語で詠み聞かせる。

●110-1、2、3

「アッラーのお助けが来て、勝利が来て、人々が続々とアッラーの宗教に入って来るのを見たら、声たからかに主の栄光を讃えまつれ。お赦しを乞いまつれ。主は何遍でも赦して下さろう。」（コーラン第一一〇章第一節、二節、三節）

ロハニとの電話中に通信音が途切れ、ブライアンが「一緒にアラビア語を勉強してもいい」と言った後で電話がつながり、ロハニが番号を唱える。

『ムアラフ』を読み解く

相対化で変わりうる「改宗」の意味

光成　歩

マレーシアにおいて、ムスリム人口の九割近くを占めるのがマレー人であり、また、マレー人は公的にほぼ一〇〇％がイスラムを信仰している。イスラムは社会的にはマレー人の宗教と認識されているといってよい。それゆえ、マレー人と非マレー人との関係において、しばしばイスラムが両者の間の境界を設定する。また、マレー人のなかでは、挨拶から振る舞いまで、イスラムを前提とした適切なあり方が共有されており、それがマレー人らしさと分かちがたく結びついている。

このような文脈において、非マレー人がイスラムに改宗することは、第一義的に、この境界を越えるという社会的な行為として認識される。これは、改宗を「マレー人になる」（マレー語では「masuk Melayu」、文字通り訳すと「マレー人に入る」）と表現するマレー語にも表れている［➡253頁］。

近年のマレーシアでは、イスラムへの改宗やイスラムからの改宗をめぐる裁判係争が注目を集めているが、これもまた、改宗が個人の信仰心の問題というよりも社会的なアイデンティティの変更であることを示している。

ムスリム／非ムスリムの境界の提示と相対化

『ムアラフ』は、主人公姉妹ロハニ、ロハナと彼女らを見つめるブライアンの視点を通して、こうした社会関係の中

写真1　人前でも平気でビールを飲むダト〈左〉。イスラムの禁忌を犯す人物として描かれる

写真2　ダト〈中〉はアルコールは摂取するが、探偵〈左〉が犬に触れた手で握手を求めると嫌悪を示す

で設定される境界や適切さを相対化してみせてくれる。

境界を示す象徴的な場面は、ロハニ、ロハナの父夫婦と、彼らが雇った華人の探偵との会談の場面である。父親は「ダト」の称号で呼ばれており、マレー人社会のなかで地位をもつ人物であることがわかる。彼は、アルコール(ビール)を注文し、探偵にもビールのおかわりをすすめる(写真1)。イスラムで禁じられているアルコールの摂取を堂々と華人とともにするのであるが、会談の最後のシーンで、犬に触れた手でそのまま握手を求める探偵に対してはのけぞるようにしてあからさまな嫌悪を示す(写真2)。犬はイスラムで不浄の動物とされており、マレー人が犬に触ることはまれである。ここでは犬がマレー人と非マレー人を分ける、すなわちムスリムと非ムスリムを分ける指標であるがゆえにのけぞったのだと解釈できる。

しかし、この場面では犬が風邪をひいているらしく、探偵がなでているときにくしゃみをしていた。これも、彼らがのけぞるもう一つの理由といえる。結局のところ、父夫婦が犬だから嫌悪したのか病原菌を嫌悪したのか、はっきりとはわからない。

同じ場面で、父がビールを飲んでいた（飲んでいる場面は登場しない）こと、さらにおかわりを注文したこと、たしなめようとした妻が夫の一瞥で黙り込んでしまったことは、イスラムの禁忌がすでに破られていることを示している。禁忌として社会的によく知られた指標（犬、アルコールなど）が出てきたからといって、その行為の解釈をイスラムによって行うのがいつも適切とは限らないのである。

また、主人公姉妹の諸々の行為は、必ずしもマレー人社会における適切な仕方ではなされない。たとえば、彼女らは日常的にスカーフをかぶっていない（コーランを読むときはかぶるが首筋は隠れていない）し、非ムスリムの男性と握手をし、パブで働いている。また、信仰の導きを探すロハニがマレーシア国内の大学にいくつもあるイスラム学科ではなく神学、比較宗教学、宗教社会学といった西欧社会科学を志向したり、ブライアンが英語でコーランを読んだりすることも、マレーシアの現実からは違和感がある。

反対に、姉妹がロティ・チャナイの店で半日も宗教の話をしたり、ロハナがコーランの章句の番号を訓辞代わりに唱えたりすることも、周囲からいぶかしがられている。マレー人の間では、イスラムに照らして適切な態度をとらないことだけではなく、過剰とされるような宗教実践も人びとの困惑を引き起こすことがある。

適切さの枠をすり抜け、信じることの本質を示す

『ムアラフ』では、現実のマレー社会におけるイスラム的な不適切さが、それぞれの文脈の中で必ずしも否定できないような仕方ですり抜けられていく。たとえば、差し出された握手に応じること、昏睡状態の少女にコーランを読んであげること、家族を養うという要請のためにパブで働くことは、それぞれの流れのなかではむしろよいことであり、かつイスラムにおいて禁じられた行為ではない。

主人公たちは、こうして共有された適切さの枠をすり抜けていくと同時に、それとは別の次元での信仰のあり方を体現する。彼女らが人を許し、思いやり、また愛し合うことのなかに信仰が不可欠に関わっている。彼女たちの間だけでなされる対話、互いに示す敬愛の仕草は、他者に見られ評価されることを必要としない。ロハニとロハナはいわば信仰の共同体の比喩的な存在であり、社会的に見たり見

られたりする他者との関係とは異なるものである。ロハニに恋心を抱いているブライアンが「その一部になりたい」と願ったのは、ロハニとロハナの作る共同体なのである。

見たり見られたりする関係性や社会的な機能が宗教実践の一部となっていることは、イスラム以外の宗教に関しても示唆されている。ブライアンの母とアントニー神父との対照からそれを読みとることができるだろう。ブライアンの母は、日曜礼拝のために教会に通うことに社会的な意味を見いだしている。そこは親戚が集い、それぞれの家族が健在であることや家族の結びつきが強固であることを確認する場である。ブライアンに週末に帰省するよう求め、彼が運転する自動車で教会に行くことを是が非でもと望んでいるのはその現れである。

対して、ロハナが通う学校の校長であるアントニー神父は、宗教指導者でありながら訓辞的な言葉をど忘れしたり、暴力行為に及ぶ前に「この拳に力を」と祈ったりと、「宗教者ならこうあるべき」という約束を人前で裏切ることに頓着がない。他方で、彼は「（毎晩人を許すことを）実践できる（実際に想像できる）」人物である。彼は、あらゆる宗教に普遍的な信じることの本質を理解している劇中登場人物のひとりである。

物語の後半で、教会に礼拝に来る人を迎えるアントニー神父の背景には、社会的なものとしての信仰と信じることの本質との融合がある。人びとは家族を伴って現れ、暗い教会のなかに入っていく。教会の入口には社会が、そして暗くて周りの見えない教会のなかには神と向き合う個々人がそれぞれ存在していることを示している。

多民族・多宗教社会マレーシアにおいて、改宗は個人の良心の問題であると声高に叫んだところで、その社会的行為という側面がなくなることはないだろう。むしろ、共有され再生産される境界や適切さの相対化を通して、社会的行為としての「改宗」の意味は変わりうる、それが『ムアラフ』のメッセージではないだろうか。

『ムアラフ』を読み解く

「家路」の旋律が表すもの

増田 真結子

「新世界」が示す故郷と家への思い

Goin' home, goin' home, I'm a going home.
（帰ろう　帰ろう　家路へと）

ヤスミン監督の映画には必ず泣かされているが、『ムアラフ』では、冒頭に流れるこのアカペラの「Going Home」の一節で早くもジーンときてしまった。どこか切なさを帯びたこの優しいメロディ、日本では堀内敬三作詞による「遠き山に日は落ちて」の歌として広く知られているが、[1] メロディとしては「家路」と呼ばれ親しまれている。[2] あまりに有名な旋律であるため、童謡や賛美歌だと誤解されることも多いが、実はドヴォルザークの「交響曲第九番ホ短調作品九五　新世界より」（以下、「新世界」）の第二楽章の一部である。「Going Home」の英語の歌詞は、一九二二年に彼の弟子であるフィッシャーが付けたものだ。

ドヴォルザーク（一八四一—一九〇四年）は、ボヘミア[3]出身で、「チェコ国民音楽の創始者」と称される作曲家だ。ボヘ

▶1 本田美奈子や平原綾香らも独自の歌詞をつけて歌っている。
▶2 同メロディに野上彰によって日本語の詞が付けられた歌の題名を「家路」という。このため、同メロディも「家路」と呼ばれることが多いようだ。
▶3 1918年、ボヘミア、モラヴィア、スロヴァキアを合わせた共和国、(旧)チェコスロヴァキアが成立し、オーストリア=ハンガリー帝国への従属からチェコ人とスロヴァキア人が解放されたが、1993年にはチェコ共和国（ボヘミアとモラヴィア）およびスロヴァキア共和国として分離独立を果たした。

ミアは、地理的にヨーロッパの心臓部に位置し、歴史上の大きな政治的動乱および近隣地域の宗教や文化的な接触・対立に翻弄されてきた地域である。故郷への愛が深かった彼は、ドイツやオーストリアの古典音楽の教養を基礎に、故郷の民俗音楽にこだわった創作活動を行い、やがて世界的に高い評価を得るようになった。「新世界」は彼の代表曲で、ベートーベンの「交響曲第五番　運命」、シューベルトの「交響曲第七番　未完成」とともに、世界の三大交響曲に数えられることもある。多民族・多宗教国家のマレーシアを題材にしつつも普遍的な価値観を描き出すことを目指したヤスミン監督がこの曲を選んだことは興味深い。

国際的に認められたドヴォルザークは一八九二年、ニューヨークの私立ナショナル音楽院に迎えられ、四年間院長を務めた。「新世界」はこのアメリカ滞在中に作られた。彼の伝記や批評によれば、アフリカ系アメリカ人の音楽（いわゆる黒人霊歌）やネイティブ・アメリカンの音楽にインスピレーションを得て、故郷ボヘミアの音楽語法をもとにしつつ、交響曲という西欧の古典音楽の様式を借りて、「新世界＝アメリカ」から故郷へのメッセージを表現しているとされる。

第一楽章の衝撃的で力強い曲調は、近代国家としてめざましい発展を遂げていた当時のアメリカを描いていると受け取ることができる。一方、第二楽章は一転して「家路」のゆったりとした旋律が印象的だ。ドヴォルザークが異国の大都会で懐かしい故郷を思って作ったメロディであることは想像にかたくない。彼がフィッシャーにその創作意図を語ったかどうかは定かではないが、「Going Home」の歌詞にも、温かく自分を迎え入れてくれる「家／home」への思いが表現されている。

葛藤と悲哀、そして希望

さて、『ムアラフ』では、冒頭の「Going Home」のほかに、この「家路」のメロディが使われているシーンが三つある。まずはブライアンがマスターベーションしているところを見た母親が父親に言いつけ、父親が罰として彼を裸で公園に置き去りにするシーン。二つ目は、ロハニが継母に反抗したことから父親の怒りを買い、亡き実の母のように長く伸ばしていたロハニの髪の毛が父親に無理やり切られるシーンである。ともに家族から受けた暴力的な事件を回想するシーンだが、バックには対照的にも、静かな「家路」のメロディが添えられている。もし、これらのシーンが、二人が過去に受けた苦痛だけを表現するのであれば、もっと激しい調子の音楽が使われていても良かったはずだ。ところが、「家路」がそっと流れることで、トラウマを抱えつつも「家／home」を求める二人の心の葛藤と切なさが際立って感じられるのである。ここでまた筆者の涙腺は刺激されてしまった。

最終的に、ブライアンは母親と、ロハニも父親とそれぞれ和解する。ブライアンはロハニから母親に優しくするよう諭されたことが、そしてロハニは父親が病に倒れたことがきっかけで、過去に虐待を受けた相手を許すにいたるのである。二人はついに求めていた「家／home」を得たのであろうか？　「家路」が流れる最後のタイミングは、ブライアンが母親と和解した後、故郷のペナンから、ロハニが母親の友人から借りて住む家に戻って来るラストシーンだ。ただブライアンがその家に駆け込むところを遠くから撮った場面なのだが、バックに流れる「家路」の効果で、これでブライアンとロハニは結ばれ、この家が今後の二人の「家／home」になるのではないかと感じさせる。辛い過去を許し、親と和解したことは、ひとつの成長の過程であって、二人にとっての本当の「家／home」とはこれから築き上げていくものだとのメッセージがここから読み取れはしないだろうか。

「家路」のイングリッシュホルンによる大らかな音色が、「大丈夫、なんの心配もいらないよ」と二人に、同時に観ている者にも優しく語りかけているように聞こえ、気が付けば、また涙が頬を伝って流れていた。現実的には、マレーシアで異教徒どうしが結ばれて「家／home」を作るには大きな困難がともなうであろう。しかし、ブライアンとロハニであればきっと乗り越えられるに違いないと信じる気持ちが自然とわいてきた。

『ムアラフ』を読み解く

『ムアラフ』に登場するムアラフと再誕

山本 博之

『ムアラフ』は、マレー人と華人とインド人が登場して、マレー人はムスリム、華人とインド人は非ムスリム（何人かはクリスチャン）というマレーシア社会の「常識」を反映したものになっているが、非ムスリムに見える登場人物の多くは実生活ではムスリムである。

二重・三重にひねったヤスミンのしかけ

ロハナが学ぶ学校には、アントニー先生やブライアンのほか、インド人のシバ先生や華人のヤップ先生がいる。ヤップ先生はいかにも華人風の英語を話す華人で、『ムアラフ』を観たマレーシア人の多くはヤップ先生を演じた役者のことをキリスト教徒か仏教徒の華人だと思うだろう。ロハニが「宗教について教える学科はないか」と尋ねたカレッジで受付をしていた事務員の女性も、いかにも神を信じない非ムスリムの華人のように見えるし、まるで華人のような英語を話す。病院で昏睡状態になっている少女メイリンは名前から考えて華人で、おそらく非ムスリムではないかと考えられる。そして子ども時代のブライアンも、役の上ではクリスチャンの華人である。

私は初めこの役者たちは、華人の改宗ムスリムだと思っていた。別項でも書いたように、ムアラフとは改宗することでムスリムとしての新しい人生を歩み始めた人のことで、マレーシアの文脈では主に華人やインド人のムスリム改宗者を指す。そのため、ムアラフたちに演じさせるのがヤスミンの『ムアラフ』へのしかけだろうと思った。

しかし、これら四人の華人を演じたのはいずれもマレー人ムスリムだった。マレー人に華人を演じさせて、それをムアラフすなわち華人ムスリムだと思わせるというのがヤスミンのしかけで、ヤスミンの方が何枚も上手だった（子ども時代のブライアンを演じたハリス・ザカリアはヤスミンの妹オーキッドの息子で、ヤスミンの甥にあたる）。

ロハニとロハナが章句を唱え、ブライアンが子どもの頃の体験を思い出すきっかけとなった『告白』は、ローマ時代の神学者で思想家であるアウグスティヌスが若い日々の放縦な生活の後に回心を経験してキリスト教徒になった経緯を語ったものである［➡229頁］。イスラム教への改宗ではないが、ある意味ではアウグスティヌスもムアラフであり、『告白』はムアラフたちの物語の聖典にふさわしい書物である。

信念を抱く全員に開かれたムアラフという可能性

改宗したばかりのムスリムであるということは、ムアラフは少し前まではムスリムではなかった人ということだ。全ての人が生まれながらにムスリムになる土地の出身者ではなく、別の言い方をすれば、イスラム世界の周縁部にいる存在ということになる。

ムアラフたちはイスラム世界の一員だが、改宗して日が浅いため、イスラム教に関する知識や経験ではイスラム世界の中心にいる人たちにはかなわない。では、イスラム世界の周縁部にいるムアラフたちはイスラム世界の主役になれないのだろうか。

イスラム世界の周縁部にいるということは、イスラム世界とそうではない世界の交わりの最前線にいるということだ。改宗して日が浅いということは、接している二つの世界のどちらの立場も理解できるということだ。ムアラフは、イスラム世界の中心の権威を背負うことはできず、そのため生まれや育ちによって自分のムスリムとしての正当性を主張しても人びとが納得してくれない。ムアラフが自分の正当性を人びとに認めさせるためには、知識や経験を身につけて、その有用性を人びとに示して納得してもらうしかない。生まれながらに権威を背負うことができるイスラム世界の中心にいる担い手たちに比べればハンデが大きいと言えるが、努力を積み重ねていくことで誰でも正当性を主張することができる。

一人ひとりのムアラフはそれぞれの持ち場で苦労があるかもしれないが、ムアラフたちは、それぞれの持ち場で苦労を乗り越えようとする努力によって社会全体をよりよい方向に進める潜在的な可能性を秘めている。

『ムアラフ』で繰り返し描かれているように、よりよく生きるための教えの部分では、大局的に見ればどの宗教も大きく違うことは言っていない。それはイスラム教とキリスト教のような一神教どうしだけでなく、老子の教え(道徳経)についても言えることだ。日本的な道徳観が相手でもそう大きく違わないだろう。

そう考えるならば、ムアラフという可能性を考えるにあたり、「ムアラフ」のもともとの言葉の意味を離れて、イスラム教以外の宗教に改宗・入信した人も、そして特定の宗教ではなくその社会の道徳観などの何らかの信念に自らを委ねようと心に決めた人もムアラフと呼ぶことができるだろう。ムアラフという可能性は、特定の宗教を奉じる人たちだけでなく、道徳観や信念を抱く全ての人に開かれている。

挨拶としてのブライアンの被り物

イスラム教に改宗したのかはわからないが、母との関係で生まれ変わったという意味ではブライアンもまたムアラフである。ただし、ブライアンを演じたブライアン・ヤップはムアラフではない。俳優ではなく、『KLue』というクアラルンプールのエンターテインメント情報誌のライターで、ヤスミン作品に批判的な批評を書いたためにヤスミンが主役をオファーして出演することになった。

劇中のブライアンは少し変わった性癖を持っている(写真1)。ちょっと変態チックだったブライアンがロハニたちのシャワーキャップや下着を頭に被っていく場面で、最後の一枚は自分の意志で踏みとどまったため、「病気が治った」という見方があるようだ。しかし、そうだとするとブライアンは病気だったことになるし、被らなかったことで病気が治ったとなるが、そう考えてよいのだろうか。物語上はそれ以上の描写がないので「病気が治った」と解釈してもよいだろうが、あえて深読みして別の可能性を考えてみたい。

写真1　ロハニとロハナの姉妹に家と猫の世話を頼まれ、掃除と洗濯をする際に姉妹の下着を手にするブライアン

写真2　教会に来た人たちを迎え握手をするアントニー先生

ブライアンは、関心を持つ相手に対して、その人が身につけているものを頭に被ることで関係が結べると感じるのではないだろうか。ブライアンにとって、相手の持ち物を頭に被るのは挨拶のようなもので、他の人たちにとっての握手と同じ意味を持つということだ。

物語の終盤で、アントニー先生が教会に来た人たちと握手する場面がある（写真2）。この場面は、この社会では握手が挨拶だとみなされていることを示している。しかし、犬に舐められた手のままで握手しようとしたお茶目なユーハン演じる探偵が差し出した手を見てロハニの父が握手を嫌がったように、ときと場合によっては握手が挨拶ではなくなることもある。ムスリムは犬に触らないためだが、そのことも含めて、握手が挨拶になるかどうかは状況による。ブライアンは日本食レストランに何度か行っている様子なので、もしかしたら、そこで誰かに紹介されて握手しようと手を差し出したら相手は頭を下げて挨拶がかみ合わなかったという経験があったのかもしれない。

何が挨拶になって何が嫌がられるかは文化による。もしかしたら、『ムアラフ』の世界は、相手の持ち物を被ること

写真3　髪を切ることを嫌がったロハニは義理の母に反抗したことを咎められ、父に頭髪を剃られてしまう

写真4　ロハニは「暴力は嫌い。話し合いで解決したい」と言うロハナにテコンドーを習わせている

が挨拶になることを認める世界なのかもしれない。他人が見ていやだと思いそうなものは被らないという分別を持つことは必要だが、その限りにおいて被りたいものを自由に被ることができる世界なのではないか。かなり穿った見方ではあるが、『ムアラフ』で描かれているのはそのような「もう一つのマレーシア」なのかもしれない。

生まれ変わり続けるヤスミン世界のキャラクター

ロハニ役のアマニは、ヤスミン・ワールドではオーキッド役で知られる。ロハニはオーキッドとは別人格だが、ヤスミン作品である以上、ヤスミンの分身であることから逃れることはできない。そのためロハニは他のヤスミン作品のオーキッドと重ねて見られてしまう。『ムアラフ』をヤスミン・ワールドの一部として観たときの他の作品との関係を記しておこう。

ロハナがオートバイに乗るときにヘルメットをちゃんと被っていないのを注意するロハニ。これは言うまでもなく、『細い目』でオーキッドが愛しい人をオートバイ運転中に失ったからだ。

ロハニが髪の毛を切るのを嫌がったのは、亡くなった母の形見がわりに長髪のままにしておきたかったというのが劇中の解釈だが、ヤスミン・ワールド的解釈としては、『ムクシン』でムクシンに「ずっと髪を切らないで」とお願いされ、そのお願いを守っていたからではないか（写真3）。

ロハナは「腕力で決着をつけることが嫌いだ」と言っているし月謝も払えないのに、なぜロハニはロハナにテコンドーを習わせているのか（写真4）。これは、『細い目』でジェイソンの本名がブルース・リーと同じと聞かされたオーキッドが、ジェイソンの思い出の一つとして武術を大事にしているからだ。オーキッドが武術を習ったことは物語で直接描かれていないが、『グブラ』でキックボクシングを習った成果をジェイソンの兄アランの前で披露している。『ムアラフ』でもロハニは何か武術をしたかったけれど、仕事があるのでかわりにロハナに習わせたということではないだろうか。

もう一つ、生まれ変わりについても記しておきたい。前述したように、ムアラフのもともとの意味は「新しくムスリムになったばかりで信仰心が十分に確立されていない人」で、そのため改宗者と訳されるが、もとの意味にとらわれずに拡大解釈すると、精神的な意味で生まれ変わった人だとも言える。別項でも述べたように、肉体的な生まれ変わりだけではなく、たとえば両親との関係において過去を清算して新しい関係を作り出すことも含まれる。

生まれ変わりと言えば、ヤスミンは、『細い目』でジェイソンに「生まれ変わりを信じるか」と尋ねさせ、オーキッドに「そんなものは信じない」と答えさせた。ヤスミン・ワールドに形を変えた生まれ変わりが何度も登場するのは、ジェイソンが言ったことを否定してしまったことを気にしているからではないだろうか。生まれ変わりのいろいろな形を試してみて、自分に受け入れ可能な生まれ変わりを見つけ出そうとヤスミンが努力しているようにも感じられる。

多層的・多義的物語世界の愉しみ方③

『タレンタイム』

『タレンタイム』内容紹介

※物語の結末、核心部分に触れています

◉登場人物

(1)メルーの家族と関係者

●**メルー**……マレー人／女性／イスラム教徒。英語・マレー語を話す。三人姉妹の長女。大学進学予備課程2年（アッパー6）在籍。18歳。タレンタイムが行われるアンダーソン高校の生徒ではない。詩を書く。ピアノ演奏と歌でタレンタイム決勝に進出。予選で歌ったのは「Kasih Tak Kembali」、決勝で歌う予定だったのは「Angel」。

●**マワール**……メルーの妹。マレー人／女性／イスラム教徒。英語・マレー語を話す。三人姉妹の次女。高校生。理科系。ＳＰＭ［➡84頁、288頁］を控えてふだんから勉強している。メルーとよく口喧嘩する。

●**ムラティ**……メルーとマワールの妹。マレー人／女性／イスラム教徒。英語・マレー語を話す。三人姉妹の三女。中学生。メルーを慕っている。

●**母**……メルーの母。マレー人／女性／イスラム教徒。英語・マレー語を話す。教師。

●**ハリス**……メルーの父。マレー人（父）とイギリス人（母）の混血者／男性／イスラム教徒。英語・マレー語を話す。職業は不明。ビッグフットに関心を持っている。

●**メイリン**……メルーの家に通うメイド。華人／女性／イスラム教徒。英語・マレー語を話す。ピアノを弾く。約19年前、夫と子を全て失い、メルーの母にメイドとして雇われた。

●**祖母**……メルーの祖母（メルーの父の母）。イギリス人／女性／宗教不明。英語を話す。イギリスに住み、息子家族に会いにマレーシアを訪問中。ヨークシャー訛りの英語を話す。

●**カルソム夫人**……メルーの母の友人。マレー人／女性／イスラム教徒。英語・マレー語を話す。「ダティン」の称号を持ち、社会的地位が高い。異教徒に非寛容。

(2)マヘシュの家族と関係者

●**マヘシュ**……インド人／男性／ヒンドゥ教徒。聴覚障害者。読唇術で英語・マレー語・タミル語を理解し、手話で話す。高校2年の17歳。タレンタイム決勝の練習に通うメルーをオートバイで送迎する。

●**バヴァーニ**……マヘシュの姉。インド人／女性／ヒンドゥ教徒。英語・マレー語・タミル語を話す。専門学校（カレッジ）在籍。19歳。

●**母**……マヘシュとバヴァーニの母。インド人／女性／ヒンドゥ教徒。タミル語を話し、英語・マレー語を少し話す。夫と死別。

●**ガネーシュ**……マヘシュの叔父（マヘシュの母の弟）。インド人／男性／ヒンドゥ教徒。英語・マレー語・タミル語を話す。35歳。結婚の準備を進めている。

●**ヴィマラ**……インド人／女性／ヒンドゥ教徒。英語・マレー語・タミル語を話す。マヘシュの家に出入りしている。マヘシュの母を「姉さん」と呼ぶが親族関係があるのかは不明。職業は看護師。勤務先の病院でハフィズの母を担当。

●**ガネーシュの婚約者**……インド人／女性／ヒンドゥ教徒。ガネーシュと一緒に生地を選ぶ。

(3)ハフィズの家族と関係者

●**ハフィズ**……マレー人／男性／イスラム教徒。英語・マレー語を話し、手話を使う。高校2年の16歳。3か月前に転校してきた。成績は学年トップ。ギター演奏と歌でタレンタイム決勝に進出。予選では「Just One Boy」、決勝では「I Go」を歌う。

●**エンブン**……ハフィズの母。マレー人／女性／イスラム教徒。英語・マレー語を話す。フルネームはエンブン・アブドゥル・ハミド。末期の脳腫瘍で入院中。夫とはハフィズを妊娠中に別れた（エンブンはハフィズに父のことを「去った」と語っている。家を出て行ったのかこの世を去ったのかははっきりさせない言い方）。

●**イスマエル**……謎の男性患者。マレー人／男性／イスラム教徒。マレー語を話す。車椅子に乗り、男子禁制の病棟に出入りしてエンブンに会いに来る。エンブンにイチゴを差し出す。

●**医者**……エンブンの担当医。マレー人／男性／イスラム教徒。英語を話す。いつも機嫌が悪い。

(4)カーホウの家族と関係者

●**カーホウ**……華人／男性／仏教徒かキリスト教徒。英語・マレー語・広東語・華語を話す。高校2年の17歳。ハフィズが転校してくるまで成績は学年トップだった。二胡の演奏でタレンタイム決勝に進出。予選・決勝ともに「茉莉花」を演奏。

●**メルキン**……カーホウのクラスメート。華人／男性／仏教徒かキリスト教徒。マレー語・華語を話す。高校2年の17歳。カーホウの親友。物まねが得意。タレンタイムでは「茉莉花」を歌って予選落ち。

●**デイビッド**……カーホウの父。華人／男性／仏教徒かキリスト教徒。高級車に乗っている。カーホウが成績トップでないと激しく怒る。

(5)教師たち

●**アディバ先生**……マレー人／女性／イスラム教徒。英語・マレー語を話し、挨拶程度のタミル語を話す。音楽教師または英語教師。タレンタイムを運営する。

●**アヌアル先生**……マレー人／男性／イスラム教徒。英語・マレー語を話す。アディバ先生に懸想している。タレンタイムの教師の部の出場候補。

●**タン先生**……華人／男性／仏教徒かキリスト教徒。アヌアル先生の親友。

●**ヴィンセント先生**……華人／男性／仏教徒かキリスト教徒。タレンタイムの運営を手伝う。

●**校長先生**……インド人／男性／ヒンドゥ教徒かキリスト教徒。気が弱い。

(6)タレンタイムの出場者と審査員

●**インド人少女**……女性／ヒンドゥ教徒かキリスト教徒。インド舞踊でタレンタイム決勝に出場？

●**審査員**……教師以外に4人。

◉あらすじ

高校の講堂。電灯がついていって物語が幕を開ける。

講堂で生徒たちが試験を受けている。ハフィズが消しゴムで作ったサイコロを転がして答案を埋めており、それを見てカーホウがずるいという顔をする。メルキンは試験中に寝ており、試験監督のタン先生に起こされて鶏の鳴きまねをする。アヌアル先生が来てタン先生を呼び出す。アヌアル先生が想いを寄せるアディバ先生がタレンタイムを企画したので参加しないわけにはいかないけれど、一人だと緊張するので親友のタン先生に一緒に出てほしいと頼む。タン先生は興味ないといって断るが、優勝したら賞金を全額あげるとアヌアル先生に言われて俄然やる気になる。二人がじゃれあっているのを見かけたアントニー校長が胸を痛める。

職員室。アディバ先生がタレンタイムに関心を持つ教師たちに説明する。タレンタイム開催から七年目になる今回は、生徒の部と教師の部で決勝の出場枠がそれぞれ七人ずつなので、教師の部に出場したい人はくじ引きになる。教師たちがアヌアル先生が作ったくじを引く。アヌアル先生はくじを引いた手をズボンの右ポケットに入れ、左ポケットからくじを持った手を出す。アヌアル先生は当たりくじを引き、当たりを引いた七人が手を挙げる。この七人は決勝に進出する生徒七人の送迎役を探すように頼まれる。

＊

メルーの家。メルーたち三姉妹と父ハリスと母が朝食のポテトカレーを食べている。メイドのメイリンが食卓の用意をする。長女メルーはニキビが大きいので学校を休んでいいか母に尋ねるが、母は大したことないと答える。三女ムラティはメルーを気遣うが、次女マワールとメルーは喧嘩腰で話をして、食べ物の前で喧嘩しないようにと母に窘められる。二時間後にイギリスから到着する祖母を迎えに母が空港まで運転するので、午後から授業があるメルーたちは母と一緒に空港で出迎えて、帰りに学校で降ろしてもらうことにする。さっそく支度しようと席を立つと、母がうちにはメイドはいないのだから自分で食器を洗いなさいと三人に言う。母は自分が洗っておくからというメイリンを食卓に着かせて、点心のタレの作り方を教えてもらう。

メルーたちの部屋。登校の支度をしているマワールがメルーの化粧品を借りようとするが、まだ若いから化粧品なしで十分とメルーは取り合わない。早くから使わないとメルーのようにぼこぼこの肌になると言ったマワールを怒ったメルーが追い払う。ムラティがメルーにダンスを教えてもらってメルーの機嫌が直る。マワールが戻って来て、タレンタイムの予選で授業をサボることを母に内緒にすることと引き換えに化粧品を使わせてもらう。

＊

マヘシュの家。マヘシュの叔父ガネーシュが訪ねて来る。マヘシュの母が出てきて、マヘシュはタレンタイムの送迎でまだ帰っていないと言う。マヘシュの父は亡くなっており、遺族年金も多くないため、ガネーシュはマヘシュに小遣いを与えると言ってマヘシュの母にお金を渡そうとするが、マヘシュの母は小遣いは十分に与えているし、ガネーシュこそ結婚を控えて物入りだろうから自分のためにお金を使うようにと言う。駆け引きを経てガネーシュがお金をマヘシュの母の手にねじこむ。

マヘシュがオートバイで学校から帰る。ガネーシュの婚礼前の清めの儀式があるので急いで水浴びするように言われるが、姉のバヴァーニがシャワー室に入ってしまう。バヴァーニは自分も清めの儀式を手伝いたいのに若い娘は手伝ってはいけないと言われて悔しがる。同居人で看護師のヴィマラは、看護師仲間とパーティーに行くつもりだったけれど留守番を言いつかって不満顔になる。

清めの儀式。ガネーシュがマヘシュに話しかける。結婚の話になり、マヘシュの母は年頃になったら自分がマヘシュにふさわしい娘さんを見つけてあげるというが、ガネーシュは結婚相手は若いうちに自分で探すようにと言う。

＊

タレンタイムの予選会場。生徒たちが次々とステージに上がっていろいろな芸能を披露するが、審査員のアディバ先生は片っ端から不合格にしていく。不合格になったメルキンは他の生徒の番に舞台に上がってその生徒の真似をする。メルーがピアノを弾いて歌った歌はアディバ先生のお眼鏡にかなうが、見慣れない顔なので学年を尋ねるとアッパー6（大学進学予備課程の二年生）だった。ハフィズがギターを弾いて歌った自作の歌も合格する。

アディバ先生が送迎役の七人の生徒を集める。七人の決勝進出者が決まったら一人ずつ担当して送迎役になり、審査結果を家に届けるよう伝える。

ハフィズの母エンブンが入院している病室に、車椅子に乗った男性患者が入ってくる。エンブンがここは男子禁制だと言うと、自分は透明人間なので人には見えない、どこも悪くないけれどエンブンにあわせて病人のふりをしている、ふだんは歩かずに飛んでばかりと不思議なことばかり言う。

＊

メルーの家。メルーたちの祖母（ハリスの母）を迎えて夕食。オードブルは点心。メルーは自作の詩を披露する。ムラティはメルーの詩を褒めるが、科学少女を自任するマワールはメルーの詩を評価しない。ハリスは下品な冗談を言ってふざけ、母やメルーたちに追いかけ回される。そこにマヘシュがメルー宛ての手紙を届けに来る。喜んだムラティはタレンタイムの予選に通ったのねとうっかり言ってしまい、メルーがタレンタイムに出たことが母の知るところになる。メルーはアンダーソン高校のタレンタイムで両親が作った歌を歌ったと言う。

家の玄関で、タレンタイム決勝に向けた練習に向かうための迎えを待つメルー。ムラティは興奮して両親の前でタレンタイムのことを漏らしてしまったことをメルーに謝り、メルーはムラティを赦す。それが自分だったら赦さなかったはずだと気分が悪くなったマワールはメイリンに慰められる。ムラティは、合格通知を届けてくれた男子生徒がハンサムだったからお化粧しているのかとメルーに尋ねる。そこにアヌアル先生が運転する車が来る。乗っているのはアヌアル先生とタン先生。二人ともメルーと面識がない。車の中で事情を説明する。合格通知を届けたマヘシュは近所どうしのめごとで叔父さんが亡くなったので来られなくなったと言う。叔父さんが結婚式を挙げていたとき隣人は喪中で、いさかいが起こって暴力沙汰に発展して、マヘシュの叔父さんが亡くなったことがわかる。タレンタイムの練習会場に着き、メルーがピアノで「Angel」を歌う。

マヘシュの家。マヘシュの母が寝込んでおり、バヴァーニが食事を作って食べさせる。学校でメルーとハフィズが帰り際に会って話をする。二人は初対面。カーホウが通りかかり、ハフィズが声をかけるがカーホウは無視して歩き去る。

メルーの家。庭で祖母たちがティーを飲んでいる。マヘシュに送られてメルーが帰ってくる。祖母は婚約者かとからかうが、メルーは送迎のお礼を言ったのにマヘシュが返事もしないと言って機嫌が悪い。

＊

学校。タン先生がハフィズを呼び、試験のやり直しをさせる。ハフィズが試験中にサイコロを転がしていたのを見たカーホウが不正行為だと訴えたため。放課後の教室でハフィズとカーホウが顔を合わせ、ハフィズは「不正はしていない。実力で勝負したい」と言うが、カーホウは「どうせお情けで点数をもらえるのだろう」と取り合わない。タン先生がアヌアル先生に肩を揉んでもらいながら話したことによれば、ハフィズはより難しい問題を出しても全問正解だったので不正行為はしていない。母が脳腫瘍で入院していて毎日看病しているのによく勉強する時間があると驚く。カーホウが来て、タン先生がハフィズは不正をしていなかったと伝える。カーホウは成績が一位でないと父に叱られるので父に黙っていてほしいと頼む。

タレンタイムのステージ。生徒たちが飾り付けをしている。アヌアル先生が女性のドレスを着て歌にあわせて踊りの練習をしているが、教師の部は取りやめになったと聞いて怒って出て行く。

＊

病室。ハフィズが母を見舞い、「もちこたえて」と歌う。自分のために作ったのかと尋ねられ、恋人のために作ったと答えるが、恋人の名前を尋ねられると「エンブン」と母の名前を言う。試験の結果を見せて母が喜ぶ。それを見ていた看護師のヴィマラが医師に「先生も学業優秀だったからご両親の自慢の息子だったでしょう」と尋ねると、医師は不機嫌そうに部屋を出て行く。

＊

学校。送ってくれたマヘシュにメルーがお礼を言うけれどマヘシュは返事をしない。怒ったメルーが「耳が聞こえないの?」と言う。それを聞いたハフィズが、マヘシュには聴覚言語障害があると教える。メルーは済まなそうにマヘシュを見るが、アディバ先生に呼ばれて舞台に上がる。「Angel」を歌い終わり、マヘシュに謝る。オートバイで二人乗りしてイポーの街を走る。

メルーの家に着くと、ハリスたちがツイスターで遊んでいた。マヘシュは祖母たちに迎え入れられる。

マヘシュの家。ヴィマラがマヘシュの母に声をかける。

病室。母の体重が増えてきたからよくなっていると思って医師に尋ねるハフィズに、医師はステロイドでむくみが出ているだけで容態は同じだと言って立ち去る。エンブンはこれからしばらく苦しい状態が続くので見せたくないから家に帰るようにとハフィズに言う。タレンタイムで優勝して賞金で何かプレゼントしたいと思っているだろうけれど、ハフィズがいてくれるだけで幸せだから何もほしくない、ハフィズを身籠ったときに夫がいなくなって、両親も兄弟姉妹もいなくて、一所懸命仕事に打ち込んで神に祈って、そうやって生まれてきたハフィズの顔を見て世界が一変した。それを聞いてハフィズは「無理しないで」と言い、帰ることにする。エンブンは、しっかりお祈りすることとタレンタイムでベストを尽くすことを約束させる。ハフィズと入れ替わりで車椅子の男が入ってきて、エンブンの友人だと言う。

＊

マヘシュの家。夜中にバヴァーニが寝ているところをマヘシュが起こし、メルーとずっと一緒にいたいと思うけれどこれは恋かなと尋ねる。ガネーシュが亡くなる前日に送ってきたメールを読んでほしいとバヴァーニを起こす。居間のパソコンでメールを読み始めるが、母が起きた気配がするのでパソコンを閉じる。

＊

メルーの家。タレンタイムの練習までだいぶ時間があるのにメルーとマヘシュが出かけていくのを見たメイリンがまさかホテルに行くのではないかと怪しむ。メルーとマヘシュは木の下のベンチに座り、携帯電話にメッセージを書くことで会話する。マヘシュは手話を教えると言って手話でメルーに愛の告白をするが、メルーには伝わらない。二人のまわりにどこからともなく赤ちゃんたちが出てくる。

＊

タレンタイムの練習。カーホウの次にハフィズが舞台に上がる。カーホウは握手しようとするハフィズを無視する。

メルーの家。ティーを飲んでいるところにカルソム夫人が来る。イギリスのことはありがたがるが華人は嫌いで、異教徒のメイリンが淹れたティーを飲もうとしない。宗教に熱心なようだがカルソム夫人は礼拝用の服を用意していない。礼拝の後にキャメロン・ハイランドに行く。

＊

マヘシュの家。マヘシュの母がバヴァーニにガネーシュのことを話す。学生時代に好きな女の子がいたけれどインド人ムスリムだったので家族から交際を反対され、自分も味方してあげなかったので腹を立てたけれど最後には赦してくれたという。ムスリムと結婚したらガネーシュは向こう側に行ってしまうと言う母に対し、叔父さんはそんな人じゃないとバヴァーニが反論し、二人の話はかみ合わない。バヴァーニは、ガネーシュはかつての恋人のことを忘れたわけでもマヘシュの母を赦したわけでもなく、そのことはマヘシュ宛てのメールを読めばわかると言う。

＊

学校。アヌアル先生がアディバ先生に告白するが、好きな人がいるからと断られる。

＊

メルーの家。車に荷物を積んでキャメロン高原に出かける。祖母はメリル・ストリープのような恰好で、ハリスはエルマー・ファッドのような恰好。車中でメイリンの話になる。カルソム夫人はメイリンが華人名なのにムスリムだと知って驚く。家族を全て失ってメルーの母と知り合ってメイドになったと聞いて気分が落ち着かなくなる。

メルーの家。月が出ている。遅くまでマヘシュとメルーが二人でいるのを見たメイリンが破廉恥だと咎め、みんなが帰るまで付き添ってもらっていただけだとメルーが抗議すると、娘同然だから心配していると慰めてメルーとマヘシュを家に入れる。マヘシュがメルーに手話を教えているうちに二人とも眠ってしまう。ビッグフットを探しているハリスと祖母を残してメルーの母たちが家に戻り、二人をそのまま寝かせておく。

*

翌朝、バヴァーニがマヘシュを探しに来る。マヘシュが帰ってこないので母がとても心配していると言い、マヘシュを連れて帰ろうとする。雨が降っているからメルーの母がバヴァーニを車で送ると言い、マヘシュのオートバイの後についてマヘシュの家に行く。家ではマヘシュの母が待っていた。マヘシュがマレー人と一緒に帰ってきたのを見て泣き崩れる。マヘシュは、最愛の母がメルーに会うなと言うならそうするつもりだけれど、自分の心がメルーのことを忘れられないので忘れ方を教えてくださいと母に求める。母は言葉にならず家に入る。

*

タレンタイムの決勝の当日。生徒たちが椅子を講堂に運んでいる。メルキンがカーホウに話しかけ、カーホウが演奏する「茉莉花」はマレー語だと「メルー」になるのでメルーに気があるのかと尋ね、ハフィズの母が亡くなったことを伝える。カーホウはそれを聞いて黙って立ち尽くす。

ガネーシュがマヘシュに送ったメール。マヘシュの母は見合い結婚だと言ったけれど本当は親に反対されても自分が好きな人と結婚した。ガネーシュも昔好きな人がいたけれど家族に反対されて、それでも彼女のことが忘れられずに独身で通したけれど、彼女も去年独身のまま亡くなったと聞いた。

*

メルーは出場したくないと言うが、人は苦しいときほど光を放つと言ってマワールが後押しして決勝の舞台に上げる。舞台に上がったメルーは歌い出すことができず、中断して舞台から降りてしまう。母が心配して追いかけようとするが、ハリスは若い二人に任せておこうと言って母を止める。メルーとマヘシュは階段で会い、二人で歩いていく。

ハフィズは欠場かと思われたが、モスクで礼拝した後、喪中の白い服を着て舞台に立ち、タレンタイムでベストを尽くすと母と約束したからと言って「I Go」を歌う。途中で赤い中華ドレスを着たカーホウが二胡を持って入ってきて、ハフィズのギターに伴奏する。演奏が終わり、舞台の上でハフィズとカーホウが抱き合う。

*

講堂の電灯が消えていき、物語が幕を閉じる。

『タレンタイム』を読み解く

「月の光」、そして「もう一つのマレーシア」

山本 博之

すでに本書の複数の箇所で指摘しているが、ヤスミンの映画は、現実のマレーシアにはないかもしれないけれどあってもおかしくない「もう一つのマレーシア」を美しく描くことで、「ない話」をある日「ある話」にする力を秘めている［➡37頁、128頁］。『タレンタイム』でも、ありそうでないような、あるいはなさそうであるようなマレーシアの姿が描かれている。ここでは三つ挙げてみたい。

「メイリンはムスリムなの？」——華人のままのムスリム

メルーの家のメイドであるメイリンが華人でありながらムスリムであることは、決して「ない話」ではないが、現在のマレーシアではあまり一般的ではない。「メイリン」というのは華人の名前なので、メイリンは生まれながらのムスリムではなく、改宗したムスリムだろう。メルーの母に出会ったときに夫も子も全て失っていたということだが、なぜ失ったのかは説明されない。マレーシアで華人がイスラム教に改宗すると、それまでの親戚や家族との関係が絶たれることがしばしば見られる。家族を全て失ったことでイスラム教に改宗したという可能性も考えられるが、もしかしたらその逆で、メイリンがイスラム教に改宗したために夫に縁を切られ、子とも縁を切られたのかもしれない。

マレーシアではムスリムになることを「マレー人に入る」

という［↓231頁］。この言葉が示しているように、マレーシアでは「ムスリムになる」ということは「もとの民族から抜けてマレー人になる」ということで、名前も新しくマレー人の名前をつけることになる。マレー人の名前はアラブ人の名前からとったものが多いので、アラブ人の名前をつけるともいえる。メイリンがムスリムだと聞いたカルソム夫人が「メイリンはムスリムなの？」と驚いているのは、ムスリムなのに華人名であることが理解できなかったためだ。

しかし、イスラム教が民族の違いを超えた宗教であるのであれば、華人がマレー人やアラブ人になることなく華人のままムスリムになってもおかしくないはずだ。「ムスリムなのに、どうして改名しないの」と尋ねるカルソム夫人に対して、「メイリンはムスリムになったのであって、マレー人になったのでもアラブ人になったのでもないから」とマワールが答えたのはそのためだ。

現実を逆転させて称号社会マレーシアを嗤う

ありそうでなさそうなマレーシアの二つ目は、学校でカーホウがタン先生と話すときにポケットに手を突っ込んだまま話をしている場面だ（写真1）。これはマレーシアの学校では「ないもの」というより「あってはならないもの」の部類に入る［↓40頁］。

マレーシアの子どもたちが小学校に入学してまず教えられることの一つに、教師に対する敬意の払い方がある。先生に応答するとき、「はい、先生」「いいえ、先生」のように、応答するたびに「先生」と付けることで敬意を払わなければならない。「はい、先生」の場合、マレー語なら「Ya, cikgu」、英語なら「Yes, teacher」（教師が男性の場合は「Yes, sir」も）と答える。

劇中では、メルーの家にタン先生とアヌアル先生が車で迎えに来たとき、メルーは初め相手が誰だかわからないので「先生」をつけずに応答したが、相手が先生だとわかると「先生」をつけて応答している。このようなマレーシアで、カーホウのようにズボンのポケットに手を突っ込んだまま先生と話をすることは考えられない。

もっとも、『タレンタイム』では先生と生徒の関係をあえて逆転させているところがある。タレンタイムの練習に来たメルーやハフィズに対してアディバ先生が「ダティン」や「タン・スリ」と称号をつけて呼んでいる。ダティンは「男

写真１　座っているタン先生の話をポケットに手を突っ込んだまま聴くカーホウ

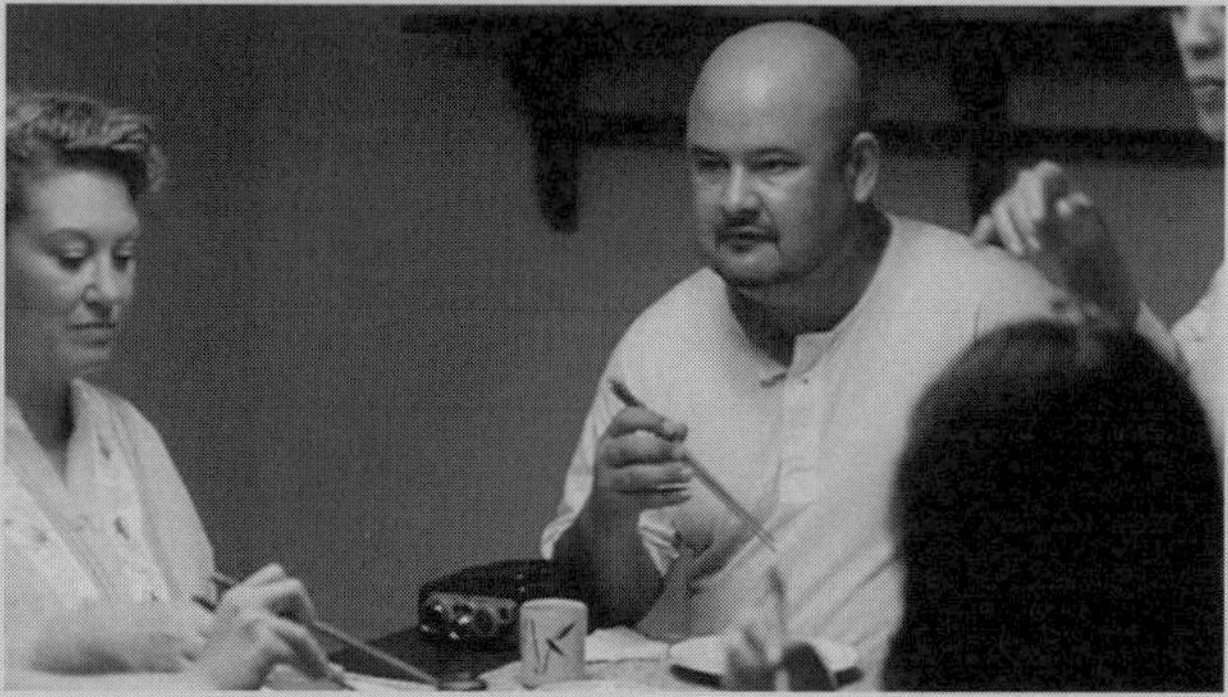

写真２　メルーの父親〈右〉は箸を使って食事をし、その母親〈左〉は点心のディナーについて「interesting idea」と評する

爵夫人」、タン・スリは「伯爵」にあたる称号で、それを一〇代の子に、しかも先生から生徒に対して呼びかけている。アディバ先生の人を食ったような態度とあわせて絶妙な滑稽さを生むとともに、称号によって人びとのランクを分けることへの皮肉にもなっている。

「どうして私だけスプーンとフォークなの？」

ありそうでなさそうなマレーシアの三つ目として、メルーの家族を挙げておこう。父の権威が弱く、母や子たちの立場が強く見えることは、マレーシアの一部の人たちにとって「あるべきでないこと」と映り、『タレンタイム』公開時にはメルーの父が現実的ではないという批判が出た。

イギリス人女性を母に持つマレー人がいてもおかしくない。でも「点心ディナー？　いいアイデアね」と言い、箸で点心を食べて湯呑みでお茶を飲むというのはマレー人家庭ではあまりない話だろう（写真２）。マレー人の家庭では、右手にスプーン、左手にフォークを持って食べるか、スプーンの類は使わずに右手の指だけ使って食べるかのどちらかが一般的で、家庭で箸を使って食事するマレー人はあまり一般的ではない。

ただし、華人の家庭では箸を使うことも珍しくない。メルー役を演じたパメラ・チョンはイギリス人と華人の混血者で、家庭では箸も使っているようだ。食事の場面では家族の中でメルーだけ箸の使い方に年季が入っている。なお、祖母役のスーザン・アンはパメラ・チョンの実の母なのでおそらく実生活で箸を使い慣れていると思われるが、物語の都合上そのことを観客に知られないようにするためか、劇中で祖母には箸が与えられず、「どうして私だけスプーンとフォークなの?」と尋ねている。[1]

観る者を「もう一つのマレーシア」へと導くマヘシュ

ここまで『タレンタイム』に見られる「ありそうでなさそうなマレーシア」をいくつか紹介してきたが、それらを差し置いて、現実のマレーシアを念頭に置いて『タレンタイム』を観たときに最も大きな違和感を抱くのは、学校で生徒たちが国歌を演奏している最中にマヘシュが一人だけ歩き去る場面だろう。マレーシアでは、学校で国歌の演奏が行われたら先生も生徒もその場に立ち止まり、演奏が終わるまで直立不動の姿勢をとらなければならない。しかし『タレンタイム』では、他の生徒たちが直立不動の姿勢をとる中、マヘシュが生徒たちの間をすり抜けて歩き去る。よく見ると、ハフィズがマヘシュに手で合図を送ったりアヌアル先生が不思議そうにマヘシュを目で追ったりしているけれど、それでもマヘシュは誰かに止められるわけでもなく、そのままオートバイに乗って立ち去ってしまう。

後に観客はマヘシュには演奏が聞こえなかったことを理解するが、そうだとしても、魂を抜かれたかのように同じ方向を向いて立ちつくす生徒たちの中でマヘシュだけ動く姿は奇妙としか言いようがない。まるで時が止まってマヘシュが異世界に入り込んでいくかのようだ。そうだとしたら、マヘシュの後を追うことで観客が連れて行かれる先にあるのは、ヤスミンが描き続けてきた「もう一つのマレーシア」なのかもしれない。

『タレンタイム』で描かれる「もう一つのマレーシア」とはどのようなところなのか。それを考える鍵は、

▶1　このセリフは日本語字幕のもので、実際のセリフは、「箸を使って死者を食べる」というメルーの詩に対して、「私は箸を使わないから当てはまらないわね」である。

マヘシュが「もう一つのマレーシア」に入り込むきっかけとなったマレーシアの国歌にある。国歌は、その場にいる先生や生徒の動きを止める強制力を持っている。生徒たちが演奏しているため、お世辞にも上手だとは言えない。それにもかかわらず、劇中の登場人物だけでなく、観客もまた下手な演奏をずっと聞かされるという意味で、画面を超えて観客に対しても強制力を及ぼしている。タレンタイムの予選で生徒たちの凡庸な芸をアディバ先生が容赦なく切り捨てていったのと実に対照的だ。ヤスミンは、音楽の魅力が人びとを動かすのではなく、音楽に与えられた制度的な意味が人びとを（動かさないことによって）動かしていることを、観客に身をもって感じさせようとしたのかもしれない。

ドビュッシーの「月の光」とマレーシア国歌の縁

それでは、どのような音楽が人びとを動かすのか。別の言い方をすれば、『タレンタイム』でマヘシュに導かれた先にある「もう一つのマレーシア」には、どのような「国歌」があり得るのか（「もう一つのマレーシア」が「国」の形をとるとは限らないので国歌と呼んでよいかわからないが、話が複雑になるのを避けてここでは「国歌」と呼ぶことにする）。

ここで『タレンタイム』の物語が幕を開けたときに流れる音楽を思い出してほしい。ドビュッシーの「月の光」だ。この曲は、メイリンがピアノで弾いたりするなど、劇中でも何度か演奏される。聴いていて思わず背筋を伸ばしたくなるこの曲は、人の心を動かす魅力を持っている。この曲こそが「もう一つのマレーシア」の「国歌」にふさわしい。

これがなぜ「もう一つのマレーシア」の「国歌」になりうるのかについては少し説明が必要だろう。現在のマレーシア国歌はもともと「トラン・ブーラン（月の光）」というマレー民謡で、それに別の歌詞をつけて「ヌガラク（我が国）」という国歌にしたものだ。同じ「月の光」に端を発して、一方ではマレー民謡を経て現在のマレーシア国歌になり、もう一方ではドビュッシーの「月の光」として「もう一つのマレーシア」の「国歌」になったと見てはどうだろうか（なお、邦画『トラン・ブーラン　月の光』（松林宗恵監督、一九五四年）では、主演の雪村いづみがマレー人女性のベルダに扮して劇中でトラン・ブーランを歌っている）。

現実のマレーシアには、「ヌガラク」という国歌とともに

「ルクヌガラ」[2]という国是がある。これにならって「もう一つのマレーシア」にも「国歌」と「国是」があると考えるならば、その「国是」は「ビッグフットを探せ」ということになるかもしれない。これについては本書所収のビッグフット論［⬇283頁］をお読みいただきたい。

光を得たら躊躇せず輝きなさい――ヤスミンが遺したもの

「月の光」が「もう一つのマレーシア」の「国歌」であるという説に納得するかどうかは別として、「月の光」には『タレンタイム』において重要な意味が与えられている。月はメルーの詩にも何度か出てくるが、特に注目したいのはタレンタイムの決勝に行く前にメルーとマワールがやり取りする場面だ（写真3）。

メルーは決勝に出たくないという。決勝に出ることへの精神的な圧力もあるだろうが、何よりも、心を通わせたはずのマヘシュともう会えないという心の痛手を抱えて、とてもピアノや歌に集中できる精神状況ではないということだろう。

それまでメルーと喧嘩ばかりしていた妹のマワールが、化粧品の貸し借りで二人が喧嘩した部屋で支度するメルーに一人で付き添い、「苦しいときほど人は輝きを放つのだから出場しなければならない」と姉を勇気づける。「輝きたくなんかない」と言うメルーに対して、マワールの答えは「That's not for you to decide（それを決めるのはあなたじゃない）」だった（映画祭等で上映された際の日本語字幕では字数制限のために「そう決めつけないで」となっている［⬇34頁］）。そして空には満月が輝いている。

月は太陽と違って自分では輝かない。自分を照らす存在があって、そこから光を受けることで初めて輝き、夜を照らすことができる。私たちもそれと同じで、自分自身の力で輝くのではなく、周囲に自分たちを照らしてくれる存在があるからこそ輝くことができる。だから、自分が輝きたいかどうかではなく、自分に光を当ててくれる人がいるのなら、躊躇せずにその光を受けて精いっぱい輝くことが私たちのすべきことだ。

これまでマレーシアの映画であまり脚光を浴びなかったタイプの人たちを積極的に役者に起用して、その素材をうまく引き出して魅力的な作品を作り続

▶2 ルクヌガラ（国家原則）は、1969年の五月一三日事件の翌年の独立記念日に発表された。神への信仰、国王および国家への忠誠、憲法の遵守、法による統治、良識ある行動と徳性の五つから成る。

写真3　タレンタイム決勝に出たくないというメルーを妹のマワールが勇気づける。次の場面では空に輝く月が映る

写真4　ハフィズは決勝で歌う前に、「母にベストを尽くすと約束しました」と語る

けてきたヤスミンは、他人に光を与える存在だった。ヤスミンが「私のオードリー・ヘプバーン」と呼んだシャリファ・アマニに対しては、「彼女は世界で最も美しい女優だとは言えないかもしれない、でも私と私のスタッフが彼女をスクリーンで一番輝く存在にしてみせる」と言った。

あなたたち一人ひとりは、世の中の基準に照らすと決して飛びぬけて優れた存在ではないかもしれない。でも、あなたたちのまわりには、あなたたちに光を当てようとする人たちがちゃんといる。月がまわって動いていくように、あなたたちに光が当たる順番はまだ来ていないかもしれない。でもいつか光が当てられたら、自分がそれにふさわしいかなどと余計なことを考えたりせずに精いっぱい輝きなさい。他人に勝つか負けるかを気にすることなく、自分にできるベストを尽くしなさい。

「月の光」が司る「もう一つのマレーシア」を描くことを通じてヤスミンが伝えようとしたのはこのことだったのではないだろうか。

『タレンタイム』を読み解く

翻訳可能性と雑種性――『タレンタイム』に集う才能たち

山本 博之

音楽や踊りなどのタレント（才能）を競うタレンタイム。『タレンタイム』の劇中のタレンタイムで優勝したのはいったい誰だろうか。

劇中で優勝者は明らかにされていない。それは、ハフィズの母エンブンの言葉にあったように、ベストを尽くすことが大切で、勝ったか負けたかは二の次だというメッセージなのかもしれない。それでもあえて、ここでは「タレンタイムでは誰が優勝したのか」という問いを投げかけてみたい。

この問いに対する私なりの考えは最後に示すとして、まずは候補を挙げてみよう。タレンタイムの決勝には七人の生徒が勝ち残った。

メルーはピアノを弾き、予選では「Kasih Tak Kembali」を歌った。この歌はメルーの両親が若い頃に作った歌という設定だが、実際はヤスミンの父が作詞した歌だ。そしてメルーは決勝では「Angel」を歌う練習をしていた。

カーホウは二胡を弾いた。曲目は「茉莉花」で、親友のメルキンはそれに秘かに込められた想いがあるのではないかと疑う。

ハフィズはギターを弾き、予選では自作の「Just One Boy」を歌った。決勝で歌ったのは、こちらもおそらく自作の「I Go」だった。決勝でも「Just One Boy」を歌うつもりで練習していたけれど、母への思いを込めて決勝直前に

「I Go」に替えたのだろう。

決勝進出がはっきりしているのはこの三人だが、この他にインド舞踊のカタック・ダンスを披露した女子生徒もいる。タレンタイムの舞台で踊っているのでおそらく決勝進出者の一人なのだろうが、役名やセリフはない。そしてこれ以外の決勝進出者は観客には示されない。

映画『タレンタイム』を支える才能たち

少し話をひろげて、劇中のタレンタイムの決勝進出者だけでなく、『タレンタイム』という作品全体における才能についても考えてみたい。

カーホウの親友メルキンは、見聞きしたものをその場で自分の身体でコピーできる才能の持ち主だ。役者に目を向けると、アディバ先生を演じたアディバ・ノールとバヴァーニを演じたジャクリン・ヴィクターはよく知られた歌手で、どちらもアルバムを何枚も出している。『タレンタイム』なのにこの二人の歌声を聞かせないとは、何と贅沢な配役だろうか。

音楽と言えば、『タレンタイム』ではヤスミンが自作の詩を自らの演奏で挿入歌にしている。「君は表情で語り　瞳と瞳で通じ合う」で始まるこの歌は、マヘシュがメルーをオートバイの後ろに乗せて走る場面で一度使われ、夜市でメルーがマヘシュを呼び寄せようと手をつなぐ場面でもう一度使われている。

忘れてならないのは、ハフィズたちがタレンタイムで歌った歌を作ったピート・テオだ。ピート・テオの音楽がなければ『タレンタイム』はこれほどまで強く心に響く作品にならなかっただろう。

ピート・テオによる音楽は、『タレンタイム』のサウンドトラックCDとして市販された。そこでは、タレンタイムの予選や決勝で歌われた英語版に加えて、それらの歌詞をマレー語にしたマレー語版も収録されている。ハフィズが歌った「Just One Boy」と「I Go」、そしてメルーが歌った「Angel」で、三曲とも英語でもマレー語でも魅力的な作品に仕上げられている。

これらの歌を英語とマレー語で聴いていると『細い目』のジェイソンとオーキッドのやり取りを思い出す。ジェイソンが華語でロマンチックな詩を書くと聞いて、オーキッドは「今度あなたが華語で書いた詩を聞かせて。翻訳して、でもロマンチックさはなくさないでね」と頼んだ。ジェイソンは劇中でオーキッドに詩を直接伝える機会を失ったが、違う言葉に翻訳するけれど心に訴える部分は残したままにするという挑戦を歌詞でやってみせたのが『タレンタイム』だった。

ヤスミン作品と「翻訳可能性」——違えども理解し合える

ある言語による表現を別の言語の表現に置き換えるとき、表面上の意味を伝えるだけではなく、もとの表現が持つ魅力を損なわずに置き換えることはできるのか。この翻訳可能性の問題は、『細い目』をはじめとするヤスミン作品を理解する上での重要な鍵の一つになっている。

『細い目』では、オーキッドの母イノムが中国語のテレビドラマを字幕で熱心に観ているのをからかって、父アタンが「言葉もわからないのにどうしてそれほどの宗教的熱意を持ってテレビが観られるのかさっぱり理解できん」とつぶやいている。そういうアタンは夕刻の礼拝をしようとしていて、傍から見るとアタンこそ宗教的熱意で動いているのに、その言葉を他人に向けているのがおもしろいが、その裏には、アラビア語がろくにわからずにコーランを熱心に詠んでいるムスリムに対する皮肉も込められている（誤解されないように補足すると、お祈りすることへの皮肉ではなく、言葉がわからず内容が十分に理解できていない人が「コーランは他の言語に翻訳不可能だ」とアラビア語を神聖化する態度への皮肉だ）。

言葉は置き換え可能でも文化は置き換えが難しいので、翻訳すると言外の意味が失われてしまうという考え方がある。これに対して、「心に響く表現を観賞する力に文明や文化の違いはなく、すぐれた翻訳であれば言外の意味も伝えられるはずだ」というのがヤスミンのメッセージなのだろう。

『細い目』でのジェイソンのエアギター演奏、『ムクシン』でのアタンたちの西洋の楽器を使ってのマレー音楽の演奏、そして同じく『ムクシン』でのイノムとオーキッドのマレー音楽にあわせての西洋風の踊りは、東洋の文化と西洋の文化は相容れないという主張への反論として、東洋のものと西洋のものを並べて演じて見せたものだ。そして東洋と西洋の接合は『タレンタイム』の「I Go」でのハフィズとカーホウの共演にもつながる。

『グブラ』や『ムアラフ』のように、異なる宗教の祈りの言葉を交互に並べるのも翻訳可能性に通じる話だ。宗教によって表現方法は少しずつ違うけれど、意味する内容はみな同じでただ一つ。『グブラ』のラストシーンの後に、一三世紀のペルシャの詩人ルーミーの「ランプは違えど光は同じ」(宗教は違っても導きは同じ)という言葉が引かれているのは、そのことを示している。

代用品であることは拒み、進化した「本物」として誇る

人間の頭の中にあることはきちんとやればどの文化にも翻訳可能で、民族や宗教の壁を越えて誰にでも伝えることができるという考え方は、『細い目』で何度か出てくる「代用品」という言葉とも関わっている。

『細い目』で、オーキッドがジェイソンに「私はその代用品ってこと?」と尋ねる。その直前の場面はないのでその後のやり取りから想像するしかないが、ジェイソンが過去に好きになった女性の話題になり、小学生の頃に気になったマレー人の少女がいたと伝えたのだろう。オーキッドの質問は、「あなたが私と付き合っているのは私に惹かれたからではなく、私はそのマレー人少女の代用品なの?」という意味だ。

その質問にジェイソンが応答しようとしたところで会話が中断され、ジェイソンの返事はオーキッドに伝えられなかった。もしそのまま会話が続いていたら、『ムクシン』で小学校やサッカー場でオーキッドに視線を向けていた華人少年こそ小学生のジェイソンで、したがってジェイソンとオーキッドの出会いは運命づけられたものだったことが明らかにされたかもしれない。

ヤスミン作品の登場人物は、自分たちが何かの代用品であることを嫌っている。ただし、代用品でありたくないということは、自分たちが純正品でなければならないという意味ではない。代用品ではないけれど純正品でもないとはどういうことか。それは、今ここではないどこかに純正品が存在して、その純正品からどれだけ逸脱しているかによって自分の純粋さが計られるという考え方の否定だ。そうではなく、自分が今ここに確かに存在しているという事実こそが、自分が代用品ではなく本物である証だという考え方だ。

マレーシア社会は、イスラム文明、中華文明、インド文明、西洋文明など、世界の様々な文明や文化を背負うと自任する人びとから成り立っている。どれも文明の発祥地から見ると周縁に位置し、文明の中心から見れば逸脱した風変わりな様子が見られる。マレー人はアラブ人のような服装をしていないし、多くのマレー人はアラビア語が話せない。中東をイスラム文明の中心だと考えてアラブ人を基準と見るならば、マレー人はずいぶんと変わったムスリムということになる。同じように、中華文明の中心から見たとき、マレーシア華人の中には中華文明の核である漢字の読み書きが十分にできない人がいる。漢字の読み書きができる人たちもいるが、マレーシアで話されている華語はマレー語などの影響を受けていて、中国大陸や台湾で使われている中国語とどこか違っている。中国大陸や台湾を基準にして見ると、マレーシア華人は中国人らしさをかなり失ってしまった人びとということになる。また、マレーシアには家庭で日常的に英語を話す人びともいるが、地元の言葉の影響を受けているため、英語文明の中心であるイギリスで話されている英語とはどこか違っている。

このような見方をするならば、多民族・多言語・多宗教を特徴とするマレーシア社会の構成員は、どの文明をとってみても、文明の本場から見たとき、他の文明・文化の要素が混ざって純度が低くなった二級品と評価されることになる。

ヤスミン作品はこの考え方に正面から反対する。文明の発祥地でのあり方とは違っているかもしれないけれど、それはマレーシアという場で文明や文化が出会い、互いの要素を少しずつ取り入れることでこの場で共生していこうとする知恵の積み重ねの結果であって、もとの文明からの堕落ではなく、むしろ他の文明や文化と共生できるように進化した結果である。異質なものを取り入れながら、それぞれが少しずつ変化して発祥地と違う形になってマレーシアで実践されていることこそが本物の証なのである。だからマレーシアの人びとは、想像上の文明の中心の真似をしようと必死になるのではなく、マレーシアにいる自分たちこそ本物であると誇りを持つべきだという考え方だ。

本物の証とは、今ここで精いっぱい取り組むこと

ただし、今ここでないどこかに純正品があって、それと比べて足りない部分を批判するという考え方に反対しているからと言って、それを「みんな違ってみんないい」式の多元主義と受け止めるなら、ヤスミンの意図を誤解することになる。『グブラ』の結末を多元主義礼讃と書かれてヤスミンが憤慨したことからもうかがえるように、ヤスミンは「みんな違ってみんないい」式の単純な多元主義をよしとしない。一人ひとりが違っているのは当然のことで、それぞれ違っていてもかまわない。ただし、そのおおもとはみんな同じという前提がある。その上で、自分が今いる場で自分にできることに精いっぱい取り組んだ結果として一人ひとりが違ってくるという意味で違っていてもよいということだ。自分がどの場にどう位置付けられ、そこでどのような役割を担うかということに無自覚に、単に自分の怠惰さを隠すために「みんな違ってみんないい」とする態度はヤスミンの考え方と対極にある。

今ここではないどこかに、理想的な教師や理想的な政治家や理想的な父や理想的な母がいるわけではない。ありもしない理想像と比べて今の自分に何がどれだけ足りないかを嘆いたり、足りないものを無理してでも手に入れて本物になろうとしたりしなくてもいい。楽しく幸せな家庭を築いて、仕事も一人前にこなして、親戚や地域社会ともうまく付き合って、この国や世界の将来に対するしっかりした意見を持って……というどこにもない理想像で自分を縛らなくていい。自分の目の前の現実に精いっぱい取り組めば、どうしても他の人とは違う道を歩むことになるけれど、そのことを少しも気にする必要はない。私たちは理想的な存在になりたくてもなれなかった出来損ないの代用品ではない。今ここにいて、この場で自分にできることに精いっぱい取り組んでいることが、私が本物の私であることの証なのだ。ヤスミン作品の登場人物たちを見ているとそんな心の声が聞こえてくる。

タレンタイムの優勝者は誰か

タレンタイムで誰が優勝したのかという冒頭の問いに戻ろう。劇中ではタレンタイムの結果について一切語られないし、脚本などの裏設定もないため、ここで書くことは私の深読みに過ぎないことを断った上で、私は、優勝したのはインド舞踊のカタック・ダンスを披露したアニシャ・カウルだ

インド舞踊カタック・ダンスの場面の長さを考えると、タレンタイム決勝の優勝者が見えてくる

ろうと思う。

決勝進出者は四人しか知らされていないのでそれ以外の人のことは考えない。メルーの「Angel」(実際は決勝で歌わなかったが)、カーホウの「茉莉花」、ハフィズの「I Go」は、いずれも役者が歌ったり演奏したりしているのではなく、別の人が歌ったり演奏したりしているのを役者が演じている。これに対してアニシャは劇中で自ら踊っている。

『タレンタイム』はインド人に焦点を当てた映画なので「インド映画には踊りが不可欠」というお約束を無理のない形で取り入れたヤスミンの遊び心という面もあるだろう。しかし、役名もセリフもなく、エンドロールに「Indian Dancer」としか書かれていないにもかかわらず劇中でかなり長く踊りを披露していることを考えるならば、そこに何らかの意味が込められていると考えるべきだろう。役者自身の才能を披露したという意味ではアニシャは他の三人の決勝進出者と別格で、したがって彼女こそ優勝にふさわしいというのが私の考えだ。

『タレンタイム』の冒頭で、試験監督のタン先生が生徒たちに「人の真似をするな」と注意している。タレンタイムの予選では、既存の作品の真似でしかない演目にはアディバ先生が容赦なくNGを出し続けた。オリジナリティを求めたヤスミンが誰に優勝を与えたのかは、劇中で描かれずとも明らかだったのではないだろうか。

『タレンタイム』を読み解く

死による再生と出発――ヤスミンを送る映画

山本 博之

『タレンタイム』には親子やきょうだいの関係など様々な物語が織り込まれているが、それらの物語と別に、どこか死のイメージも感じてしまう。『タレンタイム』がヤスミンの遺作となったことも影響しているのだろうが、そのような偶然の一致ではなく、ヤスミンの計算のうちに死が描かれているようにも感じられる。

イチゴを食べるエンブン――数秒に込められた不安と納得

『タレンタイム』で心を打つ場面の一つに、ハフィズの母エンブンが病室で知り合った謎の男性患者にイチゴを勧められて口に入れる場面がある。この男性患者はエンドロールで「イスマエル」という役名が与えられている［➡44頁］。

エンブンとの会話で、イスマエルは他の人に姿が見えず、身体は悪くないけれど相手の状況に合わせて自分の姿を変え、ふだんは飛んでばかりで歩くことはめったにないと明かしている。半分冗談ともとれるこれらの言葉を素直に受け止めれば、天使が男性患者に姿を変えて現れたようであるし、もしそうであれば、イスマエルが訪れた理由はエンブンを神のもとに召すためということになる（他にもイスマエルが姿を変えた存在ではないかと想像させる赤ちゃんが登場する場面があるため、「死神」ではなく「天使」と呼ぶ）。

イスマエルが天使であるらしいことは、その会話からも伺

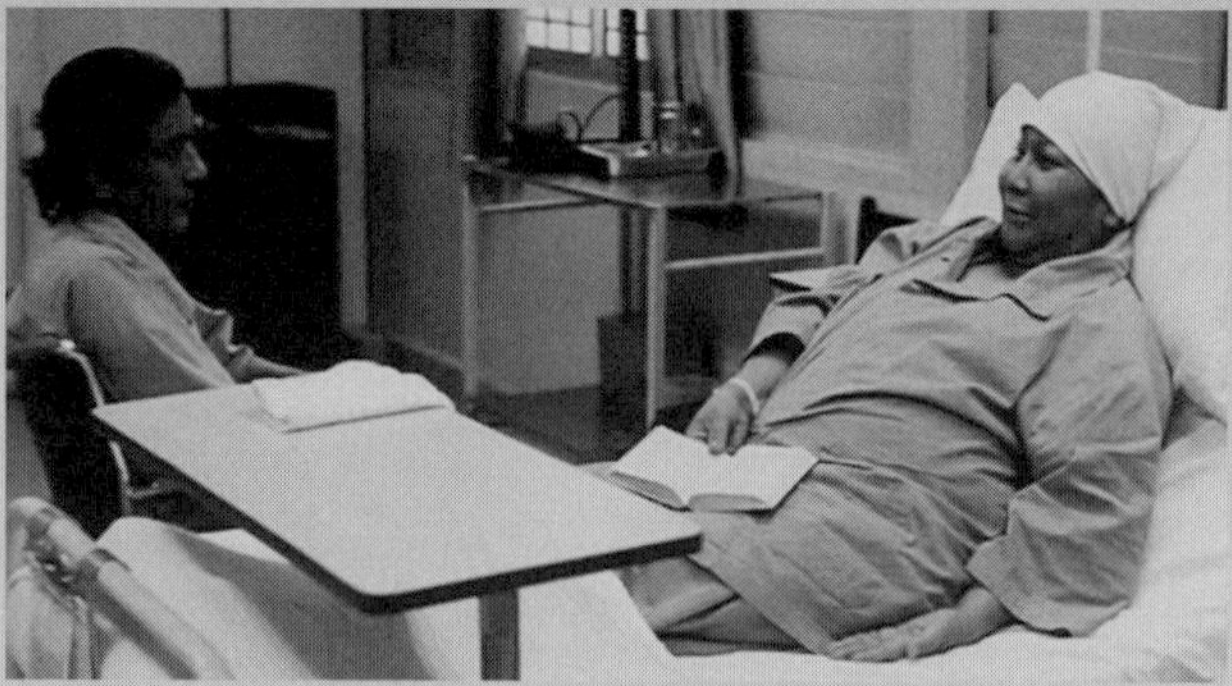

写真1　いつものように笑顔で車椅子の男イスマエル〈左〉を迎えるが、様子が違うことに気づくエンブン〈右〉

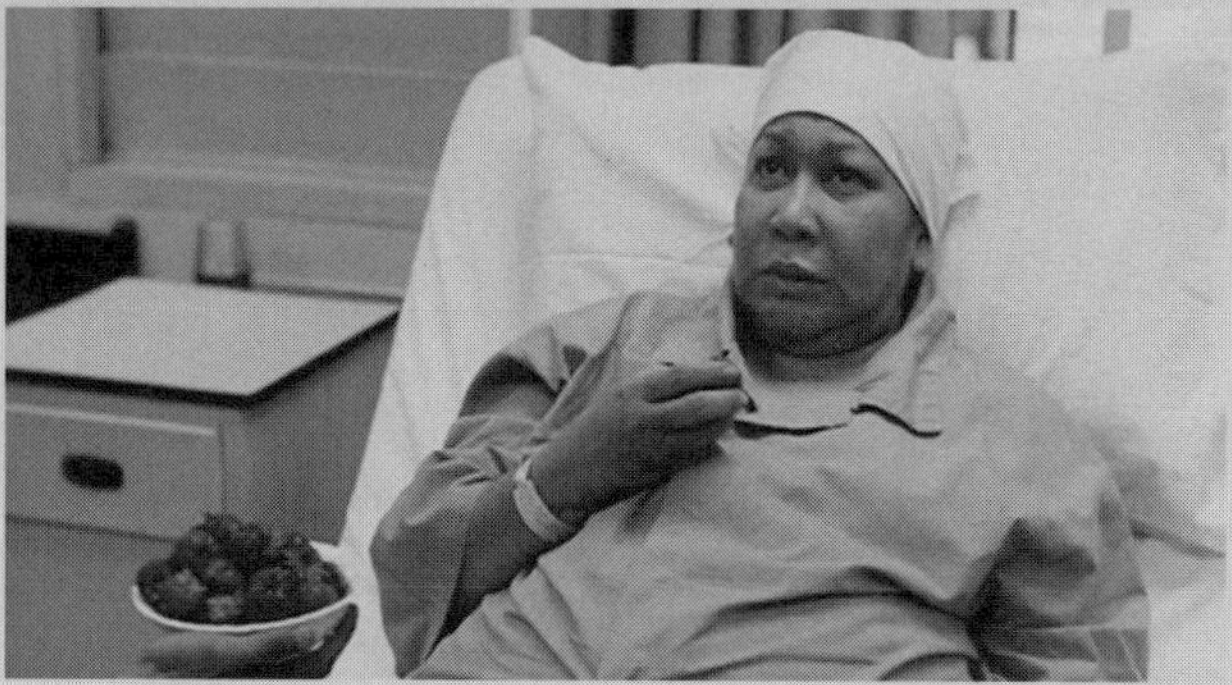

写真2　イチゴを口にすることを一瞬ためらうが、息子の姿を思い浮かべ、その成長に確信を持って旅立ちを決めるエンブン

える。イスマエルは、初めてエンブンの病室を訪れたときに「お祈りは済んだかね」と尋ね、まだ済ませていないというエンブンに「大丈夫、まだ時間はある」と答えている。これはエンブンが天に召されるまでまだ時間があるという意味にもとれる。

エンブンが天に召される前日にイスマエルがエンブンと交わした挨拶は、字数制限が厳しい字幕では「また明日会おう、神の御心を」だが、字数制限を気にせずに直訳調にするなら「また明日会おう、神の思し召しがあれば」となる。自分がまた明日お見舞いに来るかもしれないということではなく、神のもとに連れて行くために迎えに来るということで、それが神の意志であるなら明日会うことになるという意味だ。

翌日、病室で読書をしているエンブンのもとにイスマエルが現れる（写真1）。エンブンはいつもの笑顔でイスマエルを迎えるが、イスマエルの様子が違うので顔が一瞬こわばる。イスマエルが器に盛られたイチゴを差し出したのを見て、エンブンにはそれが意味するところが理解できたのだろう。これは神のお迎えで、イチゴを口にすると神のもとに召されるということだ。

エンブンはイチゴを一つ手に取り、口元に持っていく。口にするのをためらっているようだが、死を恐れているからではない。自分が死ぬことは神の定めとして受け入れている。一つ心残りなのは残していく子のことだ。しかし、これまでのことを思い出してその成長ぶりを確認して、自分がいなくても一人で立派に育っていけると確信して、全てを納得した上で穏やかな気持ちでイチゴを口にする(写真2)。

エンブンがイチゴを手に取ってから口に入れるまでのほんのわずかの時間に、これだけのことがほとんど表情だけで演じられている。

ヤスミンは偏見に満ちた世界に絶望して世を去ったのか

エンブンがイチゴを口にする場面の背景には、インド映画『アージャー・ナチュレー』[1]の挿入歌「オ・レ・ピヤ(愛しい人よ)」が流れている。特に印象に残るのは次の部分だ。

赤い残り火のうえを　裸足で歩くよう
見知らぬ他人に　育てられたかのよう
連れてってくれ　あなたの元に
偏見にしばられた世は　ぼくの永遠の敵

この詩を読むと、ヤスミンのことを思わずにいられない。ヤスミンは世の中の様々な因習にとらわれず、合理的な判断と自分の気持ちをもとに行動してきたため、しばしば社会の保守層から批判を浴びてきた。

ヤスミン作品は「マレー文化を汚すもの」であるといった口汚い非難や、ヤスミン個人を不当に貶めるような誹謗や中傷も絶えなかった。新聞や雑誌だけでも読んで居たたまれなくなるような記事を目にすることがあり、ヤスミン自身が直接・間接に日々どれだけの誹謗や中傷を受けていたのか想像のしようがない。

『ムアラフ』で、ロハニとロハナが毎晩寝る前にその日に起こった様々なことを全て赦すという場面がある。ヤスミンの妹であるオーキッドが東京国際映画祭で語ったことによれば、毎日寝る前にその日あったことを赦すのは、実際にヤスミンが自分自身に課していたことだという[➡25頁]。このエピソードは、ヤスミンの

▶1　原題は『Aaja Nachle』。2007年公開。

心の広さを示すというよりも、ヤスミンが日々受けていた苦難の大きさと、それに押しつぶされないようにヤスミンが日々格闘していた姿を想像させてしまう。

そう考えるならば、「オ・レ・ピヤ」の歌詞、特に「偏見にしばられた世は　ぼくの永遠の敵」という部分を読むと、ヤスミンは偏見に満ちたこの世界に絶望して別の世界に行ってしまったのだろうかという思いも湧いてくる。

大女優アゼアン・イルダワティに捧ぐ

『タレンタイム』の物語を離れて舞台裏に目を向けてみたい。エンブン役を務めたアゼアン・イルダワティは、一九五〇年に生まれて一九八〇年代以降に活躍したマレーシアの大女優で、歌手でもある［➡35頁、364頁］。一九七九年の主演映画『明日はまだある』をはじめ数々の映画に出演して「マレーシアのファラ・フォーセット」とも呼ばれた。

三〇年以上も現役の女優を続け、二〇〇七年八月に行われたマレーシア映画祭では助演女優賞に輝いた。ところが受賞のために舞台に上がったアゼアンの姿を見てマレーシア中が驚いた。アゼアンは二〇〇七年六月に乳癌にかかっていることが判明して七月に手術を受けていた。化学療法のために頭髪はすっかり抜け落ち、自力で長時間立つことが難しく、車椅子なしでは動けなくなっていた。化学療法には高額の費用がかかり、アゼアンはすでに自己資金で二〇万リンギ以上を費やしていた。それでも治療が終わる見通しは立たなかったが、高校在学中の娘を含む三人の子たちの将来を考えて、もし今ある治療費が底をついたら治療を打ち切ってほしいと病院に頼んでいたという。

このニュースを知って、ヤスミンは当時制作中だった『タレンタイム』への出演をアゼアンに打診した。ヤスミンは数年前にあるイベントでアゼアンに会い、学生時代からのアゼアンのファンだと告げ、アゼアンもヤスミンの作品への好意的な批評を返して、互いに連絡を取り合う関係になっていた。ヤスミンからはいつか自分の映画に出演してほしいという話が出ていたという。『タレンタイム』への出演依頼はそれを受けたものだった。

アゼアンは『タレンタイム』出演の依頼を聞くと、「ぜひ出演したいけれど、どんなに無理してもせいぜい数分しか立っていられず、とても演技ができないから」と出演を断った。しかしヤスミンは、「それなら車椅子に座る役を用意するし、それも難しければベッドに寝たままの役を用意する」と言って直ちに脚本を書き直した。アゼアンは脚本を細かく確認していろいろと注文をつけることで知られている女優だが、ヤスミンの脚本を読んでその場で出演を承諾した。ヤスミンはさらにアゼアンの娘で若手女優のエルザ・イルダリナにも出演を求めてマワール役にした。エルザはこれが長編映画への出演三作目になった。

『タレンタイム』の撮影はアゼアンにとって驚きの連続だった。撮影期間中、ヤスミンはアゼアンに車椅子用の設備が整ったホテルの部屋を用意するなどの特別待遇を与えた。アゼアンは、自分が理想と仰ぐ女優の名前を挙げて「まるでメリル・ストリープのように扱ってもらった」と喜んだという。『タレンタイム』の劇中で、キャメロン高原に行く準備をしている祖母が自分の姿を「メリル・ストリープみたいかしら」と尋ねているが（写真3）、その言葉はアゼアンに対する特別のメッセージでもあった。

アゼアンへのサービスはそれだけでなかった。アゼアンがインドの映画俳優アーミル・カーンのファンだと知ると、マヘシュがメルーの家に遊びに来た場面でメルーの母に「とってもハンサムね。アーミル・カーンみたい」と言わせている（写真4）。また、アゼアンには歌手として「Bawalah Daku Bersamamu（一緒に連れて行って）」というヒット曲がある。劇中には出てこないが、挿入歌「Angel」のマレー語版の歌詞に「Bawa daku bersamamu」とあり、これを聞くとアゼアンのことを思い出す仕掛けになっている［➡365頁］。

撮影後にアゼアンは、『タレンタイム』の制作プロダクションから支払われた出演料の多さに驚いたという。

アゼアンは『タレンタイム』の試写を観て、「自分はまだ演技できるし、今後も出演の依頼があるかもしれないけれど、おそらくもう映画に出る機会はないと思う、でも『タレンタイム』が最後の出演作品となるなら思い残すことはない」と語ったという。

喪失を嘆くのではなく死を再生と出発の契機とする

ヤスミンは『タレンタイム』にアゼアンの女優引退の花道としての意味も込めたのだろう。そう考えれば『タレンタイム』が死のイメージを伴うことも納得できる。

写真３　メルーの祖母〈中央〉がキャメロン高原に行く準備の最中に「メリル・ストリープみたいかしら」と尋ねる

写真４　母〈左〉に「マヘシュはハンサムでアーミル・カーンみたい」と言われ笑顔を見せるメルー〈中央〉

死というと個人の具体的な死をイメージするし、しかもアゼアンは実際に闘病中だったため、死という言葉を使うのがためらわれる気にもなる。しかし、現役を引退するというのは女優としての「死」を意味しているとも言える。

『タレンタイム』では、死は必ずしも避けるべきものとして扱われていない。『グブラ』では不治の病気にかかったティマが幼い息子を残して自分が死ぬことを恐れ、キアたちとの会話に死という言葉が出てくるのを嫌っていた。それとは対照的に、『タレンタイム』のエンブンは自分の運命を知り、それを穏やかに受け入れて神のもとに召されていった。

また、死は当事者にとっては人生の断絶をもたらすけれど、見方を変えれば、あるものが死を迎えることで別の存在が新たな歩みを始めることにもつながる。『タレンタイム』で、マヘシュの叔父の葬儀に重なる形でメルーの食前の詩が詠まれる場面がある。その内容は「他者の死体を食べることで我々は生きていく」というおよそ食前の詩にふさわしくない内容だが、ここで発せられているメッセージは、死による喪失への悲しみや恐れではなく死による新たな出発となっている。

死を契機とした再生というメッセージは『グブラ』でも発せられていたが、それをさらに突き詰めることで、死ぬことを恐れないようになったのが『タレンタイム』ということになる。これはアゼアンだけに向けられたメッセージではないだろうが、アゼアンに劇中で死を迎えさせて、その一方でアゼアンの娘を出演させたことは、たとえ女優としてのアゼアンが映画界から姿を消したとしても、それが何か新しい命を生みだすことになるというメッセージにもなっていた。

『タレンタイム』のタイトルは、「Tale-n-Time」つまり「物語と時」とも読める。この映画を観た大人のマレーシア人たちは、自分たちが学生だった一九七〇年代や一九八〇年代を思い出して懐かしい気持ちになったという。観客に若い頃を思い出させるとともに、アゼアンがその頃からの大女優だったことをもう一度思い出させて、映画の世界でアゼアンを送り出すという意味も込められていたのだろう。

『タレンタイム』を撮っているとき、ヤスミンはこんなに早く自分が天に召されるとは想定していなかったはずだ。それなのに、『タレンタイム』はまるでヤスミンが自分の死を想定して作っていたかのように思えて、それが不思議だった。『タレンタイム』が死を通じた再生をテーマにしていたためだと考えると納得がいく。

そうであれば、『タレンタイム』をヤスミンを送る映画と観ても大きくは外れていないだろう。ヤスミンは亡くなったが、それによる喪失を嘆き悲しむのではなく、それを契機にどのような新しい関係が作れるかの方が大切だとヤスミンが教えてくれている。

『タレンタイム』を読み解く

届かない歌に込めた祈り

野澤 喜美子

人が恋に落ちる瞬間とは、いつなのだろうか？　その対象が人であれ、映画であれ、「初めて出会った気がしない、ずっと前から待っていたのだ」と、心を奪われ、うっとりする瞬間は不意にやってくる。『タレンタイム』の冒頭、真っ暗な講堂にパチパチパチとスイッチが入り、電灯がつくと、ドビュッシーの「月の光」の旋律に乗せて、カメラは誰もいない校舎の廊下や、窓のむこうで揺れる木々をゆっくりと映しだす。異国の行ったこともない場所でも、なぜか昔から知っているような気がする。ヤスミン監督の遺作となった『タレンタイム』を観れば、マレーシア映画が初めてだという観客も、そんな不思議な感覚にとらわれるだろう。

まして男の子にとって、その対象が女の子であれば、恋に落ちる瞬間は、それこそ不意にやってくる。インド系のマヘシュは、オーディションを勝ち抜いてタレンタイムに選抜されたマレー系のメルーの送迎担当になる。マヘシュが恋に落ちたのは、メルーの風変わりな一家に合格通知を持っていったときだろうか。メルーがピアノを弾き語る姿を目にしたときだろうか。それとも、彼女にバイクのヘルメットをかぶせてあげて、見つめ合った数秒間だろうか。二人がようやく心を通じ合わせた後に、二人乗りのバイクから見える町並みは、輝いている。しかし、マヘシュの肩越しに見える景色に束の間ウェディングドレスのショーウィ

心を通じ合わせた二人がバイクに乗って町を走る

ンドウがうつると、民族の違う二人の恋は、やがて暗礁にのりあげる。この映画には、初恋の甘酸っぱさがたくさんつまっているが、同時に家族になってからの愛情の重さとしがらみ、そして死による別れも容赦なく描かれている。

同じくタレンタイムに出場するマレー系のハフィズには、脳腫瘍で闘病中の母がいる。厳しい父親の影が見え隠れする中華系のカーホウは、学業も優秀で音楽の才能もあるハフィズを一方的にライバル視し、自身も二胡でタレンタイムに出場する。それぞれの苦しみや葛藤を胸に、満月の夜、タレンタイムが始まる。

愛と許し、怒りや憎しみさえ触れることで

『タレンタイム』に出てくる家族は、よく人に触れる。一風変わったメルーの家族は、笑いが絶えない。メルーは三姉妹の長女で、母はマレー系、コミカルな父親はイギリス系とマレー系の混血者だ。この家では、中華系のメイドを雇っており、厳格なクイーンズイングリッシュを話すイギリスから来た祖母が滞在していて、多様な文化を受け入れる素養がある。父親の上に三姉妹と母が重なりあって乗ってふ

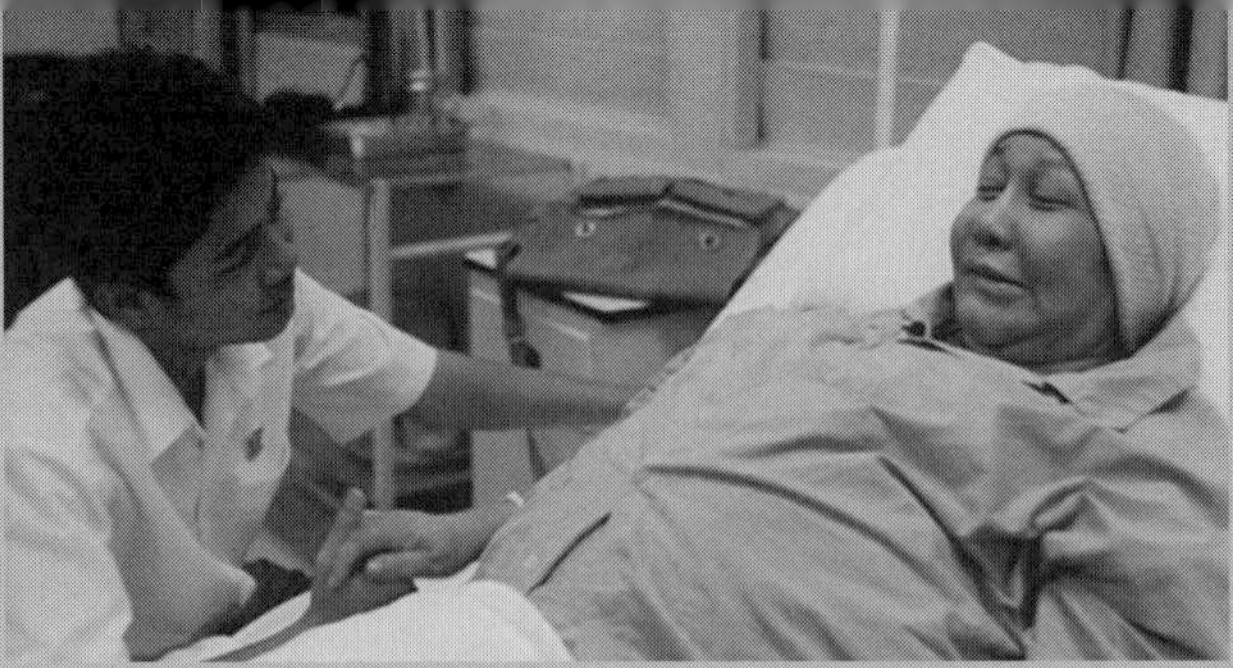

ハフィズは病室を見舞うたび、苦しむ母の手を握り、体に触れる

ざけたりと、ボディタッチが多くとても親密だ。しかし、そんな仲の良い家庭でも、すぐ下の妹はメルーに対して、反発や嫉妬といった複雑な感情を抱えている。親子や姉妹だけの血縁が濃い関係だけでは息詰まって暴発しかねない状況も、メイドのような第三者の存在が、うまいはけ口になってくれる場合もある。メルーの母は、そんなことを知ってか知らずか、メイドに対し、ただの雇用関係を超えた親密さと尊敬を抱いている。

物語の後半明かされるが、マヘシュの抱える事情ゆえに、マヘシュの母は息子によく触れるし、マヘシュの姉は、弟に愛情を込めてぞんざいなちょっかいを出し続ける。そして、ハフィズは病床で苦しむ母の手を握り、そっと触れることしかできない。かたや、人を傷つけるときは、触れる以上に相手に近づかなければならない。母が息子を激しく叩く。父が息子をこづき、罵倒する。そして、刺されて命を落とす者もいる。そこまで相手に近づいたのに、愛や許しではなく怒りや憎しみをぶつけてしまう人間とは皮肉なものだ。

一番伝えたい人に届かない声——託された祈り

オーディションで、ある生徒が「生きるべきか、死ぬべきか、それが問題だ」と『ハムレット』のセリフを暗唱するシーンがある。シェイクスピアは「人はあわれな役者だ。ほんの自分の出場《でば》のときだけ、舞台の上で、みえを切ったり、わめいたり、そしてとどのつまりは消えてなくなる」とマクベスに言わせ、人生は舞台のようなものだと示唆した。そして、『タレンタイム』では、舞台の上で繰り広げられる生徒による舞踊がたびたび挿入される。みな舞台に現れては消えていく。まるで、この二つがなければ辛すぎて生きてはいけないとばかりに、歌と踊りが何度も繰り返される。

明るくみずみずしい幸せに満ちた場面と背中合わせに、この映画には、こうした人の業《ごう》や死の影が色濃く漂う。マヘシュのバイクが赤信号で止まると、サイレンを鳴らしたパトカーが追い越していき、マヘシュの叔父は死ぬ。ハフィズの母の病室には、得体が知れない不可思議な車いすの男が出入りしているが、神出鬼没で、まるで死神のように母に寄り添って、彼女に死を迎える覚悟を迫る。マヘシュの叔父は、甥に励ましのメールを遺し、母はハフィズに「どんなときもベストを尽くせ」という言葉を遺す。

そして、ハフィズがタレンタイムの晴れ舞台で歌うのは、それまで練習していたポップな歌ではなく、「I Go」という死者の歌だ。この映画に楽曲を提供したピート・テオは、二〇〇九年の東京国際映画祭の『タレンタイム』上映後のティーチインで、もともとは「I Go」を歌う予定だった。しかし、「ヤスミンは『I Go』について、『こんないい曲をどうやって作ったの?』と、なにかこの曲にとりつかれたように何度も質問してきた。僕はただ、あまり考えずに友人が去ってしまったと仮定して、この曲を作った。でも、今となっては、誰のために書いたのかわかった。だから今夜は『I Go』は歌えません」と言葉をつまらせた。メルーもタレンタイムの本番で、前奏を繰り返し、いつまでたっても歌い始めることができない。声の限り歌っても、一番伝えたい人には、歌声が届かないのだ。それでも、手をとりあって外へ出ていく二人の幼い恋と舞台の上で芽生えた友情に、託された祈りが見える。ラストは、冒頭の講堂に戻り、並べられた椅子だけがうつる。電灯が一列ずつ消えていき、やがて暗闇が訪れる。

この映画には、私たちの人生があると誰もが感じるだろう。それは、初恋や和解、家族の愛や別れの苦しさといった、生きていくには欠かせないものが、実直に、ときには鋭く、ときにはユーモアをまじえて、見事なまでに美しくスクリーンに投影されているからだ。ヤスミンが行ってしまった後のこの世界でも、どこかでまた明かりがともり、舞台の幕が上がる。人はそれぞれ、恋をし、許し合い、歌い踊りながら、与えられた役を、その出番が終わる瞬間まで、舞台の上で懸命に演じていくしかない。

『タレンタイム』を読み解く

茉莉花の物語

及川 茜

蘭の花（オーキッド）に続いてヤスミン・アフマド監督の作品世界に現れたのは、茉莉花（ジャスミン）であった。『タレンタイム』は二〇〇九年の台北電影節で『戀戀茉莉香（ジャスミンに恋して）』、香港国際電影節で『茉莉花之戀味（ジャスミンの花は恋の香り）』の中国語タイトルで紹介されている。主人公のメルーの名がマレー語でジャスミンの意であること、そして劇中に挿入される「茉莉花」が中華世界では馴染み深い曲であることから考えられた訳題であろう。

タレンタイムのオーディションでは生徒たちが次々に舞台に上がるが、アディバ先生の厳しい目にかなうパフォーマンスは一握りだ。どうやら、伝統劇などを演じる生徒には特に厳しいように思われる。「オリジナルは彼だけ」とハフィズを称える彼女にとって、紋切り型の演目はうんざり、というところだろうか。だが、中華系のカーホウによる中国民謡「茉莉花」の演奏は決勝参加を認められる。裕福な家に育ちながら、厳格な父のもとで鬱屈した日々を送る彼に、音楽を通じて少しでも感情を流露する場を与えようという先生たちの思惑もあったのかもしれない。

カーホウが「茉莉花」を選んだ理由は、終盤に友人のメルキンによって言い当てられる。笑いを誘うのは、実はメルキンもオーディションで同じ曲を歌っていたということだ。「あの女の子」に思慕を寄せていたのは、もしかするとメルキン自身でもあったのかもしれない。しかし裏声で出だしのフレーズを歌う彼に、アディバ先生は唖然として眉をひそめる。そう、残念ながら彼はこの映画ではあくまで道化役で、恋物語への参与は期待されていない。楽天的で気が良く人と争わないメルキンとは、常にぴりぴりと全身を緊張させているかのようなカーホウも、衝突することなく友人関係を築いていているようだ。

さて、カーホウにとっての「茉莉花」の意味は劇中で説明された。あいにく彼がこの曲に寄せた思慕の情は伝わらぬままに終わってしまうが、その一方で同じく楽器の力を借りて友情を交わすことには成功する。しかし、この曲が意味を持つのは、どうやらカーホウにとってだけではないらしい。曲の背景を探ってゆくと、この作品におけるまた別の意味が現れてくる。

海を越え世界各地で根を張った「茉莉花」

「茉莉花」の歌は「鮮花調」とも呼ばれ、古くは清・乾隆年間に刊行された戯曲集『綴白裘《ていはくきゅう》』に収められた「花鼓」の劇中歌にその原型を見出すことができる。江蘇の民謡として知られているが、腰に花鼓を提げて歌い踊る安徽省の民間芸能、鳳陽花鼓の芸人によって中国各地に伝えられたものであるらしい。各地に伝播した「茉莉花」はその先々で異なる旋律、歌詞へと変遷を遂げ、その土地に根を下ろした。

興味深いことに、「茉莉花」が根付いたのは中国大陸だけではなかった。実はこの曲は江戸後期の日本にも伝わっている。文化・文政期から天保年間にかけての一九世紀前半には、清楽として中国から多くの俗曲がもたらされたが、「茉莉花」はまさに「九連環」などと並ぶ代表的な曲目の一つである。長崎に出入りする清国商人によって紹介された清楽は、明治に至って全国規模で爆発的に流行し、その旋律は文人墨客のみならず一般家庭でも親しまれたという。長崎民謡「あじさい」は、この「茉莉花」の旋律をもとに日本語の歌詞をつけたものである。もっとも、長崎にもたらされた「茉莉花」は、カーホウが演奏したバージョンとは異なり、福建の旋律に近いものだったということだが。

一方、この曲は同時期に西洋にも伝わっていた。英国大使ジョージ・マカートニーの訪華に随行したジョン・バローは、その旅行記『Travels in China』(一八〇四年)に「茉莉花」を採譜し英訳を付している。彼の書は広く人気を博し、フランス語やオランダ語にも訳されて一九世紀初頭の欧州で版を重ねたという。やがて、「茉莉花」は世界各地の民謡を集めた書にもしばしば収録されるようになった。黒髪の少女のおしゃべりを思わせるこの愛すべき旋律が、その異国情緒とともに当時の人びとに喜ばれたであろうことは想像に難くない。二〇世紀に入ってからは、プッチーニの『トゥーランドット』にも引用され、今なおオペラの舞台で歌い継がれている。海を越えた「茉莉花」は、各地でしっかり根を張っているのである。中国にあった頃とは花の姿も匂いも同じではないが、その清らかさは変わることなく、行った先々の水に馴染み、年々新たな花を咲かせては、その芳しさで各地の人びとに愛されつづけている。

こうした背景を考え合わせると、『タレンタイム』にこれ以上ふさわしい曲は無いようにさえ感じられる。メルーはイギリス人を祖母に持つユーラシアンだし、マヘシュはインド系、カーホウは中華系と、主な登場人物のうちハフィズを除いてはみな外の土地からやって来て根を下ろした人びとの子孫ということになる。彼ら自身もまた「茉莉花」なのだと言ったらうがちすぎであろうか。

塀を乗り越えて清純な花を手折る代償

さらに、劇中で流れるのはその調べだけだが、「茉莉花」の歌詞もまた暗示に富む。旋律には地方によってバリエーションがあり、それに合わせて歌詞にも多少の出入が見られるが、大体の内容は共通している。劇中でカーホウが二胡で奏でるのは、数ある「茉莉花」の中でも最も人口に膾炙している江蘇のバージョンなので、その歌詞を掲げてみよう。

美しい茉莉花、美しい茉莉花よ
庭じゅうの花を集めても　その芳しさには及ばない
一輪つんで挿したいが
花の番人に叱られる

美しい茉莉花、美しい茉莉花よ
ひとたび花ひらけば　雪も白さでは及ばない
一輪つんで挿したいが
見ている誰かに笑われる

美しい茉莉花、美しい茉莉花よ

庭じゅうの花が束になっても　比べものにならない
一輪つんで挿したいが
来年芽が出なかったらどうしよう

現在歌われている詞だけを見れば、茉莉花の美しさを称えた歌のようだが、実はこの歌が意味するところはそれだけではない。本来は古典戯曲の中でも名高い『西廂記《せいそうき》』の物語を題材に、張生《ちょうせい》と崔鶯鶯《さいおうおう》の恋をうたったものなのである。先に述べた『綴白裘』に収められたバージョンでは、茉莉花を賛美する歌詞に続け、張生と崔鶯鶯の塀越しの恋がうたわれる。二人を隔てる塀を、張生は人目を忍んで乗り越えようとするが、良家の娘である崔鶯鶯ははじめ恐れて固く門を閉ざしてしまう。張生は哀願してようやく開けてもらうことに成功、二人はつかの間の逢瀬を遂げる、というものだ。どうやら歌い継がれる間に後ろの『西廂記』のモチーフが抜け落ち、茉莉花の清らかな美をうたった歌になってしまったらしい。庭じゅうの花より香り高く、雪よりも白い茉莉花は、清純な初恋の象徴でもあろう。それに手を伸ばして摘みたいと願う二人、しかし人目を気にして摘みとることはできない。仮に花の番人の目を盗んで手折ることができたとしても、一度摘んでしまったらもう来年は芽吹かないかも……。

幸せを願う心が物語の結末を現実に先行して変える

メルーとマヘシュの恋は、ちょうどこの曲をなぞるように進行する。おずおずと白い花に手を伸ばし、そっと摘み取り、少しずつ大切に芳香を楽しむ。しかし、誰もが愛でる美しい花には番人が欠かせない。最初に現れる番人といえば、さしずめメルー一家のお手伝いさんのメイリンだろう。庭先で語らう二人を叱りに出てきた彼女は、礼拝用の白いベールで全身を包んでいる。二人を隔てる塀に相当するのは、宗教の相違だ。そのままメルーの家で眠り込んでしまったマヘシュを、翌朝姉が迎えに来る。この時、戸を開けて応対に出たメルーの母親も、ちょうど礼拝を終えたところだったのか、白いベールを被っている。その家の中にいるマヘシュは、母の言葉を借りれば「あちら側に行ってしまった」ということになろう。マヘシュの母は弟を失った直後でもあり、理性を失ったかのように二人の付き合いに反対

紋切り型を嫌うアディバ先生のお眼鏡にかない、カーホウは二胡による「茉莉花」の演奏でタレンタイム決勝に出場する

タレンタイムで歌うことができずに会場を出てきたメルーを追ってマヘシュが来る。かすかにカーホウの「茉莉花」が聞こえる中、二人は階段を下りる

し、息子の謝罪さえ受け入れようとしない。

まだ一〇代の二人にとって、塀を越えて茉莉花を手折ってしまったことの代償は大きかった。現実を突きつけられたメルーは、妹の励ましを得てタレンタイムの舞台に上がったものの、喉がつかえたように歌が出てこなくなってしまう。会場を走り出る彼女の後を追ってきたマヘシュは、手話で何かを告げるが、メルーには通じない。会場からはカーホウの二胡がかすかに聞こえてくる。曲目はもちろん「茉莉花」である。階段を下りてゆく二人のその後は明らかにされることなく、「タレンタイム」は幕を閉じる。ただ一つ言えるのは、「茉莉花」に歌われる『西廂記』の元となった唐代伝奇『鶯鶯伝』では、恋人たちは結局それぞれ別の相手と結婚するのに対し、『西廂記』では最後に結ばれるという結末に変わっているということだ。

物語は時代とともに変わってゆく。たとえ現実ではどれだけ困難で、場合によってはあり得ないことであっても、人びとが二人の幸せを願えば、物語の結末は必ず変わる。現実に先行して。そして、これが茉莉花の名を持つ監督の遺した物語なのである。

『タレンタイム』を読み解く

ビッグフットを求めて——ヤスミンが描く家族の形

西　芳実

　マレーシア映画は「よき父親像」の提示に苦慮してきた。青少年を主人公にした物語では、父が子に対して抑圧的な存在として描かれるか、父そのものが登場しないことが多い。『ゴールと口紅』[1]では、唯一登場する父が子に害をなす存在として描かれる。ホー・ユーハン［➡400頁］の『RAIN DOGS』[2]や『心の魔』[3]では、物語の中心を占めるのは父のいない家庭だ。ヤスミンの作品でも、『ムアラフ』のブライアンの父やロハニ、ロハナ姉妹の父や『タレンタイム』のカーホウの父のように、子を保護・教導しようとすることで子の心を傷つけ抑圧するか、『ムクシン』のムクシンの家庭や『タレンタイム』のマヘシュやハフィズの家庭のように、父のいない家庭が描かれる。

　そのようなマレーシア映画の中で、父と母が揃った形で魅力的な家族が描かれているのがヤスミン作品のオーキッドやメルーの家族である。その家族像の描写にはどんな工夫が見られるだろうか。

機知に富む軽い「お仕置き」で家族を導く父

　メルーの父は行儀が悪く、ふざけてばかりいるように見える。メルー一家が最初に登場する朝の食卓のシーンで、メルーの父は口に食べ物

▶1　原題は『Gol & Gincu』、2005年公開。
▶2　原題は『太陽雨』、英題は『RAIN DOGS』、2006年公開。
▶3　原題は『心魔』、英題『At the End of Daybreak』、2009年公開。

を入れたまま話をし、メルーの母にたしなめられる。そうかと思えば、イギリスから到着する祖母の出迎えを母が募ると、娘たちがみな手を挙げているのに父だけ足を挙げてみせる。食べ物を口に入れたまま話をするのがいけないならば、食べ物を持った手を挙げるのもいけないだろうから足を挙げると言わんばかりの態度だ。決まりに杓子定規に従ってみせることで、決まりの硬直した適用の無意味さを笑い飛ばしている。

メルーの父は厳しくない。むしろ娘たちに対して弱気ですらある。庭でお茶会をしているところにメルーがマヘシュに送られて帰ってくるのを見た祖母が「あの青年は孫娘の求婚者かしら」と尋ねると、父は「見ないフリをしよう」と応える。娘を送る男の存在を知ってしまえば、父として男の素性を確かめなければならなくなる。だが、まだその時期ではないと考えて見なかったことにする。そうすることで、権威のための権威をふりかざすことなく適切な対応をとることができる。

メルーの父はどのようにして家庭の秩序を維持しているのか。機智にとんだ切り返しという方法で、権威主義的になることを回避しながら、何が正しく何が間違っているかを家族に示し導いている。

たとえば、カルソム夫人が「華人の料理人を使うのはどうかしら」と言ってメイリンが用意した紅茶に手をつけるのをためらってみせたとき、三女のムラティは「メイリンは犬を5匹飼ってるのよ、ワンワン」とふざけ、次女のマワールは「いつもヨダレをたらしているの」と追い討ちをかける。紅茶を持ったカルソム夫人の手が止まったところで、父はその場をとりなすようにカルソム夫人に菓子を薦め、カルソム夫人が気を緩めたところで「メイリンのお手製だ」と止めを刺す。不適切な態度や言動に対して軽い「お仕置き」を与えることで、何が正しくて何が間違っているかを家族に示している。

同じことはキャメロン高原に向かう車中でも見られる。カルソム夫人はメイリンがムスリムであることと、その苦難の人生を知って居心地が悪くなって吐き気を催す。メルーの母が車の速度を緩めるよう頼むと、父は「それなら逆だ。飛ばそう」と言って速度を速める。ここでも父は、カルソム夫人に配慮する素振りをしながら軽い「お仕置き」

三女のムラティ〈右〉は、カルソム夫人に対して「メイリンは犬を５匹飼ってるの」とふざけ、次女のマワールも追撃する

ムラティとマワールの発言に対して祖母〈左〉はたしなめるような視線を送るが、メルーの父〈右〉は笑う

メイリンが淹れた紅茶を嫌がるカルソム夫人〈左から３人目〉にメルーの父〈左から２人目〉はメイリン手製の菓子を薦める

を加えて、家族にものの道理を示している。

　メルーの父が「正しさ」に対して特別の関心を払っていることは、次のエピソードからもわかる。父が食卓でメルーの詩に応える形で詠んだ詩は、「人生とは黒人男の左睾丸だ。ライトでもなくフェアでもない。」というものだった。ライト(right)には「右」と「公正な」という意味があり、フェア(fair)には「白い」と「公平な」という意味があることから、「右でもなく白くもない」と「公正でもなく公平でもない」という二つの意味をかけたものだ。下品だと祖母にひっぱたかれたが、この詩は正しいことがそのままでは正しいとされない人生の道理を、父がよくわきまえていることを示している。

このように、メルーの父は権威主義的になることを回避しながら場の秩序をかたちづくる役割をきちんと果たしている。

ビッグフット探し――理想の存在を疑わず実現をめざす

この家族を仲睦まじくさせているもう一つの鍵はビッグフットだ。ビッグフットとはカナダなどの雪山にいるとされる雪男の一種で、実在は確認されていない。メルーの家族はビッグフット探しに熱心で、家のあちこちにビッグフットにまつわるものがある。室内の壁には黒地に白の大きな足跡の額がかけられている。居間にはビッグフットのものらしき大きな骨が置かれている。ビッグフットの雑誌もあり、マヘシュの訪問を受けたときにマワールが熱心に読んでいたし、メイリンから点心の作り方を教わるためにメモ用紙を探す母は、台所に山積みになったビッグフットの雑誌をひっくり返しながら「ここにあるのはビッグフットばかり」とぼやいている。

それでもビッグフットがまだ足りないと言わんばかりに、この家族はビッグフットを探し続けている。祖母のセリフからは、父が祖母にお土産としてビッグフットの記念切手を頼んでいたことがわかる。また、祖母とカルソム夫人を連れてのキャメロン高原行きはビッグフット探しのためだった。科学少女であろうとするマワールは暇さえあれば何かを読んでいるが、何を読んでいるかと思えばビッグフットの雑誌であったりする。このように、家族のそれぞれの営みの中にビッグフット探しが位置づけられている。

『タレンタイム』におけるビッグフットは、関心が異なる人びとが共有しうる価値や理想を示している。ビッグフットはこの世に存在しないかもしれないし、存在してもすぐにはつかまえられないかもしれない。だからこそ、人びとは思い思いの方法でビッグフットを探す。ビッグフットの発見（理想の実現）という目標が共有されている以上、そしてその目標が実現から遠ければ遠いほど、全員が集まって同じことをせずとも、それぞれの場所で各々が自分の目標の実現をめざすことで、全体としてビッグフットの発見という一つの理想に近づくことができる。一人ひとりの個性を認めた上で全体でのまとまりを育てるのに、ビッグフット探

メルーの父が「ビッグフットの骨」を振ってリズムを刻み、それに合わせて三姉妹が踊る

家族が庭でくつろぐ際にメルーの父が眺めているのもビッグフットの雑誌

しはとても有効な方法のようだ。

いつもは口げんかばかりしている三人娘がソファーに座る父の前で揃って踊るシーンには、そのようなビッグフットの役割が象徴的に表れている。そこで父が指揮棒よろしくリズムを刻みながらふりまわしているのは「ビッグフットの骨」だ。メルーの父がビッグフットを大真面目に探し続けるのは、たとえ実際には存在しないと批判されても、理想を掲げ、それを追い求めてみせることが人びとを導く者の務めだと自覚しているからなのだろう。

様々な民族が心を通わせて仲睦まじく交流する姿を描いてきたヤスミンは、「民族融和は絵空事だ」との批判をしばしば受けた。それでもヤスミンは一貫してそのような物語を描き続けた。その存在を疑う素振りを微塵も見せずにビッグフットを探し続けるメルーの父には、理想を掲げ続けることの大切さを心得ていたヤスミンの思いが託されている。

『タレンタイム』を読み解く

一七歳の試練――SPMを控えた少年少女の群像

金子 奈央

『タレンタイム』の主要な舞台はマレーシアの中等学校で、中心人物となるのはSPM（マレーシア教育証書➡84頁）という中等教育の修了資格試験を控えたフォーム5の少年たち、マヘシュ、ハフィズ、カーホウと、彼らが淡い恋心を抱く年上の女性、メルーだ。マレーシアで生きる人びとにとって、SPMは自分の進路を大きく左右する試練である。この結果次第で、自分がマレーシアという舞台で今後どのような役割を演じるようになるかが決まるといっても過言ではない。『タレンタイム』では、SPMという大きな試練の時期を迎えた一七歳（または一六歳）の少年三人が、それぞれ様々な人生の試練にも直面する。

試験社会とマレー人優先政策の中で努力する姿を描く

マレーシアはのんびりとした南の国というイメージがあるかもしれないが、実はかなり顕著な試験社会である。学校では試験や競争が日常に溢れている。『タレンタイム』でも、タレンタイムの予選で絵を描き始めた生徒に対し、アディバ先生が「絵画コンテストは来週よ」と言っており、頻繁に何かしらのコンテストが開催されていることが伺える。冒頭は試験のシーンから始まるし、講堂には「Peperiksaan（試験）」と大きく掲示されている。

試験による競争は小学校の修了試験であるUPSRから既に始まっているが、最もシビアで重要なのはフォーム5

の修了時に受けるSPMである。マヘシュ、ハフィズ、カーホウはまさにこの岐路に差し掛かっており、前哨戦となる学校の試験の結果に一喜一憂する日々を過ごしているのだろう。特にカーホウは父から試験で一番をとることを厳命されている。僅差でハフィズに及ばず二位になったカーホウは、迎えに来た父に試験の結果を見せた途端に厳しく叱られ、時には殴られる。

華人であるカーホウが自分の望み通りに高等教育へ進学するには、人並み以上に頑張らなくてはならないという事情があり、これにはマレーシア特有の教育政策が背景にある。一九七〇年代に始まった新経済政策（NEP）のもと、高等教育機関への入学においてマレー人に優先的な割当制度が導入された（割当制度は二〇〇〇年代初頭に廃止されて、現在は新制度に移行している）。また、公的な奨学金をもらっての留学の機会もマレー人に優先的に開かれていた。非マレー人は国内の高等教育機関への進学機会が限られたため、特に華人は私費留学という道を選んだ。私費で留学する経済的余裕がない場合は進学を断念せざるを得なかった。試験での競争はマレーシアの学校社会では幼い頃から身近に存在しているが、SPMでは実力だけでは越えられないマレーシア特有の壁を目の当たりにし、それがこの重要な進路選択に多大な影響を及ぼすことを一七歳の少年少女は痛感する［➡87頁］。

『細い目』では、マレー人のオーキッドはSPMでAが五つでも奨学金を獲得してイギリスに留学できたが、華人のジェイソンはAが七つもあったのに奨学金がもらえず、家庭が貧しくて私費で留学するという選択肢もなかったため、海賊版CD売りになった。ヤスミンの短編『チョコレート』では、留学する奨学金を受けるか迷っている華人少年に対し、母が「ここはあの連中（マレー人）の土地だから私たち（華人）はよそに行かないと成功しない」と言い、マレーシアでは華人は高等教育の機会を得難いので海外に出るべきだと息子に意見している［➡327頁］。

『タレンタイム』でも、インド系であるマヘシュの姉のバヴァーニはカレッジに通っている。国内の大学に進学するのが難しい非マレー人の多くがSPMの後にフォーム6ではなくカレッジに進学してきたことを考えると、バヴァーニも例にもれずその流れに乗ったと見ることができる。

高等教育機関への進学に関して非マレー人が困難な状況に置かれている一方で、マレー人はこのような優先的措置に甘んじているという話が広く囁かれてきた。これらの言説は、民族間の調和が達成されない要因として用いられてきたものである。『タレンタイム』でも、サイコロを転がして解答したテストで一番をとったハフィズは不正をしたに違いないと、カーホウはタン先生に告げ口する。告げ口をハフィズに問い詰められたカーホウは、「いいじゃないか、お前たちは点数が悪くてもおまけしてもらえるから」と、マレー人に対する優先政策をほのめかすセリフでハフィズに嫌味をぶつけている。

国家が志向する教育戦略に上手に乗りながら生きていこうと考えている登場人物もいる。政府は教育政策を通して国家の発展に貢献できる人材育成を目指し、国家の発展に直結する理系分野の技術者と、資本家や経営者の育成を特に強化した。この政府の意図に乗ろうとしているのがメルーのすぐ下の妹のマワールである。自作の詩を披露することを趣味とする文学的なメルーに対し、マワールは科学的であることを好み、自分は科学分野で生きようと思っている。マワールは国家戦略にただ乗っかるだけでなく、成功するための努力も惜しまない。メルーが家族と過ごすシーンで、たびたびマワールは本を読んでいる(それはビッグフットの雑誌だったりもするが)。そんなふとしたシーンに、科学分野で生きるという希望に向かって日々努力している姿が垣間見られる。

ハフィズもその一人だ。優遇措置があることを知った上で、「実力で勝負したい」と言い切った。ハフィズの一位は不正ではないことを告げたタン先生に対して、カーホウは「あんなバカに負けたくない」と毒づく。それに対してタン先生は「君が思っているほどハフィズはバカではない。君も自分で思っているほど賢くないということだ」とカーホウを諭す。マレー人は優遇的措置に甘んじて怠けているというよく聞かれる言説の外側にある、これまで描かれてこなかった「あってもおかしくない世界」を、ハフィズやマワールの行動、そしてタン先生の言葉を通してヤスミンは描いたのではないか。

おそらくこの時点でカーホウは、心のどこかでハフィズを認め始めていたのだろう。カーホウの「いいじゃないか、

冒頭に描かれる試験の様子。このテストでハフィズは手製のサイコロを転がして解答する

ハフィズ〈左〉に対してマレー人優先政策をほのめかして嫌みを言うカーホウ〈右〉

お前たちは点数が悪くてもおまけしてもらえるから」という言葉は、ともすれば、「結局お前たちは政府のおまけに甘んじて生かされているだけじゃないか」という華人少年のマレー人少年に対する挑発発言となり、二度と交わることができない深い溝ができてもおかしくはない。しかし、ハフィズはカーホウのメッセージや現実に起こっている事実を真正面から受け止め、「実力で勝負したい」と応えた。自分と真摯に向き合い、話ができる人物として、このときカーホウはハフィズを認め始めていたように思う。

もうひとつの試練――新たな世界で自分を受け入れて生きる

教育や自分の進路に関する試練と同時に、彼らはそれぞれ「もうひとつ」の人生の試練に直面している。ここではマヘシュとハフィズに特に注目して、キーパーソンである母に着目しながら考えてみたい。

マヘシュは結婚式の最中におじ（ヒンドゥ教徒）をムスリムに殺されるという悲しい事件に遭う。マヘシュはメルーと恋仲になるが、民族と宗教の異なる相手との恋は、おじの事件も重なって家族を巻き込んだ複雑なものとなる。ハフィ

マヘシュ〈右〉はおじの死とメルー〈左〉との恋をめぐって母からの別離を迎える

ズは女手一つで育ててくれた母が末期の脳腫瘍に侵されており、天涯孤独となるかもしれないという不安に直面している。マヘシュもハフィズも、母の強く大きな愛に支えられ、母の世界の中で生かされてきた。そんな二人は、奇しくもフォーム5という同じ時期に、母という世界で生かされてきたことからの別離を経験することになる。ハフィズは母の死によって、マヘシュはおじの死、そしてメルーとの恋を巡って母と対峙したことによってそれを経験する。

マヘシュの母は、夫を早くに亡くした後、弟の力を借りながらマヘシュとバヴァーニを育てた。マヘシュ一家はヒンドゥ教徒で、母はムスリムとの関係に一線を引いており、弟がムスリムに殺されたことでその思いに憎悪が加わった。母は、息子の結婚相手は年頃になったら母である自分が見つけてやるべきと考えていたが、マヘシュは母に似合いの相手を選ばせなかったばかりか、こともあろうに民族も宗教も異なるマレー人ムスリムのメルーと恋仲になる。マヘシュへの怒りを露にした母に対し、マヘシュは「影も踏まぬほどお母さんを尊敬しています」と伝え、母の足に触れようとする。インド系の人びとは相手の足に触れることで敬意を表す。しかし、母は後退り、マヘシュに足を触らせることを拒否する。これが母と息子の旧来の関係からの別離の瞬間だったのだろう。

これまでと同様に母に守られながら母の世界で生かされるのであれば、母の選んだ相手と人生を共にすることを選択する必要があるだろう。しかし、マヘシュはメルーを心から消すことはできないと母に訴える。ラスト近くのマヘシュとメルーの階段でのやり取りから、マヘシュはこれまでいた母の世界を離れ、メルーと出会ったことで与えられた新たな世界に身を置こうとしていることがわかる。これは、それまで家庭内で問題となってきた、「異なる宗教を信仰する相手（特にムスリム）と人生を共に過ごす」という選択にまつわる試練に立ち向かう準備ができたことも意味するものだろう。

ハフィズは母想いの孝行息子で、献身的に母の見舞いに病院に通っている。母が末期の脳腫瘍であるという事実をハフィズはうまく受け入れられず、「どうか持ち堪えて」という歌を母に贈った。しかし、母との会話の中でハフィズも少しずつ母に死が近いことを受け入れていく。それは、母に生かされ守られてきた温かい世界に別れを告げ、自分を取り巻く環境によって与えられた新しい世界に身を置く覚悟を始めることでもあった。母の死に直面したハフィズは、母と交わした「タレンタイムでベストを尽くすこと」という約束を果たすべく、舞台で「I Go」を歌う。亡き母への哀悼の意をこめると共に、「僕は行く」、つまり母に守られていた世界から飛び立つことを歌に乗せて最愛の母に伝えようとしたのではないだろうか。

一七歳（フォーム5）とは、未熟さを備えつつも、マレーシアという社会が抱えるシビアな事情をSPMや進路選択を通して目の当たりにする時期だ。彼らは試験社会におけるSPMという試練と共に、おのおの「もうひとつ」の試練にも直面する。自分を生かしてくれた母という温かい世界を離れ、新たな場に自分を置くことで、彼らは一七歳の試練の時期を乗り越えようとする。新たな場とは、SPMの結果によって彼らにそれぞれ与えられるものであり、これまで自分を取り巻いてきた人間関係や環境によって与えられるものである。それは彼らが完全に自由意思で選択し得たものではなく、これまで歩んできた道によって半ば決定付けられていたものでもある。しかし、運命に与えられたように見えるその場で生きようとするのも彼らの本音の姿だ。自分という存在意義を下支えしていた母なる場を離れ、自分を取り巻く人間関係や環境によって与えられた新たな場に身を置き、そこで生きる自分を受け入れてそれも本音とする姿は、マレーシア人としての生き方を映し出すものではないだろうか。

『タレンタイム』を読み解く

「ライラとマジュヌン」——『タレンタイム』に至るイスラム文学の系譜

山本 博之

ヤスミンは『タレンタイム』を作ることで、マレーシア映画の歴史を最初からやり直そうとしていたのかもしれない。そんなことを考えるのは、『タレンタイム』に「ライラとマジュヌン」の物語が重なって見えるためだ。マレーシアやインドネシアでもよく知られるこの悲恋物語は、一九三三年に最初に制作されたマレー語長編映画に選ばれ、その後もこの物語を素材としたテレビドラマや映画がいくつも作られてきた。

なお、作品名と人物名は地域ごとに少しずつ異なり、カタカナ表記も異なるが、ここではカタカナ表記を無理に揃えていない。

『ライラとマジュヌーン』——思いが募るあまりの狂気と悲恋

「ライラとマジュヌン」は東南アジアに起源を持つ物語ではない。もととなる『ライラとマジュヌーン』は中東版『ロミオとジュリエット』とも呼ばれる古典的な悲恋物語で、八世紀ごろの実話をもとに書かれ、中東からインドへと伝えられていった。数々の詩人に詠まれたが、特によく知られるニザーミーによるものが日本語に翻訳されている（ニザーミー著、岡田恵美子訳『ライラとマジュヌーン』、東洋文庫３９４、平凡社、一九八一年）。

物語は以下のように進む。アラブのある地方の首長は、ようやく授かった跡継ぎの息子にカイスと名付けた。カイスは地方の名門の子弟が集まる学校に入り、そこで月のように美しいライラと出会って恋に落ちる。やがて二人は互いに心を通わせるが、カイスはライラへの思いが募るあまりに狂気に陥り、マジュヌーン（狂気）と呼ばれるようになる。その原因を知ってカイスの父は二人を結婚させようとするが、ライラの父に「狂人とは結婚させられない」と拒絶されてしまう。ライラの父は娘を別の男性に嫁がせるが、ライラは夫となった男に身を委ねようとしない。カイスの狂気は最後まで元に戻らず、まわりの人びとは全て不幸になり、ライラとカイスは結ばれないままそれぞれの生涯を閉じる。

『ライラとマジュヌーン』では、カイスとライラが結ばれない理由ははっきりと書かれていない。カイスはライラとの結婚を反対されて狂気に陥るのではなく、狂気に陥ったためにライラとの結婚を反対される。熱烈に恋するあまりに狂気に陥ったとされている。カイスは地方の有力者の家庭に生まれており、階級や身分が問題にされているわけではない。

多様な形をとるマレーシアの「ライラとマジュヌン」

『ライラとマジュヌーン』は、マレーシアやインドネシアでも「ライラとマジュヌン」の物語として広く知られている。冒頭でも触れた通り、マレーシア地域で最初に作られたマレー語長編映画は、インドから来たプロデューサーと監督によってシンガポールで制作された『レイラとマジュヌン』[1]だった[➡62頁]。

この映画は一九六二年に同じ題でリメイクされている。一九三三年版についての情報はないが、一九三三年版をもとに制作したとされる一九六二年版では、ライラは富裕な家庭の娘で、これに対してカイスは貧困家庭の息子で、二人は学校で出会って互いに思いを通わせるが、階級の違いのためにライラの父が二人の仲を認めない。この物語では階級の違いがカイスとライラの恋を妨げる原因として描かれている。

マレーシアでは「ライラとマジュヌン」の物語を素材にした小説やドラマが他にもいくつも作ら

▶1　原題は『Leila Majnun』。監督はB. S. ラージハンス。初期のマレー語映画の題はアラビア文字で書かれていた。ローマ字表記では『Laila Majnun』、日本語では『ライラとマジュヌン』と書かれることもあるが、当時の新聞広告には『Leila Majnun』とあるため『レイラとマジュヌン』とするのが適切である。

れているが、登場人物にカイスとライラという名前が付いた映画としては『カイシュとライラ』[2]がある。

　カイシュはマレーシアのイスラム大学で学ぶアフガニスタン人学生で、アメリカによるアフガニスタン侵攻により祖国の家族が殺され、一人だけ生き残った妹を守るために祖国に戻る。カイシュはマレーシアの人道支援団体の通訳になり、医療支援ボランティアとしてアフガニスタンに赴任したマレーシア人女性ライラと出会う。カイシュとライラは救命救急の現場で同志としての関係を深めていくが、恋愛関係には発展しない。一般市民である仲間や子どもたちの命を守るために努力を一つひとつ積み重ねていってもテロリストと呼ばれて掃討作戦で一瞬のうちに仲間を殺されてしまうカイシュは、絶望の淵で狂気に陥りそうになるが、救命ボランティアが最後まで希望を捨てない様子を見て踏みとどまる。カイシュとライラは命を失うでも結ばれるでもなく、それぞれの持ち場を見つけて自分のすべきことを果たそうとする。

　カイスとライラの物語は、時代や地域によって異なる姿をとる。「ライラとマジュヌン」の物語は、それぞれの時代のそれぞれの地域の人びとに共感できる物語の形をとって、形を変えながら語り継がれている。

イスラム神秘主義思想と『ハーフィズ詩集』の影響

　ヤスミンも「ライラとマジュヌン」の物語を当然知っていたはずで、この物語が『タレンタイム』の底流に流れているのは不思議なことではない。『ライラとマジュヌーン』と関係が深いイスラム神秘主義思想（スーフィズム）に関して、ヤスミンはイスラム神秘主義思想の影響を強く受けた一四世紀の詩人であるハーフィズに出会い、酒と恋と異端をうたう詩が並ぶハーフィズの詩集への賛辞を記している。『タレンタイム』に登場する男性は、タン先生、アヌアル先生、マヘシュ、カーホウ、メルキンといずれも役者の本名をそのまま役名にしているが、ハフィズだけ役名が役者の本名と違っている。ハフィズという名前は配役よりも前に決まっていたためだ。ハーフィズとはコーランを暗誦する者に与えられる称号で、『タレンタイム』において試験で満点をとるハフィズと重なる（ハーフィズの詩集には日本語訳がある。

▶2 原題は『Qaisy & Laila』、監督はアフマド・アラウディン、2005年公開。

ハーフィズ著、黒柳恒男訳『ハーフィズ詩集』、東洋文庫299、平凡社、一九七六年)。

インド映画『アージャー・ナチュレー』からの着想

ヤスミンが『タレンタイム』の物語を構想する上では、「ライラとマジュヌン」の物語を中東から直輸入したのではなく、インド経由で受け入れたようだ。そのきっかけになったのは、二〇〇七年公開のインド映画『アージャー・ナチュレー』だった[➡302頁]。

二〇〇八年四月、ヤスミンはこの映画の挿入歌の一つである「オ・レ・ピヤ」について、何度聞いても鳥肌が立つほど素晴らしい曲で『タイレンタイム』に使うことにしたと書いている。本書の「死による再生と出発」で紹介した四行を引き、この歌詞との出会いに感謝している[➡269頁]。

もっとも、ヤスミンは「オ・レ・ピヤ」の歌や歌詞だけに心を惹かれたのではなく、『アージャー・ナチュレー』の物語からも着想を得たようだ。

『アージャー・ナチュレー』は、本書の深尾淳一氏の記事[➡302頁]にもあるように、インドの大女優マドゥリー・ディクシトが5年ぶりにスクリーンに復活を遂げた作品だ。[3] マドゥリー扮するディアは、インドのシャームリーという田舎町にあるアジャンターという劇場でダンスを習っていた。取材に訪れたアメリカ人カメラマンと恋に落ち、両親の反対を受けながらもアメリカに駆け落ちする。それから一一年。ニューヨークでダンスを教えて生計を立てていたディアは、アジャンターのかつての師匠が危篤だと聞き、娘を連れて一一年ぶりにシャームリーに戻る。しかし師匠は、廃墟同然となっていたアジャンターの再興をディアに託す言葉を残して亡くなっていた。アジャンターを取り壊してショッピングモールにする計画があると聞くと、ディアは町の政治家にかけあい、二か月以内に町の人びとによる舞台がアジャンターで上演されたら取り壊しを中止するという約束を取り付ける。二か月後の舞台の演目は『ライラとマジュヌー』に決まった。かつて両親の反対を押し切ってアメリカに駆け落ちしたディアを誰もが歓迎したというわけではなかったが、町の人たちの中からオーディ

▶3『アージャー・ナチュレー』およびマドゥリーについては「これでインディア」〈http://www.koredeindia.com/〉などを参考にした。

ションで役者を選び、『ライラとマジュヌー』の公開日を迎える。

重なりあう二つの映画――込められた共感と支持、そして決意

この物語はマドゥリー自身の復活劇と重なる形で進行する。劇中でディアがアメリカに駆け落ちした一一年前とは、マドゥリーの出演作品が当たらずに批評家たちから厳しい批判を受けた一九九六年と重なっている。その後マドゥリーはアメリカ在住のインド人男性と結婚したが、在外インド人との結婚やアメリカへの移住に対する批判も多かったという。マドゥリーは二〇〇二年を最後にインド映画の表舞台から姿を消した。インド映画界ではマドゥリーを惜しむ声とともにポスト・マドゥリーを探す動きも見られるようになったが、二〇〇七年、マドゥリーは『アージャー・ナチュレー』でインド映画への復帰を果たした。劇中では、アメリカ人男性と駆け落ちしたディアが故郷に戻り、経済発展のために文化芸術が打ち捨てられようとしていることに異議を唱えて、再び故郷で舞台に立った。

『タレンタイム』で重要な役を担う「オ・レ・ピヤ」は、冒頭のアジャンター劇場でのマドゥリーらのダンスの場面をはじめ、劇中で惜しげもなく何度も使われている。

『アージャー・ナチュレー』の物語は、ヤスミンの物語、『タレンタイム』の舞台裏の物語、そして『タレンタイム』の劇中の物語と重なっていく。

『アージャー・ナチュレー』が外国で人気を博した割にインド国内であまりヒットしなかったことは、ヤスミン作品が外国で高く評価されながらもマレーシア国内で十分に評価されてこなかったことと重なる。その意味で、『タレンタイム』にはヤスミンによる『アージャー・ナチュレー』への共感と支持が込められていたようにも思われる。

大女優マドゥリーの復活は、本書の「死による再生と出発」でも書いたように〔➡271頁〕、『タレンタイム』における女優アゼアンの「死による再生」と重なっている。『アージャー・ナチュレー』でディアが娘をインドに連れて行って舞台に立たせたように、『タレンタイム』でもヤスミンはアゼアンが娘と共演することで輝きを次代に伝えようとした。

そして、劇中劇である『ライラとマジュヌーン』（劇中では『ライラとマジュヌー』）は、『タレンタイム』のガネーシュやマ

写真1 バヴァーニ〈右〉が寝ているところをマヘシュ〈左〉が起こして、「メルーとずっと一緒にいたいと思うけど、これは恋かな」と尋ね、亡くなる前日に叔父のガネーシュが送ってきたメールを読んでほしいと頼む

写真2 ガネーシュが甥のマヘシュに送ったメールをマヘシュの母〈右〉に見せるバヴァーニ。ガネーシュには異教徒ゆえ結婚できなかった恋人がいたこと、マヘシュの母は見合い結婚だと言ったが本当は親の反対を乗り越えて自分が好きな人と結婚したことが明かされる

ヘシュの恋の行方と重なる。『アージャー・ナチュレー』の劇中劇では、ライラとマジュヌーンは最後に死ぬが、死んだ後で結ばれて二人で天に昇っていく。『タレンタイム』でも、ガネーシュはかつての恋人とこの世で結ばれなかったが、亡くなった後で天で結ばれたことだろう。そしてマヘシュは、ガネーシュと同じ理由で母に認めてもらえなかったメルーとの恋を来世を待つことなく成就させられそうな予感を与えている。

ヤスミンは、「ライラとマジュヌン」に系譜をたどれる様々な物語をいったんバラバラにして組み立て直し、まったく別の作品である『タレンタイム』に仕立て上げた。しかもそれは、現在のマレーシアで生み出された物語であるにもかかわらず、どの時代のどの地域の人にも共感される普遍性を持った物語になっている。一九三三年の『レイラとマジュヌン』に始まるマレーシア映画を組み立て直し、新しいマレーシア映画を、そして新しいマレーシア発の映画を作り出していくまさに第一歩を踏み出したところだった。

『タレンタイム』を読み解く

『タレンタイム』にみるマレーシアのインド系世界

深尾 淳一

『タレンタイム』は、ヤスミン・アフマド監督の作品としては初めて（そして遺憾ながら最後の）インド系マレーシア人を主役に据えた物語である。そこでここでは、作品の理解をさらに深めるため、マレーシアのインド系社会と映画について簡単にまとめておきたいと思う。

マレーシアに暮らすタミル系住民の来歴

マレーシアに定住するインド系の住民は、約二〇〇万人、全人口の約六パーセントを占める。そのうちの約九〇パーセント以上がタミル語を母語とするタミル人であり、多くはヒンドゥ教を信仰している。[1] タミル語は、インド南部のタミルナードゥ州（州都チェンナイ、旧名マドラス）の公用語であり、インド全土で幅広く使われるヒンディー語とは別系統の言語である。

タミル人とマレーシア半島部とのかかわりを歴史的に見てみると、実はかなり古い時代にまで遡ることができる。紀元前後にはすでにベンガル湾沿岸の広い地域で活発な交易活動が行なわれており、準宝石製のビーズや特殊な刻文を持つ土器などのインド製の遺物が、現在のタミルナードゥ地域の海岸部の遺跡からも、またマレーシア半島部からも、さらに遠くはジャワ島

▶1 人口、民族についての情報はマレーシア統計局2017年のデータによる〈https://mysidc.statistics.gov.my/indikator/downloadfile.php?ddd=pdf|7483〉。タミル人については以下のWebサイトを参照した〈https://joshuaproject.net/countries/MY〉。

からも発見されている。六世紀後半以降、パッラヴァ朝やチョーラ朝などの古代王国がタミル地域のかなり広い範囲を統一するようになると、それらの王国が海を越えて東へと勢力の伸張を図ろうとする過程の中で、東南アジアへのタミル人の移住も本格的に進展するようになる。

しかしながら、タミル系住民のマレーシア半島部への大規模な定着が進むのは、一九世紀初め以降、英国の植民地支配下でプランテーション農園での労働者としてなかば強制的にインドから大量の人びとが連れてこられるようになってからのことである。二〇〇五年にタミル人監督によって製作されたマレーシア映画『砂利の道』[2]でも、ゴム園で働くタミル人住民の姿が描かれている。

インド系イスラム教徒とタミル系ヒンドゥ教徒との関係

『タレンタイム』の中で、タミル系の主人公マヘシュのおじガネーシュが、若いころにインド系イスラム教徒の娘と恋に落ち、家族全員から猛反対を受け、泣く泣く結婚を断念したことが語られる。イスラム教徒と異教徒との結婚がいかに困難なものなのかについては本書の第１部でも詳しく解説されているが、それに付け加えて、同じインド系住民であるにもかかわらず、ヒンドゥ教徒であるガネーシュらと、イスラム教徒のインド系住民との間にこれほどの深い溝があるのには、歴史的経緯とも関連する両集団の社会的つながりの違いがかかわっているとも言える。

先に述べたとおり、ヒンドゥ教徒のタミル人がこの地へ足を踏み入れるのは、かなり古い時代のことであり、長い定住の歴史の中で、彼らの故地であるインドとの結びつきは希薄化しているという側面がある。他方で、現在のマレーシアのタミル系人口の大部分をなす一九世紀以降の移民は、プランテーションという特殊な環境下で閉鎖的なコミュニティーを形成してきた。総じてマレーシアのインド系住民は、外の世界とのつながりが比較的薄い社会の中で生活を営んできたとも言えるであろう。

これに対してインド系イスラム教徒の場合は、イスラム教徒という共通項を持つがゆえに、マレーシアやインドネシア、さらには中近東にまで至るイスラム世

▶2　原題は『Chenman Chaalai』。

界の広がりの中で、精神的にも、出稼ぎなど実生活の面でも、様々な形で外の世界とのつながりを認識しているという側面がある。自己完結的なヒンドゥの社会と、より外に向いた結びつきの可能性を持つイスラム社会という社会としての志向性の違いが、マヘシュの母親が弟の恋愛に対して、「あちら側に行ってしまう」と反対する背景ともなっているのである。

そうした背景を考えると、マレー人イスラム教徒であるメルーとの仲を知ったマヘシュの母親がものすごい剣幕で彼に殴りかかったことも、納得がいくであろう。その場面で母親は、自らの足元にひざまずくマヘシュを見て、一歩後ずさりをする。字幕では、「あなたの影を踏まぬほど尊敬しています」とマヘシュの手話が訳されているが、ヒンドゥ教徒の作法として、目上の人の足に触れて拝むことは、その人への最高の敬意の表し方である。よって、マヘシュの母親が息子を目の前にして一歩後ずさりをするのは、そうした敬意を示そうとすることも許さないほどの怒りを示しているとみることができる。イスラム教徒との恋愛・結婚がそれほどまでにタブー視されていることが、ここからもわかるのである。

劇中歌から考えるマレーシアとインドとの関わり

マレーシアとインド映画界とのかかわりは実はかなり深い。それは、マレーシアにインド系の住民が多く住んでいるからだけではない。まだマレーシアが独立する以前、マレー語映画産業の基盤を形成する上で、インドからやってきた映画監督たちが大きな役割を果たしていたのである。まだ技術的なレベルが高くなかった当時のマレー語映画界で、インド人監督のもたらした映画製作の技術は、後のマレー語映画に大きな影響を与えたと言うことができる［➡62頁］。さて、『タレンタイム』の中にも、インド映画からの曲が二曲登場する。

一曲は、母親の怒りに直面して嘆き悲しむマヘシュとメルーの姿や、死を覚悟したハフィズの母の姿と重ね合わせて流され、さらにエンドロールでも再度使われている印象的な曲「オ・レ・ピヤ」である。この歌は、二〇〇七年のヒンディー語映画『アージャー・ナチュレー（おいで、踊ろう）』からのものである［➡297頁］。この映画は、結婚後スクリーンを離れていた人気女優マドゥリー・ディクシトの復帰作として注目された作品だったが、映画自体はヒットには至らなかった。しかし、古典音楽の歌手であるラハト・ファテー・アリー・カーンが歌うこの「オ・レ・ピヤ」を含めこの映画の曲は多くの人に愛され、親しまれている。

もう一曲は、映画の序盤で、ガネーシュが結婚の儀式で姉であるマヘシュの母親に身を清めてもらっているときに口ずさむタミル語の歌である。この歌は、往年の人気俳優ジェミニ・ガネーシャン主演の一九六二年のタミル語映画『スマイターンギ』[3]からのものである。著名な現代詩人カンナダーサンの作詞によるこの歌は、古典的名曲として今も人びとに親しまれている。ガネーシュは、この歌をおどけて口ずさむが、少し歌詞を紹介すると、

めまいなのか、戸惑いなのか
心の乱れなのだろうか
それとも、人生の動揺なのだろうか

と歌う哀愁に満ちた曲であり、冗談っぽく振舞いながらも、実は結婚を目の前にして本心ではそれを望まない彼の心の内を表している歌となっている。

マレーシアではインド映画は今も、特にインド系住民の間で根強い人気を保っている。インド系住民の大多数がタミル系であるため、タミル語映画が特に好まれる。一方、製作本数は取るに足らない数であるが、マレーシアでもタミル語映画の製作が行なわれている。インドに住むタミル系住民の数は断然多く、市場規模の差を考えると当然のことだが、マレーシアではインド製のタミル語映画の方が圧倒的に人気が高い。それにもかかわらずマレーシアでタミル語の映画がわざわざつくられるのは、なぜなのだろうか。マレーシアのインド系社会を考える上で、マレーシア製のタミル語映画の存在は見過ごすことのできない重要性を持っていると言えよう。

▶3　原題は『Sumaithangi』、題意は「肩代わり」。

多層的・多義的物語世界の愉しみ方④

『ラブン』

『ラブン』内容紹介

※物語の結末、核心部分に触れています

◉登場人物

●**アタン**……マレー人／男性／イスラム教徒。マレー語を話す。年金生活者。糖尿病で目がよく見えない。

●**イノム**……マレー人／女性／イスラム教徒。マレー語を話す。年金生活者。車を運転する。田舎に父が遺した家がある。見えない的に物を投げて当てるのが得意。

●**オーキッド**……アタンとイノムの娘。マレー人／女性／イスラム教徒。マレー語・英語を話す。オフィスで働いている。

●**ヤシン**……オーキッドのボーイフレンド。マレー人／男性／イスラム教徒。マレー語・英語を話す。オーキッドに運転を教える。

●**イメルダ**……アタンとイノムの隣人。女性。民族・宗教は不明。インド人か。

●**アグネス・ヤップ**……アタンとイノムの隣人。華人／女性／非イスラム教徒。

●**イェム**……イノムのいとこの息子。マレー人／男性／イスラム教徒。マレー語を話す。無職。同じ村のキアに懸想している。飼っている鶏にキアと名付けている。

●**ノル**……イェムの義母。マレー人／女性／イスラム教徒。

●**エルビス**……父はタイ人、母は華人／男性／非イスラム教徒。マレー語を話す。村の建設業者。

●**キア**……マレー人／女性／イスラム教徒。

●**アスン**（スンさん）……華人／男性／非イスラム教徒。雑貨屋の店主。ほとんど寝ている。

●**アレック**……インド人／男性／非イスラム教徒。広東語を話す。アスンの弟。

●**ヤピット**……男性。民族・宗教は不明。インドネシア系か。オーキッドの子ども時代の友だち。

●**アロン**……男性／華人／非イスラム教徒。オーキッドの子ども時代の友だち。

◉あらすじ

子どもたちがコパ（石を投げて空き缶に当てる的当て）で遊んでいる。オーキッドも混ぜようと呼ぶと、オーキッドの母イノムがついてきて、手を怪我したというオーキッドのかわりにコパをしたがる。イノムはコパが得意で、目隠しして石を投げても的に当てることができる。

それから十数年。アタンとイノムは定年退職して都会の家で年金生活を送っている。アタンは糖尿病で目がよく見えない。オーキッドがボーイフレンドのヤシンを家に招き、家族で夕食をとる。イノムはアタンの食事の塩分を減らし、肉を控えめにするが、自分は陰でいろいろと食べており、そのことを知っているアタンが冗談風にヤシンにぼやく。イノムとオーキッドは陰で笑っているけれど、アタンは、わしは目は見えないけれど耳は聞こえるから笑っていてもお見通しだと言う。ヤシンはオーキッドの家族（特にイノムとアタン）があまりに仲が良いので戸惑う。

＊

都会は人間関係が希薄で犯罪も多いけれど、田舎は人間らしい暮らしが残っていて、家に鍵をかけておかなくても何も盗られる心配がないほどだと考えるイノムは、オーキッドが就職したこともあり、夫婦で田舎に住もうと考える。田舎にはイノムの父が遺した家がある。オーキッドの仕事の送り迎えがあるので、オーキッドが車を運転できるようになるまで平日は都会の家に住み、週末だけ田舎の家で住むことにする。

イノムとアタンはイノムが運転する車で高速道路を飛ばして田舎の家に着く。長く使っていなかったので手入れが必要で、クアラルンプールで高級なカーテンを何十メートルも買い、植木はキャメロン高原で買い、芝生はスンガイブローで買い、居間の調度はクアラルンプールのチョウキットで買った。田舎の家に似合わない豪華な装飾を嬉しそうに説明するイノムに、隣家のノルは戸惑いながらも愛想よく話を合わせる。

＊

ノルはイノムのいとこの妻で、ノルの夫は亡くなっているが、前妻の息子のイェムと二人で暮らしている。夢想家で遊び人のイェムは、高校を卒業したけれど成績が悪くて進学できず、仕事に就いたものの先月辞めさせられていた。

イノムは庭にコンクリートで駐車スペースを作ろうと思う。隣人どうし助け合うのが当然だと考えるイノムは、作業の監督をイェムに頼む。業者は二五〇〇リンギと都会並みの値段を言ってきたけれどイェムが二〇〇〇リンギまで値切ってくれたと喜ぶイノムは、経済的に恵まれないイェムを助けるつもりで多少のお駄賃をあげてもいいと思っている。アタンがイェムに作業の前金を渡すとき、目がよく見えないために多目に渡そうとする。イェムは戸惑うが、ノルがもらっておけと目くばせしてイェムはそのまま受け取る。

＊

建設業者のエルビスが来る。父はタイ人、母は華人で、華人風のアクセントが強いマレー語を話す。イノムたちのことをよく知っており、花の名前が付いた娘がいたはずだが結婚したのかと尋ねる。まだ結婚していないからエルビスが結婚したらどうかと話を振られると、ムスリムと結婚すると割礼しなければならないからと遠慮する。

エルビスがイノムたちと話しているのを見て、イェムがエルビスを呼び出し、作業代のことで余計なことを言っていないだろうなと念を押す。エルビスは作業代を一〇〇〇リンギと言ったが、イェムは二五〇〇リンギだったのを二〇〇〇リンギに値切ったとイノムに言い、差額の一〇〇〇リンギを自分の懐に入れようとしていた。

イェムは同じ村に住むキアが好きで、プロポーズの言葉を練り、雑貨屋のアスンにも賛成されたと誤解して、珍しく朝から礼拝して気合いを入れてキアに求婚したが、キアの家から五〇〇〇リンギの結納金を求められた。それを知った村の男たちは、飼っている鶏キアでも抱いていろとイェムをからかう。

＊

エルビスはイノムに作業費用のことを話す。イノムは顔色を変えて、これからはエルビスと直接やり取りすることにして、エルビスには作業代を一五〇〇リンギ払うという。

その晩、ノルがイノムたちの家にイェムの結納金の借金の相談に来る。イノムたちは冷ややかな態度で応対する。お金を貸したくないわけではないけれど、イェムは進学もしなかったし仕事にも就いていない。結婚して子どもが生まれればお金がかかる。将来どうやって暮らしていくのかを考えずに結婚だけ考えてもうまくいかない。アタンとイノムが台所に砂糖を探しに行くふりをしてノルを放っておき、ノルは家に帰る。

＊

都会ではヤシンが自分のBMW車を使ってオーキッドに運転を教えている。ヤシンがギアの切り替えをするようオーキッドに言うと、それができるぐらいなら運転を教わったりしない、私に運転を教えに来たのか私を叱りに来たのかとオーキッドは文句を言う。オーキッドは、そもそも知り合ったばかりでまだ二、三回しか外で会っていないのになぜヤシンは運転を教えてくれるのか、男が優しくしてきたら必ず下心があって、都会の男なら特にそうだと言ってヤシンを怪しむ。

ヤシンは、もう五回も会っているし、オーキッドの父から運転を教えてほしいと頼まれたから教えているのに、助けても文句を言われるし助けなくても文句を言われると嘆く。ヤシンは、オーキッドの両親は一緒にシャワーを浴びるぐらい仲が良すぎて驚くけれど、二人を見ていると夫婦で一緒にシャワーを浴びるのもいいかなと思い始める。

夜、オーキッドの家にアタンとイノムが帰ってくる。ヤシンの車が停めてあるが、家に入っても誰もいない。シャワー室から音が聞こえてくるのでオーキッドとヤシンが一緒にシャワーを浴びているのではないかと疑いシャワー室のドアを叩くが、中にいたのはオーキッドだけで、ヤシンは二階で礼拝していた。早合点したイノムをアタンが笑い、二人で居間でくすぐりあってじゃれる。どんなことがあっても結局はじゃれ合う二人を階上から見て、ヤシンは呆然とする。

＊

ノルの家は電気がつかずに真っ暗になっている。ノルがイェムに尋ねると、駐車場の作業費の浮いたお金を電気代の支払いにまわそうと思っていたけれど、お金が入ってこなくなったので電気代を払えなかったと答える。父と一緒で約束するときは調子いいけれど守ったためしがないとノルが言うと、父の悪口は許さないとイェムが怒る。イェムは都会の金持ちマレー人が悪運を持ち込んだと言うが、ノルは自分で努力しない人を助けるのは無理だと答える。イェムは思い知らせてやると言って家を出て行く。

＊

イノムの家。庭で新聞を読みながらコーヒーを飲んでいるところにアタンが手紙を持って来る。水道代の請求書で、五〇〇リンギという法外な金額だったのでイノムは驚いてコーヒーを吹き出す。調べてみると、庭の蛇口が空いたままで水が流れっ放しになっていた。

イノムとアタンが自転車で二人乗りして田舎道を走る。目がよく見えないアタンは、牛を見て車が来たといい、車を見て牛に気を付けてと言う。二人の自転車がイェムの家の前を通りかかる。イェムは鶏のキアを抱いてかわいがっており、他の鶏を蹴散らしてキアに餌を食べさせる。

＊

アタンが家の庭で深呼吸すると死骸の臭

いがする。顔におしろいを塗ったイノムも出てきて二人で庭を探し、ネズミの死骸を見つける。アタンが棒の先にネズミの死骸をぶら下げて、死骸を怖がるイノムを追いかけまわし、二人は楽しそうに庭を走りまわる。そこにエルビスが来て、恨みを持った誰かが除草剤を撒いたと突き止める。

イノムとアタンは互いの身体を洗い、洗いながらタイタニックのポーズになる。二人を見て寂しく思うノルは、部屋で抱き枕を足に挟んで一人寂しく寝る。

除草剤を口にしたためか、鶏のキアは死んでいた。その晩、満月に雲がかかり、イェムが入念に刀を研ぐ。イェムはモスクに行ってくると言うが、ノルは、また大麻を吸っているのか、こんな夜中にいったい何をしにモスクに行くのかと訝る。

＊

イノムが月を見上げている。満月がきれいだと言うが、アタンには見えない。アタンはイノムに君は一七歳の乙女のように美しいと言う。

寝室でイノムとアタンの二人が寝床に入っていると、外で物音がしたために二人で見に行く。アタンはほうきを振りまわして真っ暗な庭の中を走っていく。イノムは物音がした方向に狙いを定めて木の棒を投げ、命中したらしくうめき声が聞こえる。イノムたちを襲うのに失敗したイェムは、家に戻ってノルを背後から襲って憂さ晴らしする。庭から戻ってきたアタンは泥だらけになっており、イノムはアタンの身体を拭きながら泣く。

＊

翌朝。アタンは左手に包帯を巻いている。イノムは車に荷物を詰め込んで、家に鍵をかけて車で去る。ノルの家の前を車が通りかかり、ノルが声をかける。イノムはしばらく走ってから車を停めて、怒った様子でノルの家に歩いて戻る。ノルは顔に殴られた跡がある。イェムの仕業だとわかったイノムは、何も言わずにノルと抱擁してから、奥に座って二人を見ているイェムのところに行き、イェムを倒す。

＊

ヤシンがオーキッドに運転を教えている。今日は優しい言い方をするのねとオーキッドに言われ、ヤシンはそうしないとひどい目にあわされるからねと答える。イノムたちがコバで遊んでいるところにオーキッドたちの車が通りかかり、オーキッドたちも混ざってコバで遊ぶ。そのうちに、近所の人たち、田舎にいるノルやイェムやエルビス、さらに死んだはずのスンさんや鶏のキアも集まってきて、みんなでコバで遊ぶ。

『ラブン』を読み解く

都会暮らしに慣れたマレー人も

山本 博之

マレー語で田舎のことをカンポンという。マレー人はカンポンが大好きだ。断食明け大祭である「ハリラヤ・プアサ」の連休には民族大移動と呼ばれるほどの帰省ラッシュになるし、都会で暮らしている若者たちも、「老後はカンポンに戻ってゆっくり暮らしたい」と言ったりする。

その一方で、クアラルンプールなどの都会に出て暮らしているマレー人も少なくなく、彼らはこの数十年間で発展を遂げた都会の生活にすっかり慣れてしまっている。言葉の上では「カンポンはいい」と誰もが言うけれど、都会に慣れてしまったマレー人はカンポンに戻って本当に生活できるのか。もうカンポンでは暮らせない心と体になってしまっているのではないか。

「○○人としてのまとまり」という幻想を砕く

仮に都市のマレー人が実際に頭の中でカンポンでは暮らせないと思っていたとしても、決しておおっぴらに口にすることはない。しかし『ラブン』は、田舎暮らしも本当は大変で、都会にも親密な近所づきあいがないわけではなく、むしろ都会で暮らした方が心穏やかに暮らせるかもしれないと言ってしまった。さらに言えば、マレー人の中の田舎と都会の対立を積極的に描くことで、「マレー人としてのまとまり」が幻想だとはっきりと言ってしまった。

ただし、『ラブン』のメッセージを、都市化の進むマレーシアで人びとが伝統的なつながりを失ってばらばらになっていることへの警鐘の類だと受け止めるとしたら、おそらくヤスミンの思惑とは反対のメッセージを受け取ることになるだろう。人びとの関係が希薄になったと嘆くのではなく、まとまるべき枠組みがマレー人でなければならないという考え方に対する批判なのであって、『ラブン』ではそれ以外の枠組みでの人びとのつながりやまとまりが否定されているわけではない。

マレー人としてのまとまりが幻想であるというのは、「○○人であれば自ずとまとまりが生まれるはずだ」という見方を否定しているのであり、逆に言うと、「○○人と括ることができなくても、まとまりやつながりはありうる」ということだ。こう見ると『細い目』や『グブラ』のオーキッドの物語とのテーマの重なりが見えてくるだろう。『ラブン』は、都会のマレー人どうしの間でも緊密なつながりはあるし、マレー人と華人との間でも心を許せる関係がありうることを、エピソードを少しずつ積み重ねて描いている。

区別に囚われて霞んだ目からの解放

『ラブン』で重ねられているエピソードの一つを担うのが庭の整備を請け負ったセメント業者役のエルビスだ。すっとぼけたマレー語でいい味を出しているエルビスを演じたのは映画監督のホー・ユーハンだ(写真1)。ヤスミンとユーハンは、「現実にはない(ことになっている)マレーシア」を「現実にあってもおかしくないマレーシア」として描き、しかもマレー人側と華人側のそれぞれの立場から描き、相手の作品の肝となる登場人物として互いに出演しあっている。志を共有してそれぞれの場で活動している者どうしの関係がうかがえる。『ラブン』でエルビスはタイ人と華人の混血者で、オーキッドとの結婚に関心を持っているが、[1]オーキッドと結婚したらイスラム教に改宗しなければならないことを怖がっている[➡452頁]。

カンポンでガス配達などを切り盛りするアレックは、どう見ても華人に見えないけれど流暢な広東語を話して仕事の指示を出している。この役を

▶1 実際のセリフでは、エルビスはオーキッドの名前を出さずに「花の名前がついた娘」と言っている。『ラブン』でイノムとアタンの娘はオーキッドだけなので、エルビスはオーキッドとの結婚に関心を持っていることになる。ただしあえて現実社会と交差させるならば、ヤスミンもイノムとアタンの娘で花の名前が付いており、エルビス役のユーハンがヤスミンとの結婚に関心を持っているという絵になる。

写真1　ホー・ユーハンが演じるエルビス。タイ人と華人の混血者という設定

写真2　アタンは糖尿病のために目がよく見えなくなっている（霞み目）状態。マレーシアの人びとを象徴しているようにも見える

演じた役者は、クアラルンプールでイギリス植民地時代から続く老舗の洋食レストランで長く働いていたところをヤスミンが見つけて出演依頼した。かつてのマレーシア社会では民族の境界と言語の境界が必ずしも重ならず、華人ではないのに広東語を話す人も珍しくなかった。

なお、アレックの「兄」と呼ばれている雑貨屋の店主はどう見ても華人で、まわりからスンさんと呼ばれている。『タレンタイム』でメイリンがメルーの母に点心の作り方を教えたときに「スンさんの雑貨屋で買った」と言っているあのスンさんだろう。

スンさんは、劇中でアレックが半分冗談とも受け止められるような言い方で「死んだ」と言われるが、エンディングに登場する。エンディングには都会の住民も田舎の住民もみな登場するし、死んだはずの鶏も復活しているので、『ラブン』の物語の直接の延長上にはないのかもしれない。民族別や都会・田舎の別などの区別によって社会を見る癖がついてしまい、それ以外の見方ができなくなって「ラブン（霞み目）」の状態になっている（写真2）マレーシアの人びとが、『ラブン』の物語が終わる（つまりラブン状態から解放される）ことで、民族や都会・田舎の区別なくつきあうことができるようになった状態を描いているということだろうか。

符合するマレーシアの交通事情と生活事情

都会と田舎とを分けるものは何だろうか。都会人であるイノムはハイウェイを自動車でとばす。抜かれたらその車を抜き返すまで追いかけ、パトカーを追い抜いたこともある(写真3)。

クアラルンプール近郊で車を運転して目的地に着くのは簡単ではない。ハイウェイが網状につながっているため、目的地に早く到着するには、走行距離が多少長くなっても、まずハイウェイに出て、そこから目的地近くまでハイウェイを走った方がいいことが多い。目的地が南にあっても、しばらくは北に向かって走る方が早く着くということも起こる。一方通行が多いため、ハイウェイに入る場所を間違えたら、Uターンするのではなくハイウェイの別の入口を探した方がいいこともある。さらに、常にどこかが工事中のために迂回路が作られ、二、三か月すると同じ場所に行くための道が変わっていたりする。

このような状況では、目的地のおおよその方向を見極めてとにかくその方向に向かって車を走らせるという方法では目的地に着けない。目的地に着くには、指し示す方向がどんなに間違っていそうに思っても、道路標識を信じて、その通りに進むしかない。標識の通りに進んでいれば必ず目的地に着くはずだし、逆に、標識を無視して自分の感覚で目的地に向かっていては、いつになっても目的地に到達できない。

これは運転のことを言っているが、それ以外のマレーシアの生活とも奇妙に重なって見える。経済成長などの成功を収めたければ、それが一見すると逆向きだと思ったとしても政府が指し示す方向に向かうべきで、政府が指し示す方向を無視して自分の判断で進んでしまえば目的を達することができない。

都会人とは、標識に従って自らを律して行動できる人のことだ。そのような都会人にとって、自動車はただの移動手段であり、ハイウェイをとばして競争する手段になっている(写真3)。

これに対し、田舎に暮らすエルビスは、全開にした車の窓

写真3　イノムが運転する自動車はいつもハイウェイを猛スピードで走る。遅い車やオートバイには容赦なくクラクションを鳴らし、追い抜いてゆく

写真4　オーキッドたちが暮らしていた都会の家。軒に電飾をつけて部屋の電気も煌々と灯っているのに対して両隣は真っ暗で、意識の差や没交渉をうかがわせる

写真5　車を運転できないオーキッド〈右端〉は母の運転で職場まで送ってもらっている

から腕を出して、外の世界の空気や音を感じて、鼻歌を歌いながら自動車を運転している（写真1）。ハイウェイも標識もなく、自分の判断で道を進んでいる。そこでの自動車は移動手段であるとともに楽しみの源泉でもある。

　オーキッドは都会で暮らし、都会で働いているが、自分で自動車を運転することができず、いつも母に職場まで送ってもらっている（写真5）。ボーイフレンドのヤシンから運転を習うことになったが、ヤシンにあれこれ指図されることを嫌がっている。都会に住んでいても都会人になりきった人ばかりではないようだ。

『ラブン』を読み解く

心の庭に招き入れる寛容さ

野澤 喜美子

ヤスミンの長編初監督作『ラブン』には、ヤスミン映画の萌芽がいたるところに見られる。しかし、どこかとらえどころのない映画だ。明るいコメディのようでいて、そこに悪意や死が平然とやってくる。「都会暮らしに飽きた夫婦が念願の田舎暮らしを始めるが、隣人の男に嫌がらせを受ける」というストーリーはややもすると悲劇にもなりかねないが、そこは「ヤスミン・マジック」の不思議さで、悲劇に転びそうな一線をかろうじて越えずに明るい大勢の人たちの笑顔とともに幕が下りる。観終わってみると、ふくよかな気持ちになっている。

物語を完全な悲劇にさせない明るさと調和

『ラブン』の英題は『My Failing Eyesight』で、アタンの視力の低下を意味している。冒頭、キャストやスタッフのクレジットが白い文字で暗闇に浮かびあがってはかすんで消えていく様は、アタンの目を通して見ているがごとく、視野に靄がかかったようで、不安で落ち着かなくなる。

しかし、次のシーンでは、オーキッドとイノムが、ボーイフレンドのヤシンを前に、アタンのことで笑い転げている。なんだ、目が見えなくなるかもしれないと嘆いていないで笑いとばしてしまえばいいんだ、とほっとする。「私は目が見えないだけで、耳は聞こえているんだが」というアタン

庭の水道の蛇口があけっぱなしになっていたため高額の請求が届いて驚くイノム〈左〉とアタン〈右〉。その後も嫌がらせが続くが二人の明るい世界には変わりがない

の嫌味も秀逸だ。ヤギが大きなネコに見えたって、たいした差はない。この映画が完全な悲劇に転ばないのは、ひとえにアタンとイノムの明るさによる。

ヤスミンの両親がモデルだという彼ら夫婦のコミュニケーション方法は、独特で楽しい。いい年をして一緒にシャワーを浴びるし、くすぐりあい、追いかけっこもする。この夫婦像は、のちにオーキッド三部作にも引き継がれる。誰かが（おそらく隣人のイェムが）庭の水道の蛇口をわざとあけっぱなしにしておいたために高額な請求書が届き、悪意に傷ついても、そのあと自転車の二人乗りで楽しく田舎の道を乗りまわす。また、庭にまかれた毒により死んだネズミの死骸を見つけてショックを受けても、死んだネズミをネタに、こどものように追いかけっこをする。

この映画のなかで最もみずみずしいのは、庭先に出て二人で体を洗い合うシーンだ。世界で一番大切なものを扱うようなうやうやしさで足にブラシをかけあい、イノムはアタンの脇の下から頭髪まで優雅な手つきで洗う。二人の世界は完璧に調和がとれていて、誰も邪魔できない。このシーンは、のちに『グブラ』で夫の浮気に苦しむオーキッドがソファに横たわりながら眺めるテレビで流れているが、オーキッドたちは彼らのような夫婦にはなれなかった。

表裏一体となって目前にある生と死を実感する

かわいがっていためんどりの死をきっかけに、イェムは夫婦に対しての恨みを暴力にうつそうとする。しかし、スローの名手イノムの一投によりあっさり追い払われる。冒頭のコバという的あてゲームのシーンで描かれていたとおり、イノムは目をふさいでも的に命中させられるのだ。この夫婦には視力はあまり重要ではないようだ。『ラブン』には、家の外観や車の移動を外から写しただけのシーンが多い。最初のコバのシーンも、写しだされるのは地面と缶だけで、登場人物の顔が一切映らない。しかし観客は、顔が見えなくても、声の様子で彼らが笑っているか怒っているかわかってしまう。見えなくてもわかる、それを体感するのだ。

ヤスミンの映画では暴力の実行は省略されるが、その結果ははっきりと捉えられる。イェムがふるった暴力の痕跡は、継母の顔にしっかりと痣として残る。そんなイェムをこらしめようと、大きなイェムの前に小さなイノムが立ちはだかると、直後に倒れたイェムが映しだされる。暴力の行使が省略されたことで、軽い味わいのあるタッチになっている。

また、血を流したネズミ、めんどりの死骸を淡々とクローズアップする視線がある。『ムクシン』でも、鶏の死骸が映しだされた。これらの生き物の死骸をよく見ると、めんどりの瞼の薄さに驚きもし、静謐な美しさを感じさえもする。と同時に、死は生に肉薄しているのだ、目をそらすな、と語りかけてくる凄みもある。

生と死が表裏一体であることは、とらえどころがなかったこの映画の輪郭をはっきりとさせる。映画の最後に、「アタンは糖尿病の合併症で倒れたが、生き延びた」という注釈が入る。これは、限りなく死に近づいたが、生き残った者の話なのだ。深夜の侵入者のためにアタンが傷つき芝生にまみれて壁によりかかり、イノムが不安げによりそうシーンは、現実にはすぐそこに老いや死があることを実感させる。悲劇に限りなく近い線でふみとどまるにはとてつもない明るさが必要で、これがこの映画のトーンを決定づけた。映画は、「どちらが先に死ぬ？」という他愛もない夫婦のやりとりで終わる。一刻一刻、老いや死に近づいているとしてもなお、初々しく「I love you, too」と囁くアタンの言葉が甘く響く。

生と死が隣あわせであることは、二〇一一年三月一一日、東北で起こった大地震とそれに伴う津波と原発の事故により、私たちにとって身近なことになった。人を許さないまま死んでいった人もいるだろうし、許してもらえないまま死んでいった人もいるだろう。許すとは一体どういうことなのかを改めてつきつけられている。

全てを受け入れて許す寛容の「白」

ヤスミンの没後、東京国際映画祭で『ムアラフ』が上映された際、ヤスミンの妹は「姉はこの映画のとおり、その日自分を傷つけた人のことを、毎晩眠る前に許していました」と語っていた。

どうやったら人を許せるのだろうか。『ムアラフ』で示されたひとつの方法は、その人を既に許しているようにふるまうこと、そして、その人と関係を築き直すことだった。『ムアラフ』では、ロハナ（アナ）、ロハニ（アニ）姉妹のまとう白衣は、まるでそれ自体で生き物のように彼女たちの体にぴったりとなじんで、白が象徴的に使われている。第一次世界大戦勃発前のドイツの村を舞台にしたミヒャエル・ハネケ監督の『白いリボン』（二〇〇九年）では、親の言いつけを守らないこどもは腕に戒めの「白いリボン」を巻かれる。潔白であることを歪んだ大人に強要され続けた結果、排除や報復が繰り返され、村人は徐々に狂気じみていく。やがては、このこどもたちがナチスを支える存在になる。この映画では、行きすぎた「白」を求めることが「黒」につながると描かれていた。

『白いリボン』が失敗や過ちを厳しく許さない白だとしたら、『ムアラフ』の白は、全てを受け入れ許す白だ。二〇〇一年九月一一日のアメリカ同時多発テロをきっかけに、世界は異なるものを許さない方向へと進んだ。首謀者とされたビン・ラディンは死んだが、安らぎは訪れない。今こそ、ヤスミンが示した寛容の「白」を掲げたい。ヤスミンの映画を観てしまえば、祈る対象と祈る方法の違いで争うのはおかしなことのように思える。そして、許せない相手が死んでしまったら、許す機会は永遠に失われる。永久に関係を築き直すことはできない。

『ラブン』のラストシーンでも、夫婦の心の庭のようなところに、オーキッドとヤシン、映画に出てこなかった人びとまでぞろぞろやってきて、コバを楽しむ。そこに、生きためんどりを抱えてイェムもにこにことやってくる。夫婦は彼を許したのだ。

毎晩、人を許し続けたヤスミンは、突然の死が来ても悔いなく逝ったのだろうか。彼女は自分の死をもってまでして許すことの大切さを示したような気がしてならない。

『ラブン』を読み解く

見えざるものを見る力
――ヤスミンとユーハンをつなぐもの

西 芳実

タイトルの「ラブン」とは目が霞んでよく見えない状態を意味し、糖尿病で視力が弱くなっているアタンの様子を指している。他方で、アタンの目のかわりとなってアタンに付き添う妻イノムは、作品冒頭のシーンで目隠しをしたまま缶に石を投げ当てることができたように、見えないものを見ることができる。だが、物語はそのイノムの目が利かないことによって進行する。

見えていいはずのものが見えない物語

「都会は嫌い」と言ってイノムは田舎暮らしに安らぎを求め、父が遺した田舎の家を改装して週末を過ごすくつろぎの場を得ようとする。田舎に向かう車中でイノムは「都会は犯罪ばかり。詐欺だの盗みだの殺人だの」と都会を嫌う理由をあげ、娘のオーキッドに「それじゃあまるで田舎では誰も殺されないみたいじゃない」と窘められても、「田舎ならば近所の人はみな親戚。助け合いがある」と田舎のよさにこだわる。

そんなイノムは、田舎の家の隣に住むノルの前で新しく設えたカーテン自慢に余念がない。ノルは後妻として嫁いできたが、夫はすでになく、前妻の息子イェムと二人で暮らしている。イェムは高校卒業後、大学に進学せず田舎でぶらぶらしており、暮らし向きは決してよくない。

そんなノルの前で、イノムは週末を過ごすためだけの家に一メートルあたり二〇リンギもするカーテンを三〇メートル分も新調したと自慢する。「珍しいカーテンでクアラルンプールで探したの」、「毛布にしてもいいくらいの分厚さだってお店の人に言われたわ」とはしゃぎ続けるイノムに、ノルは小さな声で「まあ素敵……」と相槌を打つことしかできない。

あちらこちらにお金と手間をかけて改装された家にノルが「まあ素敵」以外の言葉を失っているのは、ノルの生活感覚とかけ離れすぎているからだけでなく、何か仕事をまわしてもらえるかもしれないとの計算があって、イノムたちのご機嫌を損ねるわけにはいかないためだ。

その期待どおり、イノムたちは駐車用スペースにコンクリートを打つ業者の監督をノルたちに任せる。アタンは手元がよく見えないまま、前金に心づけを加えた数百リンギをイェムに渡そうとする。イェムはあまりの大金に戸惑ってノルを見るが、ノルは目で「受け取っておきなさい」と合図する。

こうした様子にイノムもアタンも気づかない。むしろ自分たちは経済的に苦しいノル一家を支援しており、いざとなったらノルたちはその恩に報いて自分たちを助けてくれるはずと思い込んでいる。観客には明らかなように、目にはそれと違う様子が映っているにもかかわらず、都会暮らしに比べてカンポン（田舎）ならば安らぎが得られるはずとの思い込みに縛られて。イノムの遠縁で、イノムが父親から譲り受けた土地と家の管理を任せた相手であるノル一家に対して、イノムは鍵をかけていなくても気にしてくれるし、少し心づけを渡せばもう十分と思っている。

だが、そんな風に「都会のお金持ち」になってしまった夫妻はもはやカンポンで信頼を貸し借りする仲ではなく、その場限りの間柄という扱いを受けることになる。イェムはいかにも頭が足りずに少々普通でない人として描かれているが、イノムたちの期待を裏切ってもよいとイェムに思わせたのは、ほかでもないイノムとアタンの二人である。

「昔と今はこう違う」――大切なのは解釈する頭

この作品の冒頭には、様々な工夫が仕掛けられている。声と音だけで話が進行し、しゃべっている人の姿は見えず、年齢や性別は明示されない。その後、ぼんやりした文字で

写真1 田舎暮らしをあきらめたイノム〈右〉は、見送るノルと抱擁したあとイェムにお仕置きする

写真2 物語の最後のコバで遊ぶシーンにはイェムも登場してみなと仲良く遊ぶ

タイトルが次々とあらわれ、その後ろには「昔と今はこう違う」という曲が流れる。

この曲は、S・M・サリムのよく知られた歌「昔と今はこう違う」を思わせながら、曲調も歌詞もずいぶんと異なっている。元の歌はやや憂いを帯びたマレー調で、結婚式などでよく歌われる。「以前は独り者だったけれど今は所帯を持つ、昔は一人だったけれど今は二人」という歌詞が有名だ。

これに対して『ラブン』では、飄々とした男声と加工した声の掛け合いで、「昔と今はこう違う」が言葉遊びで歌われる。たとえば「昔は一人で話していると頭がいかれたと言われた、今なら一人で話していると携帯電話だと思われる」、「昔の人は足で歩いた(jalan kaki)、今の人はウォーキング・マニア(kaki berjalan)」といった具合だ。同じ景色や同じ言葉が並んでいても、時代や状況がかわるとそれが指す意味が異なってくるという例を次々と示している。

目が見えないからといって聞こえないわけではない。目が見えなくても的に当てることはできる。問題は目が見えるかどうかではなく、それを解釈する頭の方だと言っているようだ。

見えざるものを明瞭に捉え、映像で表現する

目に見えるものに囚われて心穏やかではないイノムの心を落ち着かせたのは、目が利かないことを逆手にとって、そこにないものを見えるかのように語り行動するアタンだった。隣家の庭に立つ人を見間違えたり、車窓から見える牛を自動車と見間違えたりするアタンは、相手の正体がはっきり見えないからといって声をかけるのをやめはしない。満月の丸い形はわからなくても、月明かりに照らされたイノムが魅力的であることについては確信がある。目に映るものだけを信じて行動することでときには失敗もするが、アタンは「笑ってしまえばいい」と言い切る。

物語の終幕には、登場人物が一堂に会してコバ（石投げ遊び）に興じるシーンが挿入されている。互いに苦い思いをしたはずのイェム、ノル、イノム、そしてイェムを袖にしたキアが和気藹々としているだけでなく、死んだはずの鶏やスンさんの姿も見える。まるで本来はありえないような幻のシーンに見える。このシーンについて、ヤスミンが理想主義で甘すぎるとする批評もあるが、確かにヤスミンの目には人びとがともに笑い興じる姿が見えていたのだろう。

見えないはずのものの気配をスクリーンに表現すると言えば、ヤスミンの盟友ホー・ユーハン［➡400頁］が思い浮かぶ。ユーハンの物語にはしばしば異界に通じるような裂け目が描かれる。『ミン』の蝶々、水、そして壊れるカセットテープ。目に映らないものの気配が目に映るものに託される。それは『RAIN DOGS』にも引き継がれている。

ヤスミンは脚本の書き方を尋ねられて、「考えずに感じなさい」と答えた。この言葉は、ブルース・リーの有名なセリフの単なるパロディではなく、「目に映るものだけから判断しないで、自分の感覚を信じなさい」と理解することもできる。ヤスミンの最初の長編が『ラブン』だったことは、長編の世界に足を踏み出したヤスミンによる「目に見えないものを映像で伝える」という高らかな宣言だったようにも思える。

多層的・多義的物語世界の愉しみ方⑤

『チョコレート』

短編『チョコレート』を読み解く

甘くて苦い決意

山本 博之

ヤスミンの短編・長編を含めた遺作となった『チョコレート』は、ヤスミンが亡くなった三週間後の二〇〇九年八月一九日、「15マレーシア」の作品の一つとして公開された。これはマレーシアの一五人の映画人が制作した一五作の短編をインターネット上で公開するプロジェクトである。[1]いずれの作品もマレー語、英語、華語、タミル語の字幕があり、メイキング映像も公開されている。『チョコレート』のメイキングでは撮影の合間のシャリファ・アマニがとてもかわいらしい。

ここでは三分一五秒の短編である『チョコレート』の内容を検討しながら、ヤスミンが残した最後のメッセージを考えてみたい。

『チョコレート』では登場人物の名前がどう設定されているかわからないので、役者の名前をそのまま使って、華人青年をカーホウ、マレー人少女をアマニと呼ぶことにする。

物語はカーホウと母の会話で始まる。母は画面に映らないが、声は『細い目』や『グブラ』でジェイソンの母を演じたメイリンの声だ。息子がマレー人の女の子とつきあっても理解を示した『細い目』のジェイソンの母とは対照的に、カーホウの母は華人が不遇である状況に不満が

▶1 http://15malaysia.com/。
『チョコレート』は右のコードで示したWebサイトで視聴することができる。

募っている。

カーホウと母は華語で話している。母は怒っている。夫が亡くなって一人で雑貨屋を守り、一人でカーホウを育ててきた。ようやくカーホウが高校を卒業して、海外留学の奨学金もとれたのに、カーホウは留学を渋っている。SPMを終えたばかりで一七歳か一八歳だろう。外国とは言っていないが、「ここはあの連中の土地だから私たちはよそに行かないと成功しない」と母が言っているところを見ると、この国では華人は成功の機会がないので外国に留学するようにと息子に勧めているのだろう。しかしカーホウは「ここには友だちがいるから」などと言い、あまり乗り気でない。そこに雑貨屋の客が来る。

客はマレー人少女のアマニだった。店に出たカーホウと客のアマニの会話はマレー語だ。「電池ください」と言われて哺乳瓶を出すカーホウ。アマニは単三電池四本を二リンギで買って、ついでに二〇センのチョコレートも買おうとするが、手持ちのお金は残り一五センしかない。奥から呼んでいる母が気になるカーホウは「足りないなら買うなよ」と言い、アマニも「ごめんなさい」と電池だけ買って帰っていく。テーブルにチョコレートを叩きつけるようにして奥に入るカーホウ。ここで物語が終わる。

この物語を理解するには、カーホウが哺乳瓶を出したこと、そしてアマニがチョコレートを買えなかったことをどう考えるかが鍵になる。

ヤスミン世界では美男は美女に見とれ、おまけをするもの

マレーシアにはマレー人優先政策があり、進学でも就職でも華人は条件が悪い。マレーシア華人は多かれ少なかれそのことに不満を持っている。カーホウも母も華人である以上は例外ではない。ただし、個人どうしのつきあいではそれと別の感情を持つこともありうる。この短編では、カーホウの民族としてのマレー人への思いと個人としてのアマニへの思いが絶妙に絡み合っている。

カーホウは、アマニに「電池ください」と言われたとき、アマニの顔を見つめながら哺乳瓶を出した。こんなかわいい子がいるんだと驚いて見とれていたためだろう。『細い目』のジェイソンのように、ヤスミン・ワールドではいい男がかわいい女の子に見とれるものだ。

電池ではなく哺乳瓶を出してきたカーホウに対して、微笑みながらあしらうアマニ

これは華人としてではなく個人としての気持ちだった。でも、電池ではなく哺乳瓶を出したのは、バッテリ（電池）とボトル（哺乳瓶）を聞き間違えたと見せかけて、ちょっと違うことをして相手の様子を見ようという思いがあったのではないか。哺乳瓶を差し出したのは、「お前たちマレー人は政府によって赤ちゃん扱いされているじゃないか、お前たちマレー人が必要なのは哺乳瓶だろう」という皮肉も込められている。これにマレー人のアマニがどう応えるか。

アマニは何ごともなかったかのように「それ哺乳瓶よ」と軽くあしらって電池を買う。チョコレートも買おうとしたが五セン足りない。哺乳瓶の一件との関連で言えば、ここで重要なのは「マレー人におまけしてあげるかどうか」だろう。もしかしたら、アマニは本当は二〇セン以上持っていたのかもしれない。哺乳瓶で一つ仕掛けてきたカーホウへのお返しに一つ仕掛けてみたということではないだろうか。

民族のことを考えなければ、カーホウはかわいいアマニに五センまけてあげたかもしれない。『細い目』でジェイソンがオーキッドに映画のビデオCDをただであげたように、ヤスミン・ワールドでは男の子はかわいい女の子におまけしてあげるものだ。

でもカーホウは「足りないなら買うなよ」としか言わなかった。この言葉の裏に込められた意味は、「マレー人だからといって、力が足りなくても下駄をはかせてあげるわけにはいかない」ということだ。奥で母が呼んでいたのでゆっくり話ができなかったこともあるけれど、日ごろからマレー人への不満を抱いていたため、そう言って相手の様子を見てみようという気持ちもあったのだろう。

安易に甘えず、逃げ出さずに生きる――ヤスミンのメッセージ

これに対して、もしアマニが文句を言ったり「五センまけて」とお願いしたりしたら、カーホウは、『タレンタイム』でカーホウがハフィズに言ったように、「お前たちマレー人はいつもそうやって他人からの施しをあてにしているんだろう」と文句を言ったに違いない。そしてアマニのことをかわいいと思った気持ちも消えてしまったことだろう。

でもアマニは「ごめんなさい」と引き下がり、電池だけ買って、「ありがとう」とお礼を言って帰っていった。力が及ばないと指摘されれば素直に認めて、他人と同じ条件で扱われることを受け入れた。そんなアマニを見て、カーホウは改めて惚れてしまったに違いない。

最後にカーホウがチョコレートをカウンターに叩きつけるように置いたのは、五センくらいまけてあげればよかったかなという後悔の念というより、奥から「話はまだ終わってないよ」と呼んでいる母に向けて、「外国に留学はしない。この国でやっていく。そのことを母さんにちゃんと伝える」という決意の表れだったのではないか。カーホウとアマニのやり取りは一見するとすれ違っているように見えるが、安易に他人の助けを求めないというマレー人側の態度と、ここから逃げ出さずにこの国で生きていくという華人側の態度がしっかり噛み合っている。これがヤスミンが最後の最後に残したメッセージだった。

では、なぜチョコレートなのか。日本ではチョコレートと言えば甘いイメージがあるが、マレーシアではチョコレートは必ずしも甘くなく、むしろ苦いものというイメージもある。チョコレートはヤスミン作品に何回か出てくる。『細い目』では、白人や黒人に対して肌の色が褐色である自分たちのことを「チョコレート」と呼んでいる。『ムクシン』では、ヤムがミルクとチョコレートを混ぜて自家製のアイスを作っている。ミルクとチョコレートを混ぜてアイスを作るというのは、白と黒が混ざるのと同時に、苦いチョコレートと甘いミルクの味が混ざるということでもある。

チョコレートはもともと苦いものだが、ミルクと混ぜると甘くなっていく。苦さと甘さが混じったものを味わうというのは人生と同じだ。『チョコレート』でカーホウが最後に見せようとした決断は、チョコレートのように甘くて苦いものだったのだろう。

第1部でも紹介したように、ヤスミン作品の特徴の一つに、演技経験がほとんどなく素人同然の若い役者たちを主演にして、そのまわりをベテランの映画人や舞台人で固めていることが挙げられる。そのベテランの映画人や舞台人たちがどのような背景と経歴を持ち、どのような物語を作ったり演じたりしてきたかを知ることは、ヤスミン作品についてのより深い理解を助けるだろう。一般論として、役者の背景について語ると楽屋落ちになって、物語の本来の筋を見失うことになりかねない。しかし、多義的な物語が何層にも重なって織り上げられているヤスミン作品は、役者の背景を知らずとも物語を十分に愉しむことができるように作られているとともに、役者の背景を知ることで、さらに別の物語が立ち現れる。そこに込められたヤスミンのメッセージや遊び心を感じとることによって、彼女が遺した作品群から構成される作品世界と重なり絡み合う、現実世界におけるヤスミン・ワールドとも言うべき世界をもまた愉しむことが可能になる。

第3部

ヤスミン・ワールドを支える人びと

―― 先行の映画人・舞台人たちの物語

山本 博之

ハリス・イスカンダル
Harith Iskander

1966年、ジョホール州ジョホールバル生まれ

フルネームはハリス・イスカンダル・ムサ
(Harith Iskander Musa)

●出演したヤスミン作品と役名
『細い目』 アタン（オーキッドの父）役
『グブラ』 アタン（オーキッドの父）役
『タレンタイム』 ハリス（メルーの父）役

『細い目』と『グブラ』のオーキッドの父、そして『タレンタイム』のメルーたち三姉妹の父というユーモアあふれる父役を演じたハリス・イスカンダルは、マレーシアの著名なスタンダップ・コメディアンである。一九九一年頃にコメディアンとしての活動を始め、二〇一六年には世界の最優秀スタンダップ・コメディアンに選ばれた。[1] マレー人とイギリス人の混血者で、学校で自分の民族のことでからかわれた経験を持つが、大人になるとそのことをコメディーのネタにするようになった。

ハリス・イスカンダルは、父はマレー人、母はスコットランド系イギリス人のユーラシアン（欧亜混血者）である。

父のムサ・イブラヒムはマレーシアのジョホール州で生まれた。国軍に勤めるムサは自分の仕事について家族にほとんど話さなかったが、ハリスはムサが共産主義ゲリラと戦っていただろうと考えている。マレーシアがイギリス植民地のマラヤ連邦だった一九四八年、

▶1 2016年にアメリカを代表するコメディークラブのラフ・ファクトリー（Laugh Factory）が主催する世界コメディー大会（Funniest Person in the World Competition）で優勝した。

マラヤ共産党が植民地政府に対する武装闘争を開始すると、植民地政府はマラヤ全土に対して非常事態を宣言して、共産主義ゲリラの殲滅作戦に乗り出した。非常事態はマラヤ連邦が一九五七年にイギリスから独立した後も一九六〇年まで続いた。国軍に所属していたムサも共産主義ゲリラとの戦いに参加していたと考えられる。

　母のファリダ・ジェーンはイギリスのウィンブルドン出身で、一九五〇年代末にニューヨークの国連本部で事務スタッフとして働いていた。一九六〇年にコンゴ動乱が勃発してコンゴ駐在の希望者が募られたとき、職場でただ一人手を挙げたのがファリダだった。マラヤ連邦はコンゴに平和維持活動（PKO）を派遣しており、ムサとファリダはコンゴで出会って結婚した。ムサがファリダを伴って帰国すると、ムサの両親は白人のファリダを家族として受け入れようとせず、ハリスが生まれるまでその状況が続いた。

　ハリスは一九六六年にジョホール州のジョホールバルで生まれた。ただし四歳のときに引っ越したため、ハリスにジョホールバルの記憶はない。ハリスは一七歳でオーストラリアに留学するまで、クアラルンプールのヒルビュー住宅地で暮らした。ヒルビュー住宅地では同じエリアの家がみな知り合いで、どの家にもほぼ同年代の子がいたため、空き時間があると家の前の道路に出てみんなで遊び、互いの民族の違いを意識することはなかった。

　中学と高校は、クアラルンプール市内の男子校のセントジョン学院で学んだ。学校に通うようになると、ハリスは民族の違いを毎日意識させられるようになった。ハリスは他の生徒たちから「チェンドル」や「チュルップ」と呼ばれた。チェンドルはかき氷に似た東南アジアの伝統的な菓子で、ココナツミルク、米粉で作ったゼリー状の麺、小豆、仙草などいろいろな材料が入っている。チュルップは串にいろいろな食材を刺したものを鍋で煮込んで食べるマレーシアの地方料理で、サテー（焼き鳥）と形が似ていることから「サテー・チュルップ」とも呼ばれる。チェンドルもチュルップもマレーシアの人気料理だが、いろいろな食材が混じっていることから、人のことをチェンドルやチュルップと言うと、混血性をからかう言い方になる。『細い目』で白人のような顔つきの生徒にジェイソンとの付き合いをからかわれたとき［➡33頁］、怒ったオーキッドは「このチュルップ」と言っている。

　ハリスを悩ませたのは書類の民族欄だった。マレーシアの書類には名前の隣に民族を書く欄があり、「マレー人、華人、インド人、その他」の四つから一つ選ぶ。教室で書類が配られてハリスがマレー人の欄に印をつけると、それを見たマレー人の生徒たちが「マレー人じゃなくてチュルップだろう」とからかった。ハリスはどの欄に印をつければよいか迷い、その日の気分でマレー人かその他かを決めていた。

　そのうちに、混血性をからかわれても怒ったり反発したりせず、そのことを認めてみんなと一緒に笑うようにすると、チェンドルやチュルップと呼ばれなくなった。ただし混血性をからかう人がいなくなったわけではなく、高校卒業後もハリスの混血性を好奇の対象とする人がなくなることはなかった。

　大人になると、「書類はその人を知るための参考情報でしかなく、自分が何者かは自分がそれまで何をしてきたかの積み重ねで決まる」と思うようになり、書類の民族欄は迷わずマレー人に印をつけるようになった。ただし心の中では、マレー人や華人やインド人のかわりにマレーシア人という欄があればそこに印をつけられるのにと思っているという。

　ハリスは書類の民族欄を巡るあれやこれやに辟易しているが、コメディアンとしては、「民族欄のどれに印をつけるか悩むという話は観客の受けがよいので助かっている」と話す。インド人と華人の混血者であるジェザミン・リムと結婚した後は、「自分の二人の子はマレー人、華人、インド人、その他の四つの欄に全て印をつけている」という話も持ちネタに加わった。

　コメディアンとして舞台に立つようになった頃から映画にも出演している。『ベールの人生』［➡65頁、338頁、371頁、422頁］では、父と同じ名前のムサという男の役を演じた。このときムサの妻役を演じたアイダ・ネリナとは、後に『細い目』と『グブラ』で夫婦を演じることになる。物語上の絡みはないが、『細い目』と『グブラ』でハリスとアイダの娘になるシャリファ・アマニは『ベールの人生』でパレスチナの戦災孤児の役を演じており、孤児支援者役のジット・ムラド［➡368頁］の膝の上に座って戯れている。

　ハリスは一作だけ映画の監督をつとめている。一九九七年の『ただの友だち』[⬇76頁]で、書類の民族欄で言うと「その他」にあたる混血者のハンスと、マレー人女性のエラとの恋愛物語である。フィリピン人とインド人の両親を持つハンスは有名俳優になることを夢見ており、エラは歌手としての成功を夢見ている。ナイトクラブで歌っているエラはレコード会社の担当者の目に留まってレコードを出し、たちまち有名になる。ハンスも舞台に出演して俳優として名前が知られるようになる。それぞれ仕事が忙しくなってすれ違いが増えた二人は、相手の仕事上の付き合いを見て自分以外の恋人ができたのではないかと疑う。どちらも相手の「ただの友だち」という言葉がなかなか信じられないが、最後には互いに相手を信じる。二人は仕事上のパートナーであり続けるが、私生活上の関係ははっきりせず、恋人どうしなのかと尋ねられて「ただの友だち」と答える。

エラ[▶2]はマレーシアの「ロックの女王」、ハンスは現在ではマレーシア映画振興公社[⬇42頁、64頁]の会長をつとめる俳優兼監督で、二人とも実名で自分の役で出演した。公開当時の新聞に、「エラとハンスは本当に交際しているのか、それとも映画上のことなのか」という記事が書かれ、エラとの関係についてインタビューされたハンスは「ただの友だち」と答えている。現実と映画を混ぜて驚かせようとする仕掛けに、コメディアンとしてのハリスらしさがうかがえる。

『細い目』と『グブラ』でハリスはオーキッドの父役を演じ、ヤスミンの父の呼び名の「アタン」で呼ばれた。オーキッドはヤスミンの分身のような存在なので、ヤスミンは最初の劇場用作品に自分の父役としてハリスに参加してもらったとも言える。これに対して『タレンタイム』では、ハリスが演じたのはマレー人とイギリス人の混血者で、母はヨークシャー訛りの英語を話すイギリス人で、役名はハリスだった。ヤスミンは『タレンタイム』ではハリスにハリス自身として参加してもらったのである。『細い目』や『グブラ』のアタンと『タレンタイム』のハリスにはあまり違いがなく同じ人物のようにも見えるが、それは実際のハリスがヤスミンの父とよく似ているということだろう。

▶2　本名はノル・ジラ・アミヌッディン（Nor Zila Aminuddin）。1966年生まれ。歌手、俳優、モデル。ナイトクラブで歌っているところを見出され、1988年にソロデビューした。マレーシアの女性アーティストでアルバムの総売上枚数の最多記録を持つ。映画『KIL』（2013年）に本人役で出演している。

アイダ・ネリナ
Ida Nerina

1964年、英国ミドルセックス生まれ

フルネームはアイダ・ネリナ・フサイン
(Ida Nerina Hussain)

●出演したヤスミン作品と役名
『細い目』 イノム（オーキッドの母）役
『グブラ』 イノム（オーキッドの母）役
『タレンタイム』 カルソム夫人役

『細い目』と『グブラ』で包容力のある母役を演じ、『タレンタイム』では一転して異民族・異教徒に排他的なカルソム夫人を演じたアイダ・ネリナは、社会の公正のため保身を考えずに発言し続けてきた政治家の母を持つマレーシアの女優である。

アイダ・ネリナの母のマリナ・ユソフは、マレー人女性としては史上二番目に弁護士資格を取得した人物で、マレー人女性初の判事になった。社会の公正を求めて政界入りしたマリナは、マレー人政党の統一マレー人国民組織（UMNO）に入党し、一九七二年から一九七四年まで婦人部の副総裁補をつとめた。UMNOは二〇一八年までマレーシアの与党連合の中心であり続け、UMNO総裁がマレーシアの首相になってきた。一九八一年にマハティール・モハマドがUMNO総裁と首相になると、マリナは強権的なマハティールの政治手法を批判し、初めは党の中から、後に党の外からマハティールを批判し続け、結果として複数の政党を渡り歩いた。

UMNOの総裁選は対立候補が出ずに無投票で決まる伝

統があるが、一九八七年の総裁選ではマハティールと対立するラザレイ・ハムザが立候補して、マハティールとラザレイの一騎打ちとなった。ラザレイは僅差で敗れたが、自分たちこそ一九四六年のUMNO結党の精神を引き継ぐ者であるとして、支持者とともにUMNOを離党して「1946年精神党」を結成した。ラザレイを支持したマリナもUMNOを離党し、「1946年精神党」に加わって副総裁補になった。

後にマハティールのライバルとなるアヌアル・イブラヒムがUMNO内で出世街道を進み、一九九三年に副総裁になると、マリナはUMNOに再加入した。一九九八年にマハティールとアヌアルが対立してアヌアルがUMNOを追放され、公正党（後に人民公正党）を結成すると、マリナは公正党に合流して副総裁になった。

公正党にとっての最初の国政選挙となった一九九九年の総選挙では、マハティールが「野党が議席を伸ばすと五月一三日事件の再来になるおそれがある」と発言し、マリナはこの発言を厳しく批判した。三〇年前の一九六九年五月一〇日に行われた総選挙と州議会選挙では、野党が勢力を伸ばし、いくつかの州の州議会で野党が過半数を占めそうな勢いだった。その結果を受けて、華人を中心とする野党支持者とマレー人を中心とする与党支持者がそれぞれ勝利のデモ行進を行い、二つのデモ行進が激突して流血の騒乱に発展し、警察発表では一九六人が死亡する深刻な暴動になった。これが五月一三日事件である。この暴動をきっかけに非常事態が宣言されて、一八か月にわたって国会が停止された。また、政府はこの暴動の背後には民族間の対立を利用して国家の転覆を目指す共産主義勢力がいるとして、民族間対立の主な要因となっている経済格差を解消するために、ブミプトラ（マレー人と先住諸族）に進学や就職などで特権を与えるブミプトラ政策を導入した。

「五月一三日事件の再来になりかねない」というマハティールの発言は、形の上では暴動を未然に防ごうとするものだが、「野党が勢力を伸ばしたら政府は騒乱を口実にして強権的に介入するつもりがあり、混乱を避けたいならば与党を支持すべきだ」というメッセージを言外に含むものだった。

マリナは、一九六九年の自分の経験をもとに、政権維持のために国民どうしの不信感を煽るマハティールのやり方を厳しく批判した。一九六九年五月一三日、UMNO党員だったマリナは、「UMNO党員はカンポンバル地区に集まるように」という指示を聞いた。カンポンバルにはスランゴール州首相の官邸があり、そこに集まったマレー人の与党支持者のデモ行進がコントロール不能になったために暴動に発展したのであり、五月一三日事件は偶発的な事件ではなく、その責任は当時スランゴール州首相でUMNOのスランゴール州支部長だったハルン・イドリスにあるというのがマリナの主張だった。しかしマリナはこの発言によって民族対立を煽ったとして警察に逮捕され、有罪判決を受けて五〇〇〇リンギの罰金を科された。二〇〇〇年に公正党の副総裁を辞任し、さらにクアラルンプール市内に建てたビルの建設資金問題が重なって政界から引退した。

マリナの長女のアイダは、一九六四年にイギリスのミドルセックスで生まれた。アイダによれば、マリナは家庭のことよりも社会の公正の実現を優先する人で、アイダが小さい頃は法廷の仕事で忙しく、後に政治家になると国内を飛び回って、いつも家にいなかった。自宅に党の婦人部のボランティアの人たちが来てアイダたちの世話を焼いてくれたけれど、マリナが野党に移るとそれまで親しかった人たちが急に冷たくなる様子をさんざん見てきた。このことは後にアイダが『タレンタイム』でカルソム夫人を演じるときに役立ったという。

政治家にはならないと決めていたアイダは俳優の道に進み、テレビや映画に出演するようになった。最初の出演作は一九八八年のテレビドラマで、現代のクアラルンプールに出没する幽霊の役だった。

映画俳優としてのアイダはシュハイミ・ババ［➡65頁、77頁、371頁、421頁］によって見出された。アイダの映画初出演となった一九九二年の『ベールの人生』は、マスとEJ（アイダ）という二人の女性が、マレー人の伝統文化およびイスラム教の価値観と西洋近代の間で揺れ動きながら、大人の女性になることを選択していく物語である。マレーの伝統文化が色濃く残るトレンガヌ州出身で幼なじみのマスとEJはオーストラリアに留学する。一九八七年にパレスチナのガザ地区でイスラエルの占領への抵抗運動が起こると、その報道を見た人びとのムスリムへの敵視にさらされたマスと

ＥＪは、それぞれ異なる道を選ぶ。ＥＪは、周囲から隔絶して純粋にイスラム教の価値に生きる道を選び、大学を中退する。西洋的な誘惑を断ち切る唯一の手段は正しい道を知る人との結婚であると説くカルト集団に加わり、指導者であるムサの第二夫人になる。一方マスは、同じムスリムとしてパレスチナのムスリムを支援する道を選び、卒業するとパレスチナ支援団体に参加して、レバノンでパレスチナ難民の子どもたちの支援活動に取り組む。支援団体の上司のカマルに惹かれるが、カマルが結婚していると聞いて男女の交際は踏みとどまる。支援団体の事務所に爆弾が仕掛けられてマスは重傷を負うが、奇跡的に昏睡から覚めると支援活動を再開する。

その後、シュハイミ・ババの作品ではないが、現代の科学者がマラッカ王国の時代にタイムスリップする『続ＸＸ線』[1]では魔術を使うスリバユの役を演じた。「たとえそれが正しくないことでもスルタンの命令ならば従うべき」と言う忠臣ハン・トゥアに対し、「スルタンであっても正しくないならば打倒すべき」としてハン・トゥアに「かめはめ波」のような技を繰り出す。

一九九七年のシュハイミ・ババの『ララのスクリーン』［⬇65頁、366頁］には自信に溢れた新人女優の役で出演した。初めアゼアン・イルダワティが演じる往年の大女優から礼儀作法を知らないと嫌がられるが、新しい世代の女優として活躍する姿を演じきり、アイダはマレーシア映画祭で主演女優賞を受賞した。

シュハイミ・ババ監督によるランカウィ島を舞台にしたムーンとヴィナの恋物語の『夢見るムーン』［⬇77頁］では、アイダはラテンアメリカから来た謎の女ミランダを演じた。インド人の開業医夫婦の娘であるヴィナは、マレー人のムーンと幼なじみで仲が良い。ムーンの父は地元伝来の万能薬であるナマコ油を製品化しようと開発しているが、ムーンはナマコ油の強烈な臭いが耐えられない。ヴィナの母はカンボジアで医療ボランティアに参加中に地雷のため命を落とし、母が大好きなヴィナは、母とともにカンボジアに行って一人だけ無事に戻ってきたムーンのことが許せずに関係が疎遠になる。一〇年後、都会で音楽プロデューサーとして成功したが仕事を辞めて村に戻ったムーンは、イ

▶1　原題は『XX Ray 2』。1995年公開。

ギリスの大学で薬学を学んで村に帰ってきたヴィナと再会する。ムーンの父はナマコ油の臭いを消す研究を成功させ、披露イベントが企画される。そこにラテンアメリカから来た謎の女ミランダが加わっててんやわんやになる。強烈なアクセントの英語を話し、突然肉感的なダンスを始めたりして奇妙な行動をとるミランダは、実は爆弾密輸を調査しており、ミランダの働きで爆弾事件が阻止される。ムーンとヴィナの関係は不幸な事故のために傷が入ったが、万能薬のナマコ油の力で癒やされる。

『夢見るムーン』には、シャリファ・アマニと姉のシャリファ・アレヤがムーンの友人役で出演しているほか、『ムアラフ』でロハニとロハナの義母を演じたニン・バイズーラがムーンの妹のノナ役、ジット・ムラド［→368頁］が歌手役で出演している。

トー・カーフン

Thor Kah Hoong／涂家雄

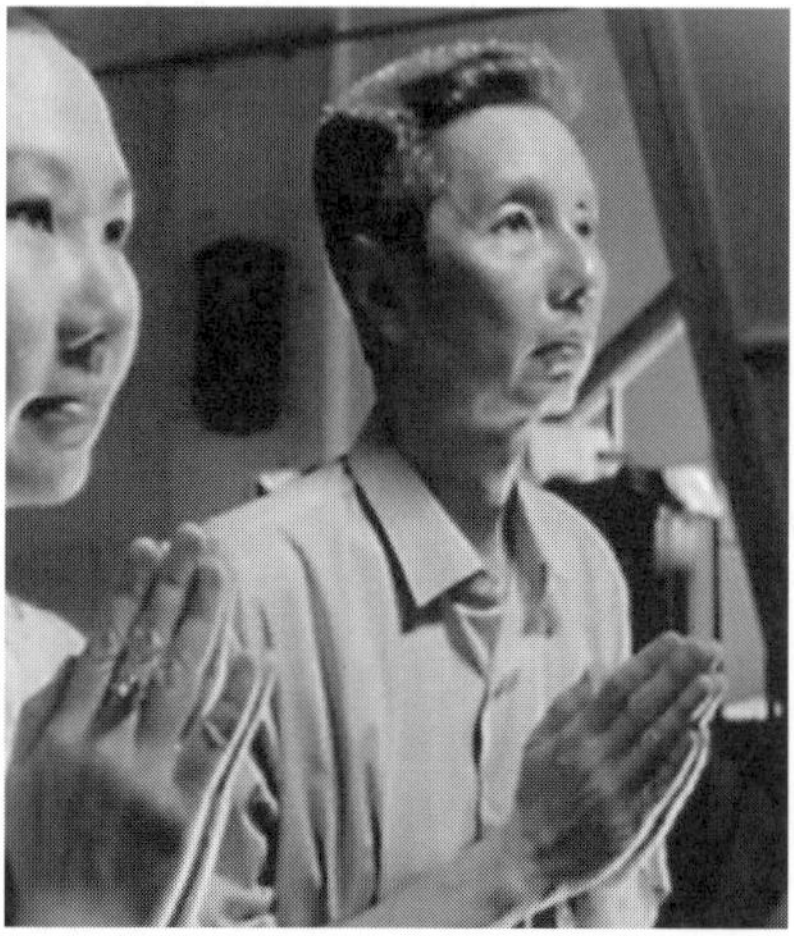

1950年、クアラルンプール生まれ

●出演したヤスミン作品と役名
『細い目』　ジェイソンの父役
『グブラ』　ジェイソンとアランの父役

『細い目』と『グブラ』でジェイソンの父役を演じたトー・カーフンは、脚本家・監督・俳優の三役をこなす映画人・舞台人であるとともにジャーナリストで、現在はクアラルンプール郊外で書店を経営している。たどたどしいマレー語と広東語を話し、トラブルに巻き込まれても自分で解決できない頑固でよれよれのアジア人男性の役を演じることが多いが、実際の姿は、クイーンズ・イングリッシュを話し、欧米の書物の文章が大量に頭の中に入っていて、含蓄のある英語ですっとぼけた内容の脚本や批評を大まじめに書き続けるクールなおじさまである。

トーはクアラルンプールのブリックフィールド地区で生まれ、幼少期から学生時代までブリックフィールドで過ごした。マラヤ連邦の独立の頃に小学生になり、マラヤ連邦とシンガポールおよびボルネオ島のサバ州とサラワク州が一緒になってマレーシアができた頃に中学生になった。中学と高校はクアラルンプールのビクトリア学院で学んだ。クアラルンプールで最も歴史のある中高一貫の男子校であるビクトリア学院は国内有数のエリート校で、ハリス・イスカンダルが学んだセントジョン学院とはライバル関係にある。

ビクトリア学院はマレーシアの英語演劇の発展に関して重要な役割を担った。イギリスの植民地時代のマラヤでは英語を日常的に使う人も多かったが、演劇は言語別に発展したため、英語演劇はイギリス人などの外国人が行うもので、マレーシア人にはときどき端役がまわってくる程度だった。マレーシア人が英語演劇の脚本を書いたり監督したりすることはなかった。

この状況が大きく変わったのは一九六五年のことで、この年にマレーシア人の役者のみによる英語演劇が二つ作られた。マラヤ大学の学生の文学・演劇会によるサミュエル・ベケットの『ゴドーを待ちながら』と、アガサ・クリスティ原作の『検察側の証人』である。また、同じ年のマレーシア芸術協会主催の脚本コンテストで、マレーシア人のエドワード・ドラルが『若者は強くあるべし』[1]で優勝した。

これ以降マレーシアの英語演劇が開花した。その中心人物の一人がビクトリア学院の英文学教師のドラルだった。ドラルはマレーシア風の英語で脚本を書き、一九六六年に『起て、若者よ！』[2]、一九六七年に『この国でトラが一頭逃げた』[3]を上演した。この時期に英語演劇の分野で活躍した人には、ドラルの他にサイド・アルウィ、リー・ジューフォー、パトリック・テオがいた。サイド・アルウィはマレー人、リーとテオは華人で、多民族的な構成だった。

一九六〇年代後半に英語演劇が勢力を大きく伸ばしたとき、その中心はビクトリア学院だった。ドラルが教壇に立ちながら英語演劇を作っていた一九六〇年代後半、ビクトリア学院で学んでいたトーも英語演劇への熱気を感じていた。もっとも、トーとドラルは折り合いがよくなかった様子で、卒業から三五年後の二〇〇四年六月、トーは『スター』紙への寄稿でドラルを「ドラマ・クイーンの大学講師」と呼んだ。これを読んだドラルは激怒し、男である自分をクイーンと呼ぶことで同性愛者扱いしたとしてトーを名誉棄損で訴えたが、裁判所はドラルの訴えを退けた。英語が巧みなトーはしばしばわかる人にだけわかるようなメッセージを

▶1 原題は『The Young Must Be Strong』。
▶2 原題は『Arise O Youth!』。
▶3 原題は『A Tiger Is Loose in Our Country』。

込めた文章を書いており、このときの文章についてもドラルにだけ何らかのメッセージが伝わったのだろう。

一九六九年に五月一三日事件〔⬇337頁〕が起こると、この事件によって明らかになったマレー人と華人との民族間の亀裂をどのように修復するかが社会の課題となった。政治家だけではなく芸術人たちもこの課題に取り組み、事件から二年目の一九七一年五月一三日、英語演劇界とマレー語演劇界の人びとが合同で企画して、野外劇場で三日三晩にわたって演劇が行われた。約七千人の観客が集まり、それまで接点がなかった英語演劇とマレー語演劇の関係者が交流して互いの要素を取り入れるきっかけとなった。

ただし、五月一三日事件の後に政府がマレー文化を基礎としてマレーシアの国民文化を定義したことから、マレー語演劇が政府の支援を得て発展する一方で英語演劇は停滞を迎えた。英語演劇を行っていた人たちは、サイド・アルウィのようにマレー語演劇に切り替えて成功した人もいれば、テオのように脚本を描くのをやめた人もいた。リーはオーストラリアに移住し、ドラルはマラヤ大学の講師になった。

ビクトリア学院の生徒たちは課外活動に参加することが期待されていた。トーは校内誌の編集をしたいと思ったが、学院の公式の刊行物である『ザ・ビクトリア』の記事は学院からの無味乾燥な報告ばかりでつまらなかったため、トーは別の校内誌『ザ・スラダン』（スラダンは野牛の意味）に参加して編集員になった。

ビクトリア学院を卒業した後、トーはマラヤ大学で学んだ。修士論文ではアメリカの詩人のシルヴィア・プラスとアン・セクストンをテーマにした。修士課程を終えるとマレーシアの英語日刊紙の『ニュー・ストレーツ・タイムズ』紙の記者・編集者になり、一四年間つとめた。国際関係や政治経済の記事を書いた他に、〝Ｆａｔ〟の筆名で外食についてのコラムも書いた。

ニュー・ストレーツ・タイムズ社を辞めると劇団を立ち上げ、芸術監督になった。一九九三年にはクアラルンプール郊外でスクップ・ブックスという書店を開き、毎日閉店した後に原稿を執筆する日々を送っている。

トーは脚本家・監督・俳優の三つを三〇年以上も続けており、「マレーシアのウディ・アレン」とも呼ばれる。一九八七年には多民族・多言語のマレーシア社会を題材にしたコメディである舞台演劇の『板挟み』[4]を監督し、ビクトリア学院の後輩であるジット・ムラド〔➡368頁〕が俳優デビューした。この他に、統治者がパラノイアで不能者になっていく様子を描いた『官能の帝国』[5]や、トーがブリックフィールドに住んでいた幼少期の経験をもとにした一人芝居『告げ口』[6]を書いている。

俳優としての活動は演劇が中心だが、映画にもいくつか出演している。最初に出演した映画は、国家映画局とマレーシア映画振興公社が二〇〇三年に制作したマレー人と華人の関係を描いた『パロー』だった〔➡77頁〕。第二次世界大戦が終わりを迎えようとしている一九四五年、ジョホール州クルアンのパロー地区を舞台にマレー人男性アフマドと華人女性シウランの恋愛と別れを描いたこの映画で、トー・カーフンはシウランの父役を演じた。たどたどしいマレー語と広東語を話し、重要な話をするときに相手と食卓を囲む様子は、『細い目』のジェイソンの父を連想させる。『パロー』では映画初出演となるナムロン〔➡345頁〕がアフマド役を演じている。

▶4　原題は『Caught in the Middle』。
▶5　原題は『Empire of the Senses』。
▶6　原題は『Telling Tales』。

ナムロン
Nam Ron

1969年、プルリス州カンガー生まれ

フルネームはシャヒリ・アブダン
(Shahili Abdan)

●出演したヤスミン作品と役名
『グブラ』 リー（ビラル（礼拝所管理人））役

『グブラ』でビラル（礼拝所の管理人）の役を演じたナムロンは、舞台を中心に活躍する俳優・監督である。マレーシアの経済開発が進んで首都を中心にマレー人が裕福になっていく時代に地方で生まれ育ったナムロンは、子どもの頃に貧しくつらい生活を経験し、社会に出ると世の大人たちが自分の利益だけを考えている様子を目の当たりにして、社会に怒りを抱き続けている。制度や秩序を重んじて公正が実現しないことに怒り、逸脱や造反に共感を寄せて、演劇を通じて社会が変わる可能性に本気で希望を見出してまじめに演劇に取り組んでいる熱血漢である。

ナムロンはマレーシア北部のプルリス州カンガーで生まれた。母はインド系ムスリムとタイ人（シャム人）の混血者で、母方の祖母はベンガル湾出身のインド系ムスリムの二世、祖父は南タイのタイ人である。ナムロンの父はナムロンにとって存在しないも同然の人物だったようで、マレー人だったことの他にナムロンは何も語っていない。

ナムロンの両親はナムロンが生まれてすぐに離婚した。ナムロンは母と一緒に暮らし、市内の小学校と中学校に通った。家はとても貧しく、食事は一匹の魚を家族五人で分けて、ご飯に醤油をかけるだけで食べていた。服は一着しかないので毎日同じ服を着て、靴も履きつぶすまでずっと同じものを履いていた。

子どもの頃は毎日つらい思いをしていた。まわりの人たちはテレビで悲しいドラマを見て泣いていたけれど、ナムロンは実生活の方がずっとつらいのでドラマを見ても少しも泣けなかったという。気持ちが沈んだときは、自分を傷つければ苦しみが消えるだろうと思い、火が付いたタバコを自分の手に押し付けたり自分の腕の骨をわざと折ったりしたこともある。学校ではほとんど友だちを作れず、友だちと言える人は一人か二人しかいなかった。

SPM［➡84頁、288頁］を終えると、マラッカ州のマラ技術専門学校に入学した。マレーシアの学校では、入学すると新入生向けの一週間程度のオリエンテーションがある［➡86頁］。新入生が早く学校に慣れるように上級生が親睦を兼ねて学校生活のガイドをするという趣旨だが、上級生が新入生に無茶な命令をするのが習慣になっている。栄光あるマラッカ王国の歴史を引く古都マラッカから見ると、マレーシア北端のプルリス州の出身だったナムロンは田舎者として格好のからかいの対象だった。「プルリスはタイに近いからタイ語ぐらいできるだろう。何かタイ語で話してみろ」と言われたナムロンが、その場でお湯が目に映ったので「ナムロン（お湯）」と答えると、上級生がその答えをおもしろがり、ナムロンはオリエンテーション期間中に本名のシャヒリ・アブダンではなくナムロンと呼ばれることになった。変わった名前を付けられて目立ったために友だちがたくさんできてうれしくなったナムロンは、オリエンテーションが終わった後もナムロンの名前を使い続けることにした。もっとも、幼い頃に自分たちを置いて家を出て行った父を嫌っていたナムロンが、自分の名前から父の名前を消すため、自分の名前の後に父の名前を付けるマレー人式の名前のかわりにナムロンという名前を選んだという理由もあったのかもしれない。

マラ技術専門学校を卒業するとプルリス州に戻り、自動車修理工場に勤めた。この頃から詩を書いたり演劇に興味を持ったりするようになり、夜や週末の空き時間に地元の演劇サークルに参加した。自動車修理工の仕事は好きになれなかったけれど演劇は好きで、演劇サークルへの参加を通じて他の人とも話をするようになった。

一九九四年に国立芸術アカデミー（ASWARA）が設立された。友だちに生徒募集のチラシを見せてもらって応募したナムロンは入学が認められてとても喜んだが、その熱意の強さのあまり一年目から教師と対立した。その教師は『サラワクの息子』［➡65頁、75頁、358頁］などの出演経験がある俳優のアフマド・ヤティムで、ある日、生徒たちがまじめに授業に取り組んでいないと怒って生徒全員に教室から出て行くように命じた。他の生徒たちは教室から出て行ったが、まじめに授業に取り組んでいたナムロンは教室に留まり、怒りのあまりに涙を流しながら、「生徒がどれだけまじめに授業に臨んでいるかを知りもせずに不まじめだと決めつけるのは不公正だ」と抗議した。アフマド・ヤティムは取り合わず、「精神科で診てもらえ」と言うだけだった。ナムロンは劇作家・批評家でアカデミー主任のクリシェン・ジットに訴えたが、クリシェン・ジットは「その痛みを創作の原動力にして頑張れ」と言うだけだった。

ナムロンはその後、演技派の俳優としてだけでなく脚本家・監督としても演劇の世界で知られるようになる。二〇〇九年には自身のアカデミーでの経験を織り込んだ映画『けんか』[1]を制作した。第1部でも紹介したように、マレーシアの映画制作では、事前にマレーシア映画振興公社の承認を得て撮影し、編集を終えたら映像検閲局の上映・公開許可を得なければならないが、『けんか』はマレーシア映画振興公社の承認を得ずに撮影された。ナムロンは監督でありながら自らも出演している。その役柄は、演劇に希望を見出して演劇を通じて高校生に生き方を教える熱血漢の演劇人であるとともに、生徒が大人に反抗しても笑って見守る造反有理を信条とする大人で、現実のナムロン自身のようである。

『けんか』では、ある高校でマレー人生徒と華人生徒とが喧嘩して新聞に報じられ、教育省による処分を恐れた教師たちが対策を練る。宗教教育の補習を行って規律を教え込もうという意見も出るが、アン先生の提案で、喧嘩した生徒たちを演劇部に入れることにする。アン先生は古いつきあいのアズマンに演劇部のコーチ

▶1　原題は『Gadoh』。

役を頼む。ナムロン演じるアズマンは、制度や規則が嫌いで学校と関わりたくないと言うが、服装も態度も自分の好きなやり方を通すという条件で引き受ける。

演劇部に集められた生徒たちは、マレー人どうし、華人どうしでまとまって、少しでもきっかけがあると互いに相手に喧嘩を売ろうとしていた。アズマンは生徒たちにまず演劇部の部室を掃除させ、互いに自己紹介させ、心に思っていることを全て話させた。「華人は俺たちマレー人を見下しているから大嫌いだ」、「俺たち華人は仕事も勉強も必死で努力しているのにマレー人は他人の文句ばかり言って反省しない」などのセリフが続く。現実のマレーシア社会では、仲間内で言うことはあっても他民族の目の前で言うと大騒動になるセリフばかりで、演技だとわかっていてもこれを聞いて居心地が悪くなってしまう大人たちも多かったはずだ。

アズマンは、生徒たちが民族ごとにまとまって相手の文句を言うのは親たちの影響のためだと考えていた。マレー人家庭では「華人のせいで家計が苦しい」と言い、華人家庭では「マレー人に貸した金は本人だけでなく家族を痛めつけてでも回収する」と言う。マレー人業者はマレー人議員に入札で便宜を図ってくれるように頼み、議員は「マレー人どうしで助け合うのは当たり前だ」と言って業者から謝礼を受け取る[2]。子どもたちはこの様子を見ることで他民族への軽蔑や憎悪を育てていく。

アズマンはかつてこの高校で学び、自分の意志を曲げなかったために教師と対立して、教師の車を傷つけたという濡れ衣を着せられて退学処分にあっていた。しかしそのおかげで、制度や規律に従って学校を卒業して快適な生活を送ることよりも人間としてずっと大切なものがあることに気付いたという。アズマンはそれを「マレーシア民族のために尽くすこと」だと語る。マレーシアはマレー人、華人、インド人などの多民族社会で、マレーシアという一つの民族があるわけではないが、アズマンはあえて「マレーシア民族」と呼び、「民族のために尽くしたい」と話した。

ナムロンは現在ではマレーシア映画に欠かせない俳優で、現実社会への皮肉を込めて悪徳政治家や悪徳役

▶2 このマレー人業者を演じたモハマド・アリ・ロスは『グブラ』でキアに暴力をふるうカマルの役を演じた。

人の役を演じたり、社会から少し距離を置いたところにいて主人公の精神的な支えとなるナムロン自身のような役を演じたりしているが、初めのうち活動は舞台が中心で、映画は短編にいくつか出ている程度だった。

ナムロンが最初に出演した長編映画は第二次世界大戦の末期に日本軍とマラヤ共産党の対立を描いた『パロー』で、日本軍に協力するマレー人でマラヤ共産党に協力する華人女性と恋に落ちる役で出演している［➡77頁］。

ヤスミンは、『グブラ』の礼拝所管理人にナムロンをキャストした理由として、「ナムロンは演技が優れているのに、『肌の色が浅黒いので映画の主演向きの顔ではない』という理由で映画に出る機会が与えられていなかった。そういう人に映画に出る機会を与えたかった」と言い、ナムロンの出演を夜の場面ばかりにした。

『グブラ』では、オーキッドを巡る物語と、ナムロン演じる礼拝所管理人に関わる物語とがほとんど交わらずに進む。ナムロンが関わる物語のパートには借金の返済ができずに身体を傷つけられるマレー人の話などがあり、『けんか』に見られるナムロンの作風が色濃く表れている。

ミスリナ・ムスタファ
Mislina Mustaffa

1971年、ペラ州イポー生まれ

●出演したヤスミン作品と役名
『ムクシン』　セナ役
『タレンタイム』　メルーの母役

『ムクシン』でムクシンのおばのセナ役を演じ、『タレンタイム』でメルーの母役を演じたミスリナ・ムスタファは、女性が勉強や仕事を自分で選ぶことができなかった時代に生まれ育った母の思いを抱いて、「男性にできることなら女性にもできるはずで、欧米で受け入れられることならマレーシアでも受け入れられるはず」という考えを持って生きている。頭を丸刈りにしたりホームレス生活をしたりして、マレーシアの多数派の基準から外れた格好や言動をする奇妙な人だと思われても全く気に留めず、信念を貫いて生きる女優・芸術家である。

ミスリナはペラ州のイポーで生まれ、ヌグリスンビラン州のスレンバンにあるトゥンク・クルシア学院で学んだ。トゥンク・クルシア学院はマレーシアで最も優秀と言われる全寮制の女子高で、卒業生には政治家を含む著名人が多い。父はミスリナが薬学を学ぶことを強く望んでおり、卒業後はスイス留学や日本留学の機会もあったが、ミスリナは芸術に関心を持った。まわりの人は留学の機会を棒に振ることに反対したが、母だけはミスリナの選択に賛成してくれた。

演劇を学んだ経験がないミスリナはなかなか出演の機会が得られず、与えられた小さな役を演じながら実地で演技の経験を重ねていった。一九九七年の経済危機の頃は才能ではなく人気で出演者を選ぶ人が多く、ミスリナには機会が与えられなかった。日々の食費を稼ぐため、四人の友人たちと毎日片道二時間かけて自宅からクアラルンプールの市街地まで通い、オーストラリアのアボリジニの楽器ディジュリドゥを路上で演奏した。一日の収入がわずか三リンギの日もあり、コーヒー一杯で一リンギ程度の頃で、五人の空腹を満たすことはとてもできなかった。この状態は四年続き、友人には芸術の道を諦めた人もいたが、ミスリナは自分で決めた道だからと諦めなかった。

二〇〇〇年、オスマン・アリの『ブカ・アピ』［➡70頁］に出演する機会を得た。二〇〇五年にはウー・ミンジンの『マンデー・モーニング・グローリー』でジャーナリスト役を演じた。二〇〇七年にはオスマン・アリの『海岸の幽霊』[1]でウミ・アイダと共演し、リュウ・センタ監督の『ポケットの花』［➡66頁］への出演を経て、ヤスミンの『ムクシン』に出演して世間に広く知られるようになる。

二〇〇九年の『タレンタイム』の出演後、ミスリナは一九八〇年代の歌手ザイトン・サメオン（Zaiton Sameon）を描いた映画『ザイトン――私の物語』[2]のザイトン役に抜擢された。ザイトンは一九五七年生まれのマレーシアの歌手で、一九八七年に歌唱コンテストで優勝して歌手デビューし、「希望を抱く」[3]のヒットで知られる。一九九〇年に交通事故で一人息子と音楽パートナーを亡くし、ザイトンも数か月にわたって昏睡状態になり、その後も記憶障害に悩まされ続けたが、二〇〇一年に記憶を回復して歌手活動を再開した。

『ザイトン――私の物語』の撮影は二〇一〇年に済んでいたが、なぜか撮り直しになった。このとき「ミスリナは撮り直しを拒否したために主役を交代させられた」と報じられたが、撮影のために頭を丸刈りにするほどの力の入れようだったミスリナにすれば話は逆で、撮影後に制作陣の考え方が分かれて撮り直しになったとき、ミスリナには初めから声がかからなかったという。ミスリナは

▶1　原題は『Puaka Tebing Biru』。
▶2　原題は『Zaiton: Ceritaku』。
▶3　原題は「Menaruh Harapan」。

別の映画で主演女優賞にノミネートされて二〇一〇年のマレーシア映画祭に出席し、丸刈りの頭でレッドカーペットを歩いて人びとを驚かせた。

マレーシアでは「女性は髪を剃るべきではない」という考え方があり、特にマレー人の間でその傾向が強い。丸刈りは男性が行うことなので、女性が丸刈りにするのはレズビアンだからだと言われることもある。ミスリナもそのような噂が立ち、取材されるたびに否定した。

この頃ミスリナは、女性は一日の活動の八五パーセントを掃除に費やしているという話を聞き、家がなければ掃除をする必要がないので時間を有効に使えるかもしれないと考えた。調べてみるとヨーロッパでは女性のホームレスもおり、マレーシアで女性のホームレスの存在が許されないのはおかしいと考えるようになった。ミスリナはテレビやベッドなどの私物を少しずつ手放していき、二〇一二年一月からホームレス生活を始めた。そのときの全財産は、服四着、スケッチブック数冊、本二冊、枕がわりの人形、寝袋、懐中電灯機能付きの携帯電話、カメラ、ノートパソコン、そして荷物を入れるリュックサックだけだった。

ホームレスを始めて三か月が過ぎた二〇一二年四月、ミスリナはクアラルンプールのムルデカ広場で学生たちの座り込みの現場にいるところを写真に撮られ、新聞に掲載された。このとき学生たちが要求していたのは学資ローン制度の廃止だった。マレーシアでは一九九〇年まで大学と言えば国立の七校しかなく、大学就学率は三%以下だった。政府は大学レベルの高等教育の就学率を高めるため、一九九六年に私立の大学とカレッジを認可し、一九九七年に国家高等教育基金(PTPTN)によるローン制度を導入した。ローン制度は、国立・私立を問わず、どのような大学やカレッジに進学する学生でも、しかも民族を問わずに申請でき、二〇一五年までに一八八万人がこのローンを利用した。この制度によって、それまで高等教育に手が届かなかった層の進学が後押しされ、二〇一三年には高等教育機関の就学率が三〇%近くになった。

成績が優秀な学生は返済を免除される制度があり、二〇一二年末までに一万三〇〇〇人が全額返済免除の措置を受けた。ただし、多くの学生は卒業時に大きな額のローンを抱え、返済するために自分の希望と違う仕事に就かなければならなかったり、返済が滞るとマレーシアからの出国が認められなくなったりするなどの問題を抱えていた。学生たちは「全ての国民が無償で高等教育を受けられるべきだ」と主張し、二〇一二年四月に国家高等教育基金の廃止を求めてムルデカ広場で座り込みを行った。

学生が座り込みを行ったのと同じ頃、クアラルンプールでは別の大規模なデモが行われて緊張が高まっていた。デモの中心となったのは選挙改革を求めるブルシ運動だった。マレーシアでは、マレー人政党のUMNOを中心とする連立政権のもと、選挙区割りを与党に有利にしたり国営メディアの報道を与党に多く割り当てたりする仕組みがあり、この仕組みに支えられた長期政権が腐敗をもたらしているとして、選挙制度改革を求める声が高まっていた。これがマレー語で「清潔」を意味する「ブルシ」という名前の運動になり、二〇〇七年と二〇一一年に選挙制度改革を求めるデモが行われていた。二〇一二年四月にもクアラルンプールで約二万五〇〇〇人を動員する大規模な抗議デモが行われ、警官隊がデモ隊と衝突して催涙弾を発射する事態に発展した。

ブルシ運動は与野党のどちらかを支持する運動ではなかったが、野党支持者がデモに参加したことから、与党支持者からは野党寄りの運動だと見られた。しかも野党が掲げる政策の一つが高等教育の無償化だったため、与党支持者の批判は国家高等教育基金制度の廃止を求めて座り込みをした学生たちにも向けられた。

学生たちに同調したミスリナにも批判が向けられた。与党系の新聞に掲載されたミスリナの写真が、丸刈りで、シングレットに半ズボンという肌の露出が多い格好でタバコを吸っている姿だったため、ムスリム女性にふさわしくない態度だと批判され、これ以降ミスリナには商業映画への出演の声がかからなくなった。

ミスリナはホームレスを少なくとも一年間は続けるつもりだったが、結果として六三〇日間のホームレス経験になった。ミスリナはその経験をもとに『自分で選んだホームレス』[4]という本を書いた。ミスリナは、「自分は世界一強い女だと思っていたので家がなくても世界のどこででも暮らせると思っていたけれど、家を手放したら孤独を感じて弱気になった」と告白した。一年半以上のホームレス経験で、自分の内には強さも

▶4　原題は『Homeless by Choice』。

弱さもあり、自分の美しい面と醜い面を等しく愛することを学んだという。かつてミスリナは悲しいことがあると何かに打ち込んで忙しさで悲しさを紛らそうとしていたが、ホームレスという旅を経験した後では、悲しいことがあるとじっとして悲しみを受け止めるようになったという。

ミスリナはその後、サッカーのワールドカップが開かれた二〇一四年にブラジルを訪問して、そのまま近隣諸国を旅して二年過ごした。母親が亡くなったときに葬儀に帰国しなかったことが批判されたが、ミスリナはブラジルに行く前に病床の母に旅行のことと母の病状を相談していた。母が生まれ育った時代は、女性は最低限の読み書きができれば十分だと考えられていた。母の父もそのように考える人で、母は「教師になって子どもたちにたくさんのことを教えたい」という夢や「世界を旅していろいろな人と出会っていろいろなものを見たい」という夢がかなえられなかった。そのため母は娘たちにはやりたいことをするようにと願い、どんな選択でも娘たちが自分で選んだことを支持してきた。だから、もし母の病気を理由にブラジル行きを中止したり中断したりしたら母がとても残念に思うはずだと考えて、いつも母の思いと一緒に旅してきた。

前述したように、ミスリナは二〇一二年以降は商業映画との関わりがなくなったが、監督として「イカル・マヤン・プロジェクト」に参加している。「イカル・マヤン」はマレー語で「黒髪」の意味で、「髪の色は同じ黒でも心の中は別々」というマレー語のことわざに由来し、「女性は一括りに見られることがあるけれど、人それぞれが置かれた状況と抱える課題は違う」というコンセプトで、女性監督が女性を撮るプロジェクトである。

ミスリナは二〇一三年のプロジェクトに参加して、『花散らしに関するすべて』[5]という作品を撮った。肉感的で盲目のスパの美容師が鏡を見ながら化粧を落としている。盲目の彼女がどうして自分の化粧を落とすことができて、どうして他人に美容を施すことができるのかを考えさせることを通じて、美とは何なのか、なぜ人は自分が思う美を他人に強いるのかと問いかける。

▶5　原題は『All about Deflowering』。

ラヒム・ラザリ
Rahim Razali

1939年、ペラ州バトゥガジャ生まれ

フルネームはアブドゥル・ラヒム・モハマド・ラザリ
(Abdul Rahim Mohd Razali)

●出演したヤスミン作品と役名
『ムアラフ』　ロハニとロハナの父(ダト)役

『ムアラフ』でロハニとロハナの父役を演じたラヒム・ラザリは、マレーシアのベテランの俳優・映画監督である。『ムアラフ』で演じたのは、「ダト」の称号で呼ばれ、権威主義の権化で快楽のままに生きる男だが、ラヒムが自身の監督作品で批判してきたのがまさにそのような男たちだった。

ラヒムは一九三九年七月にペラ州のバトゥガジャで生まれ、当時英語で教育を行っていたイポー市内のアンダーソン高校で学んだ。『タレンタイム』では、タレンタイムが行われる舞台となった高校の名前がアンダーソン高校、ガネーシュの学生時代の恋人が住んでいた町の名前がバトゥガジャである。ラヒムと縁がある地名が出てくることに、舞台人・映画人としてのラヒムに対するヤスミンの敬意が感じられる。

アンダーソン高校を卒業すると、ラヒムは一九六〇年にオーストラリアに留学してメルボルンで会計学を学んだ。五年間の留学中に演劇に関心を持ち、演劇クラブに所属してハムレットを演じたほか、脚本や監督も担当した。

一九六五年に帰国し、広告代理店の会計士やタバコ会社の広報主任をつとめる一方で、仕事の合間に演劇も続け、一九七八年の映画出演をきっかけに映画の世界に足を踏み入れた。一九八一年にはマレーシア・ラジオ・テレビ局（RTM）の元アナウンサーのワン・ロハニ・ジンと共同で映画制作会社を設立した。監督経験がないラヒムを助けるため、ロハニは彼女のRTMアナウンサー時代の知り合いたちを技術スタッフとして会社に招いた。ロハニのプロデュースのもと、ラヒムは一七年間に九作の映画を監督した。『ムアラフ』には、ラヒムが娘のことを「ロハニは面倒が多くて手を焼く」と言うセリフがある。会社の立ち上げから作品制作までラヒムを支えてきたロハニと同じ名前をつけた娘のことを「面倒が多くて手を焼く」と言わせたらベテラン俳優のラヒムはどんな顔で演技をするのか見てみたいというヤスミンの遊び心がうかがえる。

かつてマレーシアで映画と言えば、映画館で観て大笑いして、外に出たとたんに内容を忘れてしまう娯楽だと見られていた。しかしラヒムが作ってきたのは、作品を通して自分たちの社会が抱える問題を考えるような映画だった。公開当初は観客がほとんどいなかったが、国際映画祭に招かれ、国内の映画祭でも高く評価された。初監督作の『兄』[1]にはラヒムも出演しており、マレーシア映画祭で監督賞と主演男優賞に輝いた。一九八四年には『愛国者の死』〔➡64頁〕が作品賞と監督賞を含む七つの賞を受け、一九八六年には『ツーフェー・ソフィア』[2]が作品賞、監督賞、脚本賞を含む五つの賞を獲得した。

『愛国者の死』は、マレーシアの国民文学者ウスマン・アワンの演劇「ある英雄の死」を翻案して映画化したもので、ラヒムの最高傑作と評される。一九八一年に首相に就任したマハティールのもとで経済開発が進められ、開発と政治が結びついて伝統的な価値が蔑ろにされていく中で「マレー人らしさとはどうあるべきか」を問う作品であり、マラッカ王国の忠臣ハン・トゥアとその親友でライバルでもあるハン・ジュバの物語が下敷きになっている。

愛国的な元政治家で会社経営者であるシャーバンが心臓発作で亡くなる。会社の重役たちはセックスや酒や汚職などの現代的な悪に汚染されており、汚

▶1 原題は『Abang』。

▶2 原題は『Tsu Feh Sofiah』。

職を告発しようとしたシャーバンを止めようと脅し、結果として死に至らしめた。

シャーバンは五人の息子を残していた。長男のサファアンは父同様に誠実かつ清廉な愛国者で、駆け引きを伴う政治には関心がない。重役たちのせいで父が死んだことを知ると、サファアンたちは重役を一人ずつ殺していく。しかし重役のユスフを殺すはずのサイフルは、ユスフの娘のヨハニスと恋に落ちてしまう。ヨハニスも殺すべきだと主張するサファアンたちは、ヨハニスは父の復讐とは無関係だと反対するサイフルを臆病者呼ばわりする。サファアンとサイフルは伝統武術シラットで戦い、サイフルが壁で頭を打って倒れる。サイフルが死んだと思ったサファアンたちは警察に自首し、サイフルは意識を取り戻す。

『愛国者の死』では、アルコール飲料、ロック音楽、プレイボーイのポスター、ガールフレンドと一緒のシャワーなどで重役たちの退廃性を表現する。それは『ムアラフ』でラヒムが演じたダトが酒を飲み、クラブで若い女性たちと踊って妻を泣かせていた姿と重なる。

『愛国者の死』は、マレーシア映画でそれまで前景に出ることがあまりなかったイスラム教の要素を多く取り入れ、伝統的価値の喪失と対置させている点にも特徴がある。ただし、イスラム教がただちに社会の問題の解決となるわけではなく、信仰する人びとの考え方や態度によるところが大きい。

『ツーフェー・ソフィア』は、華人で女医のツーフェーの目を通してマレー人の宗教的な堕落を描いた問題作である。ツーフェーが休暇を過ごすために訪れた島では、マレー人どうしが教義上のことで対立して互いに相手を「カーフィル(不信仰者)」と呼んでいた。ツーフェーは母の生前の願いに従ってイスラム教に改宗し、ソフィアというムスリム名を名乗るが、「イスラム教はマレー人の宗教なので華人はムスリムになるべきではない」とマレー人に責められる。

イスラム教ではムスリムが他のムスリムを「カーフィル」と呼ぶことは重大な問題であると考えられており、この作品がマレーシアで公開されると物議を醸した。ただし、ムスリムが他のムスリムを「カーフィル」と呼ぶのはラヒムが映画のために作った話ではなく、当時のマレーシアで実際に起こっていたことだった。

マレーシアのマレー人は全て生まれながらのムスリムだが、国家の統治制度に関しては、英語教育を受けた人を中心に世俗主義的な統治制度をよしとする人びとと、イスラム教育を受けた人を中心にイスラム教の考えに従った統治制度をよしとする人びとがいる。マレーシアに政党政治がもたらされると、前者は統一マレー人国民組織（UMNO）、後者は汎マレーシア・イスラム党（PAS）に分かれて対立した。一九八一年にUMNO総裁のマハティールが首相になると、PASの指導者がUMNOを「カーフィル」と宣言して両者の対立が激化した。PASの支持者が多く住む東海岸では、UMNO支持者とPAS支持者の双方が、相手側が執り行った冠婚葬祭は無効であるとして、互いに結婚式をやり直したり葬式に出なかったりする事態に発展した。首都クアラルンプールや他の地域では対立が顕在化しなかったとはいえ、マレー人社会がイデオロギーで真っ二つに分かれる事態はマレー人社会全体によって深刻に受け止められた。

華人がムスリムになってもマレー人に受け入れられない様子を『ツーフェー・ソフィア』で描いたラヒムは、『サラワクの息子』でマレー人と華人の民族と宗教の違いを超えた結婚を描いた。『サラワクの息子』では、第1部第3章でも紹介したように、サラワク州の奥地出身のマレー人で地方開発担当の役人になったアザムが自分の出身地に赴任し、地元グループの反対を受けながら開発を進める。アザムは華人ジャーナリストのメイリンと恋に落ち、メイリンがイスラム教に改宗することで二人は結婚する。

ラヒムは、マレー人と華人の結婚を正面から描くことによって、民族と宗教の違いを超えた結婚をどう考えるのかとマレーシア社会に問いかけた。この問いかけに応じた一人が『スピニング・ガシン』（二〇〇〇年）を撮ったテック・タン（Tan Chor Teck）だった［➡77頁］。

あらためて『スピニング・ガシン』のストーリーを確認してみよう。外国留学から戻った華人のハリーが音楽バンドを結成しようと旅に出て、マレー人、インド人、ユーラシアン（欧亜混血者）の仲間を集める。ハリーとマレー人のヤティは互いに好意を抱いて関係を深めようとするが、周囲はその交際を快く思わない。旅の道中でハリーとヤティは二人の関係について議論を重ねるが、改宗はその宗教を信じるために行うものであって結婚するために改宗するのはおかしいと考え、結局はマレーシア社会に受け入れられる方策を見つけることができずに別れる道を選ぶ。

タンはベルナルド・ベルトルッチの影響を受け、オーストラリアで監督の経験を積んだ後、一九九六年にマレーシアに帰国した。マレーシア映画の新たな潮流［➡66頁］の嚆矢とされるアミール・ムハンマドとほぼ同じ頃に撮った『スピニング・ガシン』は、全編を通してほとんどが英語のセリフで広東語やマレー語が混じっていた。映像検閲局から国内公開のための条件が課され、海外の映画祭で公開されてから一年以上が経った二〇〇一年一〇月、二五か所がカットされた修正版が国内の映画館で公開された。

タイトルのガシンとは独楽のことで、マレーシアでは直径十数センチの大きなガシンをまわしてその持続時間を競う伝統的な競技がある。熟練者がまわす独楽は二時間以上もまわる。「スピニング・ガシン」とは回転する独楽のことで、人は独楽と同じで回転し続けないと倒れてしまうけれど、回転している独楽どうしが触れ合うと反発してしまうことから、民族や宗教が異なる人がそれぞれ精いっぱい生きようとすると互いに反発してしまうという物語の結末を反映している。『スピニング・ガシン』は、非ムスリム女性がイスラム教に改宗して結婚が成立するという結末をハッピーエンドとして描いたラヒム・ラザリの『サラワクの息子』に対する非マレー人からの異議申し立てになっている。

Yeo Yann Yann

イェオ・ヤンヤン

Yeo Yann Yann／楊雁雁

1977年、ジョホール州ジョホールバル生まれ

●出演したヤスミン作品と役名

『ムアラフ』　シンディー役

『ムアラフ』でパブで働くロハニの同僚のシンディーを演じたイェオ・ヤンヤン[1]は、マレーシアの最南端で海峡の対岸にシンガポールを臨むジョホールバルで生まれたマレーシア華人である。シンガポールの華語演劇を切り拓いた劇作家・演出家のクオ・パオクン（郭宝崑）の薫陶を受け、シンガポールを拠点にして演劇、テレビ、映画で活躍する女優である。二〇一二年に香港のアクション監督のマー・ヨクセン（馬玉成）と結婚し、撮影時に妊娠中だった『イロイロ　ぬくもりの記憶』（二〇一三年）では妊婦の役を演じた。

イェオ・ヤンヤンは一九七七年に生まれた。福建人で、実家は水上集落やシーフードレストランで知られるククップ地区の漁村にある。親戚は魚の養殖など水産関係の仕事が多く、父はシーフードレストランを経営している。

ヤンヤンは中学校と高校はジョホールバルの新山寛柔中学[2]で学んだ。寛柔中学は地元の華人社会が出資して運営する私立の中学・高校で、授業は華語で

▶1　現地での標準的な発音に近い表記は「イェオ」だが、日本では「ヤオ」と書かれることもある。

▶2　華語では「中学」が日本の中学校と高等学校を含む。

行われる。マレーシアには華語で授業を行う私立の中学校・高校が全国に何校かあり、一九一三年創立の寛柔中学はそれらの中でも国内で最大規模を誇り、中国大陸と台湾を除けば華語で中等教育を行う学校で世界最大規模のものである。卒業生には作家や演劇人や歌手も多い。

ヤンヤンは学校の演劇部に参加して演劇に目覚めた。高校卒業後はクアラルンプールで演劇の勉強を続けることも考えたが、遠いからと母が嫌がったため、「隣町」のシンガポールに行くことにした。一〇代で一人で大都会に出てきたヤンヤンは、学校でマスコミュニケーションを学ぼうと思ったがうまくいかず、勉強は断念して演技の現場に入った。

一九九七年に演劇の初舞台に立ち、一九九八年にテレビの『播音人』[3]に出演した。一九六〇年代に華語放送を行っていたラジオ局を舞台とする全二四回のシチュエーション・コメディーで、ヤンヤンはチェン・メイリー(Chen Mei Li／陳美麗)という役で出演した。ただし当時のヤンヤンは素人同然で、現場で監督に怒られても何を怒られているのかわからないほどだったという。

『播音人』出演後、劇作家・演出家のクオ・パオクンと出会ったことでヤンヤンの人生は大きく変わった。パオクンはヤンヤンに一度演劇の機会を与え、それを見た後でヤンヤンに演技の勉強をするように勧めた。

パオクンは英語と華語の両方で脚本を書く中国生まれの劇作家で、華語演劇が政治性を帯びた時代に逮捕・勾留を経験しながらも演劇の指導を続けたシンガポールの演劇人である。シンガポールの華語演劇はパオクンと妻のゴー・ライクアン(呉麗娟)の二人の芸術家によって発展したと評されている。

パオクンは一九三九年に中国の河北省で生まれ、八歳のとき母と一緒に北京に移り、香港での九か月の滞在を経て、一〇歳のときに父がいるシンガポールに渡った。一九五〇年代のシンガポールでは華語学校の閉鎖を巡って政府と学生が対立し、活動家の学生が逮捕されていた。パオクンは英語学校と華語学校を転々とし、一時期は香港の学校に入れられ、一九五七年に学生運動がおさまるとシンガポールに戻った。この間、六年間に六つの学校に通った。

子ども時代を河北と北京で過ごしたために北京訛り

▶3　英題は『Right Frequency』。

の華語を話し、このことが「ＢＢＣの英語のよう」とおもしろがられて、一九五五年に華語の有線放送のキャスターになった。一九五九年に高校を卒業すると、シドニーの国立演劇学校で西洋演劇を学んだ。このとき、インドネシアのスマトラ生まれの舞踏家・振付師でメルボルンでバレエを学んでいたゴー・ライクアンと知り合った。

一九六五年にシンガポールに戻ると、シンガポールがマレーシアから分離独立する1か月前にパオクンとライクアンは結婚し、同じ日に二人で実践演技訓練学校（ＰＰＡＳ）を設立した。従来の演劇学校と違ってシンガポールの大衆の生活に根差した芸術を教えるため、授業は華語で行った。当時のシンガポールで華語演劇は政治と関わるものと見られており、演劇を専門に学ぼうとする人は少なく、舞踏部門の収入で演劇部門を支えていた。一九六六年に始まった中国の文化大革命はシンガポールの華語演劇にも影響を及ぼし、パオクンが書く脚本も社会変革を求める内容が多かった。一九七二年、パオクンはＰＰＡＳの卒業生とともに「体験生活」活動を始め、芸術は勤労大衆の暮らしを知ることから始まると言って農村や漁村に入っていった。

一九七六年、共産主義者が破壊活動を準備していたとして約百人が国内治安法（ＩＳＡ）違反で逮捕される事件が起こり、華語演劇人もたくさん逮捕された。パオクンも逮捕されて約四年半にわたって勾留され、シンガポールの市民権を剥奪された。一九八〇年に居住地と移動の制限付きで釈放されてＰＰＡＳに戻った。居住地と移動の制限は一九八三年まで続き、市民権の回復は一九九二年まで待たなければならなかった。

一九八四年にパオクンは、最初の英語の脚本である『棺桶が大きすぎる』[4]を書いた。華人の孫が亡くなった祖父を埋葬しようとするが、墓地が狭いのに対して棺があまりにも大きいという物語で、シンガポール国民と政府の関係を描いている。これを含めてパオクンの作品は日本でもいくつか上演された。

パオクンは二〇〇〇年にＰＰＡＳを発展させた実践演劇訓練・研究課程（ＴＴＲＰ）を始めた。中華、日本、インド、インドネシアなどアジアの演劇の伝統に根差した演劇を教え、パオクンは二〇〇二年に病気で亡くなるまでディレクターをつとめた。

▶4 原題は『The Coffin Is Too Big for the Hole』。

パオクンがヤンヤンに演劇の勉強を勧めたのはTTRPのことだった。規則でTTRP在籍中の三年間はTTRP以外で舞台に立つことが禁じられていた。いったん学校を辞めて演劇の道に進んだのにまた学校に通うと聞き、ヤンヤンの母は「どっちつかずはよくない」と反対した。シンガポールに行くときに母が持たせてくれたお金は使い果たしており、交通系ICカードに地下鉄とバスを乗り継いでぎりぎり実家に帰れる金額が入っているだけが全財産という厳しい生活も経験したが、兄が母に黙って生活費を渡してくれていた。

母が反対したのは「娘には人生の冒険をせずに安定した暮らしをしてほしい」と願っていたためで、学校の先生になるのがいいと思っていた。もっとも、はじめ「燕燕」だったヤンヤンの名前を学校に上がる前に母が「雁雁」に変えており、母は「ヤンヤンが選んだ進路はもとは自分のせいだからしかたない」と諦めたという。「燕燕」も「雁雁」も読みはヤンヤンで同じだが、燕は軒先に巣を作って必ず家に戻ってくるけれど、雁は大空を飛んでいく。

ヤンヤンはTTRPの第一期生として課程を修了すると、演劇やテレビに出演するようになり、映画にも出演した。映画初出演作は二〇〇六年の『シンガポール・ドリーム』[5]だった。翌二〇〇七年の『881　歌え！パパイヤ』[6]で国内外に名前が知られるようになった。

この頃までヤンヤンの活躍の場はもっぱらシンガポールだった。バスに乗れば一時間程度で行き来できる距離にあり、文化的にも共通性が多いとはいえ、マレーシアとシンガポールとは別の国で、シンガポールで外国人として暮らすと住宅購入手続きなどで不便もあるが、ヤンヤンはマレーシア国籍のまま活動することを選んだ。

二〇〇八年の『ムアラフ』への出演を境にマレーシアの映画やテレビにも出演するようになり、二〇〇九年にはテレビドラマ『鉄の女』[7]で主役を演じている。

▶5　原題は『美満人生』、英題は『Singapore Dreaming』。

▶6　原題は『881』。

▶7　原題は『Iron Lady』。

アゼアン・イルダワティ

Azean Irdawaty

1950年、クダ州アロースター生まれ

フルネームはアゼアン・イルダワティ・ユスフ
(Azean Irdawaty Yusoef)

2013年12月17日逝去

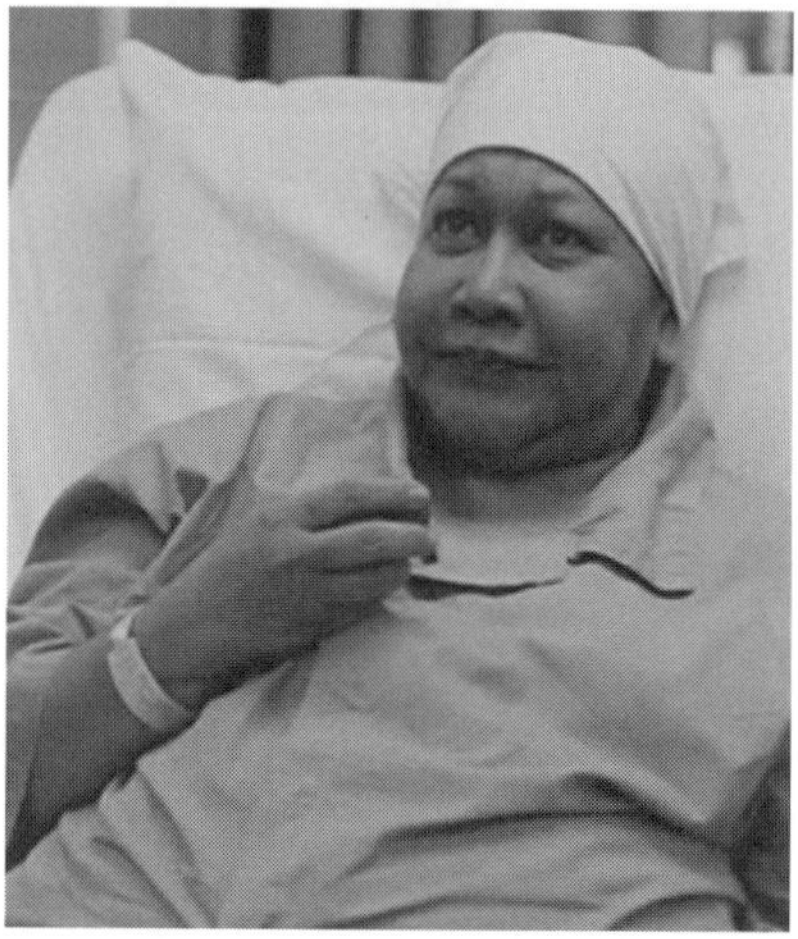

●出演したヤスミン作品と役名
『タレンタイム』　エンブン(ハフィズの母)役

『タレンタイム』で病床に就いたハフィズの母エンブン役を演じたアゼアン・イルダワティは、一九七〇年代後半から三〇年近くにわたって活躍したマレーシアのベテランの女優・歌手である。数々の作品に出演し、ヘアスタイルから「マレーシアのファラ・フォーセット」とも呼ばれた。二〇〇八年に癌を患っていることが判明し、闘病の末に二〇一三年一二月一七日に亡くなった。

アゼアンは父のユスフ・アフマド・シャーと母のチェ・エンブンの子として生まれ、夫ハイリル・アンワルとの間に三人の子を授かった。

アゼアンは一九七〇年代から歌手として知られ、最も知られた曲はアルバム『私の秘密は私の歌』[1]に収録された「一緒に連れて行って」[2]である。『タレンタイム』でメルーが決勝で歌う練習をしている「Angel」は、劇中では英語で歌っているが、サウンドトラックにはマレー語版が収録されている。英語版とマレー語版では歌詞の内容はほぼ同じだが、

▶1　原題は『Rahsiaku Laguku』。

▶2　原題は「Bawalah Daku Bersamamu」。

いくつか表現が異なっており、英語版の「Yeah I'm falling for an angel（あなたに恋してしまった）」の箇所はマレー語版では「Bawa Daku Bersamamu（一緒に連れて行って）」になっている（アゼアンの歌のタイトルには間投助詞のlahがついているが意味は同じ）。「Angel」をマレー語で聞いた人はアゼアンのことを思い出す［➡271頁］。

アゼアンの映画初出演作品は、マレー人と華人の恋愛・結婚を描いたジンス・シャムスッディンの一九七九年の『明日はまだある』だった［➡74頁、80頁、270頁］。マレー人で警官のザムリは二人の子を幼くして病気で失っており、その遺伝上の原因である妻ファリダとの関係が疎遠になっていた。ザムリは銀行強盗の人質にされた華人実業家のチョンを救出し、チョンの娘のマリナがザムリに恩義を感じる。ザムリの父は孫をほしがっており、マリナの母の反対を押し切って、ザムリはマリナと結婚して男の子ジェフリを授かる。ザムリはジェフリをマレー人として育てるために両親のもとに預け、ファリダに世話を頼む。ジェフリと離れ離れになったマリナは思い詰めてザムリの両親の家からジェフリを連れ去るが、マリナが自分の本当の母だとわからないジェフリは「家に帰りたい、お母さんに会いたい」と泣く。

第1部第3章でも紹介したように、ファリダとマリナを見ると、女性は子を産むか育てるかのどちらかでしかない存在として描かれていることに驚く。もっとも、共産主義ゲリラと勇敢に戦った警察を題材にした作品の監督・主演で知られるジンス・シャムスッディンの関心は、警察や軍に象徴される力強い男性を描くことにあり、ジンス・シャムスッディンにとっての家族とは父と息子との関係のことで、そう考えると『明日はまだある』でザムリは任務に忠実であるとともに父を大切にする男性として描かれている。

ジンス・シャムスッディンは、「多民族社会は民族間の結婚と文化的な同化を通じてこそまとまるもので、マレーシアの国民映画はそのことに貢献すべき」と考える急先鋒で、『明日はまだある』でも、華人のマリナは家庭で両親ともマレー語で話す。マリナとザムリの結婚の話が出ると、第二夫人になることの是非は問題にならず、マリナの母は中華文化を受け継ぐために華人男性と結婚すべきだと反対するが、「よその土地に来た以上は祖先の文化に拘るのは適切ではない」と批判される。

作品のメッセージ性はともかく、アゼアンは『明日はまだある』でファリダを演じ、一九八〇年に開催された第一回マレーシア映画祭で主演女優賞に輝いた。

その後アゼアンは数々の映画に出演したが、代表作はシュハイミ・ババの一九九七年の『ララのスクリーン』「➡65頁」である。大スタジオ時代の映画人たちに敬意を表しながらも新しい世代の映画人への継承を謳った作品で、アゼアンは去り行く大女優セニワティ・ザイを演じた。

セニワティは、仲間の古参の映画人たちとの雑談で、「先日のマレーシア映画祭では主演女優賞を受賞した駆け出し女優のエナ・マンジャララばかり注目されて、ベテラン女優の自分は見向きもされなかった」と自嘲気味に話す。二年後、年配のセニワティたちが「もう一度大スクリーンに出たい」と監督のマリクに頼み込むが、マリクはスポンサーからエナを出すように言われていた。こうして始まった『ララのスクリーン』という映画の撮影では、エナは映画制作の常識をわきまえずに好き勝手に振る舞って撮影現場を混乱させるが、マリクに演技の大切さを諭されて目覚める。エナとセニワティたちは和解し、セニワティたちはエキストラとして出演する。様々なトラブルのために制作費が底をついて撮影が止まるが、セニワティが亡くなったと知らされた監督と俳優たちは制作費なしでも撮影を続け、『ララのスクリーン』を完成させる。

この作品は『タレンタイム』の一〇年前に作られたが、大女優セニワティを送り出す『ララのスクリーン』は、大女優アゼアンの最後の出演作となった『タレンタイム』と重なって感じられる。

タイトルの「ララのスクリーン」とは、マレー語で「悲しいスクリーン」という意味と「エナ・マンジャララのスクリーン」という意味とがかけられている。セニワティのようなベテランの映画人が去り行くことは「悲しいスクリーン」だが、それはエナたち新しい世代が活躍するエナ・マンジャララのスクリーンでもある。別項でも紹介したが、エナを演じたのはアイダ・ネリナ「➡339頁」で、この作品で一九九七年のマレーシア映画祭で主演女優賞に輝いた。

『タレンタイム』は、アゼアンが最初に『明日はまだある』に出演してから三〇年後、アゼアンが最後に出演した映画となった。『明日はまだある』は、ザムリとその父と息子の三世代の男性たちの物語で、アゼアンが演じたファリダを含む妻たちは添え物扱いだった。別項でも紹介したように、『タレンタイム』にはアゼアンの娘のエルザ・イルダリナがメルーの妹マワールの役で出演しており、アゼアンが演じている役名のエンブンがアゼアンの母の名前なので、『タレンタイム』はアゼアンとその母と娘の三世代の女性たちの共演になっている〔➡36頁、80頁、271頁〕。『タレンタイム』で父も夫もいない状況で息子のハフィズを一人で育てた母の役をアゼアンに演じさせたのは、『明日はまだある』と立場を逆転させることでアゼアンの花道を飾ろうとしたヤスミンなりの大女優への気遣いだったのだろう。

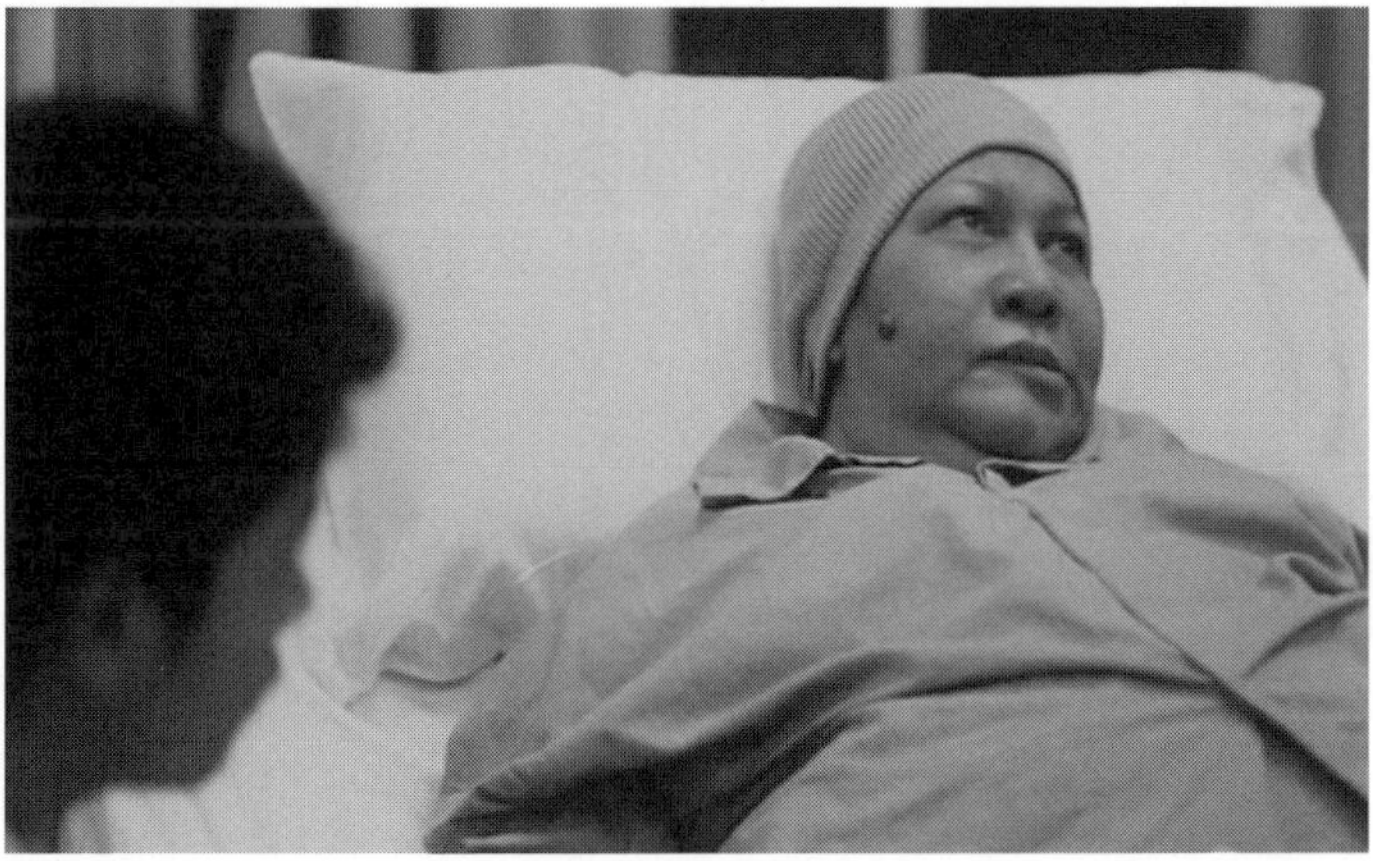

Jit Murad

ジット・ムラド
Jit Murad

1960年生まれ

フルネームはアジズ・ミルザン・ムラド
(Aziz Mirzan Murad)

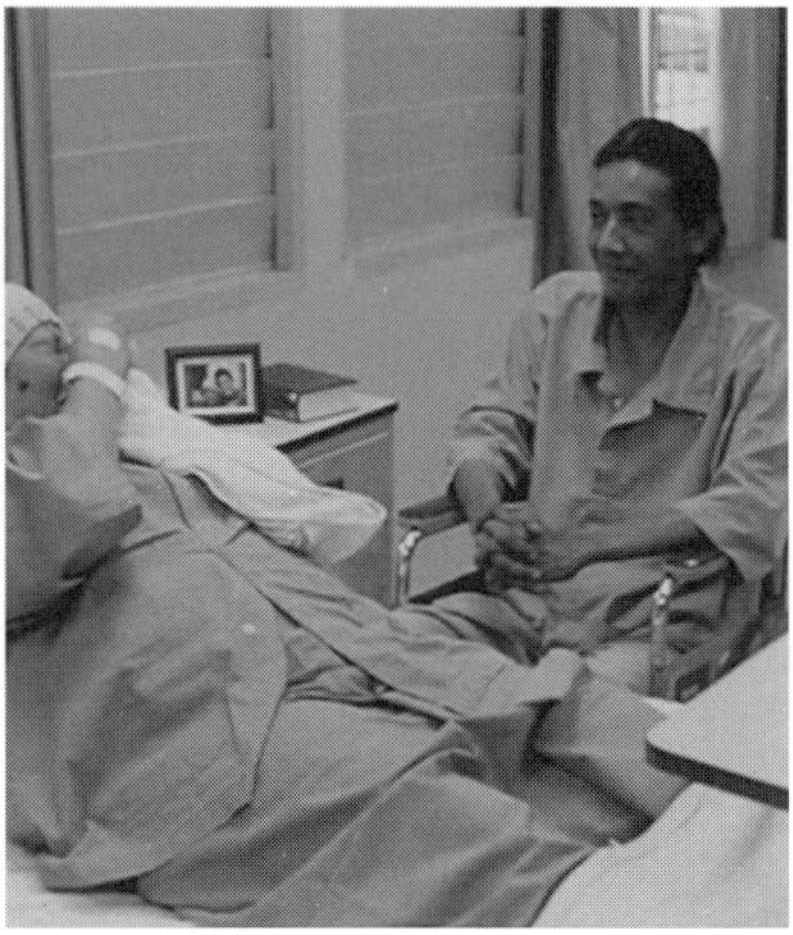

●出演したヤスミン作品と役名
『タレンタイム』 車椅子の男（イスマエル）

『タレンタイム』で男子禁制の病棟に車椅子で出入りする不思議な男を演じたジット・ムラドは、マレーシアの脚本家、舞台俳優、スタンダップ・コメディアンである。マレー人の教育水準向上政策を担当した教育省のエリート官僚の父を持ち、アメリカ留学を経て、政府が考えるマレー人像に縛られないマレー人のあり方に価値を見出し、脚本を通じてはみ出しもののマレー人を積極的に表現してきた。

ジットの本名はアジズ・ミルザンだが、小さい頃からジットと呼ばれた。マレーシアの演劇界にはクリシェン・ジット（一九三九〜二〇〇五年）という大俳優がいて、「ジット」という名前は優れた演劇人の代名詞のようになっていたが、今では「マレーシアの演劇界には二人の優れたジットがいる」と言われるようになった。

ジットの父のムラド・モハマド・ノールは教育省のエリート官僚である。ペナン州のスブランプライで生まれ、当時シンガポールにあったマラヤ大学で教育学を学び、卒業後はペラ州イポーの学校で教えた後にイギリスの大学で教育学を学んだ。一九六三年に帰国すると教育省の役人のキャリアを歩んだ。州の教育事務次官を経て本省の企画調査部長になり、一九六九年に五月一三日事件が起こると、事件後に打ち出されたブミプトラ政策にあわせてマレー人の教育水準を高めるために中等教育の充実に取り組んだ。ジットはちょうどこの時期に中学校・高校に通っていた。その後、ムラドはマレー人学生の海外留学を増やす政策に取り組み、ジットはこの頃にアメリカに留学している。

ムラドは一九八五年に教育省の官僚のトップである事務次官になり、定年まで勤めた後、二〇〇八年に病気のために亡くなった。ムラドが教育省のエリート官僚であるのに対して弟のマルズキ・モハマド・ノールは外務省のエリート官僚で、一九九九年から二〇〇六年まで駐日大使をつとめた。

ジットは小さい頃から祖母が話す物語を聞き、両親が買ってくれた本を読んで育ったため、物語を語る能力が自然に身についた。高校卒業後はアメリカに留学して、大学で社会学、大学院で芸術史を学んだ。クリシェン・ジットやトー・カーフン［➡341頁］のように、一九七〇年代から一九八〇年代に活躍したマレーシアの演劇人が国内の大学で学んで大学院から外国に留学したのに対して、一九九〇年代以降に活躍した演劇人は大学から海外で学んだ。ジット・ムラドと一緒にインスタント・カフェ劇団（詳細は後述）を設立するメンバーのうち、ジットはアメリカの大学、ジョー・クカサス［➡374頁］とザヒム・アルバクリはイギリスの大学で学んだ。

ジットは帰国して広告代理店でコピーライターとして働いた。一九八七年にトーの脚本による『板挟み』［➡344頁］で、ジョー・クカサスと一緒に舞台に立った。複数の住宅が両隣と壁を共有して連なるリンクハウスに住む中産階級のマレーシア人が近隣住民の騒々しさに耐えられるかという話で、ジットが初めて立ったコメディの舞台となった。

一九八七年は、いくつかのできごとが重なってマレーシアの政治的緊張が高まっていた年である。与党UMNOの内部でマハティール派とラザレイ派が対立して党が分裂したこと［➡337頁］、華語とタミル語で授業を行う公立小学校を廃止してマレー語で授業を行う小学校に換えるという噂があり、華人社会が中心になって政府に抗議していたこと、熱帯林の違法伐採や産業廃棄物の不法投棄について非営利団体（NGO）が政府を批判していたこと、その他のいくつかのことがらが重なり、マハティール政権は窮地に追い込まれていた。
一九八七年一〇月、民族間の緊張が高まっているために暴動を未然に防ぐという理由のもと、警察はNGO、野党政治家、知識人、学生、芸術家たち約一〇〇人を逮捕した。逮捕された人びとは裁判なしに二年間の勾留が認められる国内治安法（ISA）によって勾留され、一九六九年の五月一三日事件に次いで二番目に多い人数のISA逮捕となった。日刊紙二紙と週刊誌二誌も発行許可が取り消された。このできごとは「ララン作戦（草刈り作戦）」と呼ばれた。

政府を批判した人びとが逮捕・勾留され、新聞・雑誌も発行停止になったことで、マハティール政権下で民主主義と自由は深刻な状況にあると受け止められた。この状況に風穴をあけることができるのは風刺を込めた演劇だと考え、一九八九年に、ジョー・クカサス、アンドリュー・レシ、ザヒム・アルバクリとジットの四人がインスタント・カフェ劇団を立ち上げた。立ち上げ時の公演には当時の政治状況を反映して政治風刺が多く込められており、人びとはこのような「過激」な劇団は長続きしないだろうと噂した。しかし人びとの予想に反して長く続いており、二〇一九年には設立三〇周年を迎えている。

ジットが舞台に立つときには、華人へアドレッサーのレネ・チョイという人物を演じることが多い。フランス語圏の女性名ルネを捩ったレネと、東アジア系の姓を思わせるとともにレズビアンのスラングでもあるチョイを組み合わせた名前である。

ジットは舞台に立つだけではなく脚本も書いた。インスタント・カフェ劇団はフジル・スライマン〔➡377頁〕とジットという二人の脚本家を育てたと言われる。二人ともマレー人だが、混成的な出自と海外留学の経験を持ち、政府が唱えるマレー人らしさに与せずに「変わり種」のマレー人を描いてきた。一九九三年にインスタント・カフェ劇団から地元の若い脚本家を発掘する部門が分かれる形で「ドラマラボ」が作られ、ドラマラボでの脚本第一号が、ジットの脚本で最も評価が高い『金の雨と石の雨』[1]だった。アメリカ留学から帰国した若者たちがマレーシアで自分が外国人になったように感じるというこの物語の内容は後で詳しく紹介したい。

▶1　原題は『Gold Rain & Hailstones』。

ジットが一九九六年に書いた最初のミュージカルのタイトルは『ストーリーテラー』[2]だった。ヤスミンは、映画制作の現場で自分がしているのはスタッフやキャストの監督ではなく、キャストの中にある物語をスタッフの助けを借りて取り出して語ることであり、自分は監督ではなくストーリーテラーだと言っていた[➡30頁、130頁]。『ストーリーテラー』には後に『ムアラフ』でロハニとロハナの義母を演じるニン・バイズーラも出演している。

ジットの脚本による二〇〇二年の舞台『白飯に肉汁』[3]は映画化もされた。タイトルは「覆水盆に返らず」と似た意味のマレー語のことわざを英語に直訳したものである。『タレンタイム』とほぼ同じ時期に撮影が行われ、編集まで済んでいたが、『白飯に肉汁』でジットが天使の役を演じ、それを劇中でも「天使」と言っているため、映像検閲局から公開許可が下りないまま一〇年が経とうとしている[➡45頁]。

ジットを映画に出演させたのはシュハイミ・ババで、一九九三年の『ベールの人生』でパレスチナ難民を支援する役で出演させた。ミャンマーの一九八八年の民主化運動の際に出国できなくなったアメリカ人の脱出劇であるアメリカ映画の『ラングーンを越えて』[4]（一九九五年）では民主化運動に参加する学生を演じている。『ラスト・マレー・ウーマン』（一九九九年）や『夢見るムーン』（二〇〇〇年）[➡77頁、339頁]にも出演し、『夢見るムーン』では都会の駆け出し歌手を演じた。脚本でも映画に関わり、『ララのスクリーン』[➡366頁]では脚本執筆でシュハイミ・ババを助けた。

ジットの代表作『金の雨と石の雨』は、一九九三年に最初に公演されて以来、マレーシアとシンガポールで繰り返し公演されてきた。

主人公は四人の青年男女で、マレーシアの中産階級の上層の家庭に生まれ、一九八〇年代にアメリカの大学で学んだ。その後マレーシアに帰国し、役柄上の年齢は二六～二七歳にあたる。四人は留学前からの知り合いで、留学中も交流があり、帰国して再会する。

主人公四人のうちニナとマンは、留学中にそれぞれ奔放な交際を経験していたが、帰国後はマレー

▶2　原題は『Storyteller』。
▶3　原題は『Spilt Gravy on Rice』、ジョン・ブアマン監督。
▶4　原題は『Beyond Langoon』。

人として求められる生き方に自分をはめて活躍する場を見出す。ニナは結婚して二児の母になり、外出時にはベールを被り、理想的なマレー人女性として暮らしている。新進気鋭のマレー人起業家として帰国したマンは中間管理職になっており、製品の発注と引き換えにセールスに来た華人女性とホテルで一夜を過ごす充実した日々を送っている。

この二人とは対照的に、エミーとジェイはマレーシアで生きにくさを感じている。露出が高い服を着るのを好み、英語は流暢でもマレー語はあまり話せないエミーは、まわりからマレー人女性らしくないという目で見られ、「ここには居場所がない」と感じている。ジェイは留学中に同性愛を自覚して男性の恋人を作ったが、同性愛行為が犯罪となるマレーシアでは自分を隠して生きざるを得ない。アメリカでは白人からアジア人に同情するつもりで発せられる蔑視を受けて「ここには居場所がない」と感じていたが、生まれ故郷のマレーシアに戻ってもその気持ちは解消されない。

タイトルにある「石の雨」はマレー語で雹のことで、「金の雨と石の雨」は「隣の芝生は青く見える」と似た意味のマレー語のことわざである。外国の様子は金が雨のように降っているような素晴らしいものに見え、それに対して自国は石が雨のように降っているような厳しい状況だという意味である。ただしマレー語のことわざには「それでも自分の国がいい」という続きの部分がある。『金の雨と石の雨』には、マレー人らしさに絡めとられて暮らさなければならないマレーシアの息苦しさを描くとともに、それでもマレーシアで生きていくという覚悟の表明が感じられる。

『金の雨と石の雨』は二〇一九年三月にクアラルンプールで上演され、シャリファ・アマニがニナを演じた。最初の公演から二六年経っているが、外国での生活を経験してマレーシアに戻ってくるとまるで外国にいるかのように居場所がない気持ちになるというのは、『タレンタイム』の挿入歌とエンディングである「オ・レ・ピヤ」の「赤い残り火のうえを　裸足で歩くよう／見知らぬ他人に　育てられたかのよう／連れてってくれ　あなたの元に／偏見にしばられた世は　ぼくの永遠の敵」という歌詞を思い起こさせ、今日のマレーシアでも十分通じるものになっている。

スカニア・ベヌゴパル
Sukania Venugopal

1956年、クアラルンプール生まれ

●出演したヤスミン作品と役名
『タレンタイム』　マヘシュの母役

『タレンタイム』でマヘシュの母を演じたスカニア・ベヌゴパルは、歌手の母と舞台女優の妹を持つインド系マレーシア人の舞台女優である。母の影響で芸術に関心を持ったが、高校の英語教師になり、勤務先の高校で演劇部を作って演劇に関わり続けた。二五年間の教師生活を経て、ジョー・クカサスやジット・ムラドのインスタント・カフェ劇団に加わり、専業の演劇人になった。

スカニアの四人の祖父母はインドのケーララ州出身のマラヤリ人で、マレーシア（マラヤ）のペラ州に移住した。スカニアの両親はマラヤで生まれた第一世代である。

父方の祖父はトリヴァンドラムで生まれ、一九二一年にマラヤに渡って空軍の技術部門に勤めた。母方の祖父はイェルナークラムで生まれ、エクソンモービルの支店長を勤めた。二人の祖父どうしは親交があり、スカニアの両親は子どもの頃からの友だちで、二人は一九五四年にイポーで結婚した。

スカニアの父は警察に勤めており、結婚するとクアラルンプールに転勤になった。クアラルンプール市内のティティワンサ地区の政府宿舎には様々な民族の子がいて、みんな一緒に遊んでいた。一九六九年に五月一三日事件が起こると、子どもたちは学校に行かなくてよくなったため、「ムルデカ（自由）になった」と言って喜んでいた。しかし大人たちは、警察勤務の父を中心にして、政府宿舎が襲撃されないように対策を練り、マレーシアの今後の政治についても毎晩のように議論していた。

スカニアの母のナリニ・ベヌゴパルは、マレーシアのラジオとテレビで歌った最初のインド系マレーシア人の歌手で、一九六〇年代には歌手として名前が知られており、二〇〇四年に亡くなるまで歌手を続けた。母はスカニアたちをラジオの収録現場に連れていき、観客席に座らせた娘たちに自分が歌う様子を見せていた。家では、テレビで母が歌っていると、スカニアは母の歌にあわせて妹のシャンティニと一緒にダンスした。

スカニアは一九五六年にクアラルンプールで生まれた。母の影響で芸術に関心を持ったが、演技を専門に行うようになるのは二五年間の教師生活の後のことだった。高校の英語教師になったスカニアは勤務先で演劇部を作ろうとしたが、最初の勤務先は全寮制のイスラム学校で、イスラム教の価値観とあわないからと演劇部を作ることは認められなかった。転勤の機会に一般の高校に移り、そこで演劇部を作った。

スカニアは、妹が演劇の道に進むのを見て、英語教師を辞めて一九八九年にインスタント・カフェ劇団［➡370頁］に参加し、専業の舞台俳優になった。妹のシャンティニは一九五八年にクアラルンプールで生まれ、一九八一年から演劇を専門に活動していた。いくつかの劇団に所属した後、ジョー・クカサスらが作ったインスタント・カフェ劇団に参加した。その後、一九九九年には映画『アンナと王様』に出演し、二〇〇〇年には子ども向けの演劇を中心とする劇団を立ち上げている。

別項でも紹介した通り、ジョー・クカサスはマレーシアの女性演劇人で、インスタント・カフェ劇団の共同設立者の一人である。自らも舞台に立つが、プロデューサーとしてマレーシアの演劇界を支える人物でもある。ヤスミンの映画には出演していないが、ヤスミンが制作したテレビ公告に出演している。

　ジョーが出演したテレビ公告は、ヤスミンがシンガポール政府のために制作した『葬儀』[▶1]である。「ミセス・リー、最後に故人について一言お願いします」という司会の言葉で始まり、故人はリーさんで、その夫人が最後の挨拶をする場面だとわかる。リーというのは華人によくある名前なので夫人も当然華人だろうと思うが、顔が映るとインド人のジョーが夫人を演じている。マレーシアやシンガポールでは結婚しても書類上の姓は変わらないが、日常生活では夫の姓にミセスをつけて妻を呼ぶことがある。ミセス・リーと呼ばれた人がインド人であることを見て驚くのは、異民族どうしで結婚しないのが当然だと思っているためで、ちょっとびっくりさせて自分の中の思い込みを感じさせるところから始めるのがいかにも遊び心に溢れたヤスミンらしい。

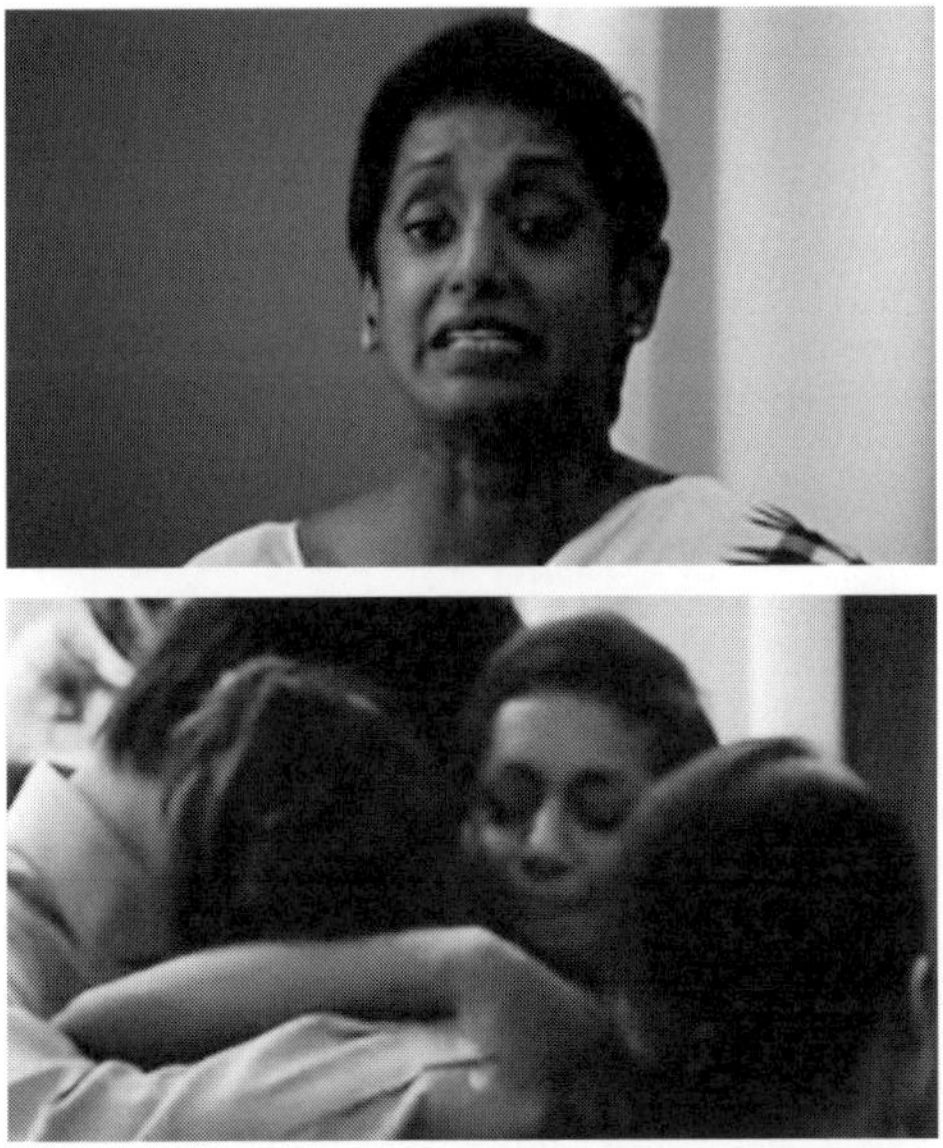
『葬儀』では、妻が鼾など夫の欠点を話し〈上〉、子どもにも「愛おしい欠点を持つ伴侶を見つけて」と語り、遺族が抱き合う〈下〉

　司会に促されたリー夫人が亡き夫の思い出を語る。楽しかったことではなく、夫のちょっと恥ずかしいエピソードを紹介して参列者たちの笑いを誘うが、リー夫人の子たちは父の欠点を暴露されて、父が笑われたようで居心地が悪くなる。しかしリー夫人は、「そんなささいな欠点がこよなき思い出であり、自分が夫を見つけたのと同じように、我が子たちにも愛おしい欠点を持った伴侶を見つけてほしい」と締めくくる。
　このテレビ公告の依頼主である国家家族評議会はシンガポール国民に結婚を促す役所だが、ストレートに結婚はいいと言うのではなく、結婚と対極にある夫の

▶1　原題は『Funeral』〈https://www.youtube.com/watch?v=ljjSBMmCAQA〉。

葬儀を描き、それでいて伴侶を見つけてほしいというメッセージが伝わる作品になっている。結婚から離れて一般化すれば、相手に欠点があるように見えたとしても、ささいな欠点があるからこそ愛おしいのであって、愛おしい欠点を含めて相手を受け入れようというメッセージでもある。

ジョーはスリランカに出自がたどれるインド系マレーシア人で、四人の祖父母のうち三人はスリランカのジャフナの出身である。ジョーの両親は一九五六年に結婚し、ジョーは一九六二年一一月にスランゴール州のプタリンジャヤで生まれた。ジョーは六人きょうだいの五番目である。

ジョーの父のK・ダスはマレーシア・ラジオ・テレビ局（RTM）の英語部門と国家映画局で働いており、母はシンガポールの大学を卒業して教師になっていた。ジョーの家の向かいには、父の親友で劇作家のサイド・アルウィの一家が住んでいて、ジョーたちは家族ぐるみの付き合いをしていた。

ジョーの父は一九六八年に外務省の情報官となって一家でキャンベラに赴任し、後に香港に転勤になった。香港の家にはムルガンマという名前のメイドがいた。ムルガンマはマレーシアのゴム農園出身のインド人の少女で、一〇代だった。部屋に虫が出たとき、ムルガンマが部屋の中を駆けずりまわって虫を捕まえて口に入れたのを見て、九歳だったジョーはおもしろがって「ムルガンマが虫を食べた」と囃し立てた。ジョーの父は、「彼女がなぜそのようなことをしたのか、それまでどんな境遇で暮らしていたからそのようなことをするようになったのかを考えなさい」と諭した。それ以来、ジョーは他人が変わったことをしているのを見たとき、自分がそれを見てどう思うかではなく、その人がなぜそのように振る舞うのかをその人の立場に立って考えるようになったという。

父は一九七四年にマレーシアに帰国し、外務省を辞めてファー・イースタン・エコノミック・レビュー誌に移った。この頃マレーシアでは教育言語を英語からマレー語に切り替えていた。ジョーたちはそれまで家庭でも学校でも英語を使っていたためにマレー語がほとんど話せず、自分の故郷に戻ったにもかかわらず自分が外国人であるかのように感じられた。そのため父は子どもたちをインドのウーティにある全寮制の学校に入れた。

卒業後、ジョーはイギリスのレディング大学で政治学と哲学を学び、一九八四年にマレーシアに帰国した。父がジャーナリストとして知られていたことから、まわりの人びとはジョーもジャーナリストになるものと思っており、ジョーは父の勧めもあって新聞社の採用試験を受けた。裁判記録のマレー語訳を渡されてそれをもとに記事を書くように言われたが、当時ジョーはマレー語がほとんどできなかったため、何もできずに試験会場を去った。

ジョーは父が書いた政治批評の英語校閲を手伝ったりしながら学んで英語と英文学の教師になり、そこで演劇と出会った。勇気を出して劇団のオーディションに参加したところ、配役はもらえなかったけれど一緒に参加してはどうかと言われ、練習場に早めに行って部屋の空気を入れ替えたり蚊を退治したりする会場設営を手伝うことにした。すると、手伝いをしつつリハーサルにも同席してセリフを覚えていたジョーにチャンスが舞い込んだ。公演直前にキャストの一人が出演できなくなり、代役にジョーが入ることになったのである。

このときの演目がトー・カーフン脚本の『板挟み』〔⬇344頁〕で、この上演でジット・ムラドと出会った。意気投合した二人は『ロミオとジュリエット』のオーディションに応募して、そこでザヒム・アルバクリと出会った。マレーシアにもイギリスのような政治を風刺する演劇がほしいと考えた三人は、アンドリュー・レシを加えて、一緒にインスタント・カフェ劇団を作った。

最初のオーディションに出て以来、ジョーはできる限り全てのワークショップに参加して演劇の作り方を端から端まで学んだ。そうして初オーディションから一年後に、舞台を監督してみないかと声を掛けられた。演目が『真夏の夜の夢』と聞くと、ジョーは図書館でシェークスピアに関する本を全て借りてきて一冊残らず読んだ。

ジョーはインスタント・カフェ劇団を、演劇に関心を持つ様々な背景を持つ人が出会い、しばらく一緒に活動してまた別の活動の場に移っていくというように、演劇に関する交流の場にしたいと考えており、自分はその世話役のようなものだと思っている。スカニア・ベヌゴパルはそのインスタント・カフェ劇団で学んだ演劇人の一人だが、同じくこの劇団から育った脚本家の一人にフジル・スライマンがいる。フジルはデイン・サイードの『ドゥクン』［➡72頁］の脚本を書き、現在はシンガポールで劇団を作って活動している。ジョーは同じシンガポールの劇作家アルフィアン・サアットとも一緒に活動する機会があり、二〇〇九年には『ナディラ』[2]、二〇一一年には『パラ』[3]を上演した。

『ナディラ』は『ムアラフ』に触発されて描かれた。ムスリム華人のサフィラは夫と離婚しており、娘のナディラは二〇歳になる。華人キリスト教徒のロバートは妻を病気で亡くしており、子はいない。サフィラとロバートは親密になり、結婚を考えはじめる。ただし、四〇代のサフィラと五〇代のロバートは互いに残りの人生の伴侶になるために正式に結婚した方がよいと思っているが、ロバートはいずれ自分が死んだらあの世では亡くなった妻と再会したいと考えている。

そのことは二人とも納得しているが、問題はロバートとサフィラの宗教が異なることである。マレーシアやシンガポールでは、ムスリムと非ムスリムとでは異なる民法が適用される。非ムスリムの民法で結婚したといっても、イスラム教の立場からは合法の結婚とならずに姦通罪になる。ロバートがイスラム教に改宗してサフィラと結婚すると、亡くなった妻と宗教が違ってしまうので死後に妻と会えなくなる。逆にサフィラがキリスト教に改宗すると、娘のナディラは自分の後見人がいなくなるため、恋人のファルクと結婚できるか心配になる。

『ムアラフ』は華人キリスト教徒のブライアンとマレー人ムスリムのロハニが親密になる予感で終わるが、『ナディラ』は異教徒どうしの結婚は本人どうしがよければ済むわけではないという複雑な事情を描いている。『ナディラ』はシンガポールとマレーシアで公演されたのち二〇一六年には東京でも公演され、シャリファ・アマニがナディラを演じた。

『パラ』は、二〇一一年にマレーシアで起こった教科書問題に触発して書かれた演劇である。マラヤ連邦独立一〇周年の一九六七年にマレーシアの国民文学者アブドゥッラー・フサインによって書かれ、一九七一年に出版された『連結』というマレー語文学作品がある。英領時代のペナンを舞台にして、マレー人、華人、インド人それぞれの物語の章があり、第四章で三つ

▶2 原題は『Nadirah』。
▶3 原題は『Parah』。

の物語が連結する。三民族の関係の理解に有益な教材として高校二年の教科書に採択されたが、植民地期に使われていた差別的な名前でインド人を呼んでいる個所があり、教科書からこの作品を削除するようインド人団体が要求した。教育大臣は削除を指示したが、首相は語句を修正するだけで作品は削除しないと決定し、これに反対してデモを行ったインド人団体のメンバー一〇〇人以上が逮捕された。

『パラ』は、『連結』の本のページが破られているのを見つけた四人の生徒がその理由を探る物語で、四人の生徒の役名がメルー、ハフィズ、マヘシュ、カーホウであることから明らかなように、『タレンタイム』の世界から『連結』事件がどのように見えるのかをテーマにしている。タイトルの「パラ(parah)」はマレー語で「酷い」という意味で、現実の酷さを訴えるとともに、逆から読むと「希望(harap)」が隠されている。

＊　＊　＊

ヤスミンが生み出した物語は、没後も映画が繰り返し上映されているだけでなく、演劇などの別のメディアに形を変えて語り継がれている。このことは、映画に出演してヤスミン・ワールドを支えた映画人・舞台人の中にヤスミンの未来と社会へのメッセージが根付き、継承されていることを明瞭に示している。ヤスミンとともに仕事をしたジョー・クカサス、彼女らが立ち上げたインスタント・カフェ劇団で育ちヤスミン作品に参加したスカニア・ベヌゴパル、『ムアラフ』、『タレンタイム』に触発されてジョーとともに『ナディラ』や『パラ』を描いたアルフィアン・サアット……。彼ら彼女らが交わり織りなしている作品世界は、これからもヤスミン・ワールドが広がり続け、人びとを魅了していくことを私たちに確信させる。

ヤスミンはイギリス留学を終えるとマレーシアに戻って広告業界で知られるようになり、後に映画制作も行うようになった。その間にヤスミンは多くの人と知り合って一緒に仕事をしたが、その中で公私ともに特に密接な関係にあり、互いの仕事に影響を与え合った人物が三人いる。広告代理店で働くようになって以来の同僚であるジョビアン・リー、ヤスミンと競い合うように映画を作った盟友のホー・ユーハン、そしてオーキッド三部作でヤスミンに見出されて女優になるとともにヤスミンのもとで映画制作を学んだシャリファ・アマニである。この三人は、広告と映画を通じて世界に作品を発信するヤスミンにそれぞれの立場で伴走し、ヤスミンが亡くなった後も、ヤスミンのことを思いながらそれぞれの人生を歩んでいる。ヤスミンの伴走者・継承者たちの姿を通じて、別の角度から見たヤスミンの魅力と、彼女が残したメッセージを紹介したい。

第4部

伴走者・継承者たちの歩み

── 約束を守り遺志を継ぎ伝える者

山本 博之

ジョビアン・リー

Jovian Lee Lit Hong／李烈康

生涯を捧げて
ヤスミンのメッセージを伝え続ける
永遠の「パートナー」

1965年、ペラ州イポー生まれ

ジョビアン・リーは、ヤスミンが映画制作の前に広告を制作していた頃からの同僚である。イポー出身のまじめで朴訥な青年であるとともに、言葉遊びが好きで、いつも複数の言語のいろいろな表現が頭の中を巡っている。奇妙なものを見つけてはおもしろがり、そこがヤスミンに気に入られて、家族を除けば公私ともに最も長くヤスミンと接してきた。現在でもヤスミンとの約束を守り続けるとともに、ヤスミンが残した文化的な遺産を維持発展させるため、ヤスミン記念館を企画・運営したりヤスミンの本を出版したり、いつでも全力で活動している。ヤスミンと恋愛関係にあったわけではないが、だからこそそれ以上の濃い関係にあり、私はジョビアンの活力の源泉であるヤスミンに対する尽きない愛情を目の当たりにするたびに、到底その足下にも及ばないと思わされる。

ジョビアンは、ヤスミンが勤めた広告代理店レオ・バーネット[1]での同僚で、二〇一九年現在もレオ・バーネットに勤めている。もっとも、ジョビアンとヤスミンとの出会いは二人がレオ・バーネットに移籍する前に遡る。

イギリス留学から戻ったヤスミンはＩＢＭでブランド・マネージングを担当した。経験を積むうちに他の会社の広告も作りたいと思うようになり、広告代理店のオグルヴィ・アンド・メイザーの採用試験を受けた。面接の前に小論文の試験があり、「何についてでもいいから自分が情熱を持てることについて書くように」と言われたヤスミンは、「自慰の悦び」を書いて提出した。面接が無事に終わり、「明日から出勤できますか」と尋ねられたヤスミンは、喜びのあまりに叫び声をあげて、クバヤ・ドレスを着たままでカーペットの上で転がりまわっ

▶1　アメリカの大手総合広告代理店。ヤスミンたちが勤めたのはクアラルンプールにあったその支店。

て喜びを表現したという。ただし、オグルヴィ・アンド・メイザーで配属されたクリエイティブ部門では新聞広告ばかり担当させられ、ヤスミンが希望するテレビCMは作らせてもらえなかった。

ジョビアンは、一九八八年にマラヤ大学文学部のマレー研究科を卒業してコピーライターになり、一九九〇年にオグルヴィ・アンド・メイザーに入社してヤスミンと出会った。その時点でヤスミンは八年前から勤める先輩で、広告制作でもすでに多くの実績があった。ジョビアンはマレー語が母語ではないにもかかわらずマレー語の運用能力がとても高く、独特の言語センスを持っており、マレー語のコピーライターとして才能をいかんなく発揮した。変わり種が好きなヤスミンは、華人なのにマレー人よりも巧みにマレー語を操るジョビアンがすっかり気に入った。ヤスミンとジョビアンは友人としても親しくなり、それ以降、ときには家族以上の親しさで生活の多くをともにしてきた。ヤスミンが最初の夫と離婚して一時的に住む場所がなくなったとき、ジョビアンは自分が住むコンドミニアムにヤスミンを住まわせていたこともある。

人びとの融和や愛、公正に価値を置く——広告代理店時代のヤスミン

オグルヴィ・アンド・メイザーに一〇年間勤めたけれどテレビCMを作る機会は一度も与

えられなかったため、ヤスミンは一九九三年にレオ・バーネットに移った。そのきっかけはリージェント・ホテルの広告だった。オグルヴィ・アンド・メイザーはシャングリラ・ホテルとの広告の契約が切れたため、リージェント・ホテルの広告のコンペに参加することになった。ヤスミンはわざわざリージェント・ホテルに泊まってホテルの魅力を探して広告の企画を考え、その案がコンペを勝ち抜いた。ヤスミンが考えた企画に沿って、数多くの賞を受けているけれども人前に出ようとしないシェフを「恥ずかしがりやのシェフ」と紹介した広告を出すと、ホテルの常連客から「そのシェフに会いたい」という希望が続出したという。このコンペでオグルヴィ・アンド・メイザーに負けたレオ・バーネットは、その広告を作ったのがヤスミンであることを突き止め、ヤスミンをオグルヴィ・アンド・メイザーから引き抜いた。

ヤスミンは、自分がレオ・バーネットに移ることになったとき、一緒に移ろうとジョビアンにも声をかけた。生真面目なジョビアンが上司に相談すると、ヤスミンが辞めると知った上司はオグルヴィ・アンド・メイザーに見切りをつけて、自分も辞めて独立するので一緒に来ないかとジョビアンを誘った。このとき提示された給料がレオ・バーネットに移った場合よりずっと高額だったので、ジョビアンは元上司の会社に移った。しかし新しい会社では仕事に興味を見出すことができず、二年後にレオ・バーネットに移った。「給料は三割ぐらい減ったけれど、ヤスミンと一緒だと毎日の仕事が楽しかった」とジョビアンは話している。

その頃、マレーシアの国営石油会社ペトロナスから、独立記念日の広告制作についてレオ・バーネットに相談があった。当時、ペトロナスの広告は新聞広告などの印刷された広告だけで、その内容は販売促進だった。ヤスミンは、ペトロナスは教育支援や人材育成などの社会貢献を多く行っているのに、世間の多くの人が「ペトロナスはマレー人中心でプライドが高い会社だ」という印象を持っているという調査結果を示し、販売促進ではなく、ペトロナスが広めようとしている民族・宗教間の融和や愛、やさしさなどの価値をテーマにしたテレビCMを提案した。こうして一九九五年に、最初のペトロナスのテレビCMとなる『One Little Indian Boy』が作られた。監督はヤスミンが師と仰ぐカマル・ムスタファで、ヤスミンにとって最初に映像制作に関わる機会となった。当時は民族マイノリティであるインド人を使った広告はほとんどなかったが、ヤスミンは最初からマイノリティに目を向けた作品を作っていた。

ヤスミン自身が監督として最初に作ったテレビCMはヴィックスドロップの広告で、「古新聞、古新聞」と言いながら車で古新聞を回収する親子の姿を描いたものだった。

レオ・バーネットでクリエイティブ・ディレクターになったヤスミンは、職場環境の改善のためによいと思ったことを次々に導入した。たとえば、駐車場では職階が高い順に出入口に近い場所に駐車してよいという慣例を、出勤時間の早い者勝ちに変更した。早朝から出勤する守衛や掃除係にとっては、出入口に近い場所に自分の車を停めていることで会社から特別扱いが認められたという喜びが得られるとともに、早朝

ペトロナスのテレビCM『One Little Indian Boy』。インド人を主人公に、少年時代の独立記念日での父親との思い出を描いた
〈https://www.youtube.com/watch?v=L-6tFho35B0〉

から出勤して仕事をしているというアピールにもなり、社員たちは先を争って早く出勤するようになった。

ボーナスの配分でも、ヤスミンは独特の方法を取り入れた。レオ・バーネットでは、ボーナス支給額をシカゴの本社が決めていた。各国の支店でボーナス支給の対象になるのはクリエイティブ・ディレクターだけで、それ以外の社員にはボーナスを出さない方針だった。クアラルンプール支店のクリエイティブ・ディレクターの一人だったヤスミンは、クリエイティブ・ディレクターたちがボーナスを出し合って社員全員で分けることを提案した。他のクリエイティブ・ディレクターも、「ヤスミンが言うなら」と受け入れた。

これらはみなヤスミンが呼び掛けたからこそできたことだった。その証拠に、ヤスミンが亡くなると誰も続けようとせず、ボーナスはクリエイティブ・ディレクターだけが受け取るようになり、駐車場でも職階に従って駐車するように戻った。

ヤスミンがクリエイティブ・ディレクターをしていた当時、クアラルンプール市内に一般の劇場では上映されない国内外の映画や自主制作作品を上映する「マレーシア映画クラブ」という活動があった。ヤスミンはそのクラブに参加して映像制作や表現について多くを学んだこと

古紙回収をする親子を描いたヴィックスドロップのCM。拡声器を使った呼びかけで父親の声が枯れるが、ドロップを舐めると街に風が吹くほどの勢いに改善される
〈https://www.youtube.com/watch?v=95WnjF14GOM〉

から、レオ・バーネットの彼女のもとで働くスタッフもクラブのメンバーに入れた。クラブの会費は高かったはずだが、誰も会費を徴収されないことを不思議に思っていると、だいぶ後になって、ヤスミンが全員の会費を自腹で払っていたことが判明した。

ヤスミンは広告からその映像制作のキャリアを始め、後に映画を制作したが、ジョビアンから見れば映画制作に移っていったのは当然の道行きだったという。ヤスミンはインドで『経済ピラミッドの底辺からの声』という映像作品を作っている。P&G社から「洗剤の売り上げを伸ばすCMを作ってほしい」と依頼を受けたとき、より多くの人に洗剤を買わせるCMを作るのではなく、P&Gが自社製品の購入者になってもらいたいと考える人たちにインタビューして、貧しい人びとの声を含めて商品の作り手に届けようとした。CMの受け手をマーケッティングの対象としてではなく同じ人間だと見る方が、長い目で見たときに安定した売り上げの増加をもたらすというのがヤスミンの主張だった。その根底には、どの人も自分の中に価値ある物語を持っているという全ての人間を尊重する思いと、立場の弱い人びとの声を社会に届けたいという意志があった。貧しかったり身体が不自由だったりして立場が弱い人びとや、他人と考え方や振る舞い方が違うために肩身が狭い思いをしてい

ペトロナスのテレビCM『Letchumi & Rokiah』の一場面。インド人とマレー人の女性の人生を通して、独立記念日の思い出の大切さ、尊さを描く〈https://www.youtube.com/watch?v=nsPHtb0cqbQ〉

る人びとがいたとき、その様子をからかって嗤うのではなく、ギャップの存在が緊張を崩すことで生まれる笑いを共有すれば、互いに社会の一員だと感じられる。そのためには映像で物語を伝える方法が最も適しているとヤスミンは考えていた。

ヤスミンの映画制作における契機であり動機であるジョビアン

二〇〇三年からヤスミンは映画を作るようになる。のちにヤスミンは、映画を撮るようになった理由について様々に語っている。その理由は一つだけではないだろうが、私は、才能があって変わり種ではにかみ屋のジョビアンを映画にして世の中の人に見てもらいたいという気持ちがヤスミンにあったためではないかと思っている。

ヤスミンは自分の映画に家族や友人を多く出演させている。ジョビアンもその一人で、ヤスミンは最初の劇場用長編映画の『細い目』にジョビアンを出演させようとした。ジョビアンは「カメラの前で演じるのは恥ずかしい」と断り続けたが、ヤスミンは「セリフを一つか二つだけの役にするから」と説得してジョビアンをキャスティングした。

ジョビアンに与えられたのはジェイソンの兄の役で、家で食事中にかかってきた電話を取って「ジェイソン？　いないよ、ここは華人の家だ」と答えて、「何の電話だ」と父に尋ねられると「マレー人の女の子だった」と答えて父を咳き込ませる。それだけの役だからとヤスミンに説得されてしぶしぶ承諾したが、撮影が始まるとだんだん自信がなくなっていき、自分が出演する場面の撮影の段になって、「やっぱりだめ」と断ってしまったという。

その結果、もともとやくざの元締めのジミーの役だったアランが急遽ジョビアンの代役をつとめることになった。ヤスミンは役者の実名を登場人物の役名にすることが多く、だからジョビアンの弟の役名はJで始まるジェイソンにしていたが、ジョビアンが辞めたために頭文字が揃わないアランとジェイソンの兄弟になった。アランはこれをきっかけに『グブラ』では主演の一人をつとめることになる。

一方、アランが『細い目』で演じるはずだったジミーは、カメラマンのデイビッド・ロックが代役をつとめた。デイビッドは役者ではないが、やくざの元締めがはまり役だったため、『ムアラフ』で子ども時代のブライアンを折檻する父の役や、『タレンタイム』で学年トップの成績をとれなかったカーホウを厳しく叱る父の役など、ヤスミン・ワールドの強面役として活躍することになる。

ジョビアンを映画に出演させるというヤスミンの希望は実現しなかったが、ヤスミンは諦めきれず、ジョビアンをモデルにした映画を作った。『ムアラフ』で父に折檻されるブライアンは、幼い頃のジョビアンがモデルになっている。ジョビアンは両親の信仰にしたがってカトリック信徒として育てられたが、子どもの頃に父にひどく叱られ、それをきっかけに信仰から遠ざかっていた。その話を聞いたヤスミンが脚色して作ったのが『ムアラフ』だった。

ジョビアンは何ごとにもまじめで、車を運転するときも、常に周囲を気にしながら、そして何を気にしているかを口に出して確認しながら、安全運転で走る。『ムアラフ』のブライアンのようにゆっくり運転するため、ジョビアンが運転する車に乗った人が冗談交じりに「どうしてこんなにゆっくり運転しているの?」と尋ねることもよくある。そんなとき、ジョビアンは気の利いた答えを返そうと考えを巡らせながら、ゆっくり運転し続ける。

『細い目』、『グブラ』、『ムアラフ』、『タレンタイム』の四作品はペラ州のイポーを舞台にしている。ヤスミンはジョホール州のムアールで生まれ育ち、イポーはヤスミンの故郷ではない。「なぜイポーを舞台にした作品が多いのか」と尋ねられたヤスミンは、そのときどきに違う理由を答えており、一つの明確な答えはないようだ。イポーはマレー人、華人、インド人の割合がマレーシア全体の民族比に最も近く、イポーがマレーシアの多民族社会の縮図であることなどを挙げているが、これは後付けの理由だろう。

ヤスミンがジョビアンに語った理由は、「イポーにはクレイジーな人が多いのでおもしろいから」というものだったそうだ。ここでヤスミンが言った「クレイジー」とは、「自分の感性に誇りを持って、個性的であることを隠さない」という意味で、自分が一番のクレイジーだと思っていたヤスミンにとっては誉め言葉である。ヤスミンはイポーにどんなクレイジーな人が多いのかまではジョビアンに言わなかったそうだが、ヤスミンが最も親しい友人として長く付き合ってきたジョビアンがクレイジーであることは間違いない。「イポーにはクレイジーな人が多い」というのは、ジョビアンの出身地だからイポーを舞台にした作品を撮ったのだという思いを、ヤスミンが婉曲に表現したのではないだろうか。ジョビアンをモデルとしているブライアンが長く遠ざかっていた実家に戻って母に会う『ムアラフ』を作ったヤスミンは、撮影を通じてジョビアンが生まれ故郷を訪れる機会を作ろうとしていたのかもしれない。

記念館の開設と出版――「死ではなく、ともに生き続ける」との思いを込めて

ジョビアンを見ていると、ヤスミンが亡くなった今でもヤスミンに日々仕えているように見える。ジョビアンは生前ヤスミンに言われたことを一つひとつ胸に抱いて、それを守って生きている。ヤスミンに頼まれたことの一つは、「両親と妹のオーキッドのことをお願い」という言葉だった。ジョビアンはオーキッドと頻繁に連絡を取り合い、オーキッドが思い付くアイデアを実現しようと奔走する。

オーキッドは、人びとがヤスミンとその作品を忘れてしまうのではないかといつも心配している。ヤスミンとその作品を人びとに憶えておいてもらうにはどうすればよいかを考え、アイデアが浮かぶとすぐジョビアンに話す。アイデアには些細なことから壮大なことまで様々あり、どう考えても実現不可能なものもあるが、ジョビアンはできないと決して言わず、実現するためにはどうすればいいかをまじめに考える。ジョビアンは考えている過程を口に出して言う癖があり、どこで考えが詰まっているかを言葉にすることで、それを聞いたオーキッドが考えを変えるのも毎度のことだ。

オーキッドの願いのうち規模が大きかったものの一つが、ヤスミン記念館を開設することだった。土地や建物をどう確保するのか、展示するコンテンツをどうするのか、スタッフの人件費をどう調達するのかなど課題はたくさんあったけれど、二〇一四年一〇月、ヤスミン作品ゆかりの地イポーにヤスミン記念館が開設された。

週末しか開けられずにいることと、クアラルンプールから車で三時間程度かかることから、クアラルンプールの近くに別館を設けてはどうかというアイデアが出て、二〇一九年にはサイバージャヤにある大型書店にヤスミン記念館の別室が開設された。同じ年には、イポーのヤスミン記念館があった場所がサイバージャヤの大型書店の支店になり、書店内にヤスミン記念館が作られたために平日でも訪れることができるようになった。

オーキッドのもう一つの願いは、ヤスミンに関する本の出版だった。現在までに二冊が出版されている。一冊目は『ヤスミン、ハウ・ユー・ノウ（Yasmin How You Know?）』で、ヤスミンの友人たちがヤスミンの思い出を語った本だ。

この本にはヤスミンと親しくしていた人がたくさん寄稿しているが、実はその半分近くはジョビアンがニックネームで書いたものであ

イポーにあるヤスミン記念館。ヤスミンの写真、ヤスミンが語った言葉などが展示され、ヤスミン作品を観ることができるスペースもある

る。ジョビアンにはヤスミンがつけたニックネームがたくさんある。「バージル（Virgil）」は、ジョビアンとヤスミンが初めて会ったとき、ヤスミンが「あなたは絶対にバージンね」と言ってつけた。「ジョーちゃん（Jo-chan）」は、ヤスミンの中で日本ブームが巻き起こっていたときにつけた。他にも、ジョビアンの華語名の「リッホン」を舌足らず風に発音した「リッポン（Lit Pon）」や、それを短く言った「アホン（Ah Hong）」などがある。呼び名にはその人との関係のイメージが重なるため、公私ともに親しくなると一つの名前では呼びにくくなることがある。ニックネームがたくさんあることは、ヤスミンとジョビアンが親密に過ごした時間の長さを物語っている。

本のタイトルの「How You Know?」は、直訳すると「どうしてわかる?」となる。誰かが知ったような口をきいたとき、ヤスミンは「どうしてわかる?」と尋ね、常識とは異なる考え方をするようガイドしたもので、そのヤスミンの口癖をタイトルにしている。

ヤスミンは、自分が作った映画にどんなメッセージを込めたのかと尋ねられると、「映画にメッセージは何も込めていない。もし誰かにメッセージを伝えたければ映画ではなく携帯電話でテキスト・メッセージを送る」と冗談交じりに答えたものだった。実際には、ヤスミンは自分の

ヤスミン記念館に展示されているヤスミンの「勝負服」。ここぞというときに着たお気に入りの一着だという

作品に様々なメッセージを込めていたし、作品以外を通じてメッセージを伝えることもあった。しかし、「作品の解釈は様々で、観た人が自分の思うように解釈すればいい」と考えていたヤスミンは、制作者が「正解」を与えてしまうことを避けるため、「自分が作る映画にはメッセージを何も込めていない」と言い続けた。

マレー語で「死ぬ」の婉曲表現が「メッセージを残さずに去った」であることから、ジョビアンはヤスミンの友人たちに協力を仰ぎ、ヤスミンからどんなメッセージを受け取ったかを寄せてもらって本にした。ヤスミンから受け取ったメッセージがたくさん集まれば、ヤスミンは「メッセージを残さずに去った」のではなくなり、したがってヤスミンは死んでいないという理屈だ。ジョビアン流の言葉遊びだが、ヤスミンが死んでしまったことを誰よりも悲しみ、ヤスミンが戻ってくるかもしれないならどんな突拍子もないことでもしてみたいというジョビアンの想いが伝わってくる。

ヤスミンが残したメッセージのうち、ジョビアンが特に強く胸に抱いているのは、「エネルギーはなくならない、死んでも形を変えて残る」という言葉だ。『Yasmin How You Know?』を作ったジョビアンが心に抱いていたのは、ヤスミンが残したメッセージを集めることで、ヤスミンは死んで消えてしまったのではなく、私たちの目の前からいなくなっても形を変えて私たちとともに生き続けるのだという思いだったのだろう。

ジョビアンが『Yasmin How You Know?』に書いた原稿はどれもジョビアンがヤスミンから受け取ったメッセージだが、その中には事実と少し違う部分もある。本の中では、「ヤス

『Yasmin How You Know?』
2012年刊行

ミンは、イギリス留学中に自分が受け取っていた奨学金がマレー人だけを対象とするものだったことを知ってそれを放棄し、ウェイトレスとして働いて学費を稼いだ」と書かれている。しかしオーキッドによれば、現実は少し違っていた。

ヤスミンが留学の奨学金を得ることになったとき、ヤスミンより成績が優秀だったけれどマレー人ではなかったために奨学金の対象にならなかった生徒がいて、ヤスミンに嫉妬して怒りの言葉をぶつけた。このとき、ヤスミンは先生から、「奨学金はもらえたけれど、君はそれほど成績がいいわけではなく、上には上がいるものだ」[2]と言われた。ヤスミンは傷ついた心を抱えてイギリスに行ったが、数学科の入学試験に失敗して、そのまま帰国せざるを得なかったという。帰国してしばらく実家でぶらぶらしており、母は体面の悪さから怒ってヤスミンをシャワールームに閉じ込めたりした。ヤスミンはその後で心理学を勉強した。

ヤスミンとジョビアンはどんなことでも話す間柄だったが、このことだけはヤスミンはジョビアンに話さなかったらしい。しかし、『Yasmin How You Know?』の原稿を読んだオーキッドから事情を聞かされたジョビアンは、ものごとにはいろいろな側面があって、語る人が違えば語り方が違ってくることもあるので、たとえオーキッドの話が事実であったとしても、自分はヤスミンから聞いた話を自分にとっての事実だと信じているという。

ジョビアンは二〇一八年九月にヤスミンに関する二冊目の本を出版した。タイトルは『ヤスミン、アイ・ラップ・チュー（Yasmin I Lup Chew）』にした。ヤスミン

『Yasmin I Lup Chew』
2018年刊行

▶2 『タレンタイム』で、試験で自分よりもいい成績をとったハフィズの文句を言ったカーホウに対し、タン先生がこれと同じようなセリフを言っている。

は言葉遊びが好きで、「I love you（アイラブユー）」を「I lup chew（アイ・ラップ・チュー）」と言うのはヤスミンのお気に入りの言葉遊びの一つだった。一冊目も二冊目もヤスミンの口癖がタイトルなので、二冊目ではヤスミンが読者に「アイラブユー」と呼び掛けているということになる。確かにその通りだが、その裏に込められた意味として、ヤスミンに向けて「アイラブユー」と呼び掛けた本でもあるように思える。

『Yasmin I Lup Chew』にも様々な記事が載っているが、「アイラブユー」という言葉が出てくる記事はほとんどない。この本でもジョビアンがたくさんの名前で原稿を書いており、「アイラブユー」が出てくる唯一の記事はジョビアンによるもので、しかも「アイラブユー」の言葉はヤスミンに向けられている。仕事も私生活もずっと一緒に過ごして家族以上の関係になっていたジョビアンは、ヤスミンが生きている間にヤスミンにまじめに「アイラブユー」と言う機会がなかった。『細い目』で、空港に向かう車の中で「もし本当に好きなら、それを伝える機会が失われないうちにそのことを相手に伝えなさい」と母に言われたオーキッドは、ジェイソンに電話をかけて、旅立ちの前に「アイラブユー」と伝えている。ジョビアンは、今度こそ機会を失わないようにと、本のタイトルを借りて、みんなの前でヤスミンに「アイラブユー」と呼び掛けたのではないだろうか。

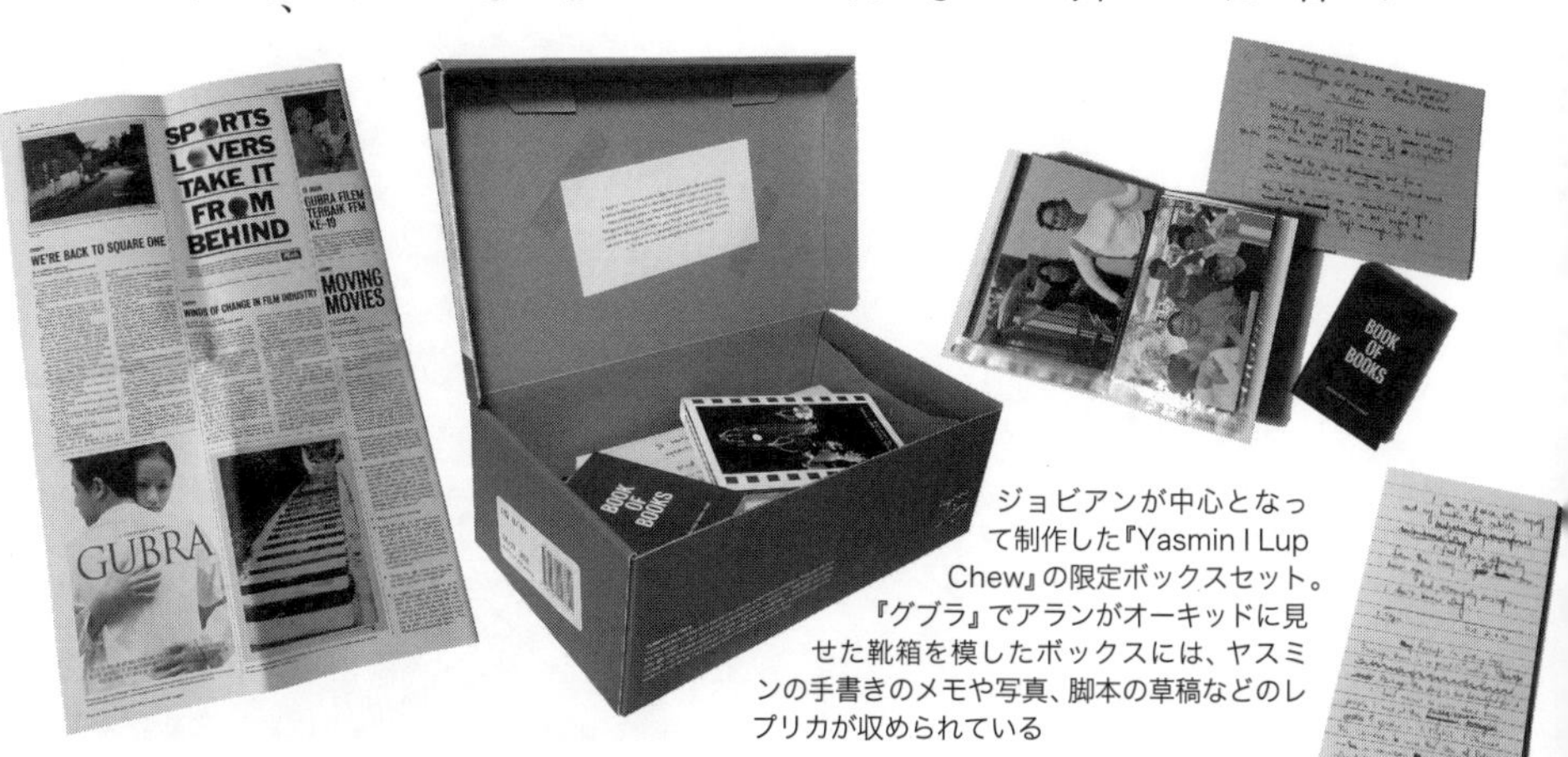

ジョビアンが中心となって制作した『Yasmin I Lup Chew』の限定ボックスセット。『グブラ』でアランがオーキッドに見せた靴箱を模したボックスには、ヤスミンの手書きのメモや写真、脚本の草稿などのレプリカが収められている

この本のジョビアンのお気に入りのページは、ヤスミンが水鉄砲を持って『スパイ大作戦』の登場人物のような格好をしている写真だ。あるときジョビアンが買い物から帰ってくると、何を買ってきたのかとヤスミンが買い物袋を開けて品物を一つひとつ手に取る中で、特に興味を示したのがヒョウ柄のパンツだったという。ヤスミンはそれを履いて、水鉄砲を持って『スパイ大作戦』ごっこをした。そのときの写真がジョビアンのお気に入りで、二冊目の本に入れることにした。

ジョビアンのお気に入りの『スパイ大作戦』の登場人物のようなポーズをするヤスミンの写真

生真面目にヤスミンとの約束を守り、役割を果たすために生きる

マレーシアでは、結婚して家族を作ることが幸せな人生の目標だという考えが強く、親しい間柄にある独身者には、半分冗談、半分本気で「早く結婚しなさい」と言うことがよくある。身のまわりに独身者がいたら、その人が早く結婚できるように手を差し伸べてあげるのが友人としての思いやりだという考え方も強い。

オーキッドは、独身のジョビアンを毎週末のように自宅に招いて食事会を開いている。来客の数から考えて食べきれないほどの料理やデザートを用意して、「遠慮せずに残さず全部食べなさい」と来客に命じるのがオーキッド流の思いやりだ。とても食べきれず、来客は一人ずつ食卓を抜けていって、ソファーで談笑を始めたりする。しかしジョビアンは、「オーキッドの言うことを聞いてあげて」というヤスミンの言葉を守っているためか、一人になっても最後まで食べ続ける。食卓でジョビアンと二人きりになったオーキッドは、そんなジョビアンを見ながら「いつ結婚するの？」と尋ねる。

数年前、オーキッドのその質問に対してジョビアンは、「ヤスミンを人びとに紹介する仕事が残っているから、ヤスミン記念館を開館してから」と答えていた。ヤスミン記念館ができた後、オーキッドの同じ質問には、「ヤスミンの本を出版してから」と答えた。二冊目の本を出版した後で同じ質問をされたジョビアンは、「ヤスミンのメッセージをもっと多くの人に伝えてから」と答えた。面倒な質問に対してうまくはぐらかして答えているということもあるだろうが、半分はジョビアンの本心ではないかと思う。自分の生涯を捧げたいと思える人と出会ったジョビアンは、ヤスミンへの想いを胸に抱いて、ヤスミンのことを人びとに伝える役割を果たそうと毎日を生きている。

オーキッド宅でのジョビアン

ホー・ユーハン

Ho Yuhang／何宇恆

映画という絆で結ばれた
唯一無二の「盟友」

1971年、スランゴール州プタリンジャヤ生まれホー・ユーハンは中華系マレーシア人の映画監督である。本と映画だけが友だちというシャイな少年時代を過ごし、アメリカ留学を終えた後、広告業界に入ってヤスミンと出会った。観た映画の感想を毎日のようにヤスミンと語り合い、ブラックユーモアを交えたテレビCMを作りながら、映画監督になる夢を育んだ。初期にはヤスミンと競作のように映画を作り、互いの作品に出演しており、映画制作におけるヤスミンの盟友と言える存在である。

ユーハンはヤスミンとはよくチェンドル［➡333頁］を食べながら映画の話をしたそうだ。私もチェンドルを食べてみたいと言うと、ヤスミンと行った店は何軒もあるんだと言って一日に三軒もチェンドル屋さん［➡381頁中央写真］に連れていってくれるようなお茶目な人物だ。ヤスミン作品の四つに何らかの形で出演しているユーハンは、内側と外側からヤスミン作品を見ており、私には思いつかないようなヤスミン作品の解釈をとぼけた口調で話してくれたりする。

ユーハンはヤスミンとの思い出を楽しそうに語るが、自らも表現者であるユーハンは、ヤスミン作品のフィルムに必要な修復を施して作品として後世に残すことが最も大切だと考えている。それとともに、ヤスミンの思い出を抱きながらもユーハン自身がこれからどのような作品を作っていくかが大切だと考えている。

ユーハン作品には、父が不在であるかまたは父の影が薄く、母と子の関係を描くものが多い。多数派のマレー人を前に華人の権利が制限されているマレーシアで、「父なるもの（政治・経済的な力）」に頼れない華人が「母なるもの（文化的な力）」に頼らざるを得ない心象を投影して、それを遊び心と皮肉に包みつつ、詩情豊かな作品に仕上げている。

映画好きという共通点が育んだ十年来の知己のような関係

ホー・ユーハンは、クアラルンプール郊外の衛星都市プタリンジャヤで生まれた。華人（中華系マレーシア人）で、学校では華語で教育を受け、おじで作家のホー・ナイキン（何乃健、一九四六〜二〇一四年）の影響もあって幼い頃から本を多く読んでいた。子ども時代のユーハンは、他人と話したり一緒に行動したりせず、小説や映画を通じて自分の世界に入り込むタイプだった。小説や映画で新しい世界を見ては頭の中が混乱するという日々を送り、それが高校生の頃から三五歳ぐらいまで続いたという。

ユーハンは映画制作を学校で学んだわけではなく、「暗闇の中で手探りで学んだようなものだった」という。映画監督としての現在の自分があるのは、映画制作の初期の段階で一緒に歩んだヤスミンと、ヤスミンに出会う前に映画の話をしていたマレーシアの映画監督ディン・サイード、そして最初の長編映画制作の機会を与えてくれたアンディ・ラウの三人のお陰だと思っていると語る。

マレーシアでは高校修了時に全国統一のSPM〔➡84頁、288頁〕を受ける。必修科目と選択科目があり、選択科目でユーハンは中国文学を選んだ。ユーハンが在籍していた高校で中国文学を選んだのはユーハンだけで、試験官がユーハン一人のためにわざわざユーハンの学校まで来た。試験の結果はAだった。

SPMではAが七つという好成績だったけれど、マレー人ではないユーハンは国内の大学に進学できず、留学の奨学金も得られず、親に学費を出してもらってアメリカに私費留学した。[1] マレーシアのキャンパスで二年間勉強してからアメリカに行く仕組みで、アイオワ州立大学の工学部で二年半勉強した。卒業後、アメリカでの労働を経験したいと思ったけれど、自分には皿洗いのような仕事は向いていないと思ったので、図書館と家具屋でアルバイトをした。[2] 学生時代を含めてアメリカで五年半暮らした。

一九九七年にマレーシアに戻り、はじめは広告会社に勤めた。いずれ映画を撮りたいと思っていたけれど、当時のマレーシアには映画産業がほとんどなかったため、広告業界でノウハウを身につけようと考えたのだという。ドキュメンタリーを撮る機会を与えてもらうなどして映像制作の経験を積んでいった。

そのうちにユーハンは、仕事で知り合ったカメラマンのキオンと親しくなった。キオンは後にヤスミンの映画を全て撮影する人物である。その頃ヤスミンはすでに広告業界で有名人になっていて、ユーハンはキオンに会うたびに「ヤスミンの仕事に憧れている」という話をしていた。マレーシアの広告は商品を宣伝するものばかりだったが、ヤスミンは広告に物語を取り入れた。しかもそれは家族の物語で、個人的な物語であるにもかかわらず、誰が見ても自分のことだと思えるような物語だった。

当時のヤスミンの仕事はアートディレクターやコピーライターで、自らテレビCMを撮ってはいなかった。広告業界の人は脚本を描いているのはヤスミンだとみんな知っていたが、ヤスミンが脚本を描いたテレビCMを監督として実際に撮っていたのはカマル・ムスタファ

▶1 『細い目』では、ジェイソンはSPMでAが七つだったけれど大学に進学できず、家庭に経済的余裕がないので私費留学もできなかった。

▶2 『ムクシン』でユーハンは家具業者の役を演じている。

で、そのカメラマンがキオンだった。
あるとき、ユーハンは自分の会社が作ったテレビCMが受賞したので授賞式に出席した。会場でキオンと会うと、ヤスミンも別の賞を受けて会場に来ているから紹介すると言われた。ヤスミンは有名人で自分は駆け出しだったので躊躇したけれど、キオンに背中を押されるようにしてヤスミンと会った。シャイなユーハンはヤスミンに一言「ハロー」と言っただけだったけれど、キオンが「君たち二人には映画の話が好きという共通点がある」と言ってくれたので映画の話になった。[▶3]
ユーハンは映画が好きだったけれど、それまで映画について対等に話ができる人はいなかったという。映画を観ている人が少なかったし、観ていても内容に踏み込んだ話ができる人はいなかった。そんなユーハンに、ヤスミンは好きな映画を次々と挙げて、どこが好きかを話してくれた。ユーハンも好きな映画を挙げてどこが好きかを話した。同じ映画を好きだったこともあったし、一方が好きでももう一方が好きではない映画もあった。話が盛り上がってその日は電話番号を交換して別れた。
映画を観るたびに感想を携帯電話のテキストメッセージで送りあった。あまり密にメッセージのやり取りをしたので、「知り合って二か月の頃にはもう一〇年ぐらい付き合っている仲のように感じるほどだった」とユーハンは話す。そのうち電話で映画の話をするようになり、ついには直接会うようになった。

▶3 『細い目』で、ジェイソンがオーキッドとキオンを互いに紹介したとき、「二人には共通点がある。ジョン・ウー映画が好きなことだ」と言っている。

ヤスミンの紹介でCM監督に――「とにかくおもしろいもの」をめざして

その頃ユーハンはCM制作の助手をしており、監督は任せてもらっていなかった。テレビCMの監督をする最初の機会はヤスミンが与えてくれた。はじめユーハンはCM監督の経験がないからと断ろうとしたが、ヤスミンに強く勧められたという。広告業界ではその人が過去に作った作品を見てテレビCMの監督を選ぶので、一度もCMを作ったことがない人には機会がまわってこない。ヤスミンは一〇年待っても誰からも機会が与えられなかった。最初の機会は誰かに与えてもらわなければならないので、自分がユーハンに最初の機会を与えてあげるというのがヤスミンの意図だったようだ。

ヤスミンが与えてくれたのはマグノリアのアイスクリームのCMだった。CMの作り方がわからないとユーハンが言うと、ヤスミンは、「テレビCMはおもしろいのが一番だから、これまでに観た映画でおもしろかった場面を一つ思い浮かべて、それを真似して作ってみたら」とアドバイスした。ユーハンは北野武の『菊次郎の夏』で中年男性が子どもを笑わせる場面が気に入っていたので、そのアイデアをもらってCMを作った。マグノリアのCMを作った後、ヤスミンの紹介でCMをもう一つか二つ作っているうちに別の会社からもCM制作の依頼が来るようになった。ユーハンは本心ではテレビCMを撮りたいと思っていなかったし、ヤスミンもそのことを知っていたけれど、「テレビCMは収入がいいから、まず経済的な地位を確立するためにCMを撮りなさい」とヤスミンに勧められた。ヤスミンの助言は正しく、CMを作ってユーハンはかなりの額の貯えを得た。

だいぶ後になって、「なぜ経験がない自分を信じてテレビCMの仕事を任せてくれたの」とユーハンが尋ねると、ヤスミンは、「やってみないとわからないじゃないの。誰でも一度は機会が与えられるべきだと思ったからよ。うまくできなければ次からその分野の仕事をまわさなければいいだけでしょう。任せてみたら結果がよかったから次も頼んだのよ」と答えたという。そのうちに他の人がユーハンの仕事を認めるようになり、ヤスミン自身はユーハンに仕事をまわすのをやめたという。

ユーハンがCMを作るようになると、ヤスミンとユーハンは観た映画の話の合間にCMの話もするようになった。おもしろいことを思いついては、「それをCMにするにはどうすればいいか」という話をした。その場で脚本を練って、そのCMができたらどの会社に売り込めばよさそうかを考えたりした。クライアントから依頼が来てからリサーチして脚本を書くのでは時間がかかってしまう。そこで、先にCMの案を考えて、そのCMならどの会社に売り込むとよいかを考えてプレゼンに行くようにした。

ヤスミンは、多くの人が見るテレビCMはとにかくおもしろいものが一番だと考えて、「クレイジー」な作品を作ってきた。ユーハンが監督したヨランダのCM[4](TV3 CNY 2005)やヤスミンが作ったCMはどれも「クレイジー」なCMで、政治的な正しさが求められる今日では受け入れられないものもあるだろうとユーハンはいう。

ヤスミンが手掛けたペトロナスのCMは、感情が伝わるような物語風の作品にして、独立

▶4 https://www.youtube.com/watch?v=CRJLVGP2Frc

記念日や各民族の祝日に放映された。まずヤスミンはレオ・バーネットの社員を会議室に呼んで、それぞれの経験を話させた。クリエイティブ部門ではない掃除係や守衛も含めて、どの仕事の人でも話をさせた。その中からヤスミンがおもしろいと思った五つほどをペトロナスでプレゼンして、どの話をＣＭにするかをペトロナス側に選ばせて、それから脚本を書いて撮影するという方法をとった。

ユーハンも一度ヤスミンからペトロナスのＣＭの撮影を任されたことがある。レオ・バーネットの社員の話をもとに別の人が脚本を書いた。その脚本を読んだユーハンは、「結末を少し変えてもいい？」とヤスミンに尋ねた。春節用のもので、老人たちがドリアンを食べていて、子どもたちは外に出て行ったきり家に帰ってこないという話だった[5]（『Old Folks』）。もとの脚本では老人たちの寂しさが際立っていたが、ユーハンは老人どうしで仲良くしているように描いた。年老いても自分たちだけで人生に意味を見つけることはできるはずで、子どもたちが帰ってこなくても老人たちだけでもハッピーに暮らしているという話にした。

その頃には、ユーハンはテレビＣＭへの出演で人気者になっていた。銀行のＣＭで、ローンの金利がとても安く、どうしてそんなに安いのかとびっくりした人の目の玉が落ちると、ユーハンが華人のアクセントが強いとぼけたマレー語で「なんで信じられないの？」と言い、このセリフで人気になった[6]。この他、楽器を演奏する役を演じているＣＭ[7]（TV3 CNY 2004）や、カンフーもので父と息子の二役を演じたＣＭ、アディバ・ノールと共演してユーハンが一人四役を演じた断食明けのＣＭ[8]（『Cokodok Monster』）などに出演した。この頃ヤスミンは、とぼけ

▶5　https://www.youtube.com/watch?v=JKhR6SML9Dc

▶6　『ラブン』で、ユーハンが演じるエルビスがイノムに家の工事について相談されて、「なんでできないと思うの？」と言う場面がある。セリフの内容とユーハンのとぼけた口調が銀行のＣＭのユーハンのセリフを思い出させる。

▶7　https://www.youtube.com/watch?v=SdI5_LMz0Ik

▶8　https://www.youtube.com/watch?v=tLjBOnepMeg

たキャラクターがおもしろいユーハンは、北野武のように自分で監督して自分でも演じるといいと考えるようになっていた。

何でも話し、互いの作品に出演しあう気の置けない同志

ユーハンはテレビCMをたくさん作ったが、本心では映画を撮りたいと思っていた。同じ頃、ヤスミンも映画を撮りたいと考えていたようだった。やがて、二人が会って話すときには、観た映画の話よりもいつか映画を撮りたいという話の方が多くなっていた。クアラルンプール市内のツインタワーの前の噴水脇に二人で座り、映画を撮るにはどうすればいいかを何時間も話し込んだこともあったという。

二〇〇二年頃、『ブカ・アピ』などの監督として知られるオスマン・アリが、テレビに新しい風を入れるため、新人監督を集めたテレビドラマのシリーズを作る企画を立ち上げた。ヤスミンはオスマンの作品が好きで、二人はそのプロジェクトに参加することにした。

テレビCMの経験は積んでいたけれど長編は撮ったことがなく、ユーハンは長編の撮り方を一から学ばなければならなかった。それでも

2004年にユーハンが監督した春節用のCM『TV3 CNY 2004』。ユーモアと意外性のある展開で、ユーハン自身も出演して楽器を演奏する役を演じた

ユーハンはヤスミンと二人で長編の脚本を書こうと決めて、ユーハンは『ミン』〔➡67頁、323頁〕を書き、ヤスミンは『ラブン』を書いた。

『ミン』は新聞記事の切り抜きから話を考えた。ユーハンはふだんからこれはと思う新聞記事を切り抜いて集めており、そのいくつかを組み合わせて話を膨らませた。一方でヤスミンは両親に捧げる作品を書いた。一緒に仕事をしていたキオンのアドバイスもあって、テレビドラマだけれど一六ミリフィルムで撮影した。テレビ局のTV3と話をして、TV3の予算からはみ出した分はヤスミンが負担するという約束で、一六ミリフィルムで撮らせてもらったという。

こうしてできた『ミン』と『ラブン』が二人の最初の長編作品になった。二つの作品は互いに関連がある。『ミン』は華人の少女がマレー人家庭で育てられたという設定で、育ての親はヤスミンの両親に演じてもらった。少女の名前にヤスミンの名前を使ってもいいかとヤスミンに尋ね、「マレー人の名前にも西洋人の名前にも華人の名前にもなるから」と言われてミンにしたという。

『ミン』では、ミンは生後八か月のときから養父母に育てられてきた。結婚していて、教師になっているミンは、ある日、産みの母についての情報を得て、電車に乗って産みの母に会いに行く。バス停で産みの母を見かけ、自分の素性を明かさずに世間話をする。産みの母は、夫はなく、工場勤務で、ミンより年上の息子がいると言う。自分の子は息子が一人だけだと言うのを聞いてミンはショックを受ける。産みの母と別れた後、ミンは病院に行き、妊娠が判明する。
マレーシアには、『タレンタイム』の「オ・レ・ピヤ」〔➡269頁〕でも歌われているように、自分の国にいてもまるで自分が外国人であるかのように感じる人たちがいる。この国で生まれ育って何世代目になっても移民の子孫だからとよそ者扱いされる華人もそうだが、ジット・ムラドの『金の雨と石の雨』〔➡371頁〕にあるように、海外留学を経験したマレー人にも同じように感じる人がいる。

ミンは、マレー人の養父母を持ち、マレー人のようにマレー語を話し、マレー人社会の一員として暮らしている。産みの母（血統上の祖先）のことを知りたいと思って訪ねても、そこに自分の居場所はない。ミンの妊娠には、血統上の出自に過度に縛られるのではなく、今いる場所で子を産んで育てていくことに意義を見出そうという思いを読み取ることができる。

表現者であるユーハンにとって、子を産んで育てるとは作品を作り続けるという意味である。これが長編映画の第一作となったユーハンにとって、『ミン』は、自分がこれから作品を作り続けていくという宣言でもある。そして、それをミンの物語として語ったことは、ヤスミンに対して、自分の内に抱えている物語を語っていったらいいのではないかと

『心の魔』(2009年) でのヤスミン。マレーシアで実際に起こった事件にヒントを得て作られたこの映画では、妊婦役のヤスミンがバナナを食べるシーンも盛りこまれている

いう呼びかけにもなっていた。はじめCMや映画の制作でヤスミンに手ほどきを受けていたユーハンがヤスミンを意識して作った『ミン』をきっかけに、ヤスミンは、『ラブン』で描こうとした物語をふくらませて、いっそう大胆な方法を取り入れてその後の作品を産み出していく。

ユーハンは、ヤスミンを自分の作品に出演させ、ヤスミンに母の役を演じさせた。『RAIN DOGS』[➡67頁]では、華人男性と結婚して小学生の息子がいるヤスミンが、漢字の書き取りが不得手な息子の宿題をこっそり手伝う。制度の押し付けからの抜け道を与えることで、結果として子の成長を助ける母として描かれている。マレー人女性が華人コミュニティの一員になっているという従来のマレーシア映画では考えられない設定なので、ユーハンはその役は専門のマレー人女優が演じない方がよいと思い、ヤスミンに出演を依頼した。華人と結婚しているという設定なので、ヤスミンには無理やり広東語を勉強してもらったという。

『心の魔』にも出演してもらった。『心の魔』は全体が悲しい物語なので、悲劇的な二つの家族とは正反対に愛情に満ちた夫婦を出そうと思い、ヤスミンとアズマン・ハッサン[9]に夫婦役で出てもらえないかと相談した。ヤスミンは出演を快諾して、「セクシーな表現でも構わないので何でも命じて」と言ってくれたという。ユーハンは夫婦の仲のよさを映像で表現するにはどうすればよいか、他の女優にはできない演技をいろいろ考えた。ヤスミンとユーハンは、どうすれば映画でエロチックな表現を撮れるかについてふだんから話をしていた。直接表現できない性行為を映画でどう表現するかをあれこれ考えることは、二人にとって大きな楽しみの一つだったそうだ。『心の魔』では、バナナを食べているヤスミンに「夫が帰ってきたら

▶9　アズマン・ハッサン（Azman Hassan）は、マレーシアが誇る名脇役。インディペンデント系を中心に数多くの映画に出演するほか、マラッカが舞台の日本の映画『FUN FAIR』（真利子哲也監督、2013年）にも出演した。

今晩ファックするの」と言わせたらどうだろうかなどといろいろ考えたという。ヤスミンが臨月の大きなお腹を抱えて夫とのデートを楽しむ場面には、長編作品を毎年のように世に送り出していたヤスミンに豊かな生命力を感じていたユーハンのヤスミンに対する想いがよく表れている。

ユーハンもヤスミン作品に出演した。『ムアラフ』では、ロハニとロハナの父の役としてラヒム・ラザリの出演が決まっており、ユーハンはラヒムと絡む場面があった。ラヒムが演じる役はとても父権主義的なマレー人男性として描かれており、ラヒムならその役を余裕で演じるだろうと思ったので、ユーハンはどうすれば彼が戸惑う姿をスクリーンで見せられるかをヤスミンと必死に考えたという。ユーハンは汚れ仕事をする華人の私立探偵の役だったので、ラヒムと一緒の場面に犬を連れていって、犬に舐めさせた手でラヒムに握手を求めたらびっくりするだろうと思いついた。ユーハンが握手を求めたときのラヒムのリアクションは最高だったという「↓232頁」。

ヤスミンとユーハンは話せないことは何もない関係だった。あるときヤスミンはユーハンに電話をかけてきて、電話に出たユーハンをいきなり「ランチャオ」と呼んだという。ランチャオとは福建語で男性器を指す俗っぽい言い方で、知性的と見られたいなら人前では決して口にしない言葉だ。ユーハンは恐る恐るヤスミンのことを「チーバイ」と呼び返してみた。女性器を指す俗っぽい言い方で、これも人前では口にしない言葉だ。チーバイと呼ばれたヤスミンは大笑いして、それ以来、ヤスミンとユーハンは「ランチャオ」「チーバイ」と呼ぶ仲になった。「こんな呼び方はヤスミン以外の人とは絶対にできない」とユーハンは言う。

詩、禅、信仰をめぐる数々の対話——いつか『ムアラフ』に応える作品を

ヤスミンもユーハンも活字を読むのが好きだった。ユーハンは小説が好きで、ヤスミンと出会った頃は小説ばかり読んでいた。ヤスミンは詩を読むのが好きだった。ユーハンは詩にあまり関心がなかったが、ヤスミンの影響で詩も読むようになった。あるときヤスミンがユーハンに詩集を数冊くれた。パブロ・ネルーダやヴィスワヴァ・シンボルスカの詩で、英語に訳されたものだった。ヤスミンは自分でも詩を書き、「詩の読み方はヤスミンの方がずっとよくわかっていた」とユーハンは話す。ユーハンは、小説と違って詩は一読しても意味がつかめないことがあるけれど、そんなときはヤスミンが詩の意味を素早く理解してユーハンに解説してくれたという。

ユーハンは、人生について話していると、ヤスミンの信仰深さが会話に出てくることがあったと回想する。ヤスミンは神を信じる人で、赦しの人だった。ヤスミンは他の人たちとは違うように世界を見ていたように感じられ、それはおそらく宗教的な背景からきていたのだろうとユーハンは思っている。

大阪のマレーシア料理店「ケニーアジア」のヤスミンの写真の前で。この店はヤスミンが来日したときに立ち寄ったことからマレーシア映画関係者の「聖地」のようになっている

後にヤスミンは禅仏教に興味を持つようになり、本を買い込んでは禅の話をするようになった。禅と関係して日本の「わびさび」についてユーハンに説明したこともある。ユーハンも今では禅の本を読むようになったが、当時は話半分で聞いていて、もっと早くから禅に関心を持っていればよかったと思っているという。ヤスミンが禅に関心を持ったのはおそらく小津安二郎などの日本の監督の影響で、ヤスミンは日本人の生き方についてもっと学びたかったのだろうとユーハンは想像する。ヤスミンの作品は、誰に対しても悪いと言わず、誰のことも罰さないように見える。ヤスミンは人間をそのままの存在として見て受け止め、そのことと「わびさび」は関係しているのかもしれないとユーハンは考えている。ユーハンも、世の中には絶対の良いものも絶対の悪いものもないと考えており、この点で二人は通じている。

ヤスミンの映画でユーハンが一番好きな作品は『ムクシン』で、シンプルな作品で大きなドラマはないけれど、特別な作品だという印象を持っている。

ユーハンは今でも、映画を観て「ヤスミンはこの映画を好きだろうな」と思うと、頭の中でヤスミンに感想を言ったりヤスミンと議論したりする。そうすることで、ヤスミンがいたら一緒に経験できたはずのことを今でも経験している気持ちになるという。

ユーハンは、いつか宗教をテーマにした映画を撮りたいと思っている。アジアには、宗教的な要素を入れた映画は多いけれど、信仰の部分まで掘り下げた映画はほとんどない。おそらく唯一の例外が『ムアラフ』で、だからユーハンも宗教に関する映画を作ってみたいと思っている。ヤスミンの存在はユーハンの中で生き続けており、次の創作へと導き続けている。

伴走者・継承者たち③

シャリファ・アマニ

Sharifah Amani Syed Zainal Rashid al-Yahya

見出され開花した才能が期待を集める
美しく強き「娘」

1986年、スランゴール州プタリンジャヤ生まれ

『細い目』、『グブラ』、『ムクシン』のオーキッド三部作でオーキッドを演じ、『ムアラフ』でロハニを演じたシャリファ・アマニは、女優のファティマ・アブバカルと写真家のサイド・ザイナル・ラシドの四人娘の次女として生まれ、日常的に文化や芸能に触れる少女時代を過ごし、ヤスミンに見出されて、若いながらもマレーシアを代表する女優になった。アマニを抜擢してスター女優に育てたのはヤスミンの才能だが、ヤスミンの才能を吸収して女優として開花することでヤスミンの作品を不朽のものにしたという意味では、アマニに秘められた潜在的な力がヤスミンを成功に導いたともいえる。

アマニは今ではマレーシアで知らない人がいないスター女優であるが、「ヤスミンの娘」アマニは、ヤスミンやアマニの才能に嫉妬する人たちの憂さ晴らしのための批判のターゲットになることもある。そんなアマニにとって、映画や演劇の仕事でときどき日本を訪れる機会があることは、ちょうどよい息抜きになっているようだ。最近観た映画の話をしたり、ときにはアマニの最新作を見せてもらったりする。アマニの作品はどれも精巧に作り込まれているが、私はアマニの意図はあまり気にせずに自分なりの深読みを話す。アマニはお気に入りのチーズケーキを食べながら、すました顔をして聞いている。

アマニの初主演作である『細い目』の撮影の様子。この作品からヤスミンとの二人三脚の映画人生が始まった

アマニは筋が通らないことが許せず、相手が誰であっても臆さずに自分の考えを伝える強さを持つとともに、様々な考えの人の間で争いにならないように自分が笑って橋渡し役を務めるという気配りも欠かさない。この二つは一見すると矛盾するようにも思えるが、彼女がマレーシアの映画界を発展させて広く世界に認知されることを目指していることを考えれば、同じ方向を向いていることがわかるだろう。

ヤスミンの映画人生を二人三脚で歩んできたアマニは、どのように生み出されて、どこに向かおうとしているのか。アマニの周辺に少し遡って見てみたい。

ロールモデルとしての母と友だちのような父、そして映画業界の親たち

アマニの母ファティマは、ジャーナリストとしてキャリアを積み、後に女優の道も歩んだ。アマニにとって、ファティマは母であるのみならず、先輩女優であり、演技指導の先生であり、厳しい批評家でもある。

ファティマの父はベンガル系とマレー人の混血者のムスリム、ファティマの母は海南系の華人で、二人とも看護師だった。ファティマは一九五五年にペナンで生まれ、高校までペナンで学び、クアラルンプールのマラ技術専門学校▼1に進学した。卒業後は大手全国紙を発行するニュー・ストレーツ・タイムズ社の記者助手になり、「I Am Woman」というコラムなどで

▶1　マラ技術専門学校は1956年設立の技術訓練センターを起源とし、マラ・カレッジを経て1967年にマラ技術専門学校になった。ブミプトラの高校卒業後の職業訓練のための施設で、州ごとに置かれた。工学系のコースが中心だが、コミュニケーションや芸術のコースもある。1999年に大学に昇格し、現在はマラ工科大学(UiTM)と呼ばれる。

知られるようになった。

マラ技術専門学校在籍中に劇作家シュハイミ・ババ［➡65頁、67頁、77頁、338頁、371頁］に見出されて舞台に立ち、一九八四年にシュハイミ・ババが監督する『マリア』▶2で映画デビューを果たした。この前年に長女のシャリファ・アレヤ、二年後に次女のアマニ、少し間をおいて三女のシャリファ・アレイシャ、そして四女のシャリファ・アルヤナが生まれて四姉妹になった。▶3アマニは『細い目』と『グブラ』のオーキッド役と『ムクシン』の特別出演と『ムアラフ』のロハニ役でヤスミン作品に最も多く出演しているが、アレヤは『ムクシン』のオーキッドの母役、アレイシャは『ムアラフ』のロハナ役、アルヤナは『ムクシン』のオーキッド役で、四姉妹が全員ヤスミン作品に出演している。

ファティマは二〇〇三年にテレビの一般参加型の歌手選抜番組「アカデミ・ファンタジア」に演技指導役として出演し、「ファティマ先生」として知られるようになる。ファティマは現在でも映画やドラマに出演しており、『チンタ』▶4（カビル・バティア監督）ではアマニと共演し、アマニの初めての監督作である短編の『サンカル』▶5ではアマニが演じたミン（ヤスミン）の母の役で登場した。

アマニたちにとってのロールモデルでもあるファティマは、自分が尊敬する女性として、シティ・ハスマ・モハマド・アリ、ジャミラ・マフムド、ヤスミン・アフマドの三人を挙げる。シティ・ハスマはマレーシア初の女性医師で、マハティール首相の妻として女性の保健衛生や成人識字率の向上や違法薬物対策に取り組んできた。ジャミラは医師で、緊急医療のため

▶2　原題は『Maria』。

▶3　アマニはプタリンジャヤで生まれたが、クアラルンプールのバンサー地区で育ち、バンサーを自分の田舎だと考えている。アマニの短編第二作の『カンポン・バンサー（Kampung Bangsar）』では、アマニ（本人役）が都会育ちで田舎がないとからかわれるが、民族混成のバンサーこそ自分の田舎なのだと感じる様子が描かれている。

▶4　原題は『Cinta』（2006年）。

▶5　原題は『Sangkar』。題意は「鳥かご」。

の非営利団体マーシー・マレーシアを設立して、現在は国際機関で活躍している。そして三人目が、娘たち（とりわけアマニ）を俳優として育ててくれたヤスミンである。三人とも、変化がもたらすよい可能性を信じて、他の人にどう思われようとも自分が大切だと思うことをやり続けてきた女性たちである。

四人の子育てを経験したファティマは、個別の場面で自分はたいへんな思いをしていると思ってきたが、振り返ってみるとかなりうまくいったと考えており、その理由を二つ挙げている。

一つ目は、子どもたちのことで悩みがあると、自分で解決しようとせずにどんどんまわりの人に相談したことだという。子どもたちが年頃になって言葉遣いや服装が度を越して乱れていると感じたとき、同じ年頃の子を持つ人たちに聞いてみると、どの家の子も同じようなもので、世代や時代の違いにすぎないとわかって安心した。

二つ目は、自分以外の大人たちに自分の子のようにしつけや教育をしてもらったことで、その一番いい例としてヤスミンとアマニの関係を挙げる。ヤスミンはアマニのことをすっかり自分の娘として扱っており、アマニの仕事ぶりに不満があると、ファティマに「私たちの娘が……」とメッセージを送ってきたという。ヤスミンの他にも映画業界の人たちが

『ムアラフ』でロハニとロハナの姉妹を演じたアマニ〈左〉とシャリファ・アレイシャ。アマニはヤスミンの長編映画への出演としては本作品が最後となった

アマニの父や兄のかわりになってくれて、大勢の手で子育てができたという。

アマニの父のラシドはアラブ系ムスリムだが、ファティマと同じく、民族的には様々な地方の出自が混じっている。ラシドの祖父はアラブ系で、クダ州の王宮でイスラム教の教師をしていた。宗教教育のためにクダ州内の各地を訪れ、そのときにスラウェシ島のマカッサル出身のブギス人女性と知り合って結婚して、ラシドの父アビディンが生まれた。祖父は妻の地元に宗教学校を兼ねたモスクを建てるために、地元の華人建設業者を雇った。アビディンはこの華人建設業者の孫娘と結婚して、その五番目の子がラシドである。このように、ラシドは父方の系譜だけをたどるとアラブ系だが、実際には華人やブギス人の混血者でもある。

アビディンはメディア業界に勤め、マレーシア・ラジオ・テレビ(RTM)の局長をしていた。その後、国営通信社のブルナマ通信[6]の初代社長になったが、一九七二年に交通事故で亡くなった。

ラシドは、マレー人の父が一般にそうだと言われる「厳格な父」とは対極にあり、家族と友だちのように接し、優しく包みながら、それとわからないように家族を支えている。娘たちの友人とも友だちのようにつきあい、ファティマは娘の友人から「おばさん」と呼ばれることに抵抗がないが、ラシドは「おじさん」ではなく「アニキ」と呼んでくれと言う。アマニは、両親はヒッピー世代で子どもたちを厳しく叱るようなことはほとんどなかったが、例外は英語で、英語をいい加減に話すと母に厳しく叱られたという。

▶6　日本語では「ベルナマ」と表記されることがあるが、現地の標準的な発音に近い表記は「ブルナマ」である。

シュハイミ・ババからヤスミンへ——『細い目』オーディションでの逸話

アマニが映画業界に関わるようになったきっかけは『細い目』でオーキッド役を演じたことだが、アマニはそれよりも前にいくつかの映画に出演している。いずれも、ファティマに女優の才能を見出したシュハイミ・ババの監督作品である。

シュハイミ・ババはヌグリスンビラン州出身のマレーシアの映画監督である。マレーシアの映画業界で誰も手を出そうと思わなかったことを大胆に試みて、マレーシア映画に新しい風を吹き込んできたマレー人女性の映画監督であり、その意味でヤスミンの先行者であると言える。

第1部でも紹介したように、マレーシアで悪霊の存在を認めることになるホラー映画の上映が認められていなかったとき、シュハイミ・ババは『月下美人と吸血女』（二〇〇四年）を撮った［➡67頁］。マレー世界のお化けであるポンティアナックが登場するホラー映画だが、最後に夢落ちにして悪霊は現実には存在しないという描き方をしたところ、上映が認められたし観客の評判も好評だった。ホラー映画であっても最後に「これは夢です」と入れれば上映できると知った他の監督たちが次々と夢落ちのホラー映画を作るようになり、今日のホラー映画全盛へとつながった。

シュハイミ・ババは才能を見出したスタッフやキャストを繰り返し起用した。ヤスミンはシュハイミ・ババのスタッフやキャストを受け継いだ部分が多く、その意味でもシュハイミ・ババはヤスミン作品の重要な源流の一つである。シュハイミ・ババによって演技が開花したファティマは演技指導の先生になり、四人の娘たちも演技に関わる道を歩んだ。とりわけ次女のアマニは、六歳のときに『ベールの人生』(一九九二年)[➡65頁、334頁]、一三歳のときには『夢見るムーン』(二〇〇〇年)に当時中学生のアレヤとともに出演していた[➡77頁、339頁]。

『ベールの人生』はアマニの初出演映画である。この作品には後に『細い目』と『グブラ』でオーキッドの両親役になるハリス・イスカンダルとアイダ・ネリナが夫婦役で出演しており、『タレンタイム』で車椅子の男を演じるジット・ムラド[➡368頁]も出ている。小学校に上がる前の幼いアマニにはセリフがなく、パレスチナの戦災孤児の役で、劇中ではジット演じる青年の膝の上に座り、ジットの顎を掴んで無邪気に笑っている。アマニは母ファティマを通じてジットを知っており、「ジットおじさん」と呼んで親しんでいた。このジットとアマニとの共演がきっかけの一つになって、アマニとヤスミンが出会うことになる。

一七歳頃のあるとき、アマニは夜中の二時頃にクアラルンプール市内のハルタマス地区に出かけていった。ハルタマスは夜遅くまで開いているカフェがある地区で、カフェにはたまたまジットがいた。いつも親しくしていたアマニは、その晩もジットのもとに駆け寄った。

そのときジットは女性と談笑していた。その女性は、夜中の二時だというのに民族衣装のバジュクロンを着て、にもかかわらず靴はスニーカーという変わった服装だった。ジットとの話に夢中だったアマニは、その女性を紹介されたけれど、その場ではあまり話をしなかった。その女性の名前はヤスミン・アフマドといったが、アマニはそれまでにその名前を聞いたことがなかった。

後になってアマニは、ヤスミンが国営石油会社ペトロナスのテレビCMを作っている人だと知った。独立記念日や各民族の祝日にテレビで流れるペトロナスのCMのことはアマニももちろん知っていて、新しいCMが放映されると学校で話題になるので見逃すわけにはいかなかった。別項で紹介したユーハンと同様に、アマニも、ヤスミンが作るペトロナスのテレビCMは他とは違い、物語を語るテレビCMだと感じていたという。

その頃ヤスミンは映画を作ろうと思い始めており、出演者を探していた。ヤスミンはアマニの物おじしない態度が気に入って、ファティマを通じてアマニにオーディションを受けるよう勧めた。

ところがアマニは、オーディション会場に着いたとたんにやる気が半分消えてしまったという。集まっていたのは小柄で長い黒髪のマレー人の女の子ばかりで、ヤスミンがどんな女の子を探しているかは一目瞭然だった。そして集まっていた女の子たちの中には、自分よりもずっと綺麗な人が何人もいた。

オーディションが終わり、「結果は後日通知します」と告げられて解散になった。みんな会場から出て帰っていったが、アマニはいったん帰ろうとした後、「用事があるから」と言って一人でオーディション会場に戻った。何か目的があって戻ったわけではなかったが、会場に残っていたヤスミンと目が合った瞬間に自然に口が動き、気づけば「映画を成功させたかったら私を採用した方がいいわよ」と言い放っていたという。言い終わったとたんに顔から火が出るほど恥ずかしくなり、とんでもないことを言ってしまったと思って、後ろも見ずに慌てて家に帰った。帰る途中も家に着いてからも、「なんて馬鹿なことをしてしまったのだろう」と後悔し、「きっと落ちたに違いない」と思っていたとアマニは語っている。

何日かして、もう一度選考に来るようにと連絡が来た。会場には前回と同じように小柄で髪が長いマレー人の女の子が何人かいて、華人の男の子たちも何人かいた。この中からオーキッド役とジェイソン役を選ぶという。ヤスミンがアマニに近づいてきて、耳元で「あなたなら誰をジェイソンに選ぶ?」と尋ねた。アマニは気になっていた男の子が一人いたので、そのことをヤスミンに伝えた。彼の名前はン・チューセンだった。

だいぶ後になってから知ったことに、その日ヤスミンはチューセンにも「あなたのオーキッドは誰?」とこっそり尋ねていたという。そしてチューセンが選んだのがアマニだった。アマニとチューセンは初めから互いに気になる存在であり、この二人がオーキッド役とジェイソン役になった『細い目』は、キャスティングの時点で半分成功したようなものだった。

泣き寝入りせずにやられたらやり返し、「役者魂」で演じる

アマニはプライベートでは控えめだが、舞台に立ってスポットライトが当たると途端に饒

初対面で互いに気になる存在だった二人が主役になった『細い目』。
ヤスミンの「しかけ」によるキャスティングが見事な効果を発揮した

舌になる。二〇〇六年の第一九回マレーシア映画祭でアマニが『グブラ』のオーキッド役で主演女優賞を受賞したときのインタビューの際に、「私はマレー語で話すと馬鹿みたいに聞こえるので英語で話します」と言って質問に英語で答えた。これを聞いたマレー人の保守層が、「マレー人なのにマレー語を英語よりも低く見ており、マレー語を話す人は英語を話す人よりも馬鹿だと言ったのはけしからん」といい、アマニとヤスミンを激しく批判した。[7] 新聞や雑誌で連日取り上げられ、アマニは自分がヤスミンとヤスミン作品が貶められる口実を与えてしまったことをひどく悔やみ、もう舞台挨拶やインタビューには出たくないと思ったという。

二〇〇七年一二月に姉のアレヤが結婚式を挙げることになり、アマニたち三姉妹はスピーチをすることになった。両親が著名人なので、来客には大臣を含む各層の人びとが集い、新聞やテレビの記者もたくさん来ていた。自分の番がまわってくるまで、アマニは自分がまた何か言って「ヤスミンの娘」として批判されるのではないかと気が進まなかったが、マイクを渡されて舞台に上った瞬間、アマニの顔色は一変した。満場の記者をゆっくり見まわし、「私にマイクを渡すなんていい度胸ね」と言い、大臣たちを前にして堂々とスピーチした。

アマニは負けず嫌いで、やられたら泣き寝入りせずに必ずやり返す。日本のある映画イベントで、日本人監督がマレーシアで撮影した長編映画とアマニが監督した短編映画が一緒の枠で上映された。一回目の上映は、日本映画の次にアマニの短編という上映順だった。会場にはそれなりに観客が入っていたが、その日本映画の関係者が呼ばれていたのか、日本映

▶7　読めばわかるようにこの批判は的外れで、ヤスミンは、「stupid（馬鹿）」しか英単語を知らない批評家がアマニの発言意図を曲解したと批判した。これに対する皮肉として、『ムクシン』で、オーキッドが「stupid」と言い、それを聞いたアユが「馬鹿って言ったわね」と文句を言うと、オーキッドが「cretin（愚者）」と言い直し、アユが意味がわからずに首をかしげる場面がある。

画の上映が終わると、アマニの短編の上映が始まったにもかかわらず、観客がぞろぞろと外に出て行ってしまった。アマニと一緒に客席に座っていた私はずいぶん失礼な人たちだと腹を立てたが、アマニはまったく気にしないという顔をしていた。

別の日に行われた二回目の上映では、アマニが監督した短編と日本映画の上映順が逆になっていた。アマニに誘われて私も客席に座った。アマニの短編が終わったとき、アマニが「次の映画も観たい？」と尋ねてきた。「観たことがあるから観なくてもいい」と答えると、「じゃあ出ましょう」と言って、アマニは私の手を取って劇場の外へと向かった。『グブラ』のアランのようにびっくりした気持ちと、次の映画が始まったところで席を立ったので「他の観客の邪魔になっただろうな」という気持ちが混ざったまま外に出た。そこですっきりした顔のアマニを見て、これは自分の作品を観ないで席を立った人たちに関係する作品を観ずに席を立つという「仕返し」だったのだとわかった。相手にその意味がわかるならばアマニが受けた気持ちもわかるだろうし、その意味がわからない相手ならそれまでのことだ。こういうときにアマニは「私は役者だから」と言う。相手に意味がわからなければ何ごともなかったかのようにつきあうけれど、それは許したのでも忘れたのでもなく、役者魂で演じているだけなのだという。

アマニは心の奥底では気が強く、決して泣き寝入りしない。だからもしアマニが人前で涙を見せることがあるとしたら、悔しさや悲しさのためではなく、その場で立場が弱い人のことを思って役者魂で演技しているということだ。

辛苦を受け止めて生きる姿を精巧に描く『サンカル』と『イヴ』

アマニはこれからどのようなストーリーテラーになるのだろうか。アマニにヤスミンの志を継ぐ映画人になってもらいたいという気持ちはあるが、アマニとヤスミンが語る物語が違うということは忘れないようにしたい。アマニはいくつか短編を撮っている。ヤスミンが自分の分身である主人公をまわりの人たちが温かく包み込む物語を好んで語るのに対して、アマニは自分の分身である主人公が一人で重荷を背負う物語を描くことが多い。

最初の短編作品である『サンカル』は、途中まで戸惑いながら物語を追っていくと最後に謎が明かされるミステリ仕掛けになっている。アマニ演じるミン(ヤスミン)と幼なじみのオマールは、互いに相手のことを気に入っているけれど、そのことを認めようとしない。ミンは貧しい家庭で育ち、母は病気で寝たきりになっている。オマールは裕福な家庭で育ち、教師だった母は亡くなっているが、彼女があまりに優秀で魅力的だったので、父のハリムはなかなか気に入った再婚相手を見つけられずにいる。そうした様子がモノクロ映像で描かれる。

ある日、ハリム家からミンのもとに求婚の使いが来る。母の治療費も

『サンカル』は、互いに惹かれあっていた高校生(フォーム5)の少年少女が、ある結婚によって引き裂かれる苦悩と葛藤、旅立ちまでの過程を描いている

出してくれるという。母は「自分の結婚のことはしっかり考えて返事するように」と言うが、ミンは即座に求婚を受け入れようとする。その後、ミンとオマールが幸せそうに結婚式を終えた場面がカラーで流れ、次の場面では再び結婚式の様子がモノクロで描かれる。そこではミンの結婚が成立したことが告げられるが、オマールは恨めしそうにミンを睨み、ミンも悲しそうな顔をしてオマールを見ている。

続いて結婚式からかなり時間が経過したとわかる現在の様子がカラーで描かれる場面になると、オマールとミンの関係はぎこちない。離婚するのかとも思えるが、二人は互いに相手のことを想っている様子である。そこにハリムが出張から帰ってきて、オマールに「留学先のカナダで仕事を見つけて永住して、白人の嫁を見つけてかわいい孫を見せるように」と言い、ミンを連れて寝室に行ってしまう。観客はミンとハリムの関係がつかめずに戸惑うが、翌朝、オマールが留学に出発する場面で、オマールがミンに対して目上の人に対する挨拶をすることから、ミンはオマールの義母にあたり、「ハリム家から来た」という求婚の相手はオマールではなくハリムだったことがわかる。

過去の場面をモノクロ、現在をカラーで表現しているが、ミンとオマールの結婚の場面は過去におけるミンの夢なのでカラーになってお

想いを寄せていた相手と義理の親子の関係になってしまう悲劇が、カラーとモノクロの映像を使って機能的・効果的に表現されている

り、観客は現実の場面だと思わされてしまう。今でも互いに好きだと思っているミンとオマールは、どちらかが何かを言い出さないとこのまま別れ別れになるけれど、どちらも何も言い出さないままオマールを乗せた車が去っていき、ミンは涙を拭いて家に戻る。家に戻るミンがお腹をさすっているのは、そこに命が宿っているのか、そうだとしたらその父親はどちらなのかと考えてしまうが、どちらにしてもミンにとってこれからの人生が厳しいものになることは間違いない。

アマニがイカル・マヤン・プロジェクト〔↓354頁〕に参加して撮った短編第三作の『イヴ』(原題『Hawa』)は、注意深く書かれたセリフによって複数の物語を織り込み、見る人の関心に応じてそれぞれ異なる物語を見せるたいへん精巧に組み立てられた作品である。

アマニ演じるイヴの同居人のアユがバスルームに閉じこもっている。イヴはアユが自殺を考えているのではないかと心配する。アユは悲しそうにしている。今日はアユの結婚式だが、アユは「結婚したくない」と泣く。「あなたが選んだのだから」とイヴはアユを式場に連れていく。ここからは回想になる。アユの結婚相手のアダムはイヴの元恋人で、本屋で偶然出会ったイヴがアダムとアユを互いに紹介した。しばらく経ってアユは「アダムと結婚するつもりなの」とイヴに伝え、そう

想いを寄せる人から「別の人と結ばれたい」と言われたとき、相手のために自分の気持ちを抑えて送り出せるのか──。『イヴ』にはマレーシアの男女関係が裏テーマとして描かれている

なったことをイヴに謝る。結婚式の前日、式の準備を整えたイヴは一人で泣く。結婚式当日、お祝い客たちが帰っていき、アユとアダムも去り、最後に誰もいなくなった式場にイヴだけ残る。イヴは新郎新婦の座席の新郎側に座る。式場には空の鳥かごが置かれている。

『イヴ』では、イヴとアユが同性愛の関係にあることを示唆するセリフがいくつも出てくるが、イヴとアユが互いに相手に恋愛感情を抱いているという描写は注意深く避けられている。セリフの表面上の言葉だけ捉えるならば、アダムは元恋人のイヴへの復讐のつもりでアユに近づき、アユは親友のイヴの元恋人を自分がとることになってしまってイヴに申し訳ないと思っているという話になる。

これに対して、セリフの裏に込められた意図を想像で補うと別の物語も見えてくる。イヴとアダムは恋人どうしだったが、イヴが同性愛者だとわかり、自分の男性性が否定されて侮辱されたと感じたアダムはイヴと別れる。イヴはアユと出会って友人よりも親密な関係で暮らしてきたが、アユが「男性を好きになったので結婚したい」と言うと、イヴは自分が想いを寄せる人が好きな人と結ばれるのを支えたいと思い、アユの結婚式の世話をして最後まで見届ける。

これは、「自分が想いを寄せる人が別の人と結婚したいと言い出した

書店で偶然出会った元恋人のアダム〈左〉をアユ〈中央〉に紹介するイヴ〈右〉。この場面が撮影されたのはトー・カーフンが経営するスクップ・ブックス［➡343頁］

とき、相手の幸せのために自分の気持ちは諦めて、相手のために結婚式を準備して送り出す」という話で、その限りにおいてイヴとアユが女性どうしである必然性はない。イヴを同性愛者という設定にせず、イヴが好きになった男性が別の女性を好きになり、そのことでイヴが主体的に男性と別れることにして、二人の結婚を認めて結婚式を準備するという話の方が話の筋としてはわかりやすい。ところが、ここで問題になるのは、これだと男女関係においてイヴすなわち女性側が決定権を持っているように見えてしまうことである。マレーシアにおいて、同性愛を示唆するよりも、男女交際において女性が決定権を持つような描き方の方が批判を浴びるだろうことは十分理解できる。ヤスミン亡き後でも、ヤスミンの才能への妬みを解消するためにアマニに難癖をつける人びとがいまだにいなくならない状況ではなおさらである。そのためイヴとアユを女性どうしにして、二人が同性愛の関係にあることを示唆した上で、イヴがアユたちの結婚を祝福するという話にしたのだろう。こうすることで、男女の権力関係の問題に嵌まり込むことなく、自分が好きな人が別の人を好きになったらどうするかという問題を描くことが可能になる。

『イヴ』は、同性愛が隠れたテーマであるかのように見せながら、そのような描き方をしなければならないマレーシアの男女関係のあり方を裏のテーマにした上で、好きになった人が別の人を好きになってしまう苦しさを受け止めて生きていく女性の姿を描いている。

ヤスミンが撮ろうとしていた『ワスレナグサ』をアマニに撮ってもらいたいと言う人もいるようだ。ヤスミンが残した脚本でアマニが映画を撮るというのは夢のような話だが、そうして作られた作品はヤスミンとアマニが語りたい物語になるのだろうか。ヤスミンの映画制作は、役者たちと脚本を読みながら、役者がそこに書かれている物語を自分の内に取り込んでいき、そのやり取りの過程で役者の個性をヤスミンが掴んでそれを脚本に反映させていき、脚本の物語と役者の人生をシンクロさせていく過程である。脚本ができているからといって、誰が撮ってもヤスミンが残したような物語になるわけではない。ヤスミンから映画制作を学んだアマニはそのことを最もよく理解している。

『ワスレナグサ』ではなく、アマニが監督する長編映画を観たいという人もいるだろう。私ももちろん観てみたいが、今すぐでなくてもよいと思う。ヤスミンは結婚と離婚を経験して、四五歳で最初の長編映画を撮った。アマニは一七歳でヤスミンに出会い、二三歳でヤスミンと別れ、今ようやく三三歳になったところだ。ヤスミンが最初の長編を撮った歳までまだ一〇年あり、自分が語りたい物語を探しながら人生経験を重ねていく時間はまだ十分にある。

「不完全をたくさん集めたものが完全なのよ。だから作り続けなさい」

ヤスミン・アフマド

資料編では、これまでマレーシア映画文化研究会および混成アジア映画研究会で蓄積してきた資料をまとめた。①「長編監督作品　上映基本データと参考情報」には、ヤスミン作品の公開状況と、作品に登場する場所、食べ物、乗り物、音楽、本、遊び、引用・口語表現などのトピックごとに、作品理解のための資料となり得る情報を掲載している。②「ヤスミン・ワールド人名一覧（演者名・役名索引）」は、長編六作品に出演したキャストの情報について、作品ごとに演者名と役名から検索ができるように構成した。③は広告・映画関連を中心に、ヤスミンの生涯についてまとめた年譜である。これらはいずれも、二〇〇九年の第一回マレーシア映画文化研究会のために用意した資料をもとに、その後の情報を追加したものである。編者による深読み（裏読み）が含まれたトリビアルな情報もあるが、今後のヤスミン作品の研究に、また、作品をより愉しむために役立てていただければ幸いである。

資　料

①長編監督作品 上映基本データと参考情報
②ヤスミン・ワールド人名一覧（演者名・役名索引）
③ヤスミン・アフマド年譜

山本 博之

『細い目』

●原題……『Sepet』
●英題……『Chinese Eyes』

●2004年公開／カラー／107分／英語・マレー語・広東語＋華語・福建語・アラビア語

●世界初上映……2004年9月22日（シンガポール、マレーシア映画祭）

●マレーシア初上映……2005年2月24日

●日本初上映……2005年10月23日（東京国際映画祭）

登場する場所

●**チキンキング**（Chicken King）　ジェイソンとオーキッドが初デートの後で夜遅くまでおしゃべりしたファストフード店。劇中に出てきたのはイポー市内のグリーンタウン店。チキンキングはペラ州内に数軒あったが二〇〇七年に営業を停止した。

●**グヌンラン公園**（Taman Rekreasi Gunung Lang）　ジェイソンとオーキッドが最初にデートした船着場がある公園。水面ぎりぎりまで木々の緑で覆われ、木々の間に奇岩がのぞく湖がある。南北高速道路のイポー出口付近にある。

●**ロイヤル・イポー・クラブ**（Royal Ipoh Club）　ジェイソンが月下香を見に行った会員制クラブ。一九〇四年設立。ここで食事をしたことがあるということは、オーキッドの家族にそれなりの社会的地位があることを示している。

●**レストラン・ゲンティン**　ジェイソンがCDを売っている屋台はレストラン・ゲンティンの前の通り。

●**光進電脳系統カラオケ**　ジェイソンが通っていたカラオケ屋。

食べ物

●ジェイソンの母が夕食に作ると言ったのはニョニャ料理のイテック・ティム（鴨汁）。イテックはマレー語の「鴨」、ティムは福建語の「湯（スープ）」から。

●ジェイソンとオーキッドがチキンキングに一回目に入ったとき、テーブルにオレンジジュースが三つあるのでおそらくリンもいて席を外していた。オーキッドはフライドポテトを食べている。ジェイソンが頼んだのはオレンジジュースだけ。

●オーキッドがジェイソンたちと待ち合わせした中華食堂の入口で見たのは焼き豚。オーキッドは一瞬ひるむが広東語で「オイシソウ」と言う。マレーシアでの公開ではこの部分の字幕はなかった。［➡94頁］

●オーキッドとジェイソンとキオンが夜の屋台で食べているのはサテー。オーキッドとキオンの話が盛り上がるのでジェイソンが苛立ってコーヒーのコップをまわしている。

●オーキッドの家でオーキッドとジェイソン

が話すのを見ているイノムが食べているのはバナナ、ヤムが食べているのはリンゴ。

乗り物

●オーキッドの家の車（VOLVO）のナンバーはPF3566。登録はペナン州。

●ジェイソンのオートバイのナンバーはACL1030。登録はペラ州。

●オーキッドの友人の車のナンバーはWEN4407。登録はクアラルンプール。

●キオンを襲ったジミーの手下三人が乗っていた車のナンバーはAEE3829。登録はスランゴール州。

映画

●オーキッドが退屈だという俳優はレオナルド・ディカプリオ。『タイタニック』（一九九七年）で一躍世界的なスターになった。

●オーキッドが金城武のビデオCDを買おうとしてジェイソンに薦められたのは『天使の涙』、『恋する惑星』、『ソルジャー・ボーイズ』。

●オーキッドの「おしっこしてからお日さまとデート」というセリフの出典は映画『A Date with the Sun』（イギリス Armada Production 一九六五年）と思われるが未確認。

●オーキッドとキオンの話が盛り上がったジョン・ウー監督の映画は『男たちの挽歌』。このやり取りにジョン・トラボルタが出てくるのは、ジョン・ウー監督のハリウッド進出第二作『ブロークン・アロー』（一九九五年）と第三作『FACE/OFF』（一九九七年）にトラボルタが出演したため。

音楽

●オープニングの曲とエンディングの曲はサミュエル・ホイの「世事如棋」と「浪子心聲」。【➡177頁】

●ジェイソンが事務所でエアギターを弾く音楽は「ディア・ダタン」。【➡198頁】

●オーキッドの両親が踊る場面で流れていたのはタイ語の曲。【➡187頁】

●写真館で流れていたのはサミュエル・ホイの「梨渦淺笑」。【➡177頁】

●ジェイソンがオーキッドの家に来たときイノムとヤムが口ずさむのは「上海灘」。【➡184頁】

●オーキッドがジェイソンを探しているときに背景に流れているのは、オペラ『ルサルカ』の「月に寄せる歌」。【➡104頁】

●ジェイソンの友人たちがカラオケ屋で歌う広東語の歌は「花羅漢」。『細い目』のために作詞・作曲された。花羅漢（フラワーホーン）はマレーシアで人気の交雑種の熱帯魚。歌詞の「花羅漢」が「快樂去（楽しくやろう）」と掛け言葉になっている。

本

●冒頭でジェイソンが母に詠んだ詩はタゴールの『新月（The Crescent Moon）』（一九一三年）所収の「審く人（The Judge）」。【➡194頁】

●アルジェリアを舞台とする植民地支配と社会心理の話はフランツ・ファノン著の『黒い皮膚・白い仮面』（一九五二年）。【➡135頁】

●「今日は太陽が黄色いので」はアルベール・カミュの『異邦人』か？　『異邦人』では殺人の理由を尋ねられた主人公が「太陽が黄色かったから」と答える。

●ジェイソンがオーキッドと別れた後で詠んだ詩はタゴールの『園丁（The Gardener）』から。【➡195頁】

遊び

●オーキッドの両親がお茶の時間に庭で遊んでいるのは手元の文字を組み合わせて英単語を作るボードゲームの「スクラブル」。

引用・口頭表現

●オーキッドが部屋で詠んでいるのはコーランの「ヤシン章」。葬儀などで詠まれる章として知られる。オーキッドがこの章を詠んでいるときにジェイソンは詩人(タゴール)のことを「もう死んでる」と言っており、冒頭から死の匂いを漂わせている。

●市場でオーキッドたちがジェイソンに「映画を探しているの?」と尋ねられて、リンが「ううん、靴を探してるの」と答える。かつてカセットテープが主流だった頃、店の売り場で「カセット探してるの?」と男の子に声をかけられた女の子たちは「ううん、カスット(kasut=靴)を探してるの」と言ってはぐらかしていた。媒体がカセットテープからCDやDVDになってもこの表現は残った。

●オーキッドが学校でリンの恋人に「おまえは白人好きだ」とからかわれたときに使われた言葉「マッサレー(Mat Salleh)」は半島部マレーシアで「白人」を揶揄して呼ぶ俗語。

●同じ場面でリンの恋人がオーキッドに向けた「ボシア(bohsia)」はマレー語で「尻軽女(特に未成年女性)」を意味する言葉。

●同じ場面でオーキッドがリンの恋人に言い返した言葉は「チュルップ(celup)」。[↓33頁] もとはマレー語で「浸す」という意味で、いろいろな食材を串に刺したものを煮立ったスープ鍋に入れて茹でて食べるサテー・チュルップがあるが、一般にサテーといえば鶏肉や牛肉など一種類の食材を使うことが多いため、雑多な食材が混ざっているという意味で、マレー人社会では混血者をからかって「チュルップ」と言うことがある。[↓333頁]

●オーキッドがジェイソンと初めて会ったときに横からちょっかいを出すリンのことを「チーシン」と言ったのは広東語の「痴線(chee-sin)」。もとの意味は電話などの混線状態を指すが、転じて「脳内の配線が混線している」すなわち「頭がおかしい」の意味で使われる。マレーシア華人だけでなく広東語圏で広く使われる。

●ジェイソンがオーキッドに前世から知り合っていたようだと言ったときに説明したのは華語の「縁份(yuanfen)」。「縁分」とも書く。意味は「縁」。

●オーキッドがリンの恋人に「雰囲気ぶち壊し」と言ったとき、何かの臭いがして空気が悪くなったのかという意味で「チャー・クエティアオの臭いでもするのか?」と言う。「チャー・クエティアオ(char kway teow)」はきしめん状のクエティアオを炒めたもの。マレーシア各地の屋台で見られる料理で、ここでは「中華」と「安っぽい」という意味が込められている。

●「どれほど身近でも知りつくすことはない」(タゴール)。ラストシーンの後に示される言葉。[↓196頁]

大人のヤスミン/タブーへの挑戦

●ハンドバッグを忘れて出かけようとしたイノムにヤムが「あんたの大切な部分が体にくっついたままでよかった。そうじゃなかったらあんたはアソコだってどこかに置き忘れてきちゃうよ」と言う。

●オーキッドを恋人として紹介しようとしたジェイソンに対し、キオンが「まじめな話、彼女と付き合うのはやめとけよ。華人とマレー人が付きあうと、後で大変なことになるぞ。両親は悲しむし名前も宗教も変わるし、焼き豚も食えなくなるし、アソコの先を切られるんだぞ」と言う。

●オーキッドがファストフード店でジェイソンの髪型をほめたとき、「ユニセックスのヘアサロン」と言おうとしたジェイソンが言ったのは「バイセクシャルのヘアサロン」。

●夜中にオーキッドに電話がかかってきたとき、イノムが半分眠りなら「ブダ・チナ(budak Cina、華人の子)」と言うと、アタンは「ブティナ(betina、雌)」と聞き間違えてオーキッドは女どうしで付き合っているのかと驚く。

●夕刻のお祈りをしようとしたアタンに、イノムとヤムが「生理中でお祈りできない」と答え、オーキッドも同じと告げる。アタンは「なんだお前たち、血の同盟だな」と返す。

●ジェイソンが病室のキオンの見舞いに行ったとき、キオンがオーキッドのことを思い浮かべて「いいなあ、濡れたサロン(腰巻き)の若いマレー人女性か」と言う。「このスケベ野郎」と言うジェイソンにキオンは「お前も同じだろ」と返す。キオンは想像して反応した自分の股間を左手でまさぐって体をジェイソンと反対側に向ける。

●アタンが庭で英単語作りゲームの「スクラブル」をしている最中に、イノムにmilfという単語はあるのかと聞かれ、「今作ったんだ、意味はMother I'd like to…」と答える。そこにヤムとオーキッドが登場して話が中断され、fで始まる単語はわからないままになったが、その意味に気づいたイノムは「おお」と反応する。

●リンが金城武の名前を言い間違えて「カニナ……」と言う(福建語)。

●病室でプラナカンの由来についてジェイソンが話している場面で、キオンがマラッカ王国の英雄の名前を挙げて、伝承に登場する「ハン・トゥア」と「ハン・ジュバ」に続けて伝承にはない「ハン・チーバイ」を挙げる(福建語)。[➡412頁]

『グブラ』

●原題……『**Gubra**』
●英題……『**Anxiety**』
●2006年公開／カラー／113分／マレー語・英語・広東語
●世界初上映……2006年3月2日
●マレーシア初上映……2006年4月6日
●日本初上映……2006年10月26日(東京国際映画祭)

登場する場所

●**タパー**(Tapah)　ペラ州バタン・パダン郡。ジェイソンの父が仕事を尋ねられて「JKR Tapah Road」と答える。ＪＫＲは公共事業省のことで道路建設などを行う。

●**クアラカンサル**（Kuala Kangsar）ペラ州クアラカンサル郡。劇中で言及はないが、ティマが旅立つ鉄道駅はクアラカンサル駅。
●**イポー中央病院**（Hospital Besar Ipoh）オーキッドの父が入院したのは1号室（『細い目』のキオンと同じ部屋）。ジェイソンの父が入院したのは相部屋。
●**メイリーワ食堂**（Restoran Mei Lee Wah）アランが焼き豚を買った中華食堂。
●**モーヴェンピーク**（Moven Peak）アリフがラティファと密会した場所。イポー市グリーンタウン地区。『細い目』でオーキッドとジェイソンがデートしたチキンキングの隣。現在は閉店。
●**カンポン・クパヤン**（Kampung Kepayang）ビラルが管理する礼拝所がある地区。
●**聖ミカエル学校**（St. Michael's Institution）シャリンが通う小学校。
●**チャン・クリニック**（Clinic Dr. Chan Tai Peng）ティマが診察を受けたクリニック。
●**登記事務所**（Registrar）ラティファの勤務先。事務所の名前は陰で見えない。

食べ物
●マズがビラルに作る朝食は食パンにカヤジャムを塗ったカヤ・サンドイッチ。
●ジェイソンの父が病院の食事はまずいと言ってアランにシューヨク（焼き豚）を買ってこさせる。同室の入院患者ハジの妻から鶏肉のルンダン（煮込み）を分けてもらう。ルンダンはふつう牛肉で作るので、ジェイソンの父は「わしは牛肉は食わんぞ」と言う。マレーシア華人の仏教徒には牛肉を食べない人がいる。
●ビラルが台所で揚げているのはエビせん。
●マズがキアに買ってきてもらってティマと三人でブランコに乗りながら食べたのは、アイスクリームを食パンで挟んだアイスクリーム・サンドイッチ。一個一リンギ。
●母に頼まれてアランが買うのは猪雑粥（チーチャプチョク／豚の粥）。

乗り物
●アタンの車（メルセデス・ベンツ）のナンバープレートはＢＡＦ２２５５。登録はスランゴール州。

●アリフの車のナンバープレートはＡＤＪ７１１８。登録はペラ州。
●アランの車のナンバープレートはＡＡＤ１１８３。登録はペラ州。車体に書かれているのは「Tan Boon Hoe/ K. Kangsar Tyre Svcs/ Jalan Taiping, K. Kangsar」。

映画
●アランが大きなサイズの服を着たオーキッドに「『アニー・ホール』の観すぎみたいな格好だな」と言う。『アニー・ホール』はウディ・アレン監督の映画。
●オーキッドが自宅の居間のソファーで一人テレビを見ているときに流れているのは、『ラブン』でオーキッドの両親が互いの体を洗っている場面。［➡317頁］

音楽
●オープニングの歌は「Kabhi Kabhie Mere Dil Mein」。ヒンディ語映画『Kabhi Kabhie』（一九七六年、アミターブ・バッチャン主演）の主題歌。［➡192頁］
●アランが「チーライ、チーライ、チーライ（起来！ 起来！ 起来！」」と口ずさむのは中華人民共和国の国歌「義勇軍進行曲」。

●アランが運転する車のカーラジオから流れるのは広東語の歌「無情夜冷風」。アランとオーキッドがカーラジオにあわせて歌う。

●エンディングの歌はピート・テオの「Who For You」。

本

●ジェイソンの靴箱に入っていたのは英語と華語の詩集。英語の詩集はタゴールの『Selected Poems』［→192頁］。華語の詩集は聶魯達（パブロ・ネルーダ）の『二十首情詩與絕望的歌（二十の愛の詩と一つの絶望の歌）』。［→137頁］

引用・口頭表現

●「cry on someone's shoulder」 オーキッドがラティファに対して「しばらく別の人の夫の肩で泣いていて」と言う。文字通りの意味は「誰かの肩で泣く」だが、「……を頼りにする」という成句。他人の夫と密会しているラティファへの皮肉を込めた表現。

●「ikan tenggiri, ikan hiu; jaga diri, I love you.」 ペンキーが別れ際にヤムに渡したカードに書かれていたマレー語の詩。前半の二句はどちらも魚の名前（"ikan tenggiri"はサワラ、"ikan hiu"はサメ）で、それぞれ後半の二句と韻を踏んでいる（"tenggiri"と"diri"、"hiu"と"you"）。前半は後半を引き出すためのものであまり意味はなく、主なメッセージは後半の二句（気をつけて／愛してる）。研究会で作成した字幕の試訳は、七五調で「お体にサワラないようお元気で サメない想いで愛しています」。

●「ランプは違えど光は同じ（ジャラール・ウッディーン・ルーミー）」。ラストシーンの後に示される言葉。宗教は違っても教えは同じ。

大人のヤスミン／タブーへの挑戦

●礼拝所に向かうビラルにティマが「髪の毛が濡れてる」と言ったのは、体を清めた後で妻と交わったらもう一度清めなければならないことから、まだ頭髪が濡れているということは妻と交わったばかりということで、そのことをからかっている。それを仕事を終えたばかりのティマに言わせることで男女の交わりの対照的なあり方を想像させている。

●病院で洗面所の場所を教えてくれた患者の服の背中が割れて尻まで見えている。演じたのは映画監督のリュウ・センタ。

●病室でアタンの下半身に服をかぶせて「まるで馬みたい」と言いながら若い女性看護師二人が病室を出て行く。その話をアタンから聞いたイノムは「昼間は若い看護師さんがイカのお掃除をしてくれるから私は夕方に来ればいいんですって」と呆れた顔をする。

●食事中のアヌアルにヤムが「死んだお婆ちゃんが言ってたわ。男のご飯の食べ方はその人の女の扱い方と同じですって」と言う。

●病院からの帰りの車の中で、ペンキーに花をもらって喜んでいるヤムに嫉妬したアヌアルが「子どもの頃、学校のトイレで華人と並んでおしっこしたことがあるんだ。そしたら華人のアレにチーズ（恥垢）がべっとり付いてたんだ」と言うと、ヤムは「私はチーズ好きよ、おいしいから。それに、あの人は割礼が済んでたわよ」と返した。

『ムクシン』

●原題……『**Mukhsin**』

●2006年公開／カラー／95分／マレー語・英語・華語＋アラビア語

●世界初上映……2006年10月26日（日本、東京国際映画祭）

●マレーシア初上映……2007年3月8日

●日本初上映……2006年10月26日（東京国際映画祭）

登場する場所

●**乙女の墓所**（Makam Anak Dara）　スランゴール州クアラスランゴール。「意に反した結婚を命じられた姫が結婚前夜、スランゴール川で清めの水を浴びているときに行方不明になった。両親は、彼女が安寧の地を見つけたので探してはならないという夢を見た。両親は木に引っ掛かった娘の服だけを見つけたという。そこに彼女の墓が作られた」。【↓145頁】

●**ハジ・ブサール通り５４１番Ｂ**（541B, Haji Besar Road）　オーキッドが家を尋ねられて答えた住所。

●**佳民旅館**（Rumah Tumpangan Gamin）　フセインが女性を伴って入っていった安宿。

●**ジョホール州のムアールとブヌット**　サッカーの試合で対戦しているのは Muar FC（ムアール・サッカークラブ）と Benut FC（ブヌット・サッカークラブ）。

食べ物

●ヤムがミルクとチョコレートを袋に入れて凍らせるアイスクリームを作る。「ミルクの甘さとチョコレートの苦さが混じっておいしくなる」というのは甘さと苦さが混ざった人生と重なる。【↓329頁】

乗り物

●スクールバスのナンバーはＷＡＣ５９３１。登録はクアラルンプール。運転手の名前はAwang。

●ムクシンが乗ってきたタクシーのナンバーはＢＯＫ２３０１か。帰っていくタクシーのナンバープレートはＢＤＴ８３５４。

●カウボーイ男のオートバイのナンバーはＪＭ１６５９。

●オーキッドの父の車のナンバープレートはＴＡ８５２８。

音楽

●オープニングでアタンたちが演奏して歌うのはクロンチョン音楽の「Hujan（雨）」。

●ムクシンとオーキッドが自転車で二人乗りしている場面と最後のナレーションのＢＧＭは「トロイメライ」。ピアノを弾いているのはホー・ユーハン。

●ムクシンたちが凧を揚げているときの音楽はモーツァルトの「風よ穏やかなれ（コジ・ファン・トゥッテ）」。

●車の中でオーキッド一家が歌うのは「Ikan di

Laut, Asam di Darat(海の魚と陸の香料)」。

●サリプがレコードにあわせて歌うのは「行かないで(Ne me quitte pas)」。ジャック・ブレル作曲、ニナ・シモーヌ歌。サリプ役のアヌアルはヤム役のアディバに内緒でフランス語で歌う練習をしており、サリプが歌い出すとヤムは信じられないという顔をする。アヌアルは映画『K―L』(二〇一三年)でも「行かないで」を歌っている。

●エンディングの歌はオープニングと同じ「Hujan」。

本

●オーキッドが部屋で読んでいる本は『A Journey to the New World: The Diary of Remember Patience Whipple, Mayflower, 1620』。[➡204頁]

遊び

●広場で男の子たちが遊んでいるのは木の棒を地面に並べて遊ぶ陣取りゲームの「ガラ・パンジャン(galah panjang)」。[➡146頁]

●広場で女の子たちが遊んでいるのは結婚式ごっこの「カウィン・カウィン(kahwin kahwin)」。[➡146頁]

●ムクシンたちは凧揚げをする。中国文化圏では清明節でお墓参りする時期に凧を挙げる習慣があることから、凧はこの世とあの世を結ぶ通信手段だと理解されるようになった。マレーシアでは一般的な理解ではないが、華人監督の映画では凧がそのように使われているものもある。[➡149頁]

引用・口頭表現

●雨の中で踊っているイノムとオーキッドを見てロジーが「ジャワ人のルーツを忘れたのか」と言う。「ジャワ人」とはジャワ島の出身という意味ではなく、マレー語の俗語表現で「庶民」の意味。

●ムクシンとオーキッドがコーランを詠んでいるのは「中傷者章」の「ええ呪われろ　寄ると触ると他人の陰口」という一節。[➡25頁]

●カウボーイ男が待ち合わせた女性に結婚指輪のことを尋ねられて「何でもない」と答え、「本当に結婚してないのね?」と尋ねられて「Tak...sumpah」と答える。「tak」は否定、「sumpah」は「誓う」で、二つの単語を別々に言うと「いいや。誓うよ」という意味になるが、くっつけて言うと「誓わない」となるため、「何? 誓わないの?」と聞き返される。カウボーイ男は「誓わない」と言っているので嘘はついていないことになる。

●ムクシンとオーキッドが自転車に乗りながら英会話の練習をする。「Hello」「How do you do」「My name is Mukhsin」「You look very nice today」というやり取りの最後の文で、「You look...」と言うべきところをムクシンが「You looks....」と言ったためにオーキッドが「sはいらない」と言う。オーキッド役のシャリファ・アルヤナが他人の言葉の間違いを指摘して「sはいらない」とよく言っていたのでそれをセリフに取り入れた。

●ヤムがオーキッドの両親のことを「まるでカブトガニ」と言う。カブトガニは一度ツガイになるとオスとメスがずっと一緒にいることから。

オーキッドの日記

●オーキッドは学校で休み中のことを文章にしてほしいと先生に頼まれる。オーキッドの部屋には黒板があり、オーキッドはその日あったことや気持ちを書いている。

一日目。「我最近認識一個男孩子（私は最近、一人の男の子と知り合った）」。ムクシンのこと。

二日目。「這就是我討厭的男孩。我討厭這個男孩（これは私が嫌いな男の子。私はこの男の子が嫌いだ）」。ムクシンに怪我をさせたイェムのこと。

大人のヤスミン／タブーへの挑戦

●オーキッドが結婚式ごっこの新郎の役で男性の帽子をかぶるのは、異性装が認められないマレーシアで異性装を描く工夫の一つ。

●オーキッドがイェムのカバンをバスの窓から投げ捨てた理由を母に尋ねられたときの会話。「どうしてあの男の子のカバンを窓から投げたのか教えて」「小さい子をいじめてたから同じことをされたらどう思うか味わわせてあげたの」「大層なことを言うじゃないの。胸もずいぶん膨らんできて。じきに初潮を迎えるわね」「ママが使ってるタンポンは使いたくないな」「簡単だってやって見せたじゃないの」「だってタンポンを使うと処女性が失われるってジャおばさんが言ってたから」「ジャおばさんは処女性を守り続けてもう四〇年になるのよ。いったい何の参考になるの？」。

●オーキッドが女の子の服装をして外に出なくなったのは初潮を迎えたという表現か。

●ムクシンが天に昇る夢を見た後、目が覚めるとパンツの中が濡れているという場面があったが、最終版ではカットされた。

『ムアラフ』

●原題……『**Muallaf**』
●英題……『**The Convert**』
●邦題……『**ムアラフ――改心**』

●2008年公開／カラー／87分／英語・マレー語・広東語＋アラビア語

●世界初上映……2008年8月15日（ロカルノ映画祭）

●マレーシア初上映……2009年12月24日

●日本初上映……2008年10月18日（東京国際映画祭）

登場する場所

●**学校**　撮影に使われたのはイポー市のタルシシアン女子高（SMK Tarcisian Convent School）とポイラム高校（SM Jenis Kebangsaan Poi Lam／培南高校）。カトリック学校のように見えるが、現在のマレーシアには、学校の管理・運営をキリスト教徒とし、聖書やキリスト教学を科目として教え、礼拝などのキリスト教の活動を学校行事として行うという意味でのミッションスクールはない。劇中の制服はマレーシアの公立学校の制服で、授業がマレー語で行われていることから、マレーシアの公立学校である。ただし、男性教師の敬称がミスターであるのに対してアントニー先生をブラザーの敬称で呼び、しかもアントニー先生を校長であるかのように描くことで、マレーシアの事情をよく知らない観客にはカトリック学校だと思わせるように工夫している。

●**パブ**（Sid's Tavern）　アニが働いていたパブ。イポー市内。

●**イポー州立モスク**（Masjid Negeri Ipoh）　ロハニ（アニ）とロハナ（アナ）が礼拝した場所。イポー市内。

●**イスラム教総合ビル**（Kompleks Islam Darul Ridzuan）　ブライアンがロハニたちの不在中に訪れてアラビア語クラスの情報を得た場所。ペラ州イスラム宗教局を含むイスラム教関係の政府機関が入っている。イポー市内。

●**イポー中央病院**（Hospital Besar Ipoh）　メイリンが入院している病院。イポー市内。

●**シンガポール大学**（National University of Singapore）　ロハニが進学を希望して願書を送った大学。

●ブライアンがアラビア語コースを見つけたとロハニに語ったのは**マラヤ大学**（UM）と**マレーシア国際イスラム大学**（IIUM）。大学ではないが**マレーシア・イスラム青年運動**（ABIM）も挙げた。いずれもマレーシア国内。

●**ペナン**　ブライアンの母の家がある。

●**クアラルンプール**　ロハニたちの父の家がある。

●ロハニたちの会話に出てくる外国の地名は、**シンガポール**（アニの進学希望先）、**スペイン**（内乱）、**コンスタンチノープル**（教会）、**北アイルランド**。

食べ物

●ロハニとロハナがブライアンを朝食に誘ったときに注文したのはロティ・チャナイとティー。

●ブライアンがロハニをデートに誘ったのは日本料理店。午後九時から寿司が半額になる。

●ロハニは家の玄関の花を食べる。ロハナがテコンドーでチューリップと組手することになったとき、「私の姉はチューリップを食べるのよ」と話しかけている。

乗り物

●ブライアンの車はトヨタのファミリータイプで、ナンバーはPBG8445。登録はペナン州。

●ロハニが乗っているオートバイ（ヤマハのパッソーラ）のナンバーはAAV8276。登録はイポーのあるペラ州。

音楽

●冒頭の歌は「Going Home」。［➡235頁］

●ロハニがオートバイに乗って歌っているのはRaihanの「Rakan Selawat」。

●シンディーが洗い物をしながら口ずさんでいるのはマレー語民謡の「Dayung Sampan」。

中国語歌曲「甜蜜蜜」の元歌。

●シンディーが男たちに襲われているときのBGMとエンディングは「彼女の心の安らぎこそ(Dalla sua pace)」。

●少年ブライアンが父に車で置き去りにされた回想場面とアニが父に髪を剃られた回想場面の音楽は「新世界より」第二楽章。【➡235頁】

●ロハニがクアラルンプールに行って不在中のブライアンの場面の音楽はバッハのラルゴ(Piano Concerto No.5 in F-minor, BWV 1056 'Largo')。

●ブライアンと母が和解した後に教会の場面で流れている歌は「アメイジング・グレイス(Amazing Grace)」。

●ブライアンがペナンからロハニたちの家に戻るときの音楽は「Going Home」。

学校

●ブライアンが授業中に黒板に書いたのは「Ketidakstabilan di Perak 1848(一八四八年ペラ王国内紛)」。

引用・口頭表現

●ダトの妻は、「pubs」や「saloons」のように、単数なのに複数形のsをつけて話す。日常的に英語を話す家庭の出身ではないけれど、ダトと結婚して背伸びしている様子を示している。研究会字幕では「お酒場」や「お美容院」としている。

大人のヤスミン／タブーへの挑戦

●ブライアンは少年時代に修道女の雑誌を見て自慰行為をしていた。見ていた雑誌は『NN Magazine』。『ムアラフ』のために制作したもの。この号は「Holiday Anniversary issue」で、特集は「100 sins nude nuns」。表紙には「A riotous tear in sex」などの煽情的な記事名が書かれている。

●ブライアンが買おうかと迷うキャットフードのブランドはpussy。

●ブライアンはロハニたちの洗濯をしていて、ブラジャーを頭に被り、パンツの匂いを嗅ごうとする。【➡240頁】

『タレンタイム』

●原題……**『Talentime』**(英題同じ)
●邦題……**『タレンタイム』／『タレンタイム～優しい歌』**

●2009年公開／カラー／120分／英語・マレー語・タミル語・広東語・華語

●世界初上映……2009年3月25日(香港国際映画祭)

●マレーシア初上映……2009年3月26日

●日本初上映……2009年9月21日(アジアフォーカス・福岡国際映画祭)

タレンタイム

●タレンタイム(Talentime)は一九四九年二月にシンガポールのラジオ・マラヤの英語放送が始めた芸能コンテスト番組。番組名はラジオ・マラヤのキングズレー・モランドの造語。アマチュア対象の音楽を中心とするタレント発掘番組で、一九五〇年代にシンガポールとマラヤの各地に広がり、一九七〇年代には全国各地でタレンタイムが開催された。一九六四年にラジオからテレビに舞台を移し、テレビ番組のタレンタイムは二〇〇一年まで続いた。

登場する場所

●**アンダーソン高校**（Sekolah Menengah Kebangsaan Anderson）　アディバ先生やアヌアル先生が勤め、ハフィズやカーホウやマヘシュが在籍する学校。イポーに実在し、市内の中高生を対象にしたタレンタイムを開催し、大学進学予備課程の女子生徒が参加したこともある［➡52頁］。劇中の一部の場面はイポー市内のメソジスト高校（Sekolah Menengah Kebangsaan Methodist）で撮影された。

●**キャメロン高原〈キャメロン・ハイランド〉**（Cameron Highlands）　メルーの祖母たちが車で出かけた場所。パハン州にある高原リゾート。年間を通じて冷涼な気候でマレーシア最大の茶葉生産地。イポーから車で約二時間。松本清張の小説『熱い絹』の舞台。

●**バトゥガジャ**（Batu Gajah）　ガネーシュが学生時代に付き合っていた女性の実家が雑貨屋を営んでいた場所。行政上はペラ州キンタ郡に属する。イポーから南に車で約三〇分。

●**バイヌン病院**（Hospital Raja Permaisuri Bainun）　ハフィズの母が入院している病院。イポー市内。

●**スリ・スブラマニアム寺院**（Sri Subramaniam Temple Gunung Cheroh）　ガネーシュの結婚前の清めの儀礼が行われたヒンドゥ寺院。イポー市内。

言及される人物

●チャールズ（イギリス皇太子）とカミラの成婚（二〇〇五年四月）

●「パリス・ヒルトンの職業は何なんだ?」

食べ物

●メルーの家の朝食に出たのはポテトカレー。

●メルーの家の午後はティーとビスケット。

●メルーの家の夕食は点心。［➡255頁］

●バヴァーニが寝込んだ母に作ったのはチャパティとダル。

●ハフィズの母に謎の車椅子の男がイチゴを差し出す。［➡268頁］

乗り物

●メルーの父が学校に娘たちを迎えに行くジープのナンバーはＡＢＴ６８０９。登録はペラ州。

●メルーの父が運転してキャメロン高原に行く車のナンバーはＡＤＦ２７３１。登録はペラ州。

●アヌアル先生たちがメルーを迎えに行く車のナンバーはＰＥ７２８１。登録はペナン州。

●マヘシュのオートバイのナンバーはＡＶ１７７０。登録はペラ州。

映画・演劇

●タレンタイムのオーディション（予選）で男子生徒が演じるのは「ハムレット」の「To be, or not to be...」のセリフ。この男子生徒を演じたハリス・ザカリアは『ムアラフ』で

少年ブライアンを演じた。【⬇239頁】

●マヘシュを見たメルーの母が「アーミル・カーンみたいにハンサム」と言う。【⬇271頁】

●キャメロン高原に行くために探検隊の格好で登場するメルーの祖母と父の会話。「私、メリル・ストリープみたい？」、「ワニ退治かな」、「あなたはエルマー・ファッドね」。【⬇271頁】

音楽

●オープニングの音楽はドビュッシーの「月の光（Clair De Lune）」。劇中で何度か演奏される。【⬇257頁】

●学校で生徒たちが演奏して全員直立不動の姿勢をとるのはマレーシア国歌「Negaraku（ヌガラク／我が国）」。【⬇257頁】

●ガネーシュが清めの儀式の後に口ずさむのはタミル語映画『Sumaithangi（肩代わり）』の歌「Mayakkama Kalakkama」。【⬇303頁】

●タレンタイムの予選で女子生徒がギターを弾きながら歌うのは「Say You Love Me」。

●タレンタイムの予選で女子生徒が歌うのはマレーシア・インドネシアの民謡「Rasa Sayang」。

●タレンタイムの予選でメルキンが歌い、カーホウが二胡を弾く曲は「茉莉花」。カーホウは決勝でも同じ曲を弾く。【⬇278頁】

●タレンタイムの予選で男子生徒がダンスする音楽はAC Mizalの「Tassamaqu」。

●タレンタイムの予選で女子生徒たちが扇子舞をするときの曲は「Bond of Love」。『タレンタイム』のために作詞・作曲された。その後アヌアル先生が扇子舞の練習をするのも同じ曲で、予選で落ちた女子生徒たちから扇子舞のアイデアも音楽もいただいている。

●タレンタイムの予選でメルーがピアノを弾いて歌うのは「Kasih Tak Kembali（愛は帰らない）」。作詞のアフマド・ハシムはヤスミンの父。劇中でメルーが「パパとママが作った歌」と言っている。

●タレンタイムの予選でハフィズがギターを弾いて歌うのは「Just One Boy」。

●タレンタイムの決勝の練習でメルーが歌い、決勝本番でも演奏しようとしたのは「Angel」。

●マヘシュとメルーがオートバイでイポーの街を走るときと、一緒にベンチに座っているときの音楽は「ゴールドベルク変奏曲」。

●メルーがマヘシュのオートバイの後ろに乗って歌うのは「ギンガングリグリ（Ging Gang Goolie）」。

●マヘシュのオートバイに乗せてもらってメルーが出かける場面と二人が夜市に行く場面で流れるのは「Love in Silence」。ヤスミンが書いた詩に曲をつけたもの。

●マヘシュが朝帰りして母が激怒したときとエンディングで流れる音楽は「オ・レ・ピヤ（O Re Piya）」。【⬇269頁】

●タレンタイムの決勝でハフィズがギターを弾いて歌ったのは「I Go」。

詩

●セリフの一部はヤスミンが書いた詩からとられた。メルーがマヘシュに怒って「挨拶しても返事もしない」と言うのは二〇〇四年一一月に書いた「Eleh!」、食卓でメルーが「死んだ魚 死んだ鳥 死んだ草木……」と詠むのは二〇〇二年八月に書いた「A Fish」の一節。

遊び

●マヘシュがメルーの家を訪ねたときにメ

ルーの家族が遊んでいたのはツイスター(twister)。スピナー(指示盤)に従いマット上の指定された場所に手足を動かしていく。

引用・口頭表現

●メイリンが点心のレシピを説明してチリソースとプラムソースを「スンさんの店で買う」と言っているのは『ラブン』に出てきたアスンの雑貨屋のこと。

●「チナ(華人)」という表現が二回出てくる。メルーの母がメイリンに点心の作り方を習う場面で、プラムソースを使うと言われて「このチナ、騙さないでよ」と言う(字幕では字数制限のため「チナ」は訳されない)。メルーの家を訪ねたカルソム夫人が「チナを料理人に雇うのはどうかしら」と言う[➡284頁]。マレーシアでは「チナ」という言葉自体が差別的な意味を含むわけではない。

●メルーの父がメルーの母とメイリンに向かって「リン」と呼ぶと、メイリンが「あなたも私もリンだから混乱する」と言う。メイリンの名前を略した「リン」とダーリンを略した「リン」が同じなのでどちらが呼ばれているのか迷う。

●ガネーシュの清めの儀式で使われたタワスはミョウバンのことで、フィリピンなどで使われてきた伝統的な消臭・制汗剤。劇中でインドネシアから直輸入したと言っているが事情は不明。

●マヘシュの母がガネーシュの腋毛について「レクチュミおばさんの口ひげよりボウボウだ」というセリフは、ヤスミンの知り合いのレクチュミという女性の口のまわりの産毛が濃かったことに由来する。

●メルーの家の食卓でメルーが自作の詩のことを「short poem」を略して「shor-em」と呼ぶと、メルーの父は「show them」を略した「show'em」とあわせて「ショウエム・ショーエム(Show'em shor-em)」と言った。

●マレーシアでは生徒は教師と話すときに文末に「先生(Cikgu)」と言って敬意を表する[➡254頁]。アヌアル先生とタン先生がメルーの家に車で迎えに来たとき、メルーはこの二人が教師だと知らなかったので返事に「先生」をつけず、教師だとわかると「先生」をつけている。ただし車の中でアヌアル先生からマヘシュの家族に不幸があったと知らされて「彼の身に何か?」と尋ねたときは「先生」をつけ忘れている。

●マヘシュの母がムスリムのことを「お祈りには熱心なくせに良心の欠片もない」、「神への愛なんてニセモノさ」と言っているのは、ヤスミンが最初の夫であるインド人男性と結婚したときに夫の親戚が(ヤスミンのことではなく)マレー人一般のことを「一日五回も礼拝しているのに神さまのことは全く考えていない」と言ったことに由来する。

●メルーは話しかけても返事をしないマヘシュに怒って「あなたpekakなの?」と言う。マレー語でpekakは耳が聞こえない人を指す直接的な言葉で、最近では差別的だからと使わない人もいる。メルーの言葉を聞いたハフィズが「マヘシュはpekakなんだ」と言い、うっかりpekakと言ってしまったので「つまり……聴覚障害者なんだ……それが政治的に正しい言い方なんだ……」とだんだん小声になる。

●マヘシュが夜中にバヴァーニを起こして恋愛相談をする場面でバヴァーニが言うセリ

フは、直訳すると「あなたが望む通りに」で、何の通りと解釈するかで字幕が違ってくる。何を望んでいるかをぼかすと「お望みのままに」となり、メールを読んでほしいという望みの通りにと解釈すると「読みますとも」になる。研究会では、マヘシュのメルーへの気持ちの通りにと解釈して「私は賛成するよ」にした。マヘシュの母の世代で姉が弟の恋愛に賛成しなかったのに対してマヘシュたちの世代では姉が弟の恋愛に賛成していることを言葉で表現した。

●メルーがマヘシュに手話を習う場面。メルーがマヘシュの体に触れ、その部分の名前をマヘシュが手の指の形でアルファベットにする。初めは中指、薬指、小指の三本を立てて「f」、親指以外の四本を曲げて「e」、繰り返して「e」、指を全部握り親指を人差し指と中指の間に入れて「t」でfeet（足）。次に、グーを強く握って「s」、人差し指と中指を揃えて横に向けて「h」、グーを少し上下に開いて「o」、人差し指と中指を立て「u」、親指と人差し指をL字にして「l（エル）」……でおそらくshoulder（肩）。次は途中からだが「o」、「s」、「e」なのでnose（鼻）か。メルーがマヘシュの唇を指すと、マヘシュはどきどきする心を抑えて、親指と人差し指をL字にする。これはlip（唇）の最初の文字の「l（エル）」で、次に小指を立てて「i」を作る。l（エル）のサインとiのサインが一瞬交差して「I Love You」サインを思わせる。

●タレンタイムの決勝時に階段でメルーとマヘシュが会話しているときのマヘシュの手話には字幕がない。脚本の最終版でもこの部分は空欄だが、途中段階の脚本ではセリフが入っていた。マヘシュのセリフは「君と離れたくない／たとえ誰が反対しようとも／僕の心には君しかいない」。マレーシアで販売されたDVDにはこの部分のセリフに字幕が入っているものがある。

大人のヤスミン／タブーへの挑戦

●タン先生がタレンタイムに一緒に出場してくれると聞いて抱きついて喜びを表現したアヌアル先生にタン先生が「今度やったらタマ蹴るぞ」と言う。

●アヌアル先生がタン先生に抱きついたり肩を揉んだりしているのを見かけたアントニー先生は、同性の二人が親密に身体接触するのを見て動悸が激しくなる。

●マヘシュがバヴァーニをからかって中指を立てる。

●タレンタイムの予選でハフィズの歌を聞いてアヌアル先生が「やや音程に難がありましたが」と言ったときにアディバ先生が「ジョニー・キャッシュとニーナ・シモンの音程も完璧じゃなかったじゃないの。それに、音程よりもハートが肝心でしょ」と応じる。「音程（pitching）」は俗語で「腰使い」。

●メルーの父が食卓で「人生とは黒人男の左睾丸だ。右でもなく白くもない」と言う。「右（right）」と「正しい（right）」、「色白（fair）」と「公明正大（fair）」をかけている。［➡285頁］

●お茶の時間にマワールがうっかり「ケツ舐め女（arse licker）」と言ってしまい、それを聞いた祖母に言葉遣いが悪いと叱られるかと首をすくめるが、祖母は昔は自分もその言葉をよく使っていたけれど最近は「イチモツ（dick）」の方をよく使うと言う。

の中華ドレスを着ているのは映画で異性装を描く工夫の一つ。

●メルーの胸は母親ゆずりのペタンコだと聞いたメルーの母は、自分の胸のサイズは36Bと言う。アメリカ・サイズの36Bは日本のサイズではB80。

●メルーがマヘシュと出かけたのを見てメイリンが「ホテルに行ったのかも」と心配する。

●メルーが夜まで家でマヘシュと一緒にいたところをメイリンに心配され、メイリンに「お祈りは済んだ?」と尋ねられたメルーは今日は生理中だからお祈りできないと答える。字幕では字数制限のため「お祈りはまだ」とされたりする。

●マヘシュがメルーに教えているのはアメリカ式の手話。アルファベット26文字を右手の指の形だけで表現する。手をグーにして人差し指と中指の間に親指を挟む「t」の形はアメリカでは特別の意味を持たないが、マレーシアでは卑猥な意味を持つジェスチャーになる。劇中でマヘシュは親指をあまり深く入れずに「t」を示した。

『ラブン』

●原題……『**Rabun**』
●英題……『**My Failing Eyesight**』
●2003年公開／カラー／90分／マレー語・英語・広東語
●世界初上映……2003年4月11日（シンガポール、シンガポール国際映画祭）
●マレーシア初上映……2004年1月24日（TV放映）
●日本初上映……2006年10月22日（東京国際映画祭）

登場する場所

●**キャメロン高原** イノムが植木を買った店がある。[⬇447頁]

●**スンガイブロー**(Sungai Buloh) スランゴール州の街。園芸店が集まることで知られる。イノムがオーストラリア産の高価な芝生を買った店がある。

●**チョウキット**(Chow Kit) クアラルンプール市内。イノムが居間の調度を磨いてもらった家具屋がある。

●**ムアール**(Muar) ヤスミンの実家があるジョホール州の街。イノムの田舎の家がある。

言及される人物

●**ミハエル・シューマッハ** イノムはF1ドライバーのように車を飛ばす。

●**エルビス・プレスリー** エルビスの名前の由来は父がエルビス・プレスリーのファンだったから。

●**クリフ・リチャード** アタンはエルビスに子どもができたら名前をクリフ・リチャードにしたらどうかと冗談を言う。

●**ジョン・デンバー** 「故郷へかえりたい」を歌ったイノムが「ジム・デンバーだっけ?」と言い、アタンに訂正される。

乗り物

●イェムは自転車。

●イノムが運転する車（カンチル）はWGE9798。登録はクアラルンプール。

●ヤシンの車（BMW）はPCW8328。登録はペナン。

音楽

●オープニングの曲は「Lain Dulu, Lain Sekarang（昔と今はこう違う）」。［➡322頁］

●イェムがキアの前で自転車に乗っているときの音楽は、ヒンディ語映画『Khushboo』からの「O Majhi Re Apna Kinara」。

●エルビスが車で聞いている歌とエンディングの曲はタイの「ジャオパープ・ジョンジャルーン（ホストがお金持ちになるように）」。［➡188頁］

●イノムたちが田舎に行く車の中で歌ったのは「Take Me Home, Country Roads（故郷へかえりたい）」。

●イノムとアタンが自転車で二人乗りして歌う歌はP・ラムリー［➡62頁］の「Getaran Jiwa（魂の響き）」。

●イノムとアタンが互いの身体を洗うときの音楽はバッハのラルゴ（Piano Concerto No.5 in F-minor, BWV 1056 'Largo'）。

●寝室でアタンとイノムが歌うのはマレー映画『Bujang Lapok（てんぷく独身トリオ）』からの「Nak Dara Rindu（愛しいあの娘）」という曲。

●最後に登場人物が揃ってコバで遊んでいるところに流れる曲は「月の光」。

遊び

●冒頭と終わりに庭で遊んでいるのは的当てのコバ（koba）。［➡319頁、323頁］

大人のヤスミン／タブーへの挑戦

●イノムに隣家の植木の枝ぶりがいいと言われたアタンが肥料を尋ねようとして、隣人に「妻がお宅のサオが立派だと」「元気にするクスリはどこで？」と尋ねる。ヤップ氏に尋ねたつもりだが相手がアグネス夫人だったため、アグネスはスケベおやじの質問かと思って無視する。

●「うちの娘と結婚したらどうか」とイノムに言われたエルビスは「マレー人と結婚するとアソコの先を切られるから遠慮しておく」と言う。［➡312頁］

●キアに求婚したイェムは「胸がお茶碗サイズのくせに結納金を五〇〇リンギも要求しやがって」と不満を言う。

●夜空を見上げて「満月がきれい」というイノムにアタンが「僕の三日月を見せてあげようか」と言い、イノムは「また精力剤を飲んだのね」と呆れる。大麻を吸ってイノムたちを襲撃する気分を盛り上げたイェムと一緒で、男たちは薬でファンタジーを満たそうとする。

●イノムとアタンは一緒にベッドに入るけれど物音がして様子を見に行くことになり、アタンが「今夜もうまくいかなかった」とぼやく。

ヤスミン・ワールド人名一覧（演者名・役名索引）

※演者名、役名それぞれについて、五十音順に掲載しています。カタカナ表記は一部省略しているものもあります。

※細＝『細い目』、グ＝『グブラ』、ム＝『ムクシン』、改＝『ムアラフ——改心』、タ＝『タレンタイム〜優しい歌』、ラ＝『ラブン』を示します。マークが入っている場合は、その作品にも出演していること、その項に関連する記述があることを示しています。

『細い目』

◉演者名

アイダ・ネリナ（Ida Nerina Hussain）オーキッドの母（イノム）役。グ タ［➡336頁］

アディバ・ノール（Adibah Noor Mohd Omar）ヤム役。中学の英語教師を経て歌手。現在は俳優や司会としても活躍。グ ム タ

アマニ →シャリファ・アマニ グ ム 改［➡415頁］

アラン・ユン（Alan Yun／袁錦倫）ジェイソンの兄役。現在はクアラルンプール市内のプラナカン料理レストラン「五十（Limapulo）」を経営。グ ム

アリシア・タン（Alicia Tan）ジェイソンの兄の妻役。食堂や病室で携帯電話を鳴らしているビデオCD売りの青年役のエドモンド・タンは弟。グ

ウォン・ライクアン（Wong Lai Kuan）マギー役。

エドモンド・タン（Edmund Tan）食堂や病室で携帯電話を鳴らすビデオCD売り役。アリシア・タンの弟。

カーフン →トー・カーフン グ

クー・リン（Khoo Ling）ジミーの手下のカロ役。

ザヒル・オマール（Zahir Omar）ビデオCD売り役。本業はテレビCM制作。二〇一八年に長編初監督作『Fly by Night』を撮った。

シャリファ・アマニ（Sharifah Amani Syed Zainal Rashid）オーキッド役。シャリファ・アレヤ、シャリファ・アマニ、シャリファ・アレイシャ、シャリファ・アルヤナの四姉妹の次女。グ ム 改［➡415頁］

ゼハン・マリッサ →プトリ・ゼハン・マリッサ

タン・フイツァイル（Tan Huey Tsair）→アリシア・タン グ

タン・メイリン（Tan Mei Ling）ジェイソンの母役。ヤスミン作品で最も多くの宗教の信徒役を演じた。本業はクアラルンプール近郊の音楽教室のピアノ講師。グ 改 タ

チューセン →ン・チューセン グ ム タ

デイビッド・ロック（David Lok Weng Sung）ジミー役。ヤスミン・ワールドの常連の悪役。本業はカメラマンで、ヤスミン作品のポスター写真の多くを手掛けた。改 タ

トー・カーフン（Thor Kah Hoong／涂家雄）ジェイソンの父役。グ［➡341頁］

ハリス・イスカンダル（Harith Iskander Musa）オーキッドの父（アタン）役。グ タ［➡332頁］

ブイ・イクワイ（Vooi Yik Wai）ビデオCD売り役。

プトリ・ゼハン・マリッサ（Puteri Zehan Marissa Ahmad Suhaimi）リン役。

ミラー・アリ（Miller Ali）オーキッドと口喧嘩

した背の高い高校生役。ペトロナスのテレビ広告「パラムの自転車」(Param's Bicycle、二〇〇三年）に出演。現在はインドネシアのテレビドラマや映画で活躍している。

メイリン ↓タン・メイリン グ改タ

ライナス・チュン・ヤオフイ（Linus Chung Yao Fui）キオン役。「15マレーシア」に参加して『家』を撮った。

ワン・アルマン・ワン・アリフィン（Wan Alman bin Wan Ariffin）ジョハリ役。

ン・チューセン（Ng Choo Seong）ジェイソン役。元レオ・バーネットのアート・ディレクター。二〇一八年に『光』［↓69頁］のポスターをデザインして最優秀ポスター賞を受賞。グムタ

◉役名

アタン（オーキッドの父）↓ハリス・イスカンダル グタ［↓332頁］

イノム（オーキッドの母）↓アイダ・ネリナ グタ［↓336頁］

オーキッド ↓シャリファ・アマニ グム改［↓415頁］

カロ（ジミーの手下）↓クー・リン

キオン（ジェイソンの友人）↓ライナス・チュン・ヤオフイ

ジミー（ジェイソンやキオンが働くCD屋の元締め）↓デイビッド・ロック 改タ

ジェイソン ↓ン・チューセン グムタ

ジェイソンの父（Pah）↓トー・カーフン グ［↓341頁］

ジェイソンの兄 ↓アラン・ユン グム

ジェイソンの兄の妻（役名なし）↓アリシア・タン グ

ジェイソンの母（Mah）↓タン・メイリン グ改タ

ジョハリ（オーキッドに片想いする同級生）↓ワン・アルマン・ワン・アリフィン

マギー（ジミーの妹）↓ウォン・ライクアン

ヤム（オーキッド家の住み込みのメイド）↓アディバ・ノール クムタ

リン（オーキッドの友人・同級生）↓プトリ・ゼハン・マリッサ

『グブラ』

◉演者名

アイダ・ネリナ オーキッドの母（イノム）役。細タ［↓336頁］

アジザ・ハムザ（Azizah Hamzah）噂好きの女性教師役。

アダム・アズリフ（Adam Azrif）アダム役。

アディバ・ノール ヤム役。細ムタ

アドリン・アマン・ラムリー（Adlin Aman Ramlie）アリフ役。映画俳優。映画『レダン山の王女』（二〇〇四年）でスルタン役を演じた。父（A・R・トンペル）はインドネシアのアサハン出身でP・ラムリーと同時代の俳優・監督。母（ルミナ・シデック）、兄（A・R・バドゥル）、弟（アムラン・トンペル）も映画俳優。

アヌアル ↓モハマド・アヌアル ムタ

アマニ ↓シャリファ・アマニ 細ム改［↓415頁］

アムラトナム（A. Amuratnam）看護師のアム役。

アラン・ユン アラン（ジェイソンの兄）役。設定上はリー・シウメンという名前もあるが、

劇中では使われない。細ム

アリシア・タン　アランの妻役。言及されるが登場しない。細

ウォン・ペンキー　(Wong Peng Ki)　看護助手のペンキー役。

カーフン　→トー・カーフン 細

カイルル・アヌワル　(Khairul Anuwar)　ディン（コーランの先生）役。

キール・ラーマン (Khir Rahman)　キー役。両親は一九六〇年代のマレー歌謡の有名歌手。演劇と作曲・歌手を行い、『レダン山の王女』に出てから映画にも出演するようになった。マレーシアでLGBT映画が解禁されて最初のLGBT映画『ピンの中の……』を監督。

ザイヌッディン・ナウィ (Zainuddin Nawi)　ジェイソンの父と同室の入院患者ハジ役。

サミラ・ミラ (Samila Mirah)　若い看護師役。

サラヴァティ (Saravathi)　噂話に腹を立てた女性教師役。

ザリナライリ・アブドゥル・ラーマン (Zalinalaili Abdul Rahman)　噂好きの女性教師役。

シティ・ジュハナ・ジョハリ　(Siti Juhana Johari)　ラティファ役。

シャリファ・アマニ　オーキッド役。細ム改 [→415頁]

ジュリアナ・イブラヒム (Juliana Ibrahim)　キア役。現在はヨーロッパ在住。

ジェニー・ライ (Jenny Lai)　売春宿の女主人役。

スー・クィーサン (Soo Kwee Sang)　アイスクリーム売りの声の役。

タン・フイツァイル　→アリシア・タン 細

タン・メイリン　ジェイソンの母役。細改タ

チューセン→ン・チューセン 細ムタ

ディアナタシャ・イスナリア・ムスタファー (Dianatasha Isnariah Mustaffar)　ジェイソンの父と同室の入院患者ハジの娘役。

デニスワリ (Deniswary)　若い看護師役。

トー・カーフン　ジェイソンの父役。細 [→341頁]

ナムロン (Nam Ron)　ビラル（礼拝所管理人）のリー役。ビラルは役職名で役名はリー（ナムロンの本名シャヒリに由来）。[→345頁]

ノル・メリッサワティ (Nor Melissawati)　ラティファの勤務先の受付役。

ノルヒリヤ (Norkhiriah Ahmad Shape)　マズ役。女優・コメディアン。マレーシアの女性コメディ・アーティスト部門で三年連続受賞。ホー・ユーハンの『RAIN DOGS』に出演。現在はイスラム・ファッションのブティック「Nur By Khiriah」を経営、芸能関係の仕事は減っている。ムラ

ハリス・イスカンダル　オーキッドの父（アタン）役。→細タ [→332頁]

ハリマ・アリアス (Halimah Alias)　ジェイソンの父と同室の入院患者ハジの妻役。

ペニー・ホー (Penny Ho) アランの娘役。

メイリン　→タン・メイリン 細改タ

モハマド・アヌアル (Mohd Anuar Mohamed Zakri)　アヌアル役。実生活ではヤスミンの運転手だった。ムタ

モハマド・アリ・ロス (Mohd. Ali Ross)　キアの客のカマル役。ナムロンの『けんか』で入札の便宜を図ってもらうためマレー人政治家に口利きを頼むマレー人業者のカミル役で出演。[→347頁]

モハマド・シャリン (Mohd. Shahraen)　シャリン役。

リュウ・センタ (Liew Seng Tat)　半裸の患者役。映画監督。長編に『ポケットの花』

（二〇〇七年）や『世界を救った男たち』（二〇一四年、第二七回マレーシア映画祭作品賞・監督賞）がある。ム

ロジー・ラシド（Rozie Rashid）　ファティマ・ザカリア（ティマ）役。本名はRoziwati Mohd. Rashid。俳優。1人目の夫は映画監督、現在の夫はロックグループのメンバーで歌手。二〇一〇年よりテレビドラマの脚本も手掛ける。ムラ

ン・チューセン　ジェイソン役。細ムタ

◉役名

アダム（ビラルとマズの子）→アダム・アズリフ

アタン（オーキッドの父）→ハリス・イスカンダル 細タ［↓332頁］

アヌアル（アタン&イノム家の住み込みの運転手）→モハマド・アヌアル ムタ

アム（看護師）→アムラトナム

アラン（ジェイソンの兄）→アラン・ユン 細ム

アランの妻（役名なし）→アリシア・タン 細

アランの娘（役名なし）→ペニー・ホー

アリフ（オーキッドの夫）→アドリン・アマン・ラムリー

イノム（オーキッドの母）→アイダ・ネリナ 細タ［↓336頁］

受付（ラティファの勤務先の受付／役名なし）→ノル・メリッサ・ワティ

オーキッド　→シャリファ・アマニ 細ム改［↓415頁］

カマル（キアの常連客）→モハマド・アリ・ロス

看護師（役名なし）→サミラ・ミラ

看護師（役名なし）→デニスワリ

キア（ビラルとマズの隣人）→ジュリアナ・イブラヒム

キー（ティマの元夫?）→キール・ラーマン

教師（噂好きの女性教師／役名なし）→アジザ・ハムザ

教師（噂好きの女性教師／役名なし）→ザリナライリ・アブドゥル・ラーマン

教師（噂話に腹を立てた女性教師／役名なし）→サラヴァティ

シャリン（ティマの子）→モハマド・シャリン

ジェイソン　→ン・チューセン 細ムタ

ジェイソンの父（Pa）→トー・カーフン 細［↓341頁］

ジェイソンの母（Ma）→タン・メイリン 細改タ

ティマ（ファティマ・ザカリア、ビラルとマズの隣人）→ロジー・ラシド ムラ

ディン（コーランの先生）→カイルル・アヌワル

売春宿の女主人（役名なし）→ジェニー・ライ

ハジ（ジェイソンの父と同じ病室の入院患者）→ザイヌッディン・ナウィ

ハジの妻（Mak Haji）→ハリマ・マリアス

ハジの娘（役名なし）→ディアナタシャ・イスナリア・ムスタファー

ビラル（スラウ（礼拝所）の管理人（ビラル））→ナムロン［↓345頁］

ペンキー（看護助手）→ウォン・ペンキー

マズ（ビラルの妻）→ノルヒリヤ ムラ

ヤム（アタン&イノム家の住み込みのメイド）→アディバ・ノール 細ムタ

ラティファ（アリフの浮気相手）→シティ・ジュハナ・ジョハリ

リー（礼拝所の管理人）→ナムロン［↓345頁］

『ムクシン』

◉演者名

CKタン（CK Tan） 家具屋の作業員役。

アイディル・シャズワン・イフワン・アドリ（Aidil Syazwan Ekhwan Adly） アイディル・サクセス役。

アタン（Pak Atan） 特別出演 ヤスミンの実父。

アディバ・ノール ヤム役。細グタ

アドリアナ・モハマド・ガザリ（Adrieana Mohd. Ghazali） オーキッド家の隣人役。

アヌアル →モハマド・アヌアル グタ

アマニ →シャリファ・アマニ 細グ改［→415頁］

アマンダ・リエザ（Amanda Rieza） 子役エキストラ。

アミラ・シュハダ（Amira Syuhada） 子役エキストラ。

アミラ・ナスハ（Amira Nasuha Sharihan） アユ役。リュウ・センタ（グ）の『ポケットの花』のアユ役。

アムルル・リエザ（Amerul Rieza） イェムの友だち役。

アラン・ユン 家具屋の作業員役。細グ

アルヤナ →シャリファ・アルヤナ

アレヤ →シャリファ・アレヤ

イノム（Mak Inom） 特別出演 ヤスミンの実母。二〇一七年四月に死去。

イルワン・イスカンダル・アビディン（Irwan Iskandar Abidin） アタン（オーキッドの父）役。ラ

オーキッド（Orked Ahmad） 特別出演 ヤスミンの妹。

サラ・シャミラ・アブドゥル・ジャリル（Sarah Shamira Abd. Jalil） 子役エキストラ。

サレフディン・アブバカル（Sallehuddin Abu Bakar） フセイン（ムクシンの兄）役。俳優。演劇、テレビドラマ、映画に多数出演。芸名は Taiyuddin Bakar。

シャフィー・ナスウィップ（Mohd. Syafie Naswip） ムクシン役。タ

シャリファ・アマニ 特別出演 ナレーション。細グ改［→415頁］

シャリファ・アルヤナ（Sharifah Aryana Syed Zainal Rashid） オーキッド役。シャリファ・アマニの妹。

シャリファ・アレヤ（Sharifah Aleya Syed Zainal Rashid） イノム（オーキッドの母）役。シャリファ・アマニの姉。現在はラジオDJを中心に活動。

スジャータ・クリシュナン（Sujatha Krishnan） スジャータ・クリシュナン（カウボーイ男の恋人）役。女優。二〇〇七年七月に死去。

タン・チーキョン →CKタン

タン・ユーリョン（Tan Yew Leong／陳耀良） バスの車掌とサッカーの審判の役。実生活ではヤスミンの夫。本業は広告業界。タ

チューセン →ン・チューセン 細グタ

ヌル・アフィカ・ハルン（Nur Afiqah Harun） 子役エキストラ。

ヌル・ファティマ・アティラ・ムハマド（Nur Fatimah Athira Muhamad） 子役エキストラ。

ノルヒリヤ ノル（ビリヤード場の女性）役。グラ

ノルレラ・ヤフマド（Norlela Yahmad） イェム（ムクシンを棒で殴った少年）の母役。

ハリス・ゼカ・アブドゥル・ラヒム（Harris Zeka Abd. Rahim） バーテンダー役。

ハルデシュ・シン（Hardesh Singh Harwan

Singh） クロンチョン奏者。

ファズリーナ・ヒシャムッディン（Fazleena Hishamuddin） 旅館前で客引きする女性の役。作家・俳優。「NHKテレビアジア語楽紀行 旅するマレー語」に出演。二冊の詩集『Seksi Ovari』と『Bibir Ceri Melati』のほか、女性を描いた短編集『Tari Pasar Perempuan』を出版。

ブナイム・コスナン（Haji Bunaim Khosnan） クロンチョン奏者。

ホー・ユーハン（Ho Yuhang） 家具屋の上司役。BGMのピアノ奏者。改 タ ラ［➡400頁］

マズラン・アブドゥル・ラティフ（Mazlan Abd. Latiff） カウボーイ男（アユの父）役。別名オデン（Odeng）。［➡210頁］

ミスリナ・ムスタファ（Mislina Mustaffa） セナ（ムクシンのおば）役。タ［➡350頁］

ムハマド・ザイリ・スラン（Muhammad Zaili Sulan） イェム（ムクシンを棒で殴った少年）の父役。テレビCMの監督。

モハマド・アイザム・モハマド・サレー（Md. Aizam Md. Salleh） クロンチョン奏者。

モハマド・アヌアル サリプ役。グ タ

モハマド・ザズリ・ザイナル・アリフィン（Mohd. Zazly Zainal Arifin） クロンチョン奏者。

モハマド・シャフィー・ナスウィップ ➡シャフィー・ナスウィップ タ

モハマド・ヒシャム・モハマド・アロフ（Mohd. Hisham Mohd. Arof） クロンチョン奏者。

ユーハン ➡ホー・ユーハン 改 タ ラ［➡400頁］

ユーリョン ➡タン・ユーリョン タ

ラフィク・アシディク・アブドゥル・アジズ（Rafiq Ashidiq Abd. Aziz） イェム役。

リュウ・センタ 頭を叩かれる家具屋の作業員役。グ

ロー・ボクライ（Loh Bok Lai／羅木來） ジェームズ先生役。俳優。『美しい洗濯機』『霧』『タイガー・ファクトリー』『The Collector』など、マレーシアの華語インディー映画に多く出演。

ロジワティ・アブバカル（Roziwati Abu Bakar） ロジー（アユの母）役。ロジー・ラシドだがエンドロールにはなぜかロジワティ・アブバカルと書かれた。グ ラ

ン・チューセン 特別出演（ジェイソン役）。細 グ タ

◉役名

アタン（オーキッドの父） ➡イルワン・イスカンダル・アビディン ラ

アユ（カウボーイ男とロジーの娘） ➡アミラ・ナスハ

イェム（オーキッドと同じ学校の悪ガキ） ➡ラフィク・アシディク・アブドゥル・アジズ

イェムの父（役名なし） ➡ムハマド・ザイリ・スラン

イェムの母（役名なし） ➡ノルレラ・ヤフマド

イノム（オーキッドの母） ➡シャリファ・アレヤ

オーキッド ➡シャリファ・アルヤナ

カウボーイ男（アタン&イノム家の隣人） ➡マズラン・アブドゥル・ラティフ

家具屋（役名なし） ➡ホー・ユーハン 改 タ ラ［➡400頁］

家具屋の従業員1（役名なし） ➡リュウ・センタ グ

家具屋の従業員2（役名なし） ➡アラン・ユン 細 グ

家具屋の従業員3（役名なし） ➡CKタン

サリプ ➡モハマド・アヌアル グ タ

車掌（役名なし、サッカーの審判）→タン・ユーリョン タ

ジェームズ（オーキッドの担任教師）→ロー・ボクライ

スジャータ・クリシュナン（カウボーイ男の恋人）→スジャータ・クリシュナン

セナ（ムクシンのおば）→ミスリナ・ムスタファ タ［➡350頁］

ノル（ビリヤード場の女性客）→ノルヒリヤ グラ

フセイン（ムクシンの兄）→サレフディン・アブバカル

ムクシン →シャフィー・ナスウィップ タ

ヤム（アタン&イノム家の住み込みのメイド）→アディバ・ノール 細 グ タ

ロジー（カウボーイ男の妻）→ロジワティ・アブバカル グラ

『ムアラフ』

◉演者名

アズリナ・アブドゥル・カリム（Azrena Abdul Karim） カレッジ職員役。華人の役だが演じたのはマレー人。大学で生物化学を専攻して現在はマレーシア国内の大学で生物化学を教えている。

アマニ →シャリファ・アマニ 細 グ ム［➡415頁］

アレイシャ →シャリファ・アレイシャ

アントニー・サヴァリムトゥ（Anthony Michael Savarimuthu） 気弱な校長先生役。本業は広告業界。タ

イェオ・ヤンヤン（Yeo Yann Yann／楊雁雁） シンディー（パブのロハニの同僚）役。［➡360頁］

イドリス・ダト・ハジ・タリブ（Idris Dato' Hj. Talib） アントニー先生に助けの手を差し伸べるハジ（ムスリム男性）役。

ウォン・ジェーセン（Wong Jae Senn） テコンドーの先生役。

オウ・リーシャ（Ou Li Sha） テコンドーでロハナと対戦するチューリップ役。

オウ・ブンホン（Ou Boon Hong） チューリップの父役。実生活でもチューリップ役のオウ・リーシャの父。

クリス・チュン・キンフォン（Chris Chun King Fong） チューリップの母役。実生活でもチューリップ役のオウ・リーシャの母。

シャナ・シャフィザ・ムザファル・シャー（Shana Shafiza Muzaffar Shah） メイリン（昏睡状態の少女）役。華人の役だが演じたのはマレー人。現在は家族とアメリカで暮らす。

シャリファ・アマニ ロハニ（アニ）役。細 グ ム［➡415頁］

シャリファ・アレイシャ（Sharifah Aleysha Syed Zainal Rashid） ロハナ（アナ）役。シャリファ・アマニの妹。二〇一四年にアマニとの関係を描いた短編『Diri』を撮った。

ダニエル・ウォン(Daniel Wong) パブのオーナー役。俳優。他の出演作に『The Collector』がある。

タン・メイリン ブライアンの母役。細 グ タ

デイビッド・ロック ブライアンの父役。細 タ

トニー・サヴァリムトゥ →アントニー・サヴァリムトゥ タ

ニン・バイズーラ（Ning Baizura） ダティン（ロハニ・ロハナの義母）役。歌手。

ヌルアズリン・リヤナ・モハマド・ジャルディン（Nur Azlin Liyana Mohd Jardin） ハジの

孫役。

ノルシダ・モハマド・サイド（Norsidah Mohd Said）　ヤップ先生役。華人の役だが演じたのはマレー人。

ハリス・ザカリア（Haris Zakaria）　少年時代のブライアン役。実生活ではヤスミンの甥（オーキッドの息子）。タ

ブライアン・ヤップ（Brian Yap）　ブライアン・ゴー役。マレーシアのエンターテインメント情報誌『KLue』の元ライター。『ムクシン』に厳しい批評を書き、ヤスミンは文句を言う代わりに『ムアラフ』の主役をオファーした。兄のエイドリアンは『KLue』を創刊し、現在はマレーシア最大のアートイベント「Urbanscapes」を運営している。

ヘーゼル・フェルナンデス（Hazel Fernandez）　シバ先生役。現在はブティック「Surisara」の共同経営者。

ホー・ユーハン　私立探偵役。ムタラ［↓400頁］

メイリン　↓タン・メイリン 細グタ

モハマド・シュクリ・サハル（Mohd Shukri Sahar）　ラン・ブンギス（ダトの部下／用心棒）役。

モハマド・フィルダウス・モハマド・ハニフ（Mohd Firdaus Mohd Hanif）　オデン・ブルータル（ダトの部下／用心棒）役。

ヤスミン・ユスフ（Yasmin Yusuf）　ロハニ・ロハナの母役。ロハニのベッドルームにある写真に写っているのはヤスミン・ユスフ。マレーシアの歌手、ラジオDJ。一九五五年イギリス生まれ。父はマレーシアのマレー人、母はドイツ人。父がイギリス留学中に母と結婚してヤスミンが生まれた。一九七八年にミスユニバースのマレーシア代表。一九八一年に結婚したが、三年後に夫が家から出て行ったきり帰ってこなかったため離婚した。

ユーハン　↓ホー・ユーハン ムタラ［↓400頁］

ユヌス・アリ・バカル（Yunus Ali Bakar）　ロティ・チャナイ屋役。本業もロティ・チャナイ屋で、ヤスミンが撮影のためクアラルンプールからイポーに呼んだ。

ラヒム・ラザリ（Rahim Razali）　ダト（ロハニ・ロハナの父）役。［↓355頁］

◉役名

アントニー先生（ロハナが通う学校の校長先生のような立場）　↓アントニー・サヴァリムトゥ タ

オデン・ブルータル（ロハニ・ロハナの父の部下／用心棒）　↓モハマド・フィルダウス・モハマド・ハニフ

カレッジの職員　↓アズリナ・アブドゥル・カリム

グロリアおばさん　↓名前のみで登場しない。

シバ先生（ロハナが通う学校の美術教師）↓ヘーゼル・フェルナンデス

私立探偵　↓ホー・ユーハン ムタラ［↓400頁］

シンディー（ロハニが働くパブの同僚）↓イェオ・ヤンヤン［↓360頁］

スティーブ（グロリアおばさんの息子）　↓写真のみの出演。［↓216頁］

ダティン（ロハニ・ロハナの義母）　↓ニン・バイズーラ

ダト（ロハニ・ロハナの父）　↓ラヒム・ラザリ［↓355頁］

チューリップ（テコンドーでアナと組んだ相手）　↓オウ・リーシャ

チューリップの父 →オウ・ブンホン
チューリップの母 →クリス・チュン・キンフォン
テコンドーの先生 →ウォン・ジェーセン
ハジ →イドリス・ダト・ハジ・タリブ
ハジの孫 →ヌルアズリン・リヤナ・モハマド・ジャルディン
パブのオーナー →ダニエル・ウォン
ブライアン（アナが通う学校の教師） →ブライアン・ヤップ
ブライアン少年（子ども時代のブライアン） →ハリス・ザカリア タ
ブライアンの母 →タン・メイリン 細グタ
ブライアンの父 →デイビッド・ロック 細タ
ボーフォンおばさん（ブライアンのおば） →名前のみで登場しない。
メイリン（入院中の昏睡状態の少女） →シャナ・シャフィザ・ムザファル・シャー
ヤップ先生（ロハナが通う学校の教師） ノルシダ・モハマド・サイド
ラン・ブンギス（ロハニ・ロハナの父の部下／用心棒） →モハマド・シュクリ・サハル
ロティ・チャナイ屋 →ユヌス・アリ・バカル
ロハナ（アナ） →シャリファ・アレイシャ
ロハニ（アニ） →シャリファ・アマニ 細グム［→415頁］
ロハニ・ロハナの母 →ヤスミン・ユスフ

『タレンタイム』

◉演者名

アイダ・ネリナ カルソム夫人役。細グ［→336頁］
アゼアン・イルダワティ（Azean Irdawaty Yusoef） ハフィズの母（エンブン）役。［→364頁］
アディバ・ノール アディバ先生役。細グム
アニシャ・カウル（Anisya Kaur） 舞台で踊るインド人少女役。父は広告業界の関係者。
アヌアル →モハマド・アヌアル グム
アメリア・ヘンダーソン（Amelia Thripura Henderson） ムラティ役。マレーシアの王族と結婚。
アントニー・サヴァリムトゥ 気弱な校長先生役。改
エルザ・イルダリナ（Elza Irdalynna Kahiril Anwar） マワール役。母はアゼアン・イルダワティ。マレーシア・アメリカ合作のアニメ映画『カエルのリビット めざせ！ プリンセスの国』（原題『Ribbit』チャック・パワーズ監督、二〇一四年）のララァ役の吹き替えなどを経て、映像制作ユニットCupid Crewを結成。母アゼアン・イルダワティと父ハイリル・アンワルの出会いを描いた短編『Love at First Sound』（二〇一六年）では脚本、撮影、挿入歌の作詞を担当。
カーホウ →ホン・カーホウ
ジット・ムラド（Jit Murad） 車椅子の男（イスマエル）役。［→368頁］
ジャクリン・ヴィクター（Jaclyn Victor） バヴァーニ役。本業は歌手。二〇〇四年に行われたオーディション番組『マレーシアン・アイドル』で優勝。
シャズワン（Shazwan） タレンタイムの審査員役。
シャフィー・ナスウィップ ハフィズ役。ム
シェリナ・クリシュナン（Sherrina Krishnan） ヴィマラ役。動物保護のNGOを設立。
スーザン・チョン（Susan Ann Chong） メルー

の祖母役。パメラ・チョンの母親。一九五四年、イギリスのエセックス生まれ。夫は中華系マレーシア人の建築家。

スカニア・ベヌゴパル（Sukania Venugopal） マヘシュの母役。［➡373頁］

タン・メイリン メイリン役。細グ改

タン・ユーリョン タン先生役。ム

チャミニ・チャンドラボース（Chamini Chandrabose） ガネーシュの婚約者役。

チュー・カムシン（Choo Kam Sing） ヴィンセント先生役。

チューセン →ン・チューセン 細グム

デイビッド・ロック カーホウの父（デイビッド）役。細改

テレンス・ウイ（Terence Ooi） タレンタイムの審査員役。

ハフィズ・イブラヒム（Hafiz Ibrahim） エンブンの担当医役。レオ・バーネットでヤスミンのアシスタントをつとめた。二〇一二年の断食明けのテレビ広告「The Journey」をもとに、二〇一六年にヤスミンに捧げるテレビドラマ『ひたむきに生きる（Tulus Ikhlas）』を監督。ラ

パメラ・チョン（Pamela Chong Ven Teen） メルー役。政府観光局のプロモーションビデオなどに出演。現在はオーストラリア在住。

ハリス・イスカンダル メルーの父（ハリス）役。細グ［➡332頁］

ハリス・ザカリア タレンタイム予選に出場した生徒役。改

ホー・ユーハン タレンタイムの審査員役。ム改ラ［➡400頁］

ホワード・ホン・カーホウ →ホン・カーホウ

ホン・カーホウ（Howard Hon Kahoe／家豪） カーホウ役。『チョコレート』の華人少年役。『タレンタイム』出演後、アメリカで映画制作を学び、現在は俳優・監督をつとめる。『アケラット——ロヒンギャの祈り Aquerat (We the Dead)』（エドモンド・ヨウ監督、二〇一七年）に出演。短編『譲我愛你好嗎』（英題『The Happy Ending』）では男性を相手に濃厚なキスシーンを披露した。

マヘシュ（Mahesh Jugal Kishor） マヘシュ役。『タレンタイム』およびペトロナスのテレビCM（『Wings of a Man』二〇〇八年）に出演後、大学で観光業を学び、現在は中東某国のホテルに勤務。

ミスリナ・ムスタファ メルーの母役。ム［➡350頁］

メイリン →タン・メイリン 細グ改

メルキン・チー（Melkinn Chee Ka Sheng） メルキン役。四人の兄弟姉妹とともに奇術団MRGJC Quest Academyを結成。MRGJCは五人の名前の頭文字を繋げたもので「マジック」と読ませる。

モハマド・アヌアル アヌアル先生役。グム

モハマド・シャフィー・ナスウィップ →シャフィー・ナスウィップ ム

モハマド・レズアン・アダムシャー（Mohamed Redzuan Adamshah） ガネーシュ役。

ユーハン →ホー・ユーハン ム改ラ［➡400頁］

ユーリョン →タン・ユーリョン ム

ロク・ウェンスン（Lok Weng Sung） →デイビッド・ロック 細改

ン・チューセン タレンタイムの審査員役。細グム

◉音楽

アイザット（Aizat Amdan） ハフィズの歌の

吹き替え担当。本業はシンガーソングライター。二〇〇七年にオーディション番組『マレーシアン・アイドル』に出演。映画『イスタンブールに来ちゃったの』（バーナード・チョウリー、二〇一二年）にイジョイ役で出演。

アティリア（Atilia Haron）　メルーの歌の吹き替え担当。本業はジャズ歌手。母は一九七一年に一九歳でテレビのタレンタイムで優勝したベテラン歌手のサラミア・ハッサン。映画『KIL』（ニック・アミール・ムスタファ、二〇一三年）にジョハンの妻役で出演。

ピート・テオ（Pete Teo／張子夫）　『タレンタイム』の音楽担当。シンガーソングライター、俳優、文筆家。映画『RAIN DOGS』（ホー・ユーハン、二〇〇六年）や『黒夜行路』（ジェームズ・リー、二〇〇九年）に出演。

◉役名

アディバ先生（音楽教師または英語教師）　→アディバ・ノール 細グム

アヌアル先生　→モハマド・アヌアル グム

イスマエル（謎の男性患者／車椅子の男）　→ジット・ムラド［➡368頁］

インド人少女（インド舞踊を披露）　→アニシャ・カウル［➡265頁］

ヴィマラ　→シェリナ・クリシュナン

ヴィンセント先生　→チュー・カムシン

エンブン（ハフィズの母）　→アゼアン・イルダワティ［➡364頁］

エンブンの担当医（役名なし）　→ハフィズ・イブラヒム ラ

ガネーシュ（マヘシュの叔父（マヘシュの母の弟））　→モハマド・レズアン・アダムシャー

ガネーシュの婚約者（役名なし）　→チャミニ・チャンドラボース

カーホウ　→ホン・カーホウ

カルソム夫人（メルーの母の友人）　→アイダ・ネリナ 細グ［➡336頁］

教師以外の審査員（4人）　→シャズワン　→テレンス・ウイ　→ン・チューセン 細グム　→ホー・ユーハン ム改ラ［➡400頁］

校長先生　→アントニー・サヴァリムトゥ 改

デイビッド（カーホウの父）　→デイビッド・ロック 細改

タン先生　→タン・ユーリョン ム

バヴァーニ（マヘシュの姉）　→ジャクリン・ヴィクター

ハフィズ　→シャフィー・ナスウィップ ム

マヘシュ　→マヘシュ

マヘシュの母（役名なし）　→スカニア・ベヌゴパル［➡373頁］

マワール（メルーの妹）　→エルザ・イルダリナ

ムラティ（メルーとマワールの妹）　→アメリア・ヘンダーソン

メイリン　→タン・メイリン 細グ改

メルー　→パメラ・チョン

メルーの母（役名なし）　→ミスリナ・ムスタファ ム［➡350頁］

メルーの父（ハリス）　→ハリス・イスカンダル 細グ［➡332頁］

メルーの祖母（役名なし）　→スーザン・チョン

メルキン（カーホウのクラスメート）　→メルキン・チー

『ラブン』

◉演者名

M・ラジョリ ↓モハマド・ラジョリ

イルワン・イスカンダル イェム役。ム

ウジャン (Ujang) たむろする男1。

カルティナ・アジズ (Kartina Aziz) イノム役。クダ州出身。俳優。一九八〇年代からテレビドラマと映画で活躍。テレビドラマ『Rumah Kedai』(一九八八－一九九三年)のリジャ役で知られる。『Mami Jarum』(二〇〇二年)のザリナ役で二〇〇三年のマレーシア映画祭でコメディ俳優賞を受賞。

キャプテン・モルガン (Capt. Morgan) アレック役。クアラルンプールのレストラン「コロシアム」で働いていたところをヤスミンが気に入って撮影に招いた。

シュハスリン (Shuhasreen) アロン(子ども)役。

スハイリ・ファリズ (Suhairie Fareez) オーキッド(子ども)役。

チュンテアム (Choon Theam) アスン役。『タレンタイム』でプラムソースを買う「スンさんの店」と言われているのはこのアスンの店。

ニシャ (Nisha) キア役。

ヌルエサン (Nur Ehsan) ヤピット(子ども)役。

ノルヒリヤ オーキッド役。グム

ハズリ・エズリ (Hazry Ezry) たむろする男3。

ハフィズ ↓モハマド・ハフィズ

ハフィズ・イブラヒム ヤシン役。タ

ホー・ユーハン エルビス役。ム 改 タ [↓400頁]

モハマド・ハフィズ イェム(子ども)役。

モハマド・ラジョリ (Mohd Rajoli Mohamed Zain) アタン役。俳優。クランタン州出身。一九八〇年代からテレビドラマや映画で活躍。コミカルな役や富裕で好色な男性役で知られる。二〇一〇年九月に死去。

モリー (Molly) イメルダ役。

モルガン ↓キャプテン・モルガン

ヤウラン (Yau Lan) アグネス役。

ラジョリ ↓モハマド・ラジョリ

ロジー・ラシド ノル役。グム

ロチェ (Roche) たむろする男2。

ユーハン ↓ホー・ユーハン ム 改 タ [↓400頁]

◉役名

アグネス (アタンとイノムの隣人) ↓ヤウラン

アスン (雑貨屋の店主) ↓チュンテアム

アタン ↓モハマド・ラジョリ

アレック (アスンの弟) ↓キャプテン・モルガン

アロン (オーキッドの子ども時代の友だち) ↓シュハスリン

イェム (イノムのいとこの息子) ↓イルワン・イスカンダル ム

イェム (子ども時代) ↓モハマド・ハフィズ

イノム ↓カルティナ・アジジ

イメルダ (アタンとイノムの隣人) ↓モリー

エルビス (村の建設業者) ↓ホー・ユーハン ム 改 タ [↓400頁]

オーキッド (アタンとイノムの娘) ↓ノルヒリヤ グム

オーキッド (子ども時代) ↓スハイリ・ファリズ

キア ↓ニシャ

ノル (イェムの義母) ↓ロジー・ラシド グム

ヤシン (オーキッドのボーイフレンド) ↓ハフィズ・イブラヒム タ

ヤピット (オーキッドの子ども時代の友だち) ↓ヌルエサン

ヤスミン・アフマド年譜

一九五八年一月七日、ジョホール州ムアールで生まれる

高校卒業後、イギリスに留学してニューカッスル大学で心理学を学ぶ

一九八二年

帰国後、いくつかの短期間の仕事をしたのちにオグルヴィ・アンド・メイザー入社

一九九三年

レオ・バーネット入社

一九九五年

ペトロナスのテレビCMを制作

二〇〇三年

タン・ユーリョンと結婚

『ラブン』を制作・放映

二〇〇四年

八月三日 ブログ「The Storyteller」を開設

二〇〇五年

二月二四日 『細い目』がマレーシアで劇場公開される

三月一一日〜二〇日 クレテイユ国際女性映画祭(フランス)で『細い目』がグランプリを受賞

七月一七日 第一八回マレーシア映画祭で『細い目』が作品賞、脚本賞、ポスター賞を受賞。『細い目』のアイダ・ネリナが助演女優賞、ン・チューセンが新人男優賞、シャリファ・アマニが新人女優賞を受賞

一〇月二三日～三〇日　『細い目』が第一八回東京国際映画祭で最優秀アジア映画賞を受賞

二〇〇六年

二月一七日　ドキュメンタリー作品『経済ピラミッドの底辺からの声』を試写上映

四月六日　『グブラ』がマレーシアで劇場公開される

一〇月一三日　第一九回マレーシア映画祭で『グブラ』が作品賞を受賞。『グブラ』のヤスミン・アフマドが演出賞、シャリファ・アマニが主演女優賞、Nusanbakti Corporationがポスター賞を受賞

二〇〇七年

二月八日～一八日　第五七回ベルリン国際映画祭で『ムクシン』がクリスタル・ベア部門（Kplus）の特別称賛および国際子ども映画部門（Kplus）のグランプリを受賞

三月八日　『ムクシン』がマレーシアで劇場公開される

七月二九日～八月二日　ジョグジャNETPACアジア映画祭（インドネシア）で『ムクシン』がシルバー・ハノマン賞を受賞

八月八日～八月一九日　シネマニラ映画祭（フィリピン）で『ムクシン』が東南アジア映画部門の作品賞を受賞

二〇〇八年

六月一五日～二一日　第五五回カンヌ国際広告祭でテレビCMの『恋するタン・ホンミン（Tan Hong Ming in Love）』が金賞、『人種なんて知らない（Race）』が銅賞を受賞

一〇月一八日～二六日　第二一回東京国際映画祭で『ムアラフ――改心』が「アジアの風」部門のスペシャル・メンションを受賞

一一月七日　スクリーン・アワード二〇〇八（マレーシア）でヤスミンが審査員特別賞を受賞

一一月一八日　ブログ「The Storyteller, Part2」を開設

二〇〇九年

三月二六日　『タレンタイム』がマレーシアで劇場公開される

七月二五日　プタリンジャヤのダマンサラ・スペシャリスト病院で脳内出血のため死去

九月一六日　オンライン短編サイト「15マレーシア」で短編『チョコレート』が公開される

一〇月八日～一五日　第二二回マレーシア映画祭で『タレンタイム』が審査員特別賞を受賞。『タレンタイム』のヤスミンが監督賞、演出賞、シャフィー・ナスウィップが助演男優賞、ジャクリン・ヴィクターが新人女優賞を受賞

一〇月一五日～二五日　シネマニラ映画祭（フィリピン）で『タレンタイム』が東南アジア映画部門の作品賞を受賞

一〇月一七日　第二二回東京国際映画祭の「アジアの風」部門で「追悼ヤスミン・アフマド」が組まれ、『タレンタイム』が特別功労賞を受賞

一二月四日　スクリーン・アワード二〇〇九（マレーシア）にヤスミン・アフマド賞が創設され、『タレンタイム』のジャクリン・ヴィクターが受賞

一二月二四日　『ムアラフ』がマレーシアで劇場公開される

二〇一〇年

一〇月二〇日～二四日　第二三回マレーシア映画祭で『ムアラフ』が審査員特別賞を受賞

一二月二四日　スクリーン・アワード二〇一〇（マレーシア）で『ムアラフ』が作品賞を受賞。『ムアラフ』のヤスミン・アフマドが監督賞、シャリファ・アマニが主演女優賞を受賞

一二月二日～三日　第五四回アジア太平洋映画祭で『ムアラフ』のヤスミン・アフマドが監督賞を受賞

二〇一二年

七月一七日　『Yasmin How You Know?』の刊行記念イベント開催

二〇一四年

一〇月一八日　ヤスミン記念館（ペラ州イポー市）が開設される

二〇一五年

四月一一日〜一九日　マレーシア映画ウィーク（港区六本木）で多色字幕版『細い目』を含むヤスミン作品が上映される

二〇一七年

三月二五日　日本で『タレンタイム〜優しい歌』の劇場公開が始まる

一〇月二八日　東京国際映画祭で『ヤスミンさん』（エドモンド・ヨウ監督）が上映される

二〇一八年

九月二一日　『Yasmin I Lup Chew』の刊行記念イベント

一一月三〇日　ヤスミンのオンラインショップ（Online Yasmin Store）が開設される

二〇一九年

一月七日　ヤスミン記念館の別館（スランゴール州サイバージャヤのBookXcess書店内）が開設される

四月一一日　イポーのヤスミン記念館がBookXcess内にリニューアルオープン

七月二〇日〜八月二三日　日本で「没後一〇周年記念　ヤスミン・アフマド特集」上映

あとがき

人はどの国・地域やどの家庭で生まれ育ってもみな同じ存在で、その意味で全ての人は等しく扱われるべきだが、他方で、生まれ育った環境が異なれば考え方や振る舞い方の習慣も異なり、その意味では相手に応じて振る舞い方を変えることも必要である。考え方や振る舞いの違いを知ることは、政治や経済を含む目の前の問題を直ちに解決するためにはまわり道かもしれないが、長い目で見れば、問題を生じにくくするし、生じたとしても解決しやすくするはずだ。

私が専門とする地域研究（とりわけ世界の諸地域を対象とする人文社会系の地域研究）は、このような考えに立脚した学問である。地域研究では、文献を読んだり参与観察したり測量したりと、データを集める方法は研究者ごとに異なるが、対象とする社会の人びとの考え方や振る舞い方を踏まえてデータを解釈する文化の「翻訳」が肝要であるという姿勢は共通している。

異文化を読み解く力は、研究者になるかどうかにかかわらず、現代世界で暮らす私たちに欠かせない素養の一つである。異文化の読み解き力を高めるには、大学院教育では長期にわたって現地社会の一員として暮らす方法が一般的だが、研究者になるのでなければ、映画の読み解きが効果的だと思う。映画を観て、おもしろいと思ったりつまらないと思ったりしたら、なぜそう感じるのかを考えるとともに、気になったセリフや場面や音楽について調べて、制作者がなぜそのような表現をしたのかに考えを巡らせてみる。制作者の意図を超えて深読みするのも映画の愉しみ方の一つだが、誤った情報に基づいた勘違いを避けるため、外国の映画については地域事情に詳しい人による基礎情報と読み解きガイドが増えるとよいと思う。

私は二〇一九年に人生初の検査入院を経験した。薄緑色の患者衣を着て病室のベッドで寝ている自分の様子はまるで『タレンタイム』のようだと思い、検査の空き時間はマレーシアで買ったDVDでヤスミンの全作品を観て過ごした。脳や心臓についての説明を聞いていて、ヤスミンが脳内出血で亡くなった歳を私が越えていたことに気づき、いずれヤスミンに会ったら何と言おうかと考えてみた。マレーシアの常識に従えば、死後の世界は宗教ごとに入り口が違うので、私はヤスミンとは会えないことになる。しかしヤスミンのことだから、「神さまは全知全能だから裏口からこっそり入れてくれたのよ」とでも言いながら私の前に現れるのではないかと思う。

ヤスミン作品は理想的すぎると言う人がいる。確かにそうだが、それは、現実のマレーシアが様々な問題を抱えており、解決のために多くの人が努力を重ねているけれどもなかなか実現しないことについて、せめて映画の中で理想を実現させて、それがいつか現実になるようにという願いが託されているためだ。そんな事情を知らなくても感動する作品に仕上がっているのはヤスミン・マジックのなせる技だが、マレーシアの人びとがどのような問題に向き合っているのかを知ることで、ヤスミン作品に対する理解はいっそう深まるに違いない。

本書でも紹介したジョビアン・リーは、彼なりの想いを込めてヤスミンを紹介する本を書いた。いずれヤスミンに会ったときに何と言おうかと考えているうちに、私もジョビアンに倣って、私なりの想いを込めてヤスミン作品を紹介する本を書こうと思った。マレーシア映画文化研究会によるブックレットの記事をもとにして、ヤスミンが亡くなって一〇年目のタイミングで出版することができた。ヤスミンからもらったものをマレーシアに返すため、この本の印税はマレーシアのヤスミン記念館の運営基金に全額寄付することにしている。

マレーシア映画文化研究会の立ち上げから数えると本書の刊行まで一〇年の時が経っており、この間に様々な方の力をお借りした。ヤスミン作品を紹介してくださった国際交流基金の下山雅也さん。ヤスミン関係者を紹介してくださった和エンタテインメントの小野光輔さんと杉野希妃さん。東京国際映画祭の石坂健治さんはアジア映画のイベントでご一緒することを通じて、大阪アジアン映画祭の暉峻創三さんは毎年の共催シンポジウムの開催を通じて、私の関心をマレーシア映画から混成アジア映画へと広げてくださった。国際交流基金アジアセンターには混成アジア映画研究会の活動を支援していただいた。『タレンタイム～優しい歌』の劇場公開を実現させたムヴィオラの武井みゆきさんにも感謝申し上げるとともに、全六作品の劇場公開と日本語版DVD販売への期待も記しておきたい。

『タレンタイム～優しい歌』の劇場公開時には、ヤスミンとゆかりのある大阪、宮崎、金沢、京都の劇場でお話しさせていただく機会を得た。とりわけシネマート心斎橋の横田陽子さんには、その後もアジア映画への臨み方について教えていただいている。

マレーシア映画文化研究会のメンバーには、ブックレット記事の転載と印税の寄付を快諾していただいた。混成アジア映画研究会のメンバーには、研究会での議論を通じて深読みを磨く機会を、そして本書の編集会議を通じて有益なコメントをいただいた。研究会メンバーによる本シリーズの続刊を楽しみにしている。

勤務先である京都大学東南アジア地域研究研究所の同僚研究者と事務スタッフには、映画を通じた地域研究を温かく見守っていただき、とりわけ研究支援室スタッフには上映会開催支援や原稿確認でいつも大変お世話になっている。

本書の編集・出版元である英明企画編集の松下貴弘さんとは一五年来の付き合いで、様々な種類の原稿の編集を手伝っていただいてきた。本書では、毎週のように開かれた編集会議で、ヤスミン作品について語り合いながら、多層的なヤスミン・ワールドを表現するための編集上の多様な工夫を施していただいた。松下さんの伴走のおかげでヤスミン作品についての知識と想いを出し切ることができた。

妻の多恵は、私と同じく高校時代にマレーシアにホームステイした経験があり、背景説明抜きにいくらでもマレーシアの深い話ができる貴重な存在である。自分の論文執筆の合間に本書の原稿を読んで、半分マレーシア人、半分日本人の立場から忌憚のないコメントをくれたことに感謝している。

ヤスミン作品を観るといつも優しい気持ちになる。本書が、身近にいるかいないかにかかわらず、家族(とくに母)のことを思い浮かべるきっかけになりますように。

二〇一九年七月　山本 博之

参考・参照文献一覧

英語文献

Amir Muhammad. [2009] *Yasmin Ahmad's Films*. Matahari Books.

Amir Muhammad. [2010] *120 Malay Movies*. Matahari Books.

Harding, James & Ahmad Sarji. [2002] *P. Ramlee: The Bright Star*. Pelanduk Publications.

Hassan Abd. Muthalib. [2013] *Malaysian Cinema in a Bottle: A Century (and a Bit More of Wayang)*. Orange Dove.

Heide, William van der. [2002] *Malaysian Cinema, Asian Film: Border Crossing and National Cultures*. Amsterdam University Press.

Khoo Gaik Cheng. [2006] *Reclaiming Adat: Contemporary Malaysian Film and Literature*. Singapore University Press.

Lee Lit Hong, Jovian. (ed.). [2012] *Yasmin How You Know?* Leo Burnett Malaysia.

Lee, Jovian, Orked Ahmad & Charlene Ong. (eds.). [2018] *Yasmin I Lup Chew*. Leo Burnett Malaysia.

Lim C. L., David & Yamamoto Hiroyuki. (eds.). [2012] *Film in Contemporary Southeast Asia: Cultural Interpretation and Social Intervention*. Routledge.

McKay, Benjamin. [2011] *Fringe Benefits: Essays and Reflections on Malaysian Arts and Cinema*. SIRD.

The Nut Graph. [2010] *Found in Malaysia*. ZI Publications.

The Nut Graph. [2011] *Found in Malaysia. Vol.2*. ZI Publications.

中国語文献

許維賢 (Hee Wai Siam) [2018]《華語電影在後馬來西亞：土腔風格、華夷風與作者論》. 聯經出版公司.

日本語文献

石坂健治ほか監修 [2012]『アジア映画の森——新世紀の映画地図』作品社。

地域研究コンソーシアム編 [2013]『地域研究』(Vol. 13 No. 2「総特集 混成アジア映画の海——時代と世界を映す鏡」) 昭和堂。

夏目深雪ほか編 [2013]『アジア映画で〈世界〉を見る——越境する映画、グローバルな文化』作品社。

福岡まどかほか編 [2018]『東南アジアのポピュラーカルチャー——アイデンティティ・国家・グローバル化』スタイルノート。

松岡環 [1997]『アジア・映画の都——香港〜インド・ムービーロード』めこん。

マレーシア映画文化ブックレット

山本博之・篠崎香織編［2010］『マレーシア映画を読む①『レインドッグ』』マレーシア映画文化研究会。

山本博之・篠崎香織編［2010］『ヤスミン・アフマドの世界①『タレンタイム』』マレーシア映画文化研究会。

山本博之・篠崎香織編［2010］『マレーシア映画の新潮流①タン・チュイムイ『愛は一切に勝つ』『夏のない年』』マレーシア映画文化研究会。

山本博之・篠崎香織編［2011］『ヤスミン・アフマドの世界②『細い目』『グブラ』『ムクシン』』マレーシア映画文化研究会。

山本博之・篠崎香織編［2011］『ヤスミン・アフマドの世界③『ムアラフ――改心』『ラブン』『ミン』『チョコレート』『ワスレナグサ』』マレーシア映画文化研究会。

山本博之・篠崎香織編［2013］『CineMalaysia開催記念 マレーシア映画の現在』マレーシア映画文化研究会。

『混成アジア映画研究』

山本博之・篠崎香織編著［2016］『たたかうヒロイン――混成アジア映画研究2015』(CIAS Discussion Paper 60) 京都大学地域研究統合情報センター。

山本博之・篠崎香織編著［2017］『不在の父――混成アジア映画研究2016』(CIRAS Discussion Paper 67) 京都大学東南アジア地域研究研究所。

山本博之編著［2018］『母の願い――混成アジア映画研究2017』(CIRAS Discussion Paper 77) 京都大学東南アジア地域研究研究所。

山本博之編著［2019］『正義と忠誠――混成アジア映画研究2018』(CIRAS Discussion Paper 82) 京都大学東南アジア地域研究研究所。

ヤスミン・アフマド作品研究基礎資料

マレーシア映画文化研究会編［2009 (2015)］『月と鳥かご――ヤスミン・アフマド監督オーキッド三部作研究基礎資料』マレーシア映画文化研究会。

マレーシア映画文化研究会編［2009 (2017)］『月と野いちご――ヤスミン・アフマド監督『タレンタイム』研究基礎資料』混成アジア映画研究会。

マレーシア映画文化研究会編［2010 (2017)］『月とベール――ヤスミン・アフマド監督『ムアラフ』研究基礎資料』混成アジア映画研究会。

原稿初出一覧

◎山本博之・篠崎香織編［2010］『ヤスミン・アフマドの世界①『タレンタイム』』（マレーシア映画文化研究会発行）収録

- 「月の光」、そして「もう一つのマレーシア」（山本 博之）
- ビッグフットを求めて――ヤスミンが描く家族の形（西 芳実）
- 翻訳可能性と雑種性――『タレンタイム』に集う才能たち（山本 博之）
- 茉莉花の物語（及川 茜）
- 「ライラとマジュヌン」――『タレンタイム』に至るイスラム文学の系譜（山本 博之）
- 『タレンタイム』にみるマレーシアのインド系世界（深尾 淳一）
- 一七歳の試練――ＳＰＭを控えた少年少女の群像（金子 奈央）
- 死による再生と出発――ヤスミンを送る映画（山本 博之）
- 届かない歌に込めた祈り（野澤 喜美子）

◎山本博之・篠崎香織編［2011］『ヤスミン・アフマドの世界②『細い目』『グブラ』『ムクシン』』（マレーシア映画文化研究会発行）収録

- 許しはいつも間に合わない（野澤 喜美子）
- 「もう一つのマレーシア」を美しく描く（山本 博之）
- ジェイソンの母が照らす「もう一つのマレーシア」（篠崎 香織）
- 「歌神」サミュエル・ホイの歌による予感と鎮魂（増田 真結子）
- 「上海灘」が流れるとき（増田 真結子）
- マレーシアのガザル音楽（山本 博之）
- 夢の中のあなた――「夢中人」と愛の期限（及川 茜）
- マレー人少女の心をつかんだ金城武と『ラヴソング』（宋 鎵琳・野澤 喜美子）
- ジェイソンが本名を名乗らなかったわけ（増田 真結子）
- ヤスミン作品を支えるタイ音楽のフィーリング（秋庭 孝之）
- タゴールの詩にみえる普遍的な人間愛（深尾 淳一）
- 約束と父性――オーキッドの「結婚」（山本 博之）
- ヤスミンとオートバイ（山本 博之）
- 共同体の決まり――「いなくなる」こと（山本 博之）
- 一二歳の旅――ヤスミン映画と児童文学（西 芳実）

◎山本博之・篠崎香織編［2011］『ヤスミン・アフマドの世界③『ムアラフ――改心』『ラブン』『ミン』『チョコレート』『ワスレナグサ』』（マレーシア映画文化研究会発行）収録

- ブライアンは「改宗」したのか（山本 博之）
- 「家路」の旋律が表すもの（増田 真結子）
- 相対化で変わりうる「改宗」の意味（光成 歩）
- ロハナとロハニが唱える数字（山本 博之）
- 『ムアラフ』に登場するムアラフと再誕（山本 博之）
- 心の庭に招き入れる寛容さ（野澤 喜美子）
- 見えざるものを見る力――ヤスミンとユーハンをつなぐもの（西 芳実）
- 都会暮らしに慣れたマレー人も（山本 博之）
- 甘くて苦い決意（山本 博之）

編著者・執筆者略歴

◉**秋庭 孝之**（あきば たかゆき）
二〇〇七年タイ王国チュラロンコーン大学文学部タイ研究科修士課程修了。タイ映画を中心にタイの現代文化について研究。「タイ王国・現代美術展 Show Me Thai～みてみ☆タイ～」のカタログ翻訳（二〇〇七年）やドキュメンタリー映画『花と兵隊』のタイ語翻訳（二〇〇九年）、その他いくつかの媒体にタイ映画について寄稿。現在は民間企業において東南アジア地域を中心としたグローバルMICE業務を担当する。CMP（Certified Meeting Professional）。

◉**及川 茜**（おいかわ あかね）
神田外語大学アジア言語学科講師。近世日中比較文学およびマレーシア中国語文学を中心に、中国語圏諸文学の翻訳と研究に従事する。映画に関する論考に「家のない女たち——ロウ・イエ『パリ、ただよう花』とグオ・シャオルー『中国娘』に見られる中国人女性の移動」（奈倉京子編『中国系新移民の新たな移動と経験』明石書店、二〇一八年）などがある。

◉**金子 奈央**（かねこ なお）
長崎外国語大学国際コミュニケーション学科特任講師。専門はマレーシア地域研究。研究テーマは、多民族国家の教育政策と教育実践。主著に“Formation of Independent Education System in Sabah” (*Islam and Cultural Diversity in Southeast Asia* (*Vol.2*) : *Perspectives from Indonesia, Malaysia, the Philippines, Thailand, and Cambodia*. ILCAA, 2018) がある。

◉**篠崎 香織**（しのざき かおり）
北九州市立大学外国語学部教授。マレーシア地域の多民族社会について、主にマラヤ（マレーシア半島部とシンガポール）の華人社会の視点から研究。主著は『プラナカンの誕生——海峡植民地ペナンの華人と政治参加』（九州大学出版会、二〇一七年）。映画関連では「継承と成功——東南アジア華人の『家』づくり」（『地域研究』一三（二）、二〇一三年）がある。

◉**宋 鎵琳**（アニタ・ソン Anita Sung）
東京在住台湾人。国立台北芸術大学演劇学部舞台演出専攻卒業。新聞社、フリーランス、化粧品会社を経て、二〇〇九年に日本映画専門大学院大学に入学し、映画プロデュース研究科修士を取得。二〇一〇年からアジアコンテンツアクイジションの仕事がはじまり、現在は日本の配信事業者で働いている。台湾デジタルアートグループ《Very Mainstream Studio》の顧問。

◉西 芳実（にしよしみ）

京都大学東南アジア地域研究研究所准教授。インドネシアを中心に多言語・多宗教地域の紛争・災害対応過程を研究。主著は『災害復興で内戦を乗り越える――二〇〇四年スマトラ島沖地震・津波とアチェ紛争』（京都大学学術出版会、二〇一四年）。映画関連では「信仰と共生――バリ島爆弾テロ事件以降のインドネシアの自画像」や「世界にさらされる小さな英雄たち」（共に『地域研究』一三（二）、二〇一三年）。映画で東南アジア社会の課題共有をはかるシネアドボ・ワークショップにも取り組む。

◉野澤 喜美子（のざわきみこ）

慶應義塾大学法学部卒、出版社、映画配給会社を経て、映画専門大学院大学映画プロデュース修士修了。現在、三児の母。こどもたちがどのように映画に出会うか実地観察中。

◉深尾 淳一（ふかおじゅんいち）

元映画専門大学院大学准教授。在チェンナイ日本国総領事館専門調査員を経て、現在、Ernst & Young LLPチェンナイ事務所ジャパン・デスク担当として、インド、チェンナイに在住。映画に関する著作としては、「グローバル化とインド映画産業――インタビュー調査を通して」（『地域研究』一三（二）、二〇一三年）、「南インド映画――タミル語映画のいま」（『インド映画完全ガイド』世界文化社、二〇一五年）などがある。タミル語映画の字幕監修等も多数手がけている。

◉増田 真結子（ますだまゆこ）

国内某総合出版社ライセンス部門勤務。現在はインドネシア、マレーシアなど東南アジア地域への版権輸出業務を担当。東京大学大学院総合文化研究科在学中、国際交流基金のフェローシップを得て香港へ渡り、華人文芸・映画を中心としたアジアの文化・サブカルチャーを研究。香港の現地出版社に就職して中国語版の翻訳出版に携わる。中国語の講師、翻訳・通訳、ライター業を経て現職。

◉光成 歩（みつなりあゆみ）

津田塾大学学芸学部国際関係学科講師。専門はマレーシア地域研究。研究テーマは、多宗教社会におけるイスラム家族法と一般家族法の関係、マレー・イスラム世界におけるムスリム女性の社会的地位。主な論文は“Controversial Boundary: The Construction of a Framework for Muslim Law in Singapore in the Period of Decolonization”（*Malaysian Studies Journal*. Vol. 4. 2015）。

山本 博之（やまもと ひろゆき）

◉所属・職……京都大学東南アジア地域研究研究所准教授／
混成アジア映画研究会代表

◉専門…………東南アジア地域研究／メディア研究

◉研究テーマ…ナショナリズムと混血者・越境者、災害対応と社会、混成アジア映画

◉**主な著作**

- 『映画から世界を読む』（情報とフィールド科学１、京都大学学術出版会、2015年）
- *Film in Contemporary Southeast Asia: Cultural Interpretation and Social Intervention.* (Media, Culture and Social Change in Asia. Routledge. 2012)［共編著］
- 「『マレーシア華人』とは誰か？――マレーシアの映画人に見る華人性と混血性」（谷垣真理子ほか編『変容する華南と華人ネットワークの現在』風響社、2014年）
- 「ポーズとフレーム――フィリピンの国民的物語の身体化」（谷川竜一ほか編『衝突と変奏のジャスティス』相関地域研究３、青弓社、2016年）
- 「フィリピンのゲイ・コメディ映画に投影された家族のかたち――ウェン・デラマス監督の『美女と親友』を中心に」（福岡まどかほか編『東南アジアのポピュラーカルチャー――アイデンティティ・国家・グローバル化』スタイルノート、2018年）

- 『脱植民地化とナショナリズム――英領北ボルネオにおける民族形成』（東京大学出版会、2006年）
- *Bangsa and Umma: Development of People-Grouping Concepts in Islamized Southeast Asia.* (Kyoto Area Studies on Asia. Kyoto University Press. 2011)［共編著］
- *Enduring States: In the Face of Challenges from Within and Without.* (Frontiers of Area Studies. Kyoto University Press. 2011)［共編著］
- 『復興の文化空間学――ビッグデータと人道支援の時代』（災害対応の地域研究１、京都大学学術出版会、2014年）
- 『記憶と忘却のアジア』（相関地域研究１、青弓社、2015年）［共編著］
- 『国際協力と防災――つくる・よりそう・きたえる』（災害対応の地域研究３、京都大学学術出版会、2015年）［共編著］
- 『雑誌から見る社会』（情報とフィールド科学３、京都大学学術出版会、2016年）

※本書は、科学研究費補助金「物語文化圏としての東南アジア――20世紀前半の映画の製作・流通に見る越境性と混血性」（課題番号16H03489）の成果の一部である。

Yasmin Ahmad: Malaysia's Most Memorable Storyteller

Special thanks to:
Orked Ahmad
Sharifah Amani
Ho Yuhang
Jovian Lee
David Lok
Evan Hwong
Ng Choo Seong
Pete Teo
Odeng
Lyn Nasihin
Eddy Abdullah
Hassan Muthalib
Kho Tong Guan

*All profits from selling this book will be donated to Persatuan Yasmin Ahmad Kuala Lumpur.

シリーズ 混成アジア映画の海 1
マレーシア映画の母
ヤスミン・アフマドの世界——人とその作品、継承者たち

発行日 ——— 2019年7月25日

編　著 ——— **山本博之**

発行者 ——— 松下貴弘
発行所 ——— 英明企画編集株式会社
〒604-8051 京都市中京区御幸町通船屋町367-208
電話 075-212-7235
https://www.eimei-information-design.com/

印刷・製本所 — モリモト印刷株式会社

Published by Eimei Information Design, Inc.
Printed in Japan　ISBN 978-4-909151-21-6